礼制文明与神话编码

《礼记》的文化阐释

叶舒宪 / 主编　　唐启翠◎著

南方日報出版社
NANFANG DAILY PRESS
中国·广州

图书在版编目（CIP）数据

礼制文明与神话编码 ：《礼记》的文化阐释 / 唐启翠著. -- 广州 ：南方日报出版社，2010.8
（神话历史丛书 / 叶舒宪主编）
ISBN 978-7-5491-0036-1

Ⅰ. ①礼… Ⅱ. ①唐… Ⅲ. ①礼仪－中国－古代②礼记－研究 Ⅳ. ①K892.9

中国版本图书馆 CIP 数据核字(2010)第 152370 号

礼制文明与神话编码——《礼记》的文化阐释 唐启翠 著

出版发行：南方日报出版社
地　　址：广州市广州大道中 289 号
电　　话：（020）87373998-8502
经　　销：全国新华书店
印　　刷：广州市岭美彩印有限公司
开　　本：889mm×1194mm　1/16
印　　张：20.5
字　　数：300 千字
版　　次：2010 年 8 月第 1 版
印　　次：2010 年 8 月第 1 次印刷
定　　价：38.00 元

投稿热线：（020）87373998-8503　**读者热线**：（020）87373998-8502

网址：http://nf.nfdaily.cn/press/

总序

神话：中国文化的原型编码

叶舒宪

“神话”这个概念是20世纪初由留日学者梁启超、蒋观云等人引入现代汉语中的。在此之前，中国学术话语中没有这个词，当然也没有神话学这门学问。100多年来，中国神话学从无到有，取得了重大成就，也留下明显的局限。最初热衷于介绍和研究神话的学者以文学家为主体，如鲁迅、周作人、茅盾、郑振铎、谢六逸等，所以至今我国的神话学教学仍然只限于在大学中文系的民间文学课程范围里进行。凡是没有讲授民间文学课程的学校，当然也不会讲授神话学的专业知识。对照20世纪以来国际神话学研究大发展的情况，国内在学科划分上的这种自我封闭之局限性非常明显。以国际神话学理论权威学者罗伯特·西格尔（Robert A. Segal）在1996年主编出版的六大卷《神话理论》（*Theories of Myth*）来看，文学方面的神话学研究只占六卷书中的一卷而已，即不到神话学研究全貌的百分之二十，占据百分之八十以上的内容是哲学、历史学、考古学、宗教学、心理学、人类学等学科视角的神话研究。与中国神话学的现状相比，文学本位的神话观成为制约我国人文学术发展的一个瓶颈。

如何有效地总结一个世纪以来中国神话学的成就与研究经验，反思我国学者在这一领域中的思维工具之局限性及其遮蔽、阻碍作用，相应地提出学术对策，对限制性的瓶颈加以突破，实现对神话观念和神话学知识格局的更新，与时俱进地回应国际学术发展趋势，适当地吸收学术创新成果，对于推进我国神话学研究乃至整个人文研究的水平，都是十分必要的基础理论工作。

以往的经验表明，突破中国神话学研究的文学本位之局限，神话概念将充分发挥其贯通文学、历史、哲学、宗教学、心理学的跨学科知识整合优势，引领人文学者打开思路，主动尝试交叉学科的思考，发现、提出和解决新问题，特别是关系到文史哲研究视野如何打通和重新整合的关键问题。

一个世纪以来的中国神话研究，将主要精力用于从古籍中寻找类似古希腊神话故事的工作，却完全忽略了一个根本性的问题：中国古人为什么不能研究神话？换另一种问法：中国古汉语中为什么就没有“神话”这个词呢？由于这样具有根本性的文化特质问题没有得到较早的提示，在学者中也得不到深入的思考和讨论。中国文化传统的最大特征就在于其完全的和弥漫性的神话特质。不仅遍布城乡各地的无数孔庙和财神庙，无言地见证了这个多民族国家的巨大造神能量，就连被西学东渐以来的现代学者视为“中国哲学”、“中国历史”和“中国科学”的许多根本内容，也离不开神话的观照。

参观北京故宫的游客，很少能够明白所谓“紫禁城”，原来就是纯粹的神话式命名！人们确信地上的皇宫对应着神话想象中的天上紫微宫，那是天帝位居天庭中央的统治标志，于是才会有人间的紫禁城这样的神圣化名号。大家都知道“天人合一”是中国文化的特质，但是大家往往都忽略了“天人合一”信念本来就是神话的观念，或者说是直接来自神话思维的信仰观念，它对于整个中国传统来说，具有文化基因的作用。就连自我标榜“不语怪力乱神”的孔圣人，其实也坚信“天命”，特别关注超自然的生物麒麟与凤凰之类的神话象征意义。当年一位楚国狂人甚至直接用“凤”来比喻孔子本人。今人只看到神话表现的一种形式是文字叙事，所以它就被归入现代意义上的文学。但是文化传统中还有大量以图像叙事和物的叙事来表现的神话，紫禁城、天坛、地坛、日坛、月坛等明清两代皇家建筑莫不如此，更不用说自古以来的“天子坐明堂”制度了。从古代的高频语词“真龙天子”、“龙凤呈祥”等，到今天的高频语词“龙的传人”、“巨龙腾飞”之类，离开了神话式的思考和观念，还谈什么中国文化？

再举一个工具书的例子，我们从中可以看出，神话对于中华文明的深刻渗透和全面覆盖，如何达到至深至广的程度。《说文解字》这部书，大家公认是古汉语的第一部字典。但是只要仔细阅读第一卷开篇的几个最重要的部首下面的字，就不难看出，这不是随意编排的工具书，其9000多字的编排顺序始于“一”而终于“亥”，分明体现着神话宇宙观的时间和空间秩序。至于为什么要将一、二、示、三、王、玉这六个部首的字排在字典的首要位置，其间的奥秘只能从华夏大传统的信仰基础和神话根脉上才能看得清楚，绝不是按照笔画顺序排列就能够解释的。许慎对许多汉字的解说方式，其间充满着神话观念与神话叙事，尽管他那个时代还没有“神话”这个词语。从认知人类学角度看，《说文解字》不用神话词汇而表达出的神话和信仰内容，对中国文化传统的神话性给出了生动的示范。“不识庐山真面目，只缘身在此山中”，中国古人不用讲“神话”这个词，因为他原来就生活在神话所支配的观念和行为之中！从这一意义上看，象形文字作为文化的符号编码方式，本身就体现着神话观念的原型编码规则，这正是当代学者能够通过神话学的整合视角而重新进入中国传统的窍门所在。这也是《神话历史丛书》的编撰初衷：如何将局限于文学课堂的神话真正释放出来，使之成为重新贯通文史哲、反思中国文化研究的有效概念工具，引领学者超越传统的成见和现代的学科偏见，重新进入中国思想传统和历史传统。

《神话历史丛书》计划出20卷，分为中国神话历史和世界神话历史两个系列。世界神话历史系列，包括苏美尔神话历史、希腊神话历史、日本神话历史、韩国神话历史等，为审视中国神话历史提供世界文明及东亚文明的大背景参照。中国神话历史系列，包括一卷总论和各卷分论。分论以先秦两汉的重要经典为个案，如《尚书》、《论语》、《春秋》、《礼记》、《仪礼》、《穆天子传》和《淮南子》等，分别透视其所承载的神话历史与神话哲学之内涵，展示与以往不同的解读门径。我们希望各卷合起来能够构成一个相互关联和相互照应的学术整体，有助于加深对中国文化的发生及其特质的认识。

本丛书秉承了笔者一贯的研究风格（参见20世纪90年代叶舒宪与萧兵、王建辉合作主编的“中国文化的人类学破译”系列丛书），集中呈现笔者近年来的跨学科思考，并汇聚了一批具有新锐探索精神的青年学者（本丛书的作者都是有志于进行跨学科研究的人文学者，围绕着目前活跃于学界的几个学会——中国文学人类学研究会、中国神话学会等进行研究），力图从神话历史新视域解读中国文化的原型编码，从而呈现出具有规模性的人文研究和国学研究的创新成果。本项目的缘起，原本依托于中国社会科学院重大项目“中华文明探源的神话学研究”，又于2009年单独列为广东省文化强省项目，得到了广东省委宣传部和南方日报出版社的大力支持和资助。本丛书还得到了2010年新成立的上海交通大学文学人类学研究中心在人力、物力等方面的鼎力支持。谨在此向广东省委宣传部、南方日报出版社和上海交通大学、中国社会科学院文学研究所表示诚挚的谢意。

2010年6月6日于北京太阳宫

目錄

导论

在当今文明探源热潮中，《礼记》对礼制文明探源有何意义？在新材料、新视野不断涌现的当下，以何种视界揭示华夏礼仪制度如何被汉语书写大一统意识形态建构、规范、经典化及其背后的神话编码，从而重构『记』背后礼制文明的文化渊源？

第一节

《礼记》研究回顾与反思

本选题的缘起主要基于三点：一是源于21世纪初国家启动的“中华文明探源工程”和学界开展的“文化传承与历史记忆”两大研究潮流，《礼记》作为礼制文明研究的重要文献，对此“寻根问源”式研究意义重大；二是基于对传统《礼记》研究路径、主题的反思和重新体认，本书试图将《礼记》回置于三种语境——“记”文及其背后的礼制文明和《礼记》研究史，尝试透过《礼记》的文本叙事进入文本背后的华夏礼制世界，揭示被书写与权力所遮蔽、改写的潜在认知编码原则；三是以近年来学界所倡导的中华文明探源与古代经典释读的比较神话学视角，作出一个典型个案的研究尝试。

一、礼意会通在《礼记》

全球化浪潮冲击和文化迅速同化，使得确认和强化本土文化传统与文化认同成为现代民族国家的现实需求。因而，全球化进程和本土文化自觉，就成为21世纪人文社科学术研究最具张力和动力的重要论题。正是在此背景下，21世纪初，国家启动“中华文明探源工程”，汇聚考古、历史、天文、地理、物理、化学、动植物等多学科专家，共同展开中华文明之源的科学研究。而人文学界亦从另一端展开“文化传承与历史记忆”[①]的方式、物质载体与呈现等问题的研究，汇入文明探源大潮流。叶舒宪先生在人文学科倡导和实践的四重证据法，以及近年呼吁的

①2007年新西兰奥塔歌大学历史语言文化学院启动中国历史记忆问题研究课题；2007年11月17—20日，四川大学历史文化学院、藏学研究所，香港城市大学，新加坡理工大学联合举办“文化传承与历史记忆学术研讨会”，20位学者从社会学、历史学、民族学、考古学和经典文本各个角度参与了讨论。而2000年以来出版界对文化记忆研究类著作的大量出版，如康纳顿《社会如何记忆》（2000年）、哈布瓦赫《论集体记忆》（2002年）、《剑桥年度主题讲座·记忆》（2006年）、韦尔策《社会记忆：历史、回忆、传承》（2007年）、《城市角落与记忆》（2008年），显示出学人对文化传承与历史记忆的兴趣。

中华文明探源的神话视角，均是在反思上古典籍研究方法论的实践中，扩大了传统文献视域，发掘诸多被长期忽略的文化传承与历史记忆方式。本书以此类跨学科的前沿性探索为基础，以《礼记》为个案，研究其对礼制文明传承与记忆方式等的呈现与认知编码。

中华文明最具特色的制度，毫无疑问，无论是自我评述还是他者评述[①]，皆以“礼仪制度”为总纲。所谓“经礼三百，曲礼三千”[②]，是典型的“仪式化社会”[③]。礼仪不仅从生到死，贯穿国人一生的日常生活和仪式庆典[④]，赋予社会各安其位、各守其分的政治、伦理秩序，而且深深地根植于“道”与“德”：只要个体“正心诚意”熟练践履社会所要求的礼仪规范，即可获得内在精神的完善与超越，抵达“中和”至境，即凡成圣。[⑤]因而，文明探源，从文字文献到文化文本，礼仪制度是最重要的研究内容。而《礼记》又因其记载了早期礼仪专家对礼仪精神与制度由来的阐释，成为后人理解、完

①自我评述方面自古亦然，尤其是20世纪80年代以来，系列考古文化的发现使人们重新确认中华文明精髓即礼乐制度。高炜《龙山时代的礼制》、邹昌林《中国礼文化》等都是此问题的专论；他者评述如18世纪孟德斯鸠《论法的精神》，20世纪马克斯·韦伯《儒教与道教》，美国汉学家芬格莱特《孔子：即凡而圣》及史华兹《古代中国的思想世界》等著作均将“礼仪”视为古代中国文化的核心概念。

②文献记载多歧义，如《礼器》：“经礼三百，曲礼三千。”《中庸》：“礼仪三百，威仪三千。”《汉书·艺文志》：“礼经三百，威仪三千。”自郑玄《礼器》注言“经礼”为《周礼》，六朝唐人多沿其说。近世皮锡瑞《三礼通论》力斥之。现代文献学家张舜徽对此有详辩：盖所谓经礼者，礼之大纲也。故礼仪，又谓礼经、正经，其实一也。曲礼者，礼之小节见于行动者，故谓之威仪、动仪，其实一也。礼之大纲虽备，不如小节之繁，故有三百、三千之别。皆以虚数形容事物之繁。详参张舜徽：《清人笔记条辨》，武汉：华中师范大学出版社，2004年版，第93页。

③著名象征人类学家玛丽·道格拉斯在《自然象征》中用“群格向度四象限图”分析不同社会规范与个人的关系，她将“群”和“格”看成两个不同向度的交互作用，形成A、B、C、D四个象限社会境遇图。A象限群约束力和个人角色规范均严格分明，形成一个非常讲究形式化的社会，凭借仪式行为表达人际、人神间的关系，形成一般被称为仪式化的社会。在此社会中，个人和群体都是按照某种既定秩序进行活动，社会和宇宙的运行也是按照秩序进行的。而人类自己的身体——从仪容言谈、服饰装扮到进退揖让等都成为沟通的共通符号。详参Natural Symbols, *Harmondsworth: Penguin Books*, 1970, P95。我们在这一个象限中，很容易看到中国社会的模型。

④仪式或礼仪，即Ritual，一般英文词典释义为：（一）宗教仪式，礼俗，早期西方学术著作多用Rite/Ritus，因为最早仪式研究都在宗教学范畴内；（二）日常生活中的仪规、礼俗、程序，含义较广泛，也指社会人类学家所关注的日常世俗仪式。参见王霄冰.《文字、仪式与文化记忆》，《江西社会科学》，2007年第2期。翻译界或译“仪式”，或译“礼仪”，本文行笔各随其文。鉴于中国文献中礼仪、礼制、礼义并存之复杂性，笔者此用学界较通行的“仪式”。

⑤此即先秦经典《礼记》一书所阐述的先圣制礼精义，详述可见《曲礼》、《中庸》、《乐记》诸篇。美国汉学家芬格莱特利用当代哲学认识，也得出孔子思想的主旨在于礼仪行为的强调：“对于孔子而言，正是神圣礼仪的意象统一了或融合了人的存在的所有维度。” 礼仪是人类经验历史积淀所形成的人性表现，礼仪践行可使人性在社群的整体脉络中趋于完善。详见赫伯特·芬格莱特：《孔子：既凡而圣》，彭国祥等译，南京：江苏人民出版社，2002年版，第15页。

善、施行礼制仪文的纲领，犹如现代人类学田野工作中的“局内人”观点，对礼制文明探源更为重要。

早期最重要的礼学经典文献为“三礼”——《周礼》叙国政大端，《仪礼》述家政仪制，《礼记》[①]则杂“记”战国秦汉间学人释“礼”之言。今本《礼记》即为参与汉宣帝甘露三年（公元前51年）议礼会议的戴圣所编撰，史称《小戴礼记》。由于东汉大儒郑玄为其作注，而跻身“三礼”，又因其所阐释的礼义契合社会秩序构建需要而获得朝野认同，进而后来居上，由“三礼”末位跃升首位。尤其是随着时移世迁，世人多苦《仪礼》经文“累世不能通，当年不能究”[②]，“周官、仪礼之委曲繁重，不可行于今”[③]的时代，《礼记》之文以其博达雅丽、文辞精密而义理深邃，易于阅读和领会，成为世人习礼、研究礼学的入门经典。故经学大师孙星衍有“礼意会通在礼记”之言，近代学问家梁启超亦说：

> 欲知儒家根本思想及其蜕变之迹，则除《论语》、《孟子》、《荀子》外，最要者实为两《礼记》。而《礼记》方面较多，故供资料者亦较广。[④]

经学家高明亦曾以三句话评论：

> 不读《礼记》，不能知民族文化形成之根源；不读《礼记》，不能知个人行为应遵的规范；不读《礼记》，不能知国家制度订立的原理。[⑤]

①《礼记》的别名很多，曰《礼》、曰《记》，曰《礼记》、曰《小戴礼》、曰《大戴礼》，常与仪礼古称难分，造成很多混乱。近有吕友仁先生对先秦两汉十余种典籍征引“记”文称呼的统计，发现《礼记》一书，在西汉宣帝以前只叫做《礼》，宣帝甘露三年（公元前51年）石渠阁议礼会议上始称《记》，《礼记》之称始于汉元帝，魏晋以后，方有《小戴礼》和《小戴礼记》之称。详见吕友仁：《礼记讲读》，上海：华东师范大学出版社，2009年版，第1—4页。

②黄侃：《礼学略说》，《黄侃论学杂著》，北京：中华书局，1964年版，第444页。

③此为经学家江声临终遗言，而经学大师孙星衍则应声而道：礼意会通在礼记。转引自黄俊郎：《礼记著述考》，台北：国立编译馆，2003年版，第78页。

④梁启超：《要籍解题及其读法·礼记》，转引自黄俊郎：《礼记著述考》，台北：国立编译馆，2003年版，第78页。

⑤高明：《礼学新探》，台北：学生书局，1984年版，第23—24页。

甚至有学人认为《礼记》中包含着造就每一个人健全心理和行为规范，进而推己及人、化成民俗，使社会臻于和谐安康的理想境界。①如此评价是否真实另当别论，但此一评论却是学人针对当今社会急剧变迁、风俗浇薄、个人无法把握自我生存意义而彷徨郁闷现象的一帖方剂。基于当下，借镜古籍淑世育人，因此，《礼记》的研究也就具有了某种精神生态学意义。

本书所讲的《礼记》包括大、小戴《礼记》，以小戴《礼记》为主。②1993年湖北荆门出土的战国楚墓竹简，与21世纪初问世的上海博物馆藏战国楚竹书等，又为《礼记》研究带来了新材料，引起国内外学者的关注，鉴于不少内容与今本《礼记》相关，甚至有学者称之为“荆门礼记”③。在今本《礼记》是后人编纂、辑改的共识下，又分成两种对立的观点：一种认为今本《礼记》有先秦文献材料为依据，绝非后人杜撰，以证传世文献的可信性；另一种则通过三种版本的《缁衣》对照，发现今本《礼记》有很多人为性编纂（次序、错简、插入、文字隶定）和改写，故而推以论之，对先秦文献采取怀疑态度。④

但若将“编纂”视为礼学重构与礼义阐释、建构的一种方式，是历史记忆与现实观念的视域融合，是中国解经传统注重整体关联性思维方式的反映，以及当权者借助经典编纂以寻求、强化其王权合法性，则我们不难发现，经典的意义就在于能超越时空不断为人提供言说的空间，并在被不断言说、改写、重写与刷新中永在，与已然逝去的历史碎片、墓葬遗存、留存至今的仪式、文献记载及其注

①黄俊郎：《礼记著述考》，台北：国立编译馆，2003年版，第79—80页；另有《礼记》研究专家林素英硕士博士论文分别探讨了礼记中的生死观和政教观，新著《甜蜜的包袱》与《礼学思想与应用》，更是沿着周何《礼仪之邦的宝典——礼记》式通俗化风格普及后学，这是现代学人借镜古籍淑世拯人的思考与实践。

②关于大、小戴《礼记》的认识，《礼记》成书过程及其相关问题，学界始终争论不休，一般认为经历了三个阶段：附于《礼》经篇末之“记”；独立成篇而未成书；编辑成书，即汉代的大、小戴《礼记》。评述详见钱玄：《三礼通论》，南京：南京师范大学出版社，1996年版，第35页；洪业：《礼记引得序》，上海：上海古籍出版社，1983年版。

③陈来：《郭店楚墓竹简可称“荆门礼记”》，《人民政协报》，1998年8月3日。

④详见李学勤：《郭店简与礼记》，《中国哲学史》，1998年第4期；（美）邢文《〈礼记〉的再认识——郭店、上博简中与〈礼记〉有关的文献》，《中国古代文明与学术史》，保定：河北大学出版社，2006年版，第201—214页；（美）夏含夷：《试论〈缁衣〉错简证据及其在〈礼记〉本编纂过程的原因和后果》，夏含夷：《古史异观》，上海：上海古籍出版社，2005年版，第343—361页；胡治洪：《原始儒家德性政治思想的遮蔽与重光——〈缁衣〉郭店本、上博本与传世本斠论》，《孔子研究》，2007年第1期。

疏、志疑等共同构成了多重时空维度的存在。正是此种存在凸显了“经典”作为“始于神圣讲述”[①]的导引性圣书意义：

> 从文化史的源头看，最早的经典全都是神圣的文本。……文学意义上的经典概念脱胎于宗教信仰意义上的圣典，是原初的宗教信仰变革、衰微、失传以及政教分离之后世俗化的产物。[②]

随着世俗化进程的，则是对经典不可避免的误读与误解。但其原初的思维方式和认知编码却并未因之而湮没殆尽，而是以沉潜的方式隐于文字符号、神话与仪式中。这也正是为何历代礼学家在试图重构礼学的努力中，总要不厌其烦地追溯和强调“礼”之神圣起源与“经天纬地”、“安上治民”的功能。[③]

大凡学问之推进，多缘于新发现。著名国学大师王国维在1925年发表的“古来新学问起，大都由于新发现。有孔子壁中书出，而后有汉以来古文家之学；有赵宋古器出，而后有宋以来古器物古文字之学”[④]的启益至今依旧。遗憾的是，对于《礼记》的认识并未因新材料的发现和释读而清晰起来。在当今各种新材料、新视野不断涌现的情况下，如何整合资源，重新进入中国历史和典籍，由“记”看“礼”，以新发现的礼仪遗存反观“记”，思考中国礼制文明的精神旨归，探究其发生的渊源，揭示其潜藏的神话思维方式和认知编码，已成为透彻理解礼制文明整个思想体系的重要问题。

二、《礼记》研究史回顾

根据台湾学者黄俊郎《礼记著述考》（汉至清）与大陆学者王锷《三礼研究论著提要》（汉至1999年）的考索著录，以及笔者搜集整理的近20年来硕士博士论文和期刊文章，可以一览《礼记》研究蔚为大观的景象。纵观古今中外学者的探讨，可以发现《礼记》研究的几个经典

①阿姆斯特朗：《叙事的神圣发生：为神话正名》，叶舒宪译，《长江大学学报》，2008年第5期。
③叶舒宪：《经典的误读与知识考古》，《陕西师范大学学报》，2006年第4期。
③（清）阮元校刻：《十三经注疏》，北京：中华书局，2003[1980]年版，第1222、1371页。
④王国维：《王国维遗书》（五），上海：上海古籍出版社，1965年版，第65页。

话题及其治学径路。来自经学、史学、哲学、文学、考古学和人类学等视域的学人们尽管各有侧重，但显然传统经史之学所关注的成书年代、篇目编次与考订，“礼”字原义与礼之起源，三礼谱系及名物考辨，礼制源流迁变，《礼记》所蕴含的人生哲学等仍是共同探究的话题，而神话学的视角则相对阙如。下面就此为维，简要述评。[①]

（一）成书年代、篇目编次与考订

《礼记》成书过程至今仍无定论，一般认为《礼记》是春秋末至秦汉间论礼著作汇编，由西汉戴圣编定而成[②]，因东汉经学家郑玄之注而成官学，并继而在唐太宗朝位列“九经”。因此，《礼记》一书非成于一时一地一人之手，已成共识。[③]但具体到其间各篇的年代与作者问题仍争讼不已。近几十年来，大量先秦甲金文、简帛文的出土与释读，为《礼记》各篇成书年代的断定提供了不少新证据。中华书局2007年出版的《〈礼记〉成书考》[④]便是在文献基础上吸纳近年考古发现与新研究的成果。该书考察了《礼记》46篇之成篇年代、全书的编纂者、编纂时间，专章论述了《礼记》的成书及其在东汉的流传情况，对前人的研究进行了认真的清理与补充论证。这应该是《礼记》成书研究最新且有力的成果。将《礼记》单篇中被

①国外研究中国古代礼制与礼学思想的学者也相当多，日本学者关于礼记的研究据王锷《三礼研究论著提要》中载录计有125篇之多，加之通论三礼部分89篇，计有200余篇。涉及《礼记》成书年代、篇目考订、名物训诂、礼仪考释、礼制溯源、思想意蕴、思维方式等诸多方面。因本书作者未能阅读日文研究著作，故关于日本研究的相关综述暂时悬置。欧美关于《礼记》的研究，国内目前尚未发现综述类或者著录类文章，笔者所阅大多都是在对儒学或中国思想史脉络中谈到“礼”，但却均认为“礼”是儒学的核心。理雅格在《东方圣书》中对《礼记》进行的研究，可能算是最早和最直接的研究了。在《东方圣书》中，理雅格分三章讨论了《礼记》书名名义及其诠释本介绍，以及长达875页的《礼记》译文，成为西方学者研究中国思想和礼制的基础文献。福建师范大学英语系宋钟秀硕士论文《理雅格英译〈礼记〉研究》专辟一节简描了《礼记》在西方的传播史。可惜此书笔者尚未读到，故详情未能阅之。这里的资源来自岳峰《架设东西方的桥梁——英国汉学家理雅格研究》，该书按纽约大学《东方圣书》1963年再版本所制定的内容表解，福州：福建人民出版社，2004年版，第368页。

②另有戴德编选《大戴记》；关于编定者尚有汉初叔孙通说和西汉末期好事者“收辑赤眉余烬，不守家法之严”编辑而成，以及大戴删刘向、小戴删大戴，马融补足等说。详见黄俊郎：《礼记著述考》，台北：国立编译馆，2003年版第29—31页；洪业：《礼记引得序——西汉礼学源流考》，见刘梦溪主编：《中国现代学术经典·洪业卷》，石家庄：河北教育出版社，1996年版；蔡介民：《〈礼记〉成书之时代》，《新东方》，1940年第1卷1期；王锷：《礼记成书考》，北京：中华书局，2007年版。

③关于《礼记》成书具体的说法有孔子门徒所撰说、六国时人所撰说、二戴删古礼说、二戴所传说、二戴据《曲台记》所删说以及汉初诸儒编定说等六种说法，详细考订参见徐喜辰：《〈礼记〉的成书年代及其史料价值》，《史学史研究》，1984年第4期。

④本为兰州大学2004年博士论文，作者王锷。

认为成书最晚的《王制》、《月令》和《明堂位》以拆篇的方式断定其主体均成书于战国中晚期，为礼记的研究提供了一个新的平台。

美国汉学家夏含夷与中国学者胡治洪等，皆运用文献考据和思想考古的方法比较了《缁衣》传世本与郭店本和上博本的异同，认为传世本《缁衣》是在西汉专制政治社会环境中被经师作了重大改动的结果，其中包涵的原始儒家德性政治思想被混淆和遮蔽，而纲纪观念相应得以凸显。郭店本和上博本的面世，揭开了汉儒笼盖其上达2000年之久的假面，使原始儒家德性政治思想得以重现。曾军则从历代对《礼记》全书篇目考订编次的角度，探讨了编纂者在考订编次以及诠释过程中的礼学重构、思想倾向和诠释学意义。历代编纂者总是试图通过重新分类、编纂、传述、疏解来重组和阐释《礼记》。但事实上，编纂重构这种更注重整体性的诠释方法，并不被正统经学所广泛认同。[①]

因而，透过"记"看"礼"的知识社会学考察由此显得十分必要。

（二）"礼"字原义及礼之起源

凡研究"礼"之起源者，莫不从"礼"字构形和字源分析开始。东汉许慎《说文解字》："禮，履也，所以事神致福也。从示从豊，豊亦声。""豊，行礼之器也。从豆象形。凡豊之属，皆从豊，读与禮同。"又："豐，豆之豐满者也，从豆，象形。"已成为经学释"禮"的玉律。台湾学者邱衍文曾讨论了自许慎《说文解字》以来到王国维，历代对"礼"字字形的解说约之有四：从礻从豐，像二玉在器之形；从礻从豊，像行礼之器；从礻从乙，像芽始发；从礻从玄，像玄鸟，以开生之候鸟，象征行礼之初。[②]

甲骨文的发现，为"礼"字释读带来了新的转变。王国维初用甲骨文对"豊/禮"的解码——"豊"从豆从珏，初指以器皿（即豆）盛两串玉祭献神灵，后来兼指以酒祭献神灵（分化为醴），最后发展为一切祭神之统称（分化为礼）[③]——成为继许慎之后另一个影响深远的范式，得到学界赞同与补充。刘师培、何炳棣、郭沫若、杨宽、金景芳、王梦鸥等都支持此解。只是杨宽认为应进一步将"醴"与"禮"的关系分别清楚，他据《礼记·礼运》篇中"夫禮之初，始诸饮食"之论，

①曾军：《经典话语的另类诠释：纂编重构——〈礼记〉诠释方式考察之一》，《山西师范大学学报》，2006年第3期。

②邱衍文：《中国上古礼制考辨》，台北：文津出版社，1990年版，第17—26页。

③王国维：《观堂集林》卷六《释礼》，北京：中华书局，2006年版。

2 西周玉琮 中国社会科学院考古研究所编著《张家坡西周玉器》图版第254页

1 三星堆1号祭祀坑祭神玉器、酒器（唐启翠摄于三星堆博物馆）

二图中玉器均有火烧痕迹，表明此为享神之牺牲玉帛

●导论-1 神圣的食物——玉

认为古人首先在分配生活资料，特别是饮食中讲究敬献仪式，敬献用的高贵礼品就是“醴”，因而这种敬献仪式称为“醴”，后来就把各种敬神仪式一概称为“禮”了。又推而广之把生产生活中需要遵循的规则以及维护贵族统治的制度和手段都称为“禮”。①考古发现的8000年前玉器实物为王氏之论提供了更为久远的证据。人类学者叶舒宪先生发现中国8000年前葬玉、礼玉、祀玉、食玉等崇玉传统，认为“玉”是奉献给永生不死神灵世界的神圣食物，神圣礼仪的功效就在于以饮食献祭的方式来达成人神两界的沟通，“禮”与“醴”二字非常形象地暗示出献给神的美食（玉）与美酒。②

古文字学家裘锡圭、康殷等以为“豊”字，不是从豆形，而应从壴从玨，本是一种鼓的名称。③郑杰祥进而补充论证“禮”字初文即以鼓之形状会意，指涉古人在鼓乐声中以玉来祭享天地鬼神之状。④刘宗迪认为甲骨文“”象饰以羽毛置于鼓架的鼓形，象征鼓舞以祭神。⑤杨志刚《中国礼仪制度研究》一书则采取了综合的说法，认为不管是将玉盛在豆形器中敬神求福，还是在鼓乐声中以玉祭享鬼神，抑或用甜酒敬献，“豊”都与先民的仪式活动有关。

①杨宽：《古史新探》，北京：中华书局，1965年版，第307—308页。

②叶舒宪：《河西走廊：西部神话与华夏源流》，昆明：云南教育出版社，2008年版，第33—41页。

③裘锡圭：《甲骨文中的几种乐器名称》，《中华文史论丛》，1980年第2辑。

④郑杰祥：《释礼·玉》，《华夏文明》第一集，北京：北京大学出版社，1987年版。

⑤刘宗迪：《礼仪制度与原始舞蹈》，《民族艺术》，1998年第4期。

1 孔庙鼓舞仪仗（唐启翠　摄）

2 马厂彩陶鼓（唐启翠摄于甘肃省博物馆）

●导论-2　鼓舞敬神

“礼”字初文为“豊”为“豐”？从豆从壴？由于甲骨文、金文并无明确的今文“礼”字而众说纷纭。古文字学家林沄对甲金文中“豊”与“豐”二字进行辨析。认为二者本音义迥异，因字形相近而汉隶每混，后世解字者亦混而不察。“豊”本从玨从壴，为礼之初文，因为古之行礼时常用玉和鼓，可在考古学和民族学资料中得到证实；而“豐”从丰丰者，谓击鼓之声蓬蓬然，可能因鼓声之宏大充盈故引申为大、满等义，且因“丰”得声，后世遂代“丰”而为表示茂盛之义的专用字。因此，“豐”字之音义均与“豊”字毫不相干[①]。

徐复观通过比照甲骨文与周初文献后，认为“禮”字初文为“豊”，但“豊”绝非直接等同于“禮”。因为孔子所讲的“礼”实际上包含了豊（祭神仪节）与彝（威仪法典）两个方面的含义。而这也意味着从宗教向人文的转变。[②]杨志刚进一步以统计学方法，统计分析西周金文和周初文献，显示周初已经在甲骨文“豊”字（专指祭神礼仪）的基础上发展出了“凡礼仪之称”的“礼”字。[③]但作者自己也已经意识到这里面有些文献是后出的，而且所引金文仍然为“豊”，就像徐复观质疑王国维一样，这只能说明“豊”的指涉意义扩大了，而不能直接证明“豊”就是“礼”。

①林沄：《豊豐辨》，《古文字研究》第十二辑，第181—186页，北京：中华书局，2006年版。
②徐复观：《中国人性论史》（先秦卷），上海：上海三联书店，2001年版，第36—40页。
③杨志刚：《中国礼仪制度研究》，上海：华东师范大学出版社，2001年版，第86—88页。

贾金华等则参照考古出土玉钺、戈、琮等礼器上的图文、陶器符号、甲金文和简帛文与文献、文字训诂，详细梳理考订了“我”“義”、“儀”等字间的演变序列，认为“義”初文是象形字“我”——一种象征权力的武器“钺”，钺曾经用作某些部落的徽章标志，后来演化为两个相互关联的含义：一为部落威仪的象征；一为部落规范、义务、正义的象征。第一个意义要比第二个原始得多。在西周到春秋的青铜铭文和战国竹简中，表示威仪的字仍然是“義”，或者是其异文，而“儀”在整个先秦均未见身影，大概要到汉初才出现。这样就构成了我—義—儀的演化过程。[1]这将传统文字训诂学认为“義”与“儀”通的结论更向前推进了一步。

跟随“礼”“仪”字源而来的是关于礼的起源，现在基本上有以下几种不同的观点：其一，人情说，以荀子、司马迁、李安宅等为代表；其二，史前祀神仪式说，以许慎、王国维、郭沫若、何炳棣、王梦鸥、诺亚·E.费赫、叶舒宪等为代表；其三，原始祭神鼓舞，以裘锡圭、康殷、郑杰祥、刘宗迪等为代表；其四，原始礼仪说，以杨宽、李泽厚、杨志刚、邹昌林、贾金华等为代表；其五，交往说，以杨向奎为代表；其六，风俗说，以刘师培、吕思勉、何

1 齐家文化有领玉戚（叶舒宪摄于青海省博物馆）

2 杨家湾11号墓商青铜钺（唐启翠摄于湖北省博物馆）

●导论-3　权力威仪与礼仪源起

①Jinhua Jia and Pang—fei Kwok, *From Clan Manners to Ethical Obligation and Righteousness:A New Interpretation of the Term yi*義, The Royal Asiatic Society, JRAS,Series3,17,I(2007), pp.33—42.

联奎等为代表；其七，饮食分配说，以杨英杰为代表。关于礼的起源，《礼记》一书中已有不同表达，或本于太一，或本于祀神，或本于人情，或起诸饮食说等，说明礼的起源相当复杂。[①]而后世学者各种关于礼的起源论中，亦非截然区分，往往彼此互有重合。

这些阐释丰富了“礼”的理解，为进一步探讨做了很多铺垫，但显然都非定论，还有进一步讨论的空间。笔者在阅读中，脑海里总是在追问这样的问题：“禮”的原型是“豐”还是“豊”？在出土文献中，迟至战国简帛文中依旧是“豐/豊”并出，而无“禮”，“豐”或“豊”究竟在何时又是如何置换到“禮”的？置换的背后是何语境？目前学界面对同样的甲金文与简帛文字形，为何有种种不同的阐释？显然，从“豐/豊”如何到“禮”依然是一个有待探究的问题。

（三）三礼谱系及名物考辨

黄侃《礼学略说》一文曾提纲挈领地悉数三礼以来之典籍：

> 今欲通三《礼》郑学，又非假道于陆、孔、贾、杜四家之书无由。……陆氏《释文》成于陈世，所载异本、异读略备，六朝故谊赖此见其梗概，与后来颜师古定本、孔贾二疏、开成石经多有不同，读三《礼》者先辨音义，则此书其管籥也。孔疏虽依傍皇疏，然亦时用弹正，采摭旧文，词富理博，说礼之家，钻研莫尽，故清世诸经悉有新疏，独《礼记》阙如者，亦以裹驾其上之难也。贾疏《周礼》至为简当，虽不无委曲迁就，而精粹居多，故孙氏新疏仍用者十之七八也。《仪礼》疏有条不紊，选言既富，阐义亦周，对于经注细心推勘，如遇不合，必求其致误之由，其博不及孔，而精细则过之。《通典》新载议礼之文，大都缜密以栗，欲谈典制而又工属文，固非此莫宗已。……宋初聂崇义采旧图而为《三礼图集注》，虽或疏舛，然言礼图者未能弃也。……朱子《仪礼经传通解》欲以通礼之伦类，后之《礼书纲目》、《五礼通考》、《礼经释例》，皆师放而为之；其厘析经文，每一节后辄为之标题，后之《仪礼郑注句读》、《仪礼章句》，亦皆师放而为之。

①邹昌林详细分析了《礼记》文本本身对礼之起源的各种论述，详参邹昌林：《中国礼文化》，北京：社会科学文献出版社，2000年版，第61—78页。

清世礼家辈出，日趋精密，于衣服宫室之度，冠昏丧祭之仪，军赋官禄之制，天文地理之说，皆能考求古义，罗缕言之。……至通论三《礼》之书，若《礼书纲目》、《白虎通疏证》、《礼笺》、《求古录》、《礼说》、《礼学卮言》、《五礼通考》、《礼书通故》，此皆博综经记，包含至富矣。其间家法分明，则宜数句容之陈；文辞廉悍，则无如临海之金；析义详密，则莫过定海之黄。[①]

这本是一篇指导后学如何研读礼学之书的导读性文章，却无疑是一篇精彩的礼学简史。正如作者所言：三《礼》中《周礼》广大，《仪礼》繁密，《礼记》纷错，等之未有易治者。而兼通三礼而有成者实在难上加难。除了所列举的上述诸书外，近来新出的还有清季林昌彝（1803—1876）皓首30年精心撰成的《三礼通释》[②]，以《仪礼》、《周礼》为纲，以《礼记》及各经之言礼有可互证者亦博引之以为义疏，对三代制礼之源及六朝议礼之蕴，溯源讨流，最为详备。全书280卷，其中通释230卷，三礼图50卷。宋聂崇义《三礼图集注》也有丁鼎点校解说重新出版。[③]今人通贯三礼而成就显著者当属钱玄，其《三礼通论》[④]扩充旧著《三礼名物通释》[⑤]和《三礼辞典》[⑥]，吸纳考古出土新材料，综述礼书、名物、制度和礼仪形制，考订原委颇为详备。

（四）礼制源流迁变

礼制源流研究是传统礼学研究系统的一项重要内容[⑦]，礼制源流迁变研究一般有两种思路：一种是借助文献资料往后梳理礼制史，如蔡尚思《中国礼教思想史》[⑧]，而最大部头的则是陈戍国所著七卷

①黄侃：《黄侃论学杂著》，北京：中华书局，1964年版，第449—453页。句容之陈指陈立，临海之金指金鹗，定海之黄指黄以周。

②林昌彝：《三礼通释》，北京：北京图书馆出版社，2006年版。

③聂崇义：《新定三礼图》，丁鼎点校，北京：清华大学出版社，2006年版。

④钱玄：《三礼通论》，南京：南京师范大学出版社，1996年版。

⑤钱玄：《三礼名物通释》，南京：江苏古籍出版社，1987年版。

⑥钱玄、钱兴奇：《三礼辞典》，南京：江苏古籍出版社，1993年版。

⑦刘丰已对王国维《殷周制度论》以来利用甲金文字、考古与民族学材料进行礼制研究的成果有简要评述。详见刘丰：《先秦礼学思想与社会的整合》，北京：中国人民大学出版社，2003年版，第14—20页。

⑧蔡尚思：《中国礼教思想史》，上海：上海古籍出版社，2006年版。初版于香港中华书局1989年。

本的《中国礼制史》[①]。另一种是借助考古学与民族学资料往前追溯，而很多个案性的研究则往往二者兼具，齐思和《周代锡命礼考》，杨宽《古史新探》，高智群《献俘礼研究》，俞伟超、高明《周代用鼎制度研究》，吴汝祚、牟永抗《良渚文化的礼制》，高炜《龙山时代的礼制》，常玉芝《商代周祭制度》，刘雨《西周金文中的祭祖礼》，李禹阶《史前中原地区的宗教崇拜和“礼”的起源》，许宏《礼制遗存与礼乐文化的起源》，王永波《齐鲁史前文化与三代礼器》等或是对某类器物或特定时代或地方性礼制讨论。最系统者为《文明起源的中国模式》[②]，该书立足于考古文化区系与器物特征提出文明起源的中国模式——礼制的发生、发展、成熟与沿革，是中国新石器时代考古学文化的灵魂与文化发展的基本动力。勾勒了古礼从前仰韶陶质祭器、仰韶陶质礼器、龙山至夏商时期酒礼器、夏商青铜酒礼器至完备的周礼时期。而在地域上则分为以彩陶礼器为主的黄土高原地区、以大型祭仪中心的坛庙玉佩为主的辽河地区、以酒器为主的齐鲁地区、诸礼杂糅的江淮地区、傩礼为主的太湖地区和深受中原礼教影响的岭南等五大区系。

汉学家诺亚·E. 费赫则以古代文学和生活中的礼作为透视古代中国文化的靶心。其著作第一编运用中国考古发现探讨了礼的起源与转型，认为礼起源于神圣的萨满仪式，后来转变为维护贵族统治的权器；第二编梳理了《诗经》、《论语》、《墨子》、《孟子》和历史著述中关于礼的记载与讨论；第三编集中笔墨探讨了《荀子》中关于礼与习、礼与法以及礼与生活的观点，认为荀子极大地丰富和完善了礼的内涵，是礼的集大成者。所以，荀子在孔子门徒中的地位应该予以重新评价，荀子不仅是从先秦向汉代转换的唯一中介，而且成功地完成了儒学自身的转换：内在道德的培育和外在社会的规范达成一致。[③]

考古学文化区系、遗迹与器物的相关研究，对素有“礼仪之邦”之称的中华文明探源的意义毋庸多言，而礼仪视野的进入，无疑将文献与传说中“制礼作乐”的时间大大提前，为文献不足徵的前文字时代及舛误迭出的文字时代的礼仪制度与相关信念的系统研究，揭示文明起源的中国模式亦带来新的可能。遗憾的是，考古学界内部神话礼仪与精神

①陈戍国：《中国礼制史》，长沙：湖南教育出版社，2002年版。初版于1991年。

②卜工：《文明起源的中国模式》，北京：科学出版社，2007年版。

③Noah E. Fehl，禮*Li Rites And Propriety In Literature And Life*.Hongkong：The Chinese University of Hong Kong,1971.

信仰的研究对遗迹、器物诸“物语”的深度阐释目前尚缺，仅停留在某祭坛、坑坎或列器是某种祭祀或丧礼的遗迹，但何以如此及怎样如此的论述则阙如。这就需要比较神话学与人类学仪式视域的进入，将考古学文化区系、田野民族志、口传神话、仪式展演与传世文献结合起来互证互释，揭示“物语”所蕴藏的礼仪与思维编码信息。

三、《礼记》研究趋势展望与反思

观近20年来有关《礼记》的硕博论文及相关著述，不难发现，《礼记》及《礼记》研究都处于不断地被翻检和再阐释中。曾被视为畏途的《礼记》，竟然成为21世纪一个相当重要的研究选题。从1998年开始，几乎每一年都有一篇或者数篇《礼记》研究硕士或博士论文诞生，更遑论其他论题中常视《礼记》为资料例证的相关研究了。选题涉及：（一）《礼记》研究之再检讨，[①]（二）对《礼记》文本展开文学、哲学和思想研究，[②]（三）《礼记》文本中的礼制、礼俗研究。[③]通观这些论文，可以发现尽管径路不一，视野有阔狭，但都试图解读《礼记》中所蕴含的某些范畴。《礼记》之被

①濮传真《北朝〈二戴礼记〉学》（台湾大学博士论文，2002年），傅华辰《〈礼记〉郑注训诂研究》（南京师范大学硕士论文，2004年），曾军《清前期〈礼记〉学研究》（华中师范大学硕士论文，2005年），张琴《郑玄〈礼记注〉初探》（安徽大学硕士论文，2006年），宋钟秀《理雅格英译〈礼记〉研究》（福建师范大学硕士论文，2006年），万丽文《孙希旦〈礼记集解〉研究》、苏成爱《〈陈氏礼记集说〉研究》、蓝瑶《朱彬〈礼记训纂〉研究》、常虚怀《〈礼记正义〉校读札记》（南京师范大学硕士论文，2007年）。

②林文琪《礼记中的人观》（台湾中国文化大学博士论文，1998年），林素玟《〈礼记〉人文美学研究》（台湾师范大学博士论文，1999年），陆静《礼记中的孔子形象》（兰州大学硕士论文，2002年），孙圣河《〈礼记〉的文化价值观念及其张力结构》（中国社会科学院博士论文，2005年），张自慧《礼文化的人文精神与价值研究》（郑州大学博士论文，2006年），龚建平《意义的生成与实现：〈礼记〉哲学思想》（北京：商务印书馆，2005年版，本为作者博士论文），陈开先《〈礼记〉主题思想研究》（中山大学博士论文，1998年），刘建婷《从〈礼记〉阐述的音乐形式论周代社会的政治内涵》（陕西师范大学硕士论文，2006年），龙斯钊《内圣外王——〈礼记〉的思想政治教育目标》（首都师范大学硕士论文，2002年），李永明《先秦礼祀三祭与原始道教之崇德报本精神》（中山大学硕士论文，2003年），陈丛兰《〈礼记〉婚姻伦理思想研究》（西北师范大学硕士论文，2005年）。

③戴庞海《先秦冠礼研究》（郑州大学博士论文，2005年）从礼制史角度梳理了先秦冠礼的发展演变；武宇嫦《礼与俗的演绎：民俗学视野下的〈礼记〉研究》（北京师范大学博士论文，2007年）从民俗学视野以《礼记》为文本探讨了礼与俗的关系，将礼学史中礼俗之辨进行了个案式考索；台湾学者杨儒宾《中国古代天人鬼神交通之四种类型及其意义》（台湾大学博士论文，1987年）将《礼记》中礼仪视为通过象征与行动来交通鬼神之一种类型。

历史记忆的重视由此可见一斑。《礼记》的释读尚有相当大的空间，关键是从什么径路进入。

纵观上述研究，可以发现，传统的《礼记》研究路径要么专注于“由记看礼”，作纯文本化研究，集中关注成书年代、篇目编次与考订，“记”文的文学、哲学蕴涵等经典主题，这种探索主要来自经学、文学和哲学研究领域；要么专注于“由礼证记”，将“记”文材料化，用以印证考古发现，这种探索主要来自历史与考古研究领域。无论是“由记看礼”，还是“由礼证记”，大都将“记”文所记之“礼”的叙述者遗忘，而将之视为文化文本的“礼”本身，进行实证主义的证实或证伪。近年随着楚简《缁衣》的释读，虽然“记”之叙述者与编纂者的作用逐渐引起注意，但证实主义仍为主流。“礼记”从根本上说，是一些礼仪专家关于“礼”的种种阐释性叙事，“礼”总是存在于观念王国之中，摇摆于真实和虚构之间。因而由“记”看“礼”，只能是观念王国拣选后的“礼”，同样，由考古所发现的“礼”，亦是当时人观念的物化遗留，因此，叙述者或编纂者的叙事动机及其文化编码，考古文化所呈现的“礼”背后的观念及其思维模式等，就值得进行知识社会学的考察和文化寻根式还原。那么，究竟如何才能最近真实地走进《礼记》文本空间及其背后的华夏礼制世界？《礼记》研究呼吁新的视野和路径。

2 石家河文化红陶铃（唐启翠摄于湖北省博物馆）

1 良渚文化嵌玉陶杯（叶舒宪摄于上海博物馆）

像此精美的器物及其功用不见于“记”，
而存于“礼”，如何让此“物”说话？

●导论-4 如何让“物”说话

第二节
神话与仪式：礼制探源新视野

神话、仪式及其象征研究，是贯穿人类学研究的重要论题之一。无论是作为语言的神话叙事还是行为的仪式展演，二者共生而分立还是分立而合流，仁者见仁。但毫无疑问，神话与仪式从其肇始起就难解难分。神话“是和仪式行为相对立或相伴随的言语行为”[①]，希腊语用“在仪式中所说的东西”指称“神话”，暗寓着“神话”用语词表述之时即已和仪式相伴而生。就连创造性地提出神话和仪式可分立存在的人类学家克拉克洪，也承认“两者间的联系依然是普遍的”，因为神话与仪式具有共同的心理基础，仪式以重复性的象征性戏剧化表演形式满足社会基本需要，而神话则为其提供内在依据。[②]甚至比克拉克洪更彻底的瓦尔特·布尔克特也不得不承认，神话与仪式一旦相遇，便互相补充强化对方：神话赋予单纯的人类行为以神性的起源，仪式则将单纯的故事变成为一种最恭顺的规定行为。[③]

近现代民族志材料表明，神话讲述本身即是仪式过程密不可分的构成部分：

> 行仪式者必须扼要重述世界的创始，而这种创始也就是通过神话把一连串的名称赋予各种各样的人、地方、动物和

---

①J.E.哈里森：《忒弥斯》，剑桥大学出版社，1912年版，第328页，参引约翰·维克雷编：《神话与文学》，潘国庆等译，上海：上海文艺出版社，1995年版，第73页。这一论断成为神话—仪式理论最强有力的宣言，受到很多学者的支持，被广泛应用到希腊研究以外的宗教、艺术、文学等研究领域。详参爱德加·海曼：《神话的仪式观》，参引约翰·维克雷编：《神话与文学》，潘国庆等译，上海：上海文艺出版社，1995年版，第72—77页。时至当代神话考古与神话仪式研究依旧表明，哈里森这一研究发现尽管受到后来学者的种种批评和修正，但仍具奠基性的真知灼见。详参J.E.哈里森：《古代艺术与仪式》刘宗迪译序，北京：三联书店，2008年版。

②克莱德·克拉克洪：《神话与仪式中的一般理论》，约翰·维克雷编：《神话与文学》，潘国庆等译，上海：上海文艺出版社，1995年版，第102—103页。

③R.A.西格尔：《神话理论》，刘象愚译，北京：外语教学与研究出版社，2008年版，第244—245页。

事物。世界是通过分类而创立的，重复叙述世界的分类过程结果把它吸收的知识传之久远。[1]

神话尤其是起源神话为人类创造了行为范例，揭示了超越于经验和理性的现实世界，仪式则是超越圣俗、生死两界鸿沟的途径，象征着将世俗世界之“物”变成神显的符号，或者“本身就构成一种其他任何巫术—宗教形式（仪式、神话、神圣形式等）所无法表达的‘启示’”。即使它们的意义被遗忘已久，其结构依旧存在，见证着那些史前的象征，而使后人得以“重新发现”。[2]

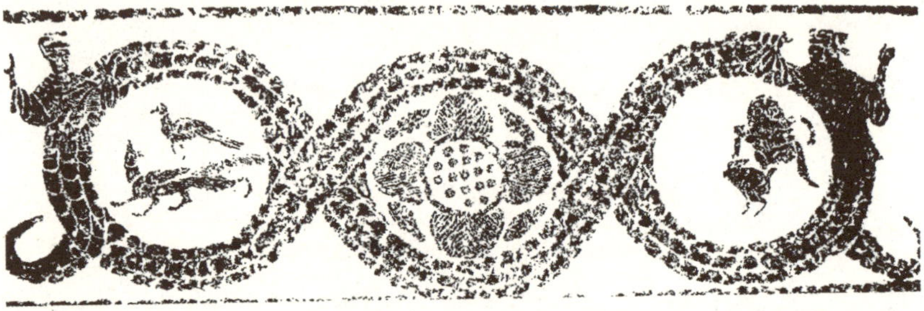

安徽淮北伏羲女娲石刻图像。伏羲、女娲、规矩、三足乌、九尾狐、蟾蜍、玉兔、圆环、莲花与游鱼等符号显然都是故事讲述的核心要素，正是透过这些符号，讲述着远古的创世神话与祈生仪式。采自顾森《生命的图式》（载李砚祖主编《艺术与科学》第53页图24）

●导论-5　创世神话、仪式与物的记忆

在当代神话—仪式研究中，曾经争论不休的神话与仪式存在先后关系已经不再重要，重要的是，仪式作为文化原动力的“窗户”和记忆的存储器，使人们认识和创造世界成为可能。[3]即使是在书写时代，文本文献与纪念性建筑物也得依赖于仪式或仪式化行为，方能引人关注而发挥集体记忆与社会规范的功能。[4]而神话，和历史一样，“可以被理解为一种记忆形式，或者一种纪念形式，用来认识过去或体现过去”[5]，“神话”获得了始于人类经验之神圣讲述与早期历史记忆的意义。随着对历史叙事与神话叙事、仪式叙事认识的深化，三者均为人类集体历史记忆的叙事形式的共识，将曾经截然对立的神话与历史从知识性建构

①埃德蒙·R.利奇：《从概念及社会的发展看人的仪式化》，史宗主编：《20世纪西方宗教人类学文选》，上海：上海三联书店，1995年版，第507页。

②M. Eliade,*Patterns in Comparative Religion*,Lincoln and London:University of Nebraska Press,1996,pp.448—450.

③Bell, C. *Ritual Theory, Ritual Practice*. New York & Oxford: Oxford University Press.1992,P221.

④王霄冰：《文字、仪式与文化记忆》，《江西社会科学》，2007年第2期。

⑤唐纳德·R.凯利：《多面的历史》，陈恒等译，北京：三联书店，2006年版，第25页。

话语中释放出来。神话仪式作为文化基因代表和文史哲共同源头，“成为引领人们重新进入所有文明传统之本源和根脉的一个有效门径”。[①]同时，早期的神话叙事也以思维编码的方式沉潜在早期经典叙事模式、编纂框架和义理阐释中。因此，释读早期经典叙事的思维编码对当今的文明探源也具有重要意义。

早在20世纪初，法国学者葛兰言和中国学者闻一多不约而同用神话仪式理论研究《诗经》，强调乡村仪式活动的社会生命力，在“礼”“野”双向互动中，从乡野生灵看礼仪之根，重新勾勒上古节庆礼仪衍变。[②]郑振铎运用弗雷泽《金枝》所揭示的巫师王祭祀原理研究与复原《汤祷篇》中的神圣仪式场景。[③]20世纪40年代，葛兰言的弟子凌纯声用比较神话学和考古人类学视野研究，还原《国殇》、《礼魂》与馘首祭枭仪式的关系。[④]文学典籍的神话仪式研究思路已经彰显出独特魅力。到20世纪80年代，随着神话—原型理论引入与研究热潮的兴起，以《中国神话哲学》对中国文化系统生成转换规则的内在模式和神话原型的构拟为先声，萧兵、叶舒宪、王子今、臧克和诸先生对中国上古典籍如《中庸》、《楚辞》、《诗经》、《老子》、《庄子》、《山海经》、《史记》、《说文解字》进行的人类学的跨文化阐释实践，在学界影响甚大，泽被后学，对认识和发掘潜藏在中国早期经典文本叙事深层的文化编码，具有示范意义。在《礼记》研究史中，《〈礼记·月令〉的比较神话学解读》一文以仲春物候为例，释读了这一远古仪式历法的神话思维背景，给经学历史上遗留下来的难题和谜团提供了一种可行的系统阐释。[⑤]从而揭示了文字背后被遮蔽和遗忘已久的远古神话知识，以实例呼应人类学神话—仪式理论的跨文化阐释效力，直接为《礼记》研究带来了全新的视野。

为了进一步深入探索中国古代经典叙事和史前文明如何为神话思

---

①叶舒宪：《中国的神话历史——从“中国神话”到“神话中国”》，《百色学院学报》，2009年第1期。

②详细评论可参香港学者陈炳良：《神话·礼仪·文学》，台北：联经出版事业公司，1985年版，第71—72页。

③详参郑振铎：《汤祷篇》，上海：古典文学出版社，1957年版。

④凌纯声：《中国边疆民族与环太平洋文化》，台北：联经出版事业公司，1979年版，第601—636页。

⑤叶舒宪：《〈礼记·月令〉的比较神话学解读——以仲春物候为例》，《陕西师范大学学报》，2006年第2期。

2 云梦睡虎地出土西汉鹰马合体纹木梳（唐启翠摄于湖北省博物馆）

1 红山文化鹰熊合体玉器，采自叶舒宪《熊图腾》第192页

在考古遗存中此类禽兽合体造型十分常见，如凌家滩玉鹰熊、商周青铜器，不同时空的人为何制造此类器物？其间应当蕴含着某种神圣意义，因此对出土物进行二度发掘十分必要。

●导论-6　出土神圣物的意义探索

维编码所制约，近期学界又呼吁跳出现代西方学科建制影响下的“神话”、“历史”概念藩篱，重新进入中国文化的源生语境，以“神话中国”的文化整体观与比较神话学新视野，展开对诸如《尚书》、《春秋》、《周礼》、《礼记》、《吕氏春秋》等早期经典文本的追本溯源式研究，剖析中国本土书写历史叙事如何延续了口传神话历史叙事的文化编码模式和中国历史神圣叙事的由来。①而这种“寻根问源”式研究必须与华夏文明探源的最重要的考古实物证据相互倚重，因而对考古实物作“二度发掘”也就非常必要：

> 探寻出土的“神圣物”所代表的神话和信仰背景，从而围绕物的演变描述文明起源的过程，寻找其中支配性的神话和礼仪观念所特有的动力。②

①叶舒宪：《中国的神话历史》，《百色学院学报》。所谓“神话中国”意指按照天人合一的神话式感知方式与思维方式建构起来的五千年文化传统。

②叶舒宪：《中华文明探源的比较神话学视角》，《江西社会科学》，2009年第6期。

而考古学界内部的文明探源研究，借重神话礼仪、精神信仰等来探讨物质背后的意识形态的呼声亦渐高，并有相应成果发表和出版[①]，甚而提出文明起源的中国模式，即礼制的发生、发展、成熟与沿革是中国文明起源的基本脉络：

> 在考古学文化的研究中，只见器物是不充分的，应该看到考古学文化是一定人群构成的共同体的生活习俗和精神活动的物化形态；否则，就是只见树木，不见森林。古代中国说到底是以农耕生产方式为经济基础的社会，与物质文化同时成长的是祭天礼地的精神生活以及相适应的社会秩序，三者存在互动的关系，制约着中国社会的走向，勾画出精彩纷呈的历史画卷。本书将这种社会性的精神生活和社会秩序概括为古礼，认为这是中国新石器时代考古学文化的灵魂，是积累知识经验的思想宝库，是夏商周礼制的真正来源。[②]

作为特定地方群体应对、适应和调整与宇宙自然、人际关系的精神信仰观念、礼仪行为的物化遗留，考古学文化中的建筑遗址、坛坎遗迹、墓葬规制、器物组合等形成“物”的叙事，均具有重要的宗教和政治象征，无言地讲述着远古的信念与仪式实践。这与后现代知识观中的神话仪式的神圣叙事研究求证于史前考古实物与遗迹遥相呼应，二者的打通，将会带来意想不到的收获。

《礼记》作为中国礼制文明的经典文本化记录，不仅“记”文本身的叙事及其背后的编码规则，而且“记”之后文化文本——“礼仪”生活，均须借助知识社会学、神话仪式理论和考古实物来作追本溯源式考察和印证。

①陈梦家《殷虚卜辞综述》、岛邦男《殷墟卜辞研究》等是较早的成果，考古人类学家张光直《美术、神话与祭祀》比较早将考古、神话、仪式与出土器物纹饰等联合考察，中国“新考古学派”开拓者俞伟超《古史的考古学探索》、《先秦两汉考古学论集》中展开古物与信仰关系的研究。

②卜工：《文明起源的中国模式》，北京：科学出版社，2007年版，第IV—V页。

第三节

仪式叙事与神话编码：本书研究思路

正是在此新视野启益下，笔者立足于先秦文化语境与当今新的知识资源，重新进入《礼记》文本，揭示中国神话式历史叙事与文化编码如何规约礼制文明的文本化叙事。

中国素称“礼仪之邦”，礼仪成为组织和观察世界的一种特殊方式，是达成人际、人神和谐关系、安上治民的基本手段：

> 夫礼者，经天纬地，本之则大一之初；原始要终，体之乃人情之欲。……顺之则宗祏固，社稷宁，君臣序，朝廷正；逆之则纲纪废，政教烦，阴阳错于上，人神怨于下。故曰：人之所生，礼为大也。非礼无以事天地之神，辩君臣长幼之位，是礼之时义大矣哉！[①]

尽管“礼以时为大”，会随着世易时移增减损益，但人类学家研究发现：

> 仪式将行为模式进行编码并加以强化，并将人们社会化从而使之文化地适应存在及各种关系，仪式作为表达和维护宇宙论的方式，具有核心作用。[②]

作为由一系列模式化和序列化言语和行为组成，并文化地建构起来的象征交流系统，仪式不仅借助多重媒介表现出来，[③]而且执着地代代

---

①（清）阮元校刻：《十三经注疏》，北京：中华书局，2003[1980]年版，第1222页。

②菲奥纳·鲍伊：《宗教人类学导论》，金泽译，北京：中国人民大学出版社，2006年版，第165页。

③Tambiah, S.J. *A Performative Approach to Ritual*. London: The British Academy and Oxford University Press, 1979, p.119.

相传，将过去的核心价值观念和行为方式连续不断地引入现在，表现出某些核心仪式的象征叙事的连续性和稳定性。[①]由于仪式总是需要在一特定的地点按照特殊的时间秩序，并依附于特殊媒介包括人的身体和物品等来展开，因而“仪式在某种意义上是一种表演或文化戏剧”[②]，如同戏剧艺术和历史书写一样具有叙事性和铭刻性。即使仪式原初意义已经被后人遗忘，但其世代相传的仪式结构依旧保留着许多失落的或被遮蔽的文化记忆信息。

仪式展演中，由于身体是人类最基本的共通符号——人人皆有，既属个人，也属社会，成为承载社会意义最普遍最有效的象征物：

> 身体是一个模式，它可以代表任何有限的系统。……它的不同部分的功能及其相互联系，为其他复杂的系统提供象征的源泉。[③]

作为微型宇宙和社会象征，身体往往与圣地、宇宙、社会构成了同态对应象征关系，表征了早期思维模式及其宇宙论构成。[④]在《礼记》文本中，礼仪践行行为，无论是指向现实的进退揖让、仪容言谈的日常礼仪，诞生、成年、婚丧等人生礼仪，还是指向神圣的敬天礼地、祭祖娱神的神圣仪式，均要通过身体动作的规范化训练与展演来达成转换，而身体规训与仪式展演莫不遵循着“法故”、“反本”的神话编码。[⑤]

令人疑惑的是，尽管《礼记》文本叙事充满神话式思维论述，各种神灵名号及其祭祀仪式屡见不鲜，历代礼学专家在重构礼学的努力中，也总是不厌其烦地将礼乐创始追溯到传说中的人文始祖伏羲

---

①如比较宗教学家埃利亚德（一译伊利亚德，台湾学者译为耶律亚德，本文随引著而变）发现人们在解释宇宙演化的事件——世界、神灵和人类的诞生时，首先诉诸太初神话的重演，而将过去连续不断地引入现在，在人类历史上非常普遍。详参耶律亚德：《宇宙与历史：永恒回归的神话》，杨儒宾译，台北：联经出版事业公司，2000年版，第74页；再如人类学家布洛赫对梅里纳人的割礼在过去200年来变迁研究显示，该仪式的象征叙事所具有的超强稳定性。Maurice Bloch,*From Blessing to Voilence*,Cambridge: Cambridge University Prees,1986,pp.190—191.

②详参菲奥纳·鲍伊：《宗教人类学导论》，金泽译，北京：中国人民大学出版社，2006年版，第182—184页。

③Douglas, M. *Purity and Danger*. London and Henley:Routledge and Paul,1976,p.115.

④Douglas,*M. Leviticus as Literature*, Oxford & New York : Oxford University Press, 2000, c1999.

⑤详参唐启翠：《以“初”为常与仪式叙事：从神话思维透视神话中国》，《百色学院学报》，2009年第2期。

女娲与黄帝，强调“礼”本于“太一”的神圣起源和“经天纬地”、“安上治民”的功能。但伴随着颛顼“绝天地通”与商周王权强化、神谱历史化的革命性转变，礼仪行为的神圣信仰根基在经典的文本化叙事中逐渐淡化，一方面降为笾豆几席之“数”、巫祝之“事”，另一方面也逐渐去神话化，“不语怪、力、乱、神”，转换为强化儒家之“道”与王权等级秩序的表征。[①]“礼”的神圣起源叙事亦在历代解经家编纂、注疏、改写的历程中层层抽象、简化成非故事性的罗列叙述与义理阐发，礼仪践行的神圣性根基，就此沉潜在暗处。仅仅可在“祭神如神在”的虔诚态度中，仪式展演的特定时空里，事死如生的丧祀行为里，依稀可辨。因而出现了中国有着十分繁复的礼仪行为，却没有合乎现代西方范式“神话”的奇怪现象。

但随着神话概念逐渐从现代性学术分科制度的割裂和科学理性的遮蔽中释放出来，在考古发现资料的厚实基础上，神话重返文化基因和神圣叙事属性。重新进入华夏经典文本，就会强烈体认到“天人合一的神话式感知方式与思维方式建构起来的五千年文化传统”。[②]虽然初民时代的神话叙事在《礼记》文本中被抽象、简化、改装成非故事性的罗列叙述和义理表述，但礼仪自身所具有的“存储器”功能，使之仍在“记”文的字里行间、整体叙述方式、行文结构、核心象征符号、仪式时空设置中的思维模式及其规约的宇宙构拟和仪式象征留下可供追索的信息。人类的仪式行为“离不开基本的神话类比和象征编码。从非洲勒里人部落的穿山甲仪式，到法国巴黎圣母院、德国科隆大教堂的基督教圣餐仪式，同样是围绕着某种神话观念而展演的象征性叙事”。[③]正是在此意义上，潜隐在礼制文明之后的神话编码被重新认知、重构和呈现，不仅是可能的，而且具有非同寻常的意义。而仪式叙事则成为透视神话中国的重要资源：

> 繁复的礼仪活动也可以成为从另一个方面看待中国神话的角度。礼仪中体现出来的种种观念是与神话观念相通的。儒家

①史华兹对此有精湛分析，详参史华兹：《古代中国的思想世界》，程刚译，南京：江苏人民出版社，2005年版，第69页。

②详参叶舒宪：《中国的神话历史——从“中国神话”到“神话中国”》，《百色学院学报》，2009年第1期。

③叶舒宪：《仪式叙事与历史书写——代序〈仪礼〉文化记忆与仪式叙事》，《百色学院学报》，2009年第2期。

理想的“不语怪力乱神”与“祭神如神在”的矛盾或许正透露出：理性时代神话思维的变相存活和表达自己的方式。①

世代相沿袭的礼仪是文化记忆最重要的载体，但同时礼仪活动不能靠它自身来说明自身，因此——

我们只能在仪式与神话的密切关系中寻找失传了的东西，或依据尚存的礼仪活动去发现或重构已失传的相关神话，或依据尚存的神话去复原已失传或残缺的仪式模式。②

神话和仪式之间存在着某种相互依赖的关系，这取决于两者某种永恒不变的功能，就像人类学家布朗和瓦纳所见：

人类发现那些自己感觉到超越自己理性及技术控制的行为与体验的领域可以通过象征加以支配，神话和仪式都是象征程序，两者被这一事实——以及其他事实——紧密地联系在一起。神话是词汇象征体系，而仪式则是物体与行为的象征体系。神话和仪式都是用同一感情方式处理同样情境的象征过程。③

当口述神话与行为仪式均转换为文本化叙事或仪式遗迹如墓葬、祭祀坑、器物及其纹饰符号时，“象征”符号（包括汉字）与“以初为常”的仪式叙事这一个特殊“知识系统”就成为来释放符码、解读意义的重要窗口。“法故”“报本”的仪式叙事认知与行为通则，不仅使考古遗迹遗物呈现出的器物形态、纹饰、坛坎布局等在近万年的礼制变迁中“革”而有“因”，为考古物语类同性与神话仪式叙事互证互释，提供了内在依据，也使今人对考古物语和上古典籍的有效释读成为可能。因为一个文化就是一个系统，“是蕴含着意义、象征、价值和观念的系统，只有找到了凝聚着该系统的生

①参引叶舒宪：《后现代神话观——简评〈神话简史〉》，《中国比较文学》，2007年第1期。

②叶舒宪：《中国神话哲学》，西安：陕西人民出版社，2005年版，第264页。

③克莱德·克拉克洪：《神话与仪式中的一般理论》，约翰·维克雷编：《神话与文学》，潘国庆等译，上海：上海文艺出版社，1995年版，第96—97页。

成及转化规则的内在模式，……构拟出一套具有深层解释功能的原型模式”，[①]确立考察具体的神话和仪式的“元语言”，就不仅是可行的，而且也是势在必行的。

基于此，本书主要借助神话、仪式与“物化”符号象征三者间的内在关联，以四重证据法为基本方法论，重新进入《礼记》文本化仪式叙事，尝试在“记”与“礼”的双向互动中，透过“记”看“礼”，由“礼”反观“记”，参诸考古发现、民族志、图像与甲金文字等多重证据符号和记忆载体，进入华夏礼制世界源头，尝试揭示为书写与权力所遮蔽和改写的潜在人类认知编码。

本书整体构思即围绕《礼记》文本化仪式的神圣时空叙事及其法故循常的神话思维编码，从社会人生之始——冠礼仪式原初时空的神话意蕴和象征意义探源开始，进入圣事空间——庙与明堂，探讨《礼记》的神圣空间叙事与身份转换、权力叙事间的关系。继而以“五方之民”叙事为核心，探寻“王者”天下认知与族类编码的政治话语模式。再以“月令”图式探讨时空混同的神话宇宙观如何构成仪式叙事的历法典则与神话思维背景，并在当下西方叙事与上古汉语叙事语境的勾勒中，发掘出“叙事”的古典意义以及仪式叙事的本质。最后，以《礼记》中灾难记忆的特殊言说方式，揭示出在社会整合的规范叙事与神话编码机制下危机仪式的叙事功能。

①叶舒宪：《中国神话哲学》，西安：陕西人民出版社，2005年版，导言第6—7页。

第四节

人类学“四重证据法”：本书研究方法论

本书主要诉求就是要整合各种资源，重新进入《礼记》文本化仪式时空叙事，揭示被汉语书写大一统意识形态建构和规范化、经典化的礼仪制度，如何遮蔽了多地域的礼仪文化，发掘礼仪制度如何为神话思维所编码，从而重构“记”背后礼制文明的文化渊源。然而以《礼记》文本为核心的研究，从一开始就潜在地规定了是透过“记”来研究“礼”的视点，而“记”礼之人，又非一时一人，与时损益，文义粿驳，而古制茫，文简意奥，更兼秦火汉儒、文化断层、解经者编纂者的选择与改写，《礼记》文本信息缺失十分严重。而地下考古发现所呈现的礼制遗存，同样有很多盲点和空白，更重要的是文本化的礼制与物化的礼制遗存之间是否构成一一对应？又如何对接和互释？都是不容易解决的问题。这就必须考虑方法论问题。只有不断更新方法论，才能更好地展开对新材料的研究。在此，方法论意味着看待材料的视界，从某种意义上说，视界决定了一个人如何看待和阐释材料，并赋予材料以意义。

20世纪以来，考古学与人类学在中国的兴起和发展，使学界的知识结构与治学方法都发生了革命性更新。在古史与古代典籍研究领域，更是打破传统文本文献考据学一家独秀的研究范式，渐次引入出土文献（主要为甲金文字）、实地调查的口传文献和考古发现的实物遗存与图像等，形成人类学的“四重证据法”[①]，带来研究方法

①四重证据法，是叶舒宪先生在实践和推进前贤王国维、闻一多、郭沫若、顾颉刚等提倡的方法论基础上总结和提倡的，详论见叶舒宪《人类学“三重证据法”与考据学的更新》（《书城》，1994年第1期）、《第四重证据——比较图像学的视觉说服力》（《文学评论》，2006年第5期）、《二里头铜牌饰与夏代神话研究——再论“第四重证据”》（《民族艺术》，2008年第4期）、《轩辕和有熊——兼论人类学的中国话语及四重证据阐释》（《广西民族大学学报》，2008年第5期）、《〈容成氏〉夏禹建鼓神话通释——五论“四重证据法”的知识考古范式》（《民族艺术》，2009年第1期）、《国学考据学的证据法学研究及展望——从一重证据法到四重证据法》（2009年7月北京香山“第二届证据理论与科学国际研讨会”参会论文，《证据科学》，2009年第4期）。

论的范式革命。

从纸上到地下、从文本到文化、从语言到行为、从文字到图像等四重证据符号的发现、开拓、更新与实践的背后，既是文献的扩充，[①]也是人类文化传承与历史记忆符号认知概率中人为性知识等级区分与排斥的逐渐消解。[②]由此，曾经为正统书写文献所屏蔽的历史之痕与不登大雅之堂的地方性知识，从王朝一统叙事背后慢慢浮现、凑集，形成立体的、多声部的历史镜象，为重构上古典籍的文化语境、逼近历史本原提供了可能。前辈学人对怎样利用新视野和新材料探索“文献不足徵”的上古典籍，尤其是如何有效诉诸图象叙事、仪式叙事，以弥补文字叙事材料缺乏所导致的空白与盲点而进行的筚路蓝缕般的批评实践，为后学导引了前进的方向。

从符号理论来看，人类文明前进的历史实际上就是符号使用和变迁的历程。人类文化呈现、交流、记忆与传承的最基本方式无外“口述”（言，相当于第三重证据）、书写（文字，相当于第一、二重证据）和“视觉”（实物和图象，第四重证据）三种，这构成了三类最基本的证据符号类型：语言、文字和图象[③]。然而证据的分类不过是按照某种标准，将表面分立的事实聚合在一起将一物置于某一类别中与他物区别开来的方式，便于对各类形式证据来源、资质等进行评估与选择，以达成证成与呈现的目标。事实上，各类证据符号并非如此截然可分，而往往以各种混合形式出现。如作为文字书写符号的第一重、二重证据，以其所依附之物质载体和浮现时序，与语言、图象区别开来；同时从信息内容看，文字符号又是语言符号、仪式行为及其布景、器物等的记录，是将丰富的具有强烈信息含量的声音形态（激昂与低沉、庄严与诙谐、典雅与通俗、呼告与平叙）、肢体形态（动作轻重缓急、进退揖让、庄严

①所有的新发现都会转为“文献”，“文献”在此获得了某种开放性。“文献”一词首见《论语·八佾》，据刘师培考证，“文献”初义远比后来复杂，兼指典章制度和动作威仪，这暗示：其一，古人倡导的“礼失求诸野”所蕴含的人类学视野；其二，身之所习——礼仪，本也是“文献”家族中的当然一元。而口传文化、民族志田野、考古实物及其图像最终也均置换为文本化或影像化“文献”。

②相关论述详参唐启翠：《认知、证成与呈现——论人类学“四重证据法”》，2009年7月北京香山“第二届证据理论与科学国际研讨会”参会论文，《社会科学战线》，2010年第6期。

③图象（images or icon）即古汉语之“图”与“象”，这里统指叶舒宪先生所说的物质文化及其图像和仪式叙事。就先秦文献而言，主要指图典、地图和考古发掘的实物与物象（包括聚落遗迹、器物及器物纹饰、雕像、墓葬形制、壁画、地画、岩画）及其摄影照片、雕塑、服饰以及文字文献中的插图等。若扩展至现代，则还包括各种绘画、摄影、舞蹈、影视、场景、姿势等一切以视觉方式呈现的符号。这里主要指前者。图象对历史研究的意义，可详参彼得·伯克：《图像证史》，北京：北京大学出版社，2008年版。

肃穆等）、实物布局（场景布局、仪式时空、礼器组合及其摆设、器物纹饰等）等直接交流的符号屏蔽之后的间接交流形式，使得语言与图象以文本化的方式留存，而早期文字自身由于象形思维亦具有图象特征。而作为已经远去时代的文化，历经岁月长河淘洗，彼时之观念、信仰与仪式能被发现和认知，充满偶然性、残缺性，乃至不可知性，唯有其物化载体——第四重证据之图象——犹如记忆的存储器，成为当代人认知古代世界最为重要的媒介符号。

图象本身作为文化传承符号获得了类似于口述艺术、文字书写乃至历史叙事的性质，关联着人的技术水平、生存状态与信念世界，成为逝去年代记忆的主要见证者和承载者，具有某种更原初的叙事意义——它是其所存在时代的思维方式和宇宙观的直接展示。就像巴尔特笔下的埃菲尔铁塔，并不单纯是一个被看的客体对象，而是作为符号和神话的“物”，成为一种象征与回看主体的视线，构成主体与客体的中介，从而成了文化表述体系，存在于当代生活中。[①]对知识考古研究而言，实物对文化认知的意义更为重要。“物”是特定的社群按照其文化传统制造并使用的，并在制造与使用的过程中塑

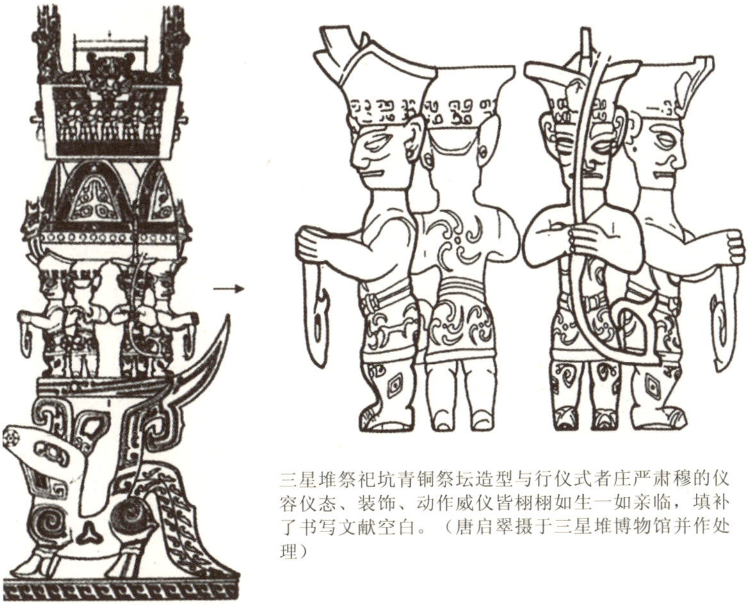

三星堆祭祀坑青铜祭坛造型与行仪式者庄严肃穆的仪容仪态、装饰、动作威仪皆栩栩如生一如亲临，填补了书写文献空白。（唐启翠摄于三星堆博物馆并作处理）

●导论-7　物的叙事：三星堆2号祭祀坑出土祭坛与祭祀场景直观图

①Roland Barthes：*The Eiffel Tower and Other Methologies*，Berkeley：University of California Press，1997.

造了他们自己。因此，“物”的发现，不仅发现了过去使用之“物”，也发现了制造此“物”的人群及其行为方式与信仰。[①]因此，图象“足以充当引领文字躯壳的叙事魂灵，成为实现对读者/观众的视觉说服的呈堂证据”，[②]彰显了图象叙事的超越性和丰富性以及图象与文字、口述之间的张力。

若将四重证据符号的线性认知与意义生成过程回置于人类文明发展史来看，这显然并非证据本身存在的自然时序和样态。在前文字时代，历史文化记忆与传承，依赖的恰恰是第三、四重证据——代代口耳相传的神话、歌谣、仪式、物质（聚落形态、住房布局、维生工具、技术等）以及图像（岩画、纹饰、装饰）等等。有学者的研究表明，大约10万年前比较复杂的口头交际行为已经产生，3万年前已经有比较丰富的仪式行为遗留物和图像了，而现今发现的最早的文字不过几千年。“如果把那时以来的人类进程当作是一年的话，我们神圣的文字的发明和使用，都是发生在第12个月份里。……而且长期以来只是人群中极少数人掌握着的特殊技术。”[③]英国著名人类学家杰克·古迪在其《书写传统的权力》[④]里指出，大约距今5000年，文字与书写的出现，正如农业的兴起一样，深刻地改变了人类生活。它首次为口语提供了留存的机会，不仅使得关于世界的知识得以记录、储存成为可能，极大地扩展了文化内涵的外传空间，同时也导致了凌驾于“纯口语”传统的书写权力。

语言的产生是人类“凭借自觉制造出来的符号系统来传达观念、情绪和欲望的方法”和“听觉符号系统”，而文字作为语言的书面形式，是口语形式的第二重符号，是“符号的符号”。[⑤]瑞典语言学家索绪尔甚至认为文字唯一存在的理由在于表现语言。文字后来居上比口语更具“威望”的原因，就在于文字书写形式的物质铭刻性，比口语语音更具稳固性、经久性和统一性，也更宜于为人所学习和掌握。于是文字用自己的在场替代了缺席的语言，而后人则往往通过文字来认识语言：

①Kirshenblatt—Gimblett, Barbara.*Destination Culture*: *Tourism*, *Museums and Heritage*, Berkeley: University of California Press, 1998, p.2。

②叶舒宪：《熊图腾》，上海：上海文艺出版社，2007年版，第15页。

③朝戈金：《民俗学视角下的口头传统》，《广西民族学院学报》，2003年第5期。

④Goody, Jack .*The Power of the Written Tradition*, Washington :Smithsonian Institution Press, 2000.

⑤爱德华·萨丕尔：《语言论》，陆卓元译，北京：商务印书馆，1997年版，第7—17页。

> 书写的词常跟它所表现的口说的词紧密地混在一起，结果篡夺了主要的作用；人们终于把声音符号的代表看得和这符号本身一样重要或比它更加重要。[①]

然而，文字作为语言的记录符号，最早的文字记录也往往与神圣言说密切相关，如商周的甲金文、彝族毕摩经文、纳西族东巴经文等均是与神灵交通的语言记录，而书写的文字也必须转经口述呼告方能发挥神圣的功能。因此，从文化记忆的媒介变迁来看，在口述传统鼎盛时期兴起的文字书写也是口传文化的最早记录者：

> 初期的文字必然会反映口传文化与上古宗教神话信仰的深厚传统要素。尤其是以象形为基本特色的汉字，在其造字所用的各种字形结构要素中，就留下大批植根于宗教性言说和表演传统的直观表像，堪称探究该传统的神话观念之视觉符号原型。[②]

文字作为人类思维与认知世界的表征符号，蕴含着造字之初的意义体系，而汉字更是以典型的“象形思维”最大限度地保留了神话思维表象及其制约下的文化心理结构、思维方式。因而，有学者继20世纪80年代“神话思维与古文字研究”实践之后，[③]再次以“告”（诰）、“各”（格）、“假”（嘏）三组早期汉字为个案，分析和还原神圣言语活动在古人意识中的地位、作用，透析远古以来的神圣口语文学之仪式渊源和神话信仰渊源，确认了以《尚书》为代表的华夏“史书”文体的神圣由来。从而赋予第一、二重证据以新的意义：“即如何透过具有断裂、隐瞒和遮蔽效果的文字历史，去反思无文字的、却更加深远的‘历史’。”[④]

---

①索绪尔：《普通语言学教程》，高明凯译，北京：商务印书馆，1980年版，第47—48页。

②叶舒宪：《神圣言说——从汉语文学发生看“神话历史”》，《百色学院学报》，2009年第3期。

③叶舒宪：《中国神话哲学》，西安：陕西人民出版社，2005年版，导言第3—4页，正文第319页对此皆有详细的论证。该书正是通过解析汉字字形及其演变，建立起早期语言的本义系统，构拟了中国神话哲学之由来。

④叶舒宪：《神圣言说——从汉语文学发生看“神话历史”》，《百色学院学报》，2009年第3期。

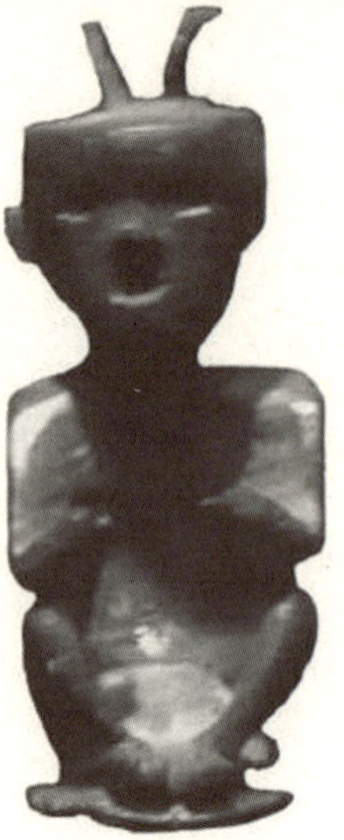

左图为柳林溪出土大溪文化戴冠玉人；右图为盘龙城采集青铜面具，唐启翠摄于湖北省博物馆。二图演绎着“修其祝嘏，以降上神”和“神明假我身”的祝祷通神仪式和神话。

●导论-8　文字书写与神圣言说

鉴于本书研究对象的文本性质，第一、二重证据也是最基本的证据，因而透过汉字构形及其演变，建立早期汉语本义系统，重新体认礼制文化的源生语境，自然也就是基本的方法。如第一、二章，正是在书写文献、口传文化和实物与图象的参照比勘中，通过释解和构拟“冠”、“廟”二字构形初义，剖析出其间沉潜的仪式情境和神话思维及其与宇宙创生论相认同和模仿的意义，从而揭示出礼仪空间布局与制度化叙事背后的神话信仰、认知编码与权力等级。

口述、文字与实物及图象叙事本来只是历史演化过程中前后相续而又并存的交际媒介和知识形态，由于人为赋予文字符号和书写文献特权，才使得“文学的过程——隐喻法、形象表达、叙事——影响了文化现象被记录的方式，从最初草记的‘观察’，到完整的书，到这些形构在确定的阅读活动中‘获得意义’的方式”[①]，在特定社会权力场域的知识角力中，获得优先等级。许多“知识”在既定规则的区分和排斥中被遮蔽和改写，使之更符合当时权力认同。从现今出土的文字文献以及具有高度象征性的礼器几乎均来自大中型墓葬来看，文字与礼器无疑为某种特权的表征。对众生而言，口传的神话、仪式与物质、图象依旧是主要的承传与记忆方式。语言与图象也成为特权阶层重要的统驭之术，如传说中的圣王夏禹“铸鼎象物”使民知神奸以

①J.克利福德、G.E.马库斯编：《写文化》，高丙中等译，北京：商务印书馆，2006年版，第32页。

协上下，建“五方旗”以区分五方之民；《周易·系辞》所言圣人“立象尽意”、“鼓舞尽神”的图象叙事；司马迁游历南北，搜集上自黄帝下迄汉武当代人物事迹，所谓百家言黄帝，其言不雅训，亦是在民间口传文化记忆中发现历史的影踪，而缙绅难言之，则代表着文字至上年代对口传文化记忆的质疑与藐视。

现代人类学对口传、仪式与遗存、遗物的发掘与再认识，正是解蔽与重构权力支配下文字书写所遮蔽的文化多样性的有效手段。人类学的民族志考察对活态文化的记录作为现代时空的“他者”，为无法直接观察到的古代人类行为提供了可资观察、参与和对话的“活镜像”。考古学家运用“中程理论”对实物遗存、历史记载和活态社会类似的人类行为现象进行严谨的类比推理，通过跨文化比较把破碎的材料恢复成完整体系，“重建过去的社会，寻找失落的要素”。[①]历史文献、民族志和考古遗存间的“类比能激发对某些问题的思考，从而帮助我们对考古资料形成更全面的认识”，因为“细致的分析……可以精确地说明重要的技术因素。然而这些技术本身并不能解读史前史。对史前史的解读只能依靠民族志的类比”。[②]

这是由研究对象不可经验的“过去性”所决定的。并且由于“过去”距离现在的时空远近不同，对“过去”记忆的符号与方式也不同。对于礼制文明研究而言，史前期主要依据者为考古遗存；夏礼，在孔子时代已是“文献不足证”，所能依据的主要是有限的无字的考古遗存和少量的后代追述文献；商礼，不仅有大量的考古遗存，还有甲骨文字档案与少量后世追述文献；周礼，则已经是考古资料（包括有字的遗物）与古文献资料并重。但作为口述的“言”证早已不复存在，存在的是已转换为书证和物证，而书证的舛误和物证的大量缺失，决定了先秦研究尤其需要“多重证据法”的使用，以实现研究视界和方法的突破性变革。

同时，不同类型和来源的证据证明力也不均衡：传世文献（第一

①张光直：《商代文明》，毛小雨译，北京：北京工艺美术出版社，1999年版，第51—52页。

②前者为著名新考古学家路易斯·R.宾福德在其《烟坑与熏皮：考古推论中的类比》（1967）中所言，后者为著名新考古学家凯斯·M.安德森在其《民族志类比和考古学解释》（1969）中所言，参引（美）沙雷尔、阿什莫尔：《考古学：发现我们的过去》，余西去译，上海：上海人民出版社，2009年版，第342页。

重证据）因其物质铭刻性而保留了历代人们最为关注的东西，但人为痕迹最显著；出土甲金简帛文献（第二重证据）是比较直接的第一手资料，但往往残简断篇、释读困难，需要借助历史文献、民族志材料和实物、图像建立释读背景；民族志记录的活态文化（第三重证据）可以提供宽阔的视野，是考古资料类比推理与解释最普遍、最具成效的材料，但又受其整体质量参差不齐的限制；考古实物与图象（第四重证据）可以提供最直观最形象的证据，甚或文字记载所忽略的信息，但却因其无言性以及可能的片面性会带来解读的极大歧义性。

可见，每一种证据符号都有自己的“剩余”与“局限”，必须借助其他符号来补足自己或者帮助其他符号才能发挥其叙事功能：“物品、图象、动作可以表达意义，并且它们实际上在大量表达意义，但是，这种表达从来不是以自主的方式进行的，所有的符号系统都与语言纠缠不清。”①“只有通过让符号和指代者填满自身才能填充自身和完成自身。”②每一种证据符号只有彼此关联对比、互证、替代和补充，即立足于证据间性互补原则，使四重证据形成一个立体阐释的“场”，才能更真实地逼近和呈现符号背后的“所指”，重构失落的文化记忆。

目前国内用力最勤且卓有成效的研究案例是叶舒宪先生的四重证据立体释古的批评实践，如对夏禹“熊旗”的释读，正是在传世文献《周礼》所记“熊虎为旗”（第一重）、新出先秦竹简《容成氏》所记夏禹建中央熊旗（第二重）、整个欧亚大陆所传熊神神话（第三重）和二里头文化遗址里多达10件的熊形神徽实物（第四重）等立体文献的对照、比较中，为至今找不到文字证据而争论不下的夏文化探索找到突破口。③再如对夏禹“建鼓”的神话通释，也是在四重证据的相互关联中，释读上博简《容成氏》禹建鼓于廷的叙事，并将之还原到自仰韶文化陶鼓到二里头木鼓之数千年的发生学谱系及其同神话、仪式和巫术法器系统的内在联系中，揭示鼓乐礼仪发生的神秘意蕴。④从而以知识考古方式和人类学立体写作的范式转型意义，切入中华文明探源，将四重证据法提升到人文学方法论的一般性意义上。

①罗兰·巴尔特：《符号学原理》，王东亮译，北京：三联书店，1999年版，第2—3页。

②雅克·德里达：《论文字学》，汪家堂译，上海：上海译文出版社，1999年版，第209页。

③详论见叶舒宪：《大禹熊旗解谜》，《民族艺术》，2008年第1期。

④叶舒宪：《〈容成氏〉夏禹建鼓神话通释——五论“四重证据法”的知识考古范式》，《民族艺术》，2009年第1期。

本书在方法论上，正是深受其影响，尝试应用四重证据法及其间性互补，对《礼记》所叙的仪式时空进行知识考古式探析，发掘礼仪制度如何为具有文化基因的神话思维所编码，从而重构“记”背后礼制文明的文化渊源。具体而言，可以各章具体内容与论述分而见之：

第一章尝试综合运用礼制文献如《夏小正》、《仪礼》、《尧典》，出土文献如《日书》、《楚帛书》及各类天文考古图象等考古材料和民族志所见成年仪式，厘清冠礼举行时间的纷争，确认其原型源于春天庆典。探析“冠冕”家族字形、出土冠冕图象及相关神话、仪式，论证冠礼所加之“冠”的形制与材质均具有通神媒介或使者的象征性。继而在与阴性空间、东方苍龙之腹、青铜器龙虎食人纹饰的关联考察中，发现“东房”与大地母腹可能存在象征性认同。最后在考核进级、年龄、教育、身份等级等与冠礼时间阈限之间关联的剖析中，揭示出“三加”仪式在世俗层面的象征意义。

第二章从传世文献与考古材料所见先秦庙制入手，讨论“庙”之建筑布局与等级规制，并以冠礼仪式空间转换为例，透视了门、阶、堂、室、位、向等与认知编码、身份转换、权力叙事的关系；最后从字源学、宇宙起源神话与考古学角度，逐一分析金文“廟”字字频及其构形中艸、、、、、、、、宀、广诸形符，发现金文“廟”字各构成形符均为宇宙神话起源中典型的神圣符号，故而其组合即展现了对神话宇宙观和仪式场景的模拟和重演。从而重新体认和揭示文字背后被遮蔽和遗忘已久的远古神话知识。

第三章呼应前章，借助仪式理论和考古发现礼制建筑遗存、祭坛遗址复原图，从仪式空间的三个维度重新考察了人们怎样通过模式化叙事建构有意义的文化空间，从而揭示出明堂位序、巡守五岳等政治性礼仪与天子明堂建筑形态间的象征关联。

第四章借镜“多民族史观”与满天星斗式考古文化区系，检讨并反思了“五方之民”叙事及其研究的视域与局限，洞察史观的主体性及语境的重要性。从叙事主体的天下认知角度对“五方之民”叙事空间模式进行再探讨，发现“五方”格局作为一种观念世界的表述、记忆与认同，其民族志意义，在于彰显了“王者”的天下认知图式及其渊源已久的族类编码观念。

第五章以比较神话学和天文考古学视野分析了月令物候“终而复始”、仪式历法“岁且更始”、人事活动“以初为常”的神圣时空观、权力话语的神话思维背景与深层心理机制。在上古汉语语境与当下西方“叙事”的双重审视下，揭示出《礼记》文本化仪式叙事所具有的复合性特性，从而凸显出仪式叙事的本质在于强化文化认同和文化整合。

第六章借助环境考古学与出土文献如甲骨卜辞、《豩公盨》铭文、《上海博物馆战国楚竹书》的研究成果，参照民族志危机仪式，透过《礼记》中灾难记忆的特殊言说方式，揭示出社会整合的规范叙事与神话思维思维编码下危机仪式叙事所具有的社会秩序恢复与精神心理疗救的叙事功能。

综上，全书以实例响应和见证了四重证据法立体阐释的效力，同时，鉴于“格物致知”在中国传统文化认知中的重要性，以及当今学人对书写霸权的反思潮流中，实物与图像对于突破语言牢笼和书写局限、盲点，而导向活的历史情境达成“过去”生动直观洞见所具有的重要意义，本书更是采用了大量考古实物及图像、民族志图像、甲金文字，并自绘图表、示意图等来图像证“礼”。将形象直观的图像叙事与神话仪式叙事、文字论述相互为证，不仅将研究视野拓展到了史前时代，而且为解读隐含的观念信息提供了更直观的证据符号。如“三加”之冠与鸟形灵的微妙联系，金文“廟”与宇宙起源的关系，明堂与新石器祭坛的关系，月令物候循环与仪式历法的关系等等，均是如此。希望能够达到某种多维的综合性的证明和表现效果。

第一章

『再生』神话：冠礼仪式象征探源

生命循环观的信仰源于什么？冠礼为何具有『第二次诞生』的意义？加冠换服何以成为新生的象征？『三加』仪式及『冠』的原型象征是什么？冠礼为何春天在庙中举行？本章将从『再生』神话视角对冠礼仪式的原初象征一一道来。

学人一般将冠礼追溯到氏族社会的成年礼及其身份转换意义，[1]但大多限于部落社会成年仪式共性特征——死而复活、身份转换——来观察冠礼中显见符号如加冠、命字、换服等直观的转换意义，而对相关象征符号本身所具有的象征意义及其神圣起源缺乏观照。立足于共性基础，如果进一步追问：人类生命循环的信仰源于什么？人们为何认为成年礼具有第二次诞生的意义？作为“二次降生”的标记有何意义？中国的成年礼为何以换服加冠作为新生的标记？要解决这个问题，必须从冠礼举行时间与“冠”的原始意义来入手。本章即尝试从“再生”神话视角探讨冠礼举行时间、空间和“冠”的原始意象、年龄等级等的原初象征意义。

第一节 “再生”与春社：冠礼时间探考

冠礼作为个人走向社会的重要人生关口，在历史上曾经占据十分重要的地位。《礼记·冠义》有“古者圣王重冠。古者冠礼，筮日筮宾，所以敬冠事，敬冠事所以重礼”。《仪礼》置《士冠礼》为第一，以示人生之始的重要。由于冠礼仪程的记载，将关注的焦点放在冠礼繁琐的仪程和意义阐释，对冠礼举行时间语焉不详，使其成为几千年来礼学聚讼难已的问题。文献所见争论主要集中在两个问题：其一，冠礼有无固定之月？其二，一月之中哪些日子为冠礼吉日？

第一个问题，有两种截然迥异的意见可为代表：以贾公彦等为代表的常月派和以胡培翚、陈立等为代表的无常月派。前者依据《夏小正》“二月，绥多士女，冠子娶妻时也”为据，以为士冠礼不言月，在于冠礼恒在二月举行。[2]而反对者则用“夏葛屦，冬皮屦”反证不必在恒

①郭振华：《中国古代人生礼俗文化》，西安：陕西人民出版社，1998年版，第69页。

②（清）阮元校刻：《十三经注疏》，北京：中华书局，2003[1980]年版，第945页。或以为三加之冠辞“以岁之正”而为恒在正月举行。

月。[①]唐代杜佑则斡旋于二者："礼所以冠无定时月，春夏不可便用秋冬。若今岁内修复未必，入新年，卜仲春之月加元服，不失年，不失礼。"[②]各自的论证皆有所据，始终难见终的。

关于第二个问题，典籍有外事用刚/阳日，内事用柔/阴日之说，[③]贾疏《少牢馈食礼》曰："外事以刚日，内事以柔日。内事谓冠、昏、祭祀；出郊为外事，谓征伐、巡守之等。若然，甲丙戊庚壬为刚日，乙已辛癸为柔日。"[④]《睡虎地秦简〈日书〉》（甲种）亦有：

> 阳日，百事顺成。邦郡得年，小夫四成。以蔡（祭），上下群神乡（飨）之，以盈志。
>
> 阴日，利以家室。祭祀、家（嫁）子、取（娶）妇、入材，大吉。
>
> （外）阳日，利以达野外，可以田猎。
>
> 外阴日，利以祭祀。作事、入材，皆吉。不可以之野外。
>
> 秀日，利以起大事。大祭，吉。寇（冠）、制车、折衣常（裳）、服带吉。[⑤]

则冠礼属吉礼内事，当在柔日举行。然文献所见冠礼举行在日期记载上多阙如，即或偶尔言及亦各个有别。不仅无定月，刚柔日之分亦未严格遵循。[⑥]

---

①如清人陈立《白虎通疏证》"礼，夏冠用葛屦，冬冠用皮屦，明无定时也"对"十九见正而冠，古之通礼"和《士冠礼》"三加曰以岁之正"的"正月说"进行了论证："郑注：'正犹善也。'亦不以为正月之正，则见正而冠或十九岁时遇岁月之善则亦可冠。"陈立：《白虎通疏证》，吴则虞点校，北京：中华书局，1994年版，第496页。清人胡培翚《仪礼正义》以古无筮月之法、夏冬之屦以及秦蕙田《五礼通论》所言《夏小正》之二月"冠子娶妻"为偏义"娶妻"，对贾公彦之说予以反驳。胡培翚：《仪礼正义》，段中熙点校，南京：江苏古籍出版社，1993年版，第7—8页。

②杜佑：《通典》，北京：中华书局，1984年版，第321页。

③《礼记·曲礼》有"外事用刚日，内事用柔日。……吉事先近日"。郑注曰："顺其出为阳也，出郊为外事。""顺其居内为阴。""吉事，祭祀冠取之属也。"（清）阮校核：《十三经注疏》，北京：中华书局，2003[1980]年版，第1251页。

④（清）阮元校刻：《十三经注疏》，北京：中华书局，2003[1980]年版，第1196页。

⑤吴小强：《秦简日书集释》，长沙：岳麓书社，2000年版，第23—24页。

⑥《左传》所记鲁、蔡、许三公之冠，《晋语》所记赵文子之冠，《史记》所记秦惠文君、昭襄王之冠等皆不记日期；《孔子家语·冠颂》记夏六月周成王冠，又无具体日子，明载月日者有《史记》所载秦始皇之冠于九年四月己酉，《史记·孝景本纪》：正月甲寅，皇太子冠。《汉书·惠帝纪》：三月甲子，皇帝冠，赦天下。《后汉书·礼仪上》：正月甲子若丙子为吉日，可加元服，仪从《仪礼》。又《献帝起居注》曰："建安十八年正月壬子，济北王加冠户外，以见父母。"吴小强：《秦简日书集释》（乙种）亦有复秀日冠取吉，及初冠五月庚午日吉。长沙：岳麓书社，2000年版第181、219页。

依据20世纪新出地下文献《九店楚简》和《睡虎地秦简》中秦、楚两地盛行的《日书》中有关“冠日”的记载，研究者认为秦、楚建除家们皆将每月建日或秀日视为冠礼吉日，看不出恒定于某月。但令人奇怪的是秦、楚简文多将冠娶并言与《夏小正》同，故其认为：“从理论上说，冠礼每月都可以举行，但由于二月份娶妻嫁女较为普遍，人们可能比较习惯于在此月行冠礼。”[①]最后结论变为支持冠无常月说。

然而，如果从世界范围普行的成年礼举行时节及其“死而复活”以去旧更新的象征意义，结合中国以庆春仪式实践报本反始的“再生”神话来看，对中国冠礼的行礼日期及其仪式象征将会有一个通观式理解。拟从三个方面论证。

一、“再生”神话：庆春仪式与报本反始

1942年湖南长沙子弹库出土《楚帛书》不仅以其奇特的设计形式暗喻天体右旋以行的循环轨迹[②]，而且有至今最为详细的创世神话：天地未开，宇宙混沌，晦明难辨，黄熊氏伏羲与女娲合，生四子，立天地，定四时。千百年后，日月失序、四季失常、天体撼动、九州不通，神祖赐四木之精，重定三天四极，日月归常，置闰正岁，迎送日月，晦朔有序，分定朝昏昼夜。宇宙劫后重生，大地恢复生机。[③]对本文来说，这个创世神话所述最重要的提示是：宇宙初创以日月正常运行和四时流转不息为标志，日月失序、四季失常则宇宙失范，但随着日月四时重新回归正常，宇宙即可劫后重生。无论是初创还是重生，皆以日月守序为重要标志。汉画像砖石中人首蛇身交尾的伏羲女娲总持有日月规矩，指画天地，神木大保当汉画像石上人面鸟神的春神勾芒和秋神蓐收亦各持规矩日月，不啻创始神话中主持日月运行的写照。[④]四神相代以定四时与

①刘炼：《从楚秦〈日书〉看冠礼的择日问题》，简帛网：www.bsm.org.cn/show_articles.php?id=426。

②帛书为方形彩图，由外图内文两部分构成。外环四方十二神与四隅青、赤、白、黑四木，象征四时起始，暗喻启闭。内文为互为逆转的两篇文字，右为创世，左为天文星占。以第一篇起读，而后须将帛书逆时针右旋180度，方能正方向读第二篇，然后接读外层孟春，依次右旋，顺读外层十二月宜忌。详见冯时：《中国天文考古学》，北京：中国社会科学出版社，2007年版，第18—19页。

③这一段文字缺残甚多，文意歧义较多，共工或正或反（共工推步十日，命百神风雨以润下民，不意百神没能正确掌握风雨时辰，遂致乱生，于是决定让日月转相作息，日分宵朝昼夕。或谓共工推步十日运行于四时，但因步算过疏，导致四时失度，故置闰以正。又因风雨无定、朔晦失序，故迎送日月，使日月各行其道，分定朝昏昼夜）皆为猜度。相关论述可见杨宽、李学勤、李零、冯时、董楚平等的论著。

④此论可参杨宽：《楚帛书的四季神像及其创始神话》，《文学遗产》，1997年第4期。

●1-1 陕西神木出土汉墓门柱人面鸟身门神手持日月图（叶舒宪 摄）

《尧典》羲和四子分司四方冬去春来，如出一辙。而《淮南子·天文训》保留有更系统的论述：

> 天维建元，常以寅始，右徙一岁而移，十二岁而大周天，终而复始。……帝张四维，运之以斗，月徙一辰，复返其所。正月指寅，十二月指丑，一岁而匝，终而复始。①

显示了以太阳绕天盖循环运行以定四时的历法起源和相关信仰。大量资料表明，日月星辰的升落，尤其是太阳的朝出夕入不仅诞生了人类最早的时空标尺与朝日夕月宗教祭仪，而且激发了生死循环、弃旧更新的生命哲学与社会秩序。在神话中，按照一定周期变化、终而复始的现象，如日落月升、晦朔圆缺、动物的冬眠复出、草木荣枯、潮汐涨落等往往被赋予特别的标志意义，往往与人的生命构成同态感应和象征性认同。《释名》：“晦，灰也，火死为

① （汉）高诱：《淮南子注》，上海：上海书店出版社，1986年版，第42—45页。

曾侯乙墓漆箱盖二十八宿图（唐启翠摄于湖北省博物馆）。《史记》：斗为帝车，运于中央，临制四乡，分阴阳建四时。

●1-2 天维建元帝张四维

灰，月光尽似之也。……朔，苏也，月死复苏生也。……晨，伸也，旦而日光复伸见也。”[①]这里月亮的阴晴圆缺、日光的消失与复出都隐含着生命的复活与再生节律。

文学批评家弗莱在总瞰西方文学原型模式时指出，人类的想象发生一开始便遵循着某种由自然现象的循环变易所提供的基型（prototype）：

> 阳光每天都要消失，植物生命每逢冬季即告枯萎，人类的生命每到一定期限也要完结。但是，太阳会重新升起，新的一年又将来到，新的婴儿也要问世。或许在这个生命世界中，想象的最初的、最基本的努力，所有宗教和艺术的根本要旨，都在于从人的死亡或日和年的消逝中看到一种原生的衰亡形象，从人类和自然的新生中看到一种超越死亡的复活形象或基型。[②]

自然界的循环过程往往等同于某位神的死亡与复活、消失与回返、隐退与重现，秋枯春荣认同于植物神阿都尼斯，佛陀亦会随着动物或人的生命循环而不断地重新托生。最常见则是与太阳神的认同，他在夜晚死去伴着黎明之光复活，或是在每年的夏至后衰老死去，到了冬至又开始复生。这种循环象征通常分为四个阶段，一日有晨、午、昏、夜，

①刘熙载撰，毕沅疏证，王先谦补：《释名疏证补》，北京：中华书局，2008年版，第19—20页。

②弗莱（Frye）：《威严的均称》，普林斯顿大学出版社，1969年版，第217页，转引自叶舒宪：《中国神话哲学》，第8—9页。《中国神话哲学》详细而系统地考论了中国神话哲学元语言及其表征。

一年有春、夏、秋、冬，植物有生、长、枯、死，人亦有生、长、老、死。[①]在神话思维中，太阳的东升西落亦被认为是当太阳神驾着车马或巨舟行至西方的时候被巨兽吞食而进入冥界。冬天，当太阳滞留冥界时，人间萧瑟而饥寒，但当太阳从冥界返回的时候，大地又花团锦簇，食物充足，天气温暖，人体舒泰。东方、春天便与太阳神的死而复活联系在一起。故而，便有了冬至来临阳光益衰之时，人们所举行的助日巫仪和庆春仪式。[②]黑格尔认为这种为神举行庆生悼死仪式的行为象征根源即在于神性的东西被人格化为人类事件，而在自然现象中找到最普遍的意义："太阳在冬天丧失了它的热力，到了春天这热力又恢复过来，接着大地又返童一次，她死过去又再生了。"[③]

自然界里，最易引起注意和联想的就是作为食源的动植物及其相关影响因素的观察。人们深信日月星辰的循环、人类的活动会影响动植物的生长。而他们对春荣冬枯的季节转换的关注和人为仪式干扰，不过是因为他们深知正是这一年四时的季节变换才让大地生长出庄稼和食物。"季节对于先民而言，就像时序女神荷赖对于希腊人，她意味着收获和果实。"[④]

季节循环的一个周期往往持续一年，要经历春生、夏长、秋收、冬枯四段，或者经历漫长的旱季而迎来丰饶的雨季如大洋洲，或者等待300余日终于迎来又一次为尼罗河湾带来欣欣向荣的尼罗河潮汐。正如《礼记·王制》所言"凡居民材，必因天地寒暖燥湿、广谷大川"而异俗，如埃及历法与祭仪均源于对尼罗河潮汐涨落与食物丰歉的观察，南太平洋诸岛的历法与祭仪依赖于季风消息，爱斯基摩人秋天仪式则基于关注冬天胜于春天，南半球的大洋洲中部居民雨季诸多仪式源于对旱季与雨季转换的关注，而中国的月令仪式历法及相关祭祀则源于对长江北渚日月星辰与物候的观察。人们所

①弗莱：《原型批评》，见叶舒宪选编：《神话—原型批评》，西安：陕西师范大学出版社，1987年版，第209—210页。

②德国人类学家利普斯在《事物的起源》中详细描述了巫术性助日仪式（汪宁生译，兰州敦煌文艺出版社，2005年版，第328—329页）；叶舒宪《中国神话哲学》详细论述了中国汉代郊祀歌的助日巫仪等。

③黑格尔：《美学》（第2卷），朱光潜译，北京：商务印书馆，1996年版，第68—69页。

④希腊时序女神Hara，又叫Harae，司掌季节轮回和自然秩序的女神，最初只有冬、夏二神，后来先后增春、秋二神。故春天庆典实际上最初在五月举行。哈里森：《古代艺术与仪式》，刘宗迪译，北京：三联书店，2008年版，第40页。

注意的动植物周期性取决于他所处的社会和地理条件，“所有的原始历法都是仪式历法，构成这种历法的无非是一连串举行庆典的日期、一系列不断再现的具有特殊属性和意义的日期，周而复始的周期性形成其基本模式。”而基于季节周期性变化的仪式行为能被人们周而复始、热情举行的内在机制则是一种被延宕并强化了的欲望得以宣泄的方式。①旨在激发农作物、动植物和人类生命力的祭神活动，随着寒来暑往可以在一年中任何一个月份里举行，也可以特别注重一个或几个节日，取决于人们的需求和欲望，如中国天子诸侯宗庙有春礿、夏禘、秋尝、冬烝、祭祀天地社稷、巡守五岳、春秋大傩等。

尽管各地由于所处生态环境和经纬度不同，大地回春的日子并不一致②，但最盛大和最流行的节日依然莫过于春节（the spring Festival）即岁首，如希腊语称之为ánoixis，意为“开启”，即元旦，希腊酒神节以及与之有关的戏剧表演正是源于春节③；古中国称之为“元日”、“元旦”④，意指一年初始的日子，春节庆典从农历腊月腊祭开始持续到正月二十二。春节，在此与其说是特指正月初一的那一天，不如说是一个时间段——冬春交汇之间的一个过渡时间，就是人类学所称之的时间“阈限”。汉语“辞旧迎新”、“辞岁”、“过年”等词还保留着度过这一中间时间的原始意义。一如哈里森所指出的：“严格地讲，新年应该从冬至开始，此时星回于天，日穷于次，太阳走到了行程的尽头，随着太阳的回归，‘新岁’肇始，但是，我们习惯上在春天举行新年庆典，因为此时冬去春来，万象更新，也正是农事开始的时候”。⑤此说甚与中国同。

依据夏历所记日月星辰和物候变化，仲冬之月，“日至短”，“日穷于次，星回于天，数将几终，岁且更始。”⑥是时“天地不通，闭塞

①哈里森：《古代艺术与仪式》，刘宗迪译，北京：三联书店，2008年版，第30、29页。

②如大洋洲的汤加位于日界线西侧，是世界上最先开始新一年的地方，而位于日界线东侧的西萨摩亚则是世界上最迟开始新一年的地方，按照现行公历计算中国是第12个开始新年的地方。西方国家则以耶稣诞日12月25日为新年的开始。而在古代，各地雨季、春天到来的时间不一，岁首也不一样，如古希腊雅典历法即以七月为正月。

③详见哈里森：《古代艺术与仪式》，刘宗迪译，北京：三联书店，2008年版，第32页。

④《书·舜典》：“月正元日，舜格于文祖。” 孔传：“月正，正月；元日，上日也。”《文选·张衡〈东京赋〉》：“于是孟春元日，羣后旁戾。” 薛综注：“言诸侯正月一日从四方而至。”宋吴自牧《梦粱录·正月》：“正月朔日，谓之元旦，俗呼为新年。一年节序，此为之首。”

⑤哈里森：《古代艺术与仪式》，刘宗迪译，北京：三联书店，2008年版，第52页。

⑥孙希旦：《礼记集解》，北京：中华书局，2007[1989]年版，第503页。

而成冬”[①]的死亡之地正孕育着新生的希望，所谓“阴阳争，诸生荡”。[②]但标志着太阳从东方的地平线上升起、大地回春的真正起点实际上是在春分，即《月令》仲春之月“日月分，雷乃发声，始电，蛰虫咸动，启户始出”。从比较神话学视野看，仲春物候所暗喻的正是死而复生的原始神话。[③]

古人对于太阳一年中运行方位变化的准确观察，很叫令人惊讶。《尚书·尧典》春分“寅宾出日，平秩东作”，秋分则“寅饯纳日，平秩西作”，即在二分之时，太阳与赤道水平重合时恭迎、拜送太阳。《国语·周语》对此解释道：

> 古者，先王既有天下，又崇立上帝、明神而敬事之，于是乎有朝日夕月，以教民事君。诸侯春秋受职于王，以临其民。[④]

春秋二分的连线，是人间秩序重定的标志，也象征着生死两界的分界线。早在有文字记载的史前时代，太阳崇拜的传说和遗迹即已十分常见，新石器时代，太阳由于被先民们奉若神明而成为礼器最重要的装饰图像，也成为礼拜的最高神明，仰韶文化彩陶上的太阳纹，大汶口文化陶器日纹，良渚文化的祭坛立鸟、玉琮羽冠神徽、

左为城子崖遗址博物馆壁画，阐释了陶鬶与太阳崇拜的关系；右为三星堆博物馆藏太阳形铜器。二图展示了自东而西的太阳情结。（唐启翠 摄）

●1-3 拜日情结

①孙希旦：《礼记集解》，北京：中华书局，2007[1989]年版，第488页。

②孙希旦：《礼记集解》，北京：中华书局，2007[1989]年版，第497页。

③详参叶舒宪：《〈礼记·月令〉的比较神话学解读》，《陕西师范大学学报》，2006年第3期。

④徐元诰：《国语集解》，北京：中华书局，2006[2002]年版，第33页。

拜日岩画，三星堆青铜神树、青铜羽冠，金沙的金箔太阳神鸟等，都显示着人们对太阳的膜拜。

太阳对人类生活影响很大，世界上许多民族都有太阳观测和日神膜拜的记忆。殷商甲骨卜辞有很多祭日出入的记载。[①]在《礼记》中，对太阳的观测和膜拜最终以法天的历法形式规范着人们的行为，成为神权与王权汇聚一身的最佳象征。如《礼记·郊特牲》对春分郊祭的记载：

> 郊之祭也，迎长日之至也。大报天而主日也。兆于南郊，就阳位也。扫地而祭，以其质也。器用陶匏以象天地之性也。……万物本乎天，人本乎祖，此所以配上帝也。大报本反始也。[②]

《礼记·祭义》有更详细的解说：

> 大报天而主日，配以月。夏后氏祭其闇，殷人祭其阳，周人祭日，以朝及闇。祭日于坛，祭月于坎。以别幽明，以制上下。祭日于东，祭月于西。以别内外，以端其位。日出于东，月生于西，阴阳长短，终始相循，以致天下之和。[③]

大型祭日祭月仪式正是以春分、秋分为标志。庄子《田子方》拟仲尼所言："日出东方，而入于西极，万物莫不比方。……是出则存，是入则亡。"[④]万物皆以日升而生，日落而息。在古人眼中，春分、秋分正是阴阳交割、生死移界的至重时刻，因而成为庆生悼死的最佳时刻。这就是人类学中所说的以太阳神死亡与复活为模型的悲喜剧的诞生。[⑤]

天文考古学研究发现，人类基于对太阳观测而确立的历法中，最先确立的就是二分二至，四方是依分至时太阳天球视位置而定，四风是分至之时的物候征象，分至四气运行周期是后世四季渊源，四方神初为分至神，后转变为四季神。约当公元前4500年的河南濮阳M45的墓穴形状

①刘青：《甲骨卜辞神话资料整理与研究》，昆明：云南教育出版社，2008年版，第1页。
②（清）阮元校刻：《十三经注疏》，北京：中华书局，2003[1980]年版，第1452—1453页。
③（清）阮元校刻：《十三经注疏》，北京：中华书局，2003[1980]年版，第1594—1595页。
④陆永品：《庄子通释》，北京：经济管理出版社，2003年版，第319页。
⑤详论见叶舒宪：《中国神话哲学》第三章，该章详细论述了东方、南方、西方、北方分别与春夏秋冬四季天的神话和仪式。

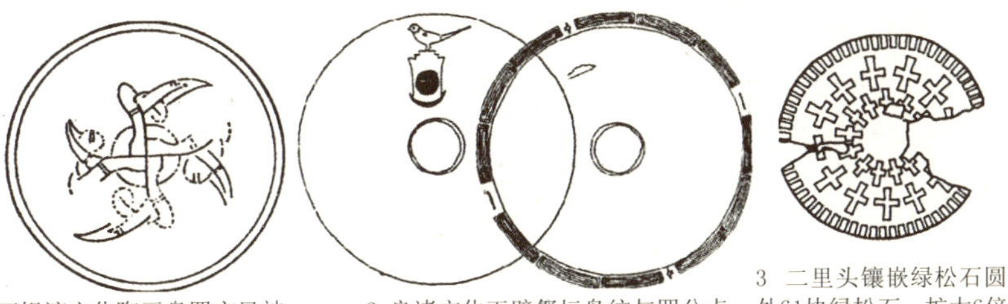

1 河姆渡文化陶豆盘四方风神　2 良诸文化玉璧祭坛鸟纹与四分点　3 二里头镶嵌绿松石圆仪外61块绿松石，扩大6倍恰是366周天，象征回归年天数。内13个“十”字，象征闰年十三月。

良渚玉璧周缘刻有四组十二个云纹，象征一年十二个月：四组云纹上下间以翔鸟，象征日神，左右间以社树，象征祖神，与古礼以祖配天。二至祭天二分祭社祈生的神话仪式吻合。

参引冯时《中国天文考古学》第210、208、222页

●1-4　出土器物所见四分风神、二分二至与置闰图像

就展现了二分日及冬至日太阳周日视运动轨迹，约公元前3000年的辽宁牛河梁三环石坛亦符合分至日太阳周日视运动轨迹。[①]河南偃师二里头出土镶嵌圆形铜器和青铜钺上所镶嵌的“十”纹，则是太阳周年视运动轨迹的写照，尤其是圆形铜器内外两圈均匀布列的13个“十”，与殷商卜辞中平年十二月、闰年十三月和《尧典》“以闰月定四时以成岁”中置闰之法如出一辙。闰月的出现，是为了调和中国古历合采阴阳的岁差问题。[②]

分至四气作为太阳周年视运动轨迹的标志，是通过日影的测量获得的：“以土圭之法测土深，正日景，以求地中。日南则景短，气暑；日北则景长，多寒；日东则景夕，多风；日西则景朝，多阴。”[③]夏至日景最长，冬至日景最短，最宜被掌握。但在长期的测量实践中，人们发现四分回归年的长度并非永恒不变，每年的太阳到达分至点的时间也并非完全一致，误差虽极微小，长时期累积亦会形成岁差现象。故随着后代岁首的不断后移，遂形成以冬至作为一个天文年度的起点，并一直坚持下来。[④]

①详论见冯时：《中国天文考古学》，北京：中国社会科学出版社，2007年版，第254—259页。

②古历以日月昼夜交替的周期为一日，月相盈亏的周期为一月，分至四气的循环一周即禾谷成熟的周期为一年。日行一年为365又1/4天，约当《尧典》366天，而阴历一年354日，比阳历少11又1/4天，累积三年就要置闰，往往在岁末置闰，形成闰年十三月。古人很重视闰月，原因在于是观乎国计民生的问题：“闰以正时，时以作事，事以厚生，生民之道于是乎在也。”（《左传·文公六年》）

③（清）阮元校刻：《十三经注疏》，北京：中华书局，2003[1980]年版，第704页。

④如人们观测发现第一年的冬至时刻出现在正午，第二年的冬至时刻会推迟四分之一日，如此循环，直到第五年冬至时刻重新回到正午。将第一年冬至到第五年冬至之间的数除以四，即可得到四分年的天数。据竺可桢《论以岁定差》对《尧典》四仲中星年代的计算，鸟、火、虚三宿的观测年代约在殷末商初，昴宿观测年代则在公元前2700年。商代卜辞提到547日，恰好是四分历回归一年半的时间，当时可能在365—365.5日，两汉时期的回归年实际长度为365.2423日，四年累差0.0308日，不足45分钟。详见冯时《中国天文考古学》第272—274以及219页中相关论述。

从人类学和神话学视野来看，人们对日月的观测及其相关的祭拜仪式是基于对食物周期的关心，而在这样的关注里，天文学中的太阳周年视运动所经历的分—至—分—至—分，是以投射在地上的动植物物候的生长荣枯为标志的。在中国最早的殷商甲骨文字记载中，“年”表示年谷成熟、丰盛，由此，殷代一年由禾季和麦季构成。[①]换句话说，大众更关注草木复苏那一时间的意义。因而雨水充足、草熏风暖、花开莺飞到来的时节自然被类比为太阳神复活的起点，而反之则被视为太阳神被怪兽吞食而亡的起点。这样，在自然界分—至—启—闭—分的循环间隙中，自然就有了或助日、祈年、迎生、悼死的巫仪。

从冬至到春分，正是太阳日影最短过渡向日影渐长，即从北向东逐渐复活的过程。盛大的东郊迎春仪式是在立春日：

> （孟春之月）先立春三日，太史谒之天子曰：“某日立春，盛德在木。”天子乃斋。立春之日，天子亲帅三公、九卿、诸侯、大夫以迎春于东郊。[②]

随后要庆赐颁政、祈谷、藉田。事实上，早在立冬后，天子即举行大饮烝于宗庙，而且“祈来年于天宗，大割祠于公社及门闾，腊祭先祖五祀”[③]以“报本”，在冬至日后有“命有司大傩，旁磔，出土牛，以送寒气”的鞭春牛仪式，“反始”仪程已然开始。至仲春之月“择元日，命民社”。于玄鸟至日“以太牢祠于高禖”[④]达到春天庆典的高潮。

至此，可以发现古人的时间观是循环往复的。冬春之交，即从冬至到春分这一阈限时间因对人们有着特殊的意义而备受关注，象征着太阳神反本归始、死而复活的过程，因而人们要举行各种盛大仪式来呼唤、欢庆太阳神复活带来的新气象。著名宗教史学家埃利亚德曾指出在原始民族和文明民族的神话和宗教中，存在着一种世界必须每年回返宇宙初创时间，以获得宇宙更新、重新创造的神秘力量：

①详参陈遵妫：《中国天文学史》，上海：上海人民出版社，1984年版，第205页。
②孙希旦：《礼记集解》，北京：中华书局，2007[1989]年版，第413页。
③孙希旦：《礼记集解》，北京：中华书局，2007[1989]年版，第490页。
④孙希旦：《礼记集解》，北京：中华书局，2007[1989]年版，第424—425页。

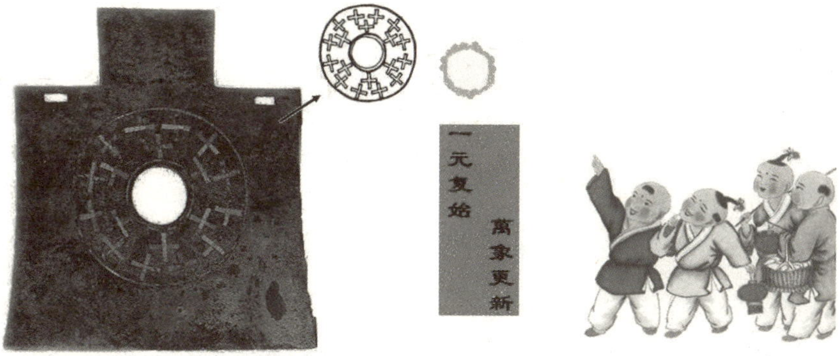

二里头绿松石镶嵌“十”纹青铜钺，上海博物馆藏，象征太阳的“十”字纹嵌在象征王权的铜钺上，即赋予执掌者法天颁时的权能，也象征着终而复始万象更新的历法运行秩序。年之概念与效法创世模式以更新世界的神话仪式以年画的形式尚保留着远古的记忆。

●1-5　除旧迎新与一元复始

年之概念和新年的日子会因气候、地理位置和文化差异而不同，但总有一种循环周期，即一段有始有终的时间。此一周期的结束与另一周期的开端，由一系列的仪式来标志，其目的即在于效法创世模式以更新世界。①

二、死而复活：庆春仪式与成年礼

民族学资料表明，在原始时代，男女青年总是在春季（或雨季，即岁首）集合起来举行庆祝，一方面举行一种旨在保证人类社会生殖绵延和大地回春、万物复苏的性爱活动，另一方面也举行象征死去“再生”的成人入会礼：

成人入社礼本来是由一批明确规定的，包括属于一定年龄集团的、全部方才成熟的两性男女青年在内的每年夏季所举行的一种庆典。这种人类死去复活的典礼因此就可以追本溯源到那种为大地从凋零中回春的庆祝形式上面。人类的生命和大自然的生命被看成是按着同一的节奏和步调而运动的——两者之中跳跃着同一的脉搏。②

---

①Eliade,Mircea.*Myth and Reality*，trans.by W.R.Trask,New York:Harper&Row Inc.1963,p.42.

②（英）汤姆逊：《古代哲学家》，何子恒译，北京：三联书店，1963年版，第87页。引文原出汤姆逊《埃斯库罗斯与雅典》英文版第132页，古希腊以夏季为岁首，故引文中为夏季举行成年礼，与春季同义。

英国人类学家哈里森对酒神狄奥尼索斯的研究表明，Dionysos词源本义即是DivineYoung Man，亦被希腊人称为Kouros或Ephebos的春神，既是给人间带来万象更新的春神，也是为社会带来朝气和活力的青春之神，跟成年再生仪式密切相关。其物化象征就是庆祝其再生仪式上扮演春神者手持的橄榄枝（Korythalia）——盛开的青春之枝。克里特岛遗址出土的一段酒神颂铭文还有残缺的记忆：

哦！库罗斯！至高无上的库罗斯！我向你欢呼，你是所有润泽和明慧之物的主人，你走在众神行列的上首，让我们载歌载舞，欢欣上路，前去迎接新年狄克（Diktè）女神。

接着颂歌又唱到一位男孩是如何被武士们从他母亲的身边带走，带去参加入会礼，武士们围着他跳起他们部族的舞蹈。这与两度降生的狄奥尼索斯的传说相吻合：“第一次诞生和芸芸众生一样，是从母腹中降生的，而他的第二次降生，却非同凡响，是从父亲的臀部中生出来的。”哈里森认为这既是春天颂歌和也是成年仪式上的青春吟唱。虽然跟成年礼仪式密切相关的一段有残缺，不过意思还是比较明确。显然成年仪式最初源于对时序季节的模仿。[①]

在毗邻中国的日本，每到春天来临，在庆典祭祀活动中，也举行成年仪式：

年轻人等候着神灵的来临，成群结队地固守在深山里，素食寡欲，经过种种肉体考验之后，就可以接受作为群体人员的祝福了。[②]

先秦文献中，如此清晰完整的仪式已经看不见了，但从大地回春，万物复生而会合男女的所谓“春社”之俗中可窥一斑。《周礼》专设“掌万民之判（配合）”的媒官司男女之无夫家者“中春二月，令会男

①在希腊的春社节上，扮演神灵的青年手持花苞始放的新橄榄枝，枝上束着羔羊的新绒，人们纵情歌唱：青青的橄榄枝，女神来翱翔，赐我无花果，春饼酥且香，蜂蜜兼香脂，春酒漾春光，女神饮且醉，恹恹眠春阳。详参哈里森：《古代艺术与仪式》，刘宗迪译，北京：三联书店，2008年版，第66、72—73页。

②西乡信纲：《镇魂论》，转引自田仲一成：《戏曲文学从祭祀里产生的条件及其在中国的过程》，《文化遗产》创刊号，2007年。

女，于是时也，奔者不禁。若无故而不用令者，罚之”。[1]为何一定要以法令的形式规定于仲春举行这个仪式？郑注以为仲春为嫁娶正期，顺应天时。《白虎通义·嫁娶》解释得更为清晰：

> 嫁娶必以春何？春者，天地交通，万物始生，阴阳交接之时也。……《夏小正》曰：“二月，冠子取妇之时”也。[2]

《诗经·召南·摽有梅》、《唐风·绸缪》、《陈风·东门之杨》、《郑风·溱洧》、《郑风·野有蔓草》诸篇皆是男女聚会山谷水边，讴歌相感，招魂续魄，祓除不祥。解经家或巧为掩饰，或名之为讽刺“淫奔之诗”。而人类学家则从仪式视角给出了源头性解释。如葛兰言对《诗经》的研究，发现中国古代盛大的节庆集会，不仅标志着社会生活的季节变迁节奏，而且在这些节庆中最引人注目的礼仪性歌舞竞赛，与远古的性爱狂欢和成年礼庆典有关：

> 当举行节庆时，所有未婚男女青年，也就是说，那些尚未在共同体事务（即未行成年仪式的）中扮演角色的人，都被聚集到一起，他们由此得到进入婚姻合约的权利（连同性爱入会），和约就是通过他们维护着结盟集团的团结状态。节庆由此表现为年轻人节庆的形态。[3]

1 莒县西周裸人青铜方奁，可能与时人信仰的“高禖”社祭仪式与再生神话相关，也寄寓了时人祈生求福的愿望（唐启翠摄于山东省博物馆）

2 据传说黎族三月三源于远古时代族群再生神话，每年此日青年男女汇聚五指山（黎母山）对歌择偶，演绎诗经时代的故事。采自明代《琼黎风俗图》

●1-6 春社与成年、婚恋繁衍的延续展演

①孙诒让：《周礼正义》，北京：中华书局，1987年版，第1040—1046页。

②陈立：《白虎通疏证》，北京：中华书局，1994年版，第466页。

③葛兰言：《古代中国的节庆与歌谣》，赵丙祥等译，桂林：广西师范大学出版社，2005年版，第195页。

春季集会具有更强烈的性爱狂欢和成年入会庆典特征，因为它标志着一个季节的开始，因此集中在圣地举行的这些活动实际上是宗教活动，“人们在集会中所有的那种含混信赖感又给它增添了宗教行动特有的那种灵力”。[①]在季节变更之时举行这种仪式，是希望求得新生的力量。

成年礼仪与春天庆典的关联非常显著，它们具有共同的季节——大地回春，共同的仪式——死而复活，共同的象征——辞旧迎新，告别过去，再度降生，开始一种新的生命历程——“第一次诞生，使他投身人间，而第二次降生，则让他进入社会。第一次降生之后，他属于他的母亲和女性亲属，而第二次降生则让他长大成人，成为男儿和战士中的一员。”[②]这就是世界各民族成年礼的共性特征。

关于“再生”主题，弗雷泽《金枝》[③]、埃利亚德《入会式中的仪式与象征：生与再生神话》[④]、拉德克里夫·布朗《安达曼岛人》[⑤]、列维·布留尔《原始思维》[⑥]以及维克多·特纳《象征之林》[⑦]等著作中均已引用了太多的例证和理论阐述。各位论者的研究对象与关注问题或有不同，但在成年礼的象征意义上则有着毫无疑问的共识。个中缘由就在于世界各地的普遍认知——孩子只是一个“未完成”的人，身体的成熟是一个必要条件，但不是充分条件：

①葛兰言：《古代中国的节庆与歌谣》，赵丙祥等译，桂林：广西师范大学出版社，2005年版，第198页，另在第176页注①中，葛兰言以《岁时记》中描绘的Anna Pernna节庆中的性爱狂欢与成年入会式内容被注释家改写和遮蔽为对照，根据《夏小正》“二月绥多士女”下注曰“冠子取妇之时也”的记载，认为这是目前可见唯一关于性爱竞赛具有成年礼特征的资料。再次确认《国风》性爱情歌竞赛所具有的成年礼特征，由于《诗经》是由站在正统道德立场上的学者保存下来的文献，性爱的狂欢被巧妙地改写，与此密切相关的成年礼缺失，就不足为怪了。这一见解是非常精到的。“冠子取妇”可作前后相续，也可作并列同时活动的理解，文献阙如，不好妄论。但冠婚在后世生活中往往融为一体，也可见二者的密切关联。事实上，在很多民族，成年礼是男婚女嫁的最基本条件。

②哈里森：《古代艺术与仪式》，刘宗迪译，北京：三联书店，2008年版，第68、66页。

③弗雷泽：《金枝》，徐育新等译，北京：新世界出版社，2006年版，第644—650页，列举了世界各地所见成年礼中的死亡与复活仪式。

④Eliade，Mircea,*Rites and Symbols of Initiation*：*the Mysteries of Birth and Rebirth*，Trans.Willard R.Trask,Spring Publications 1995.此书是一部集中论述入会式尤其是青春期成年仪式中生与再生象征的著作。

⑤拉德克里夫·布朗：《安达曼岛人》，梁粤译，桂林：广西师范大学出版社，2005年版，详细论述了安达曼岛人的成年仪式意义，详见第二章与第五章。

⑥列维·布留尔：《原始思维》，北京：商务印书馆，2007年版，第339—345页集中举例论述了“成人”的转换意义。

⑦该书中有对恩丹布人的割礼仪式的详细研究。

> 那些目的在于使年轻人与图腾或部落的本质互渗的神秘因素、神秘仪式才是最重要的。没有行过成年礼的人，不管他是什么年龄，永远归入孩子之列。许多事实证明了这一点。[①]

即使本部落没有成年礼俗，在他们走亲访友时，无论其地位有多尊贵、年龄有多大，依然会被主人视为未成年人而被打入妇幼行列，这就是好维特在大洋洲东南部卡地亚瓦隆（Kadjawalung）人仪式中亲眼目睹的事实：

> 那时，在土人们的帐篷做客的有从比杜艾利（Biduelli）部族来的两三个男人带着老婆孩子，此外还有从克劳阿通库尔纳依（Krauatun Kurnai）部族来的一个男人，也带着老婆孩子。仪式开始时，除一个人留下外，所有的客人都走开了，因为这两个部族没有行成年礼的制度，所以这些客人永远不算“成人”，唯一留下来的一个人是比杜艾利族的老族长，但立刻就把他赶到妇女和孩子那边去蹲着。理由很明显：他从来没有“成人”，所以他只不过是个孩子。[②]

古代中国亦然，日常生活中孩童与成人冠服质料、颜色有别，活动空间、学习内容、娱乐、言论等均有分别。无论天资如何聪慧，亦只是神童视之；即使贵为天子，亦需要顾命大臣辅佐或皇太后的垂帘听政，只有举行加冠礼后方可亲政。后者最为著名的例子当然是周公辅成王。前者的例子更多。冠笄而婚是通则，冠而后议政、统军亦是通则，这就是蔡景公、许灵公何以军前被强冠的直接原

①布留尔摘引了韦伯斯特（Webster）《原始的秘密社团》（*Primitive Secret Societies*）中的许多引证，如斐济的万尼马拉族（Wainimala）老人用柯依拉纳（koirana，即孩子）称呼未行成年礼的男人和小孩；西金伯利（南非联邦）人认为在行再割礼（割礼之后五年举行）以前的孩子无异于狗或其他动物。南非人的一生是从青春期开始的。塞威吉岛没有行过玛塔普列加（mata pulega，类似割礼）仪式的孩子永远不被认为是部族的正式成员。萨摩亚群岛未行文身礼者则处于未成年状态，不能想到结婚，在男人团体中没有发言权，并常常被人们当作可怜虫和低贱的人而嘲弄。详参《原始思维》，第340—341页。

②*The Native Tribes of South-east Australia*，p.530，转引自布留尔：《原始思维》，第340—341页。

因。依据《礼记》中的《檀弓》、《曾子问》、《丧服小记》等篇的记载，未冠笄之人死后行殇礼，即未成年人丧礼，且不能立尸以祭。[①]帕撒格对此现象总结说：

> 如同死人一样，没有达到青春期的孩子只可比作还没有播下的种子。未及成年的孩子所处的状态就与这粒种子所处的状态一样，还是一种无活动的、死的状态，但这是包含着潜在之生的死。[②]

从比喻的意义上说，成年仪式的目的就是以“死亡”激活此“潜在之生”，使“孩子”成为一个“完全的”人、“文化的”人，即汉语所言动词形态的“成人”。“成人”仪式中的“死”与“生”均是象征性的——精神或灵魂的脱胎换骨——通过死亡恢复初始重建与神和超自然存在的联系，获得精神性诞生。[③]通常用分离、隔离象征着从女性亲属生活圈子中消失，并接受一系列痛苦的考验如禁食、禁睡、劙痕、凿齿、文身、割礼、拔发、虫咬、鞭笞、火烤、丛林求生、被怪物吞吃……以象征“死亡”，而从疲劳、疼痛、虚弱、昏迷、恐惧、子宫（如棚屋、坟墓、兽腹）中复苏或走出来，则象征着新生，因为获得了与神秘力量如社会集体本质、图腾、神话祖先或人祖建立互渗的“新灵魂”：

> 孩子到了青春期，按习俗都要进行一定的成年礼，其最常见的做法之一就是假装杀死已到青春期的孩子又使他复活。……孩子极度昏厥后苏醒过来，可以说是身体机体的逐渐恢复，然而原始人则解释为这是孩子从图腾身上输入了新的生命。所以这些成年礼的本质，就其假装死亡和复活的现象来看，可以说是人与其图腾交换生命的仪礼。[④]

---

①古时男女未成年而死曰殇，16—19岁为长殇，12—15岁为中殇，8—11岁为下殇。《丧服小记》：“许嫁，笄而字之，死则以成人之礼。”《檀弓》对齐鲁郎之战中阵亡的未成年者重汪踦丧礼的争论，《左传·哀公十一年》亦有载；《曾子问》有“祭成丧而无尸是殇之也”。

②Passarge, Okawangosumpfland und seine Bewohner, Zeitschrift für Ethnologie, V.p.706(1905)，转引自布留尔：《原始思维》，第341页。

③Mircea Eliade, *Rites and Symbols in Initiation*, Spring Pub.1995,导言Xiii.

④弗雷泽：《金枝》，徐育新等译，北京：新世界出版社，2006年版，第644页。

从隔离棚屋、墓穴或怪兽腹中走出来的这些受礼者完全表现得像是个“新生儿”。[①]例如行成年礼的瑶族男孩，剃头洗身，头戴篾帽或被盖，不言不语，象征胎儿受孕于母腹；腰系白布带象征脐带；落入网被象征落入母腹，爬出网被象征诞生，剪断白布带象征脱胎新生，灵界代理人象征性哺乳、教导和出示阴阳牒，象征受戒者从血亲被引渡给社会，得到神灵与社会的认可，真正“脱胎换骨”。[②]很多地方的新生仪式具体地模拟新生过程已经不可见，却依然保留着如命名、改用新腔调说话、换服戴冠、学会新的舞蹈等方式。[③]在中国境内采用换服、戴冠、命名、文身等方式象征“再生”，十分普遍，如古中国冠笄礼仪的换服戴冠、命名，纳西、普米、摩梭、彝族、土族、哈尼族、白族、畲族、傈僳族等族群中，女子成年礼的主要仪程就是换服改饰和戴帽，模仿和重演初次诞生与命名过程的“二次降生”与命名，其意思就足够明白了。摩梭人的成年礼是再生神话的典型例子。仪式一般在除夕夜举行，同寨将受礼的少男少女，按照性别分别聚集，有长者率领，同食共宿，在神圣的篝火边，讲述秘传知识及穿裙/裤礼的来源：天神阿巴都为了改变人兽杂处无生死伦常的现状，决定在新旧年交替时节的除夕夜，给天下万物定寿岁。结果由于人贪睡没有守岁，直到叫到13岁时才应答，人醒来的时候十分后悔，不情愿，就找天神吵闹，最后在天神的调解下，人跟能活60岁的狗换了寿命。因此，人的寿命是神赐的，十分神圣。人神约定，每到换年之际，人要守岁，要好吃好喝地敬奉狗。而且等旧岁过去，新岁开始后，凡满13岁的女娃男娃都要在男

①如东非基库尤人（Kikuyu）在行割礼前，儿子蜷曲在站着的母亲脚下，母亲装出一副正在分娩之苦的样子，儿子则发出像新生儿一样的哭泣，并接受洗礼。Frazer.Totemism and Exogamy,Vol.I,p.228。印度尼西亚斯兰岛（Ceram）青春期男孩获准入会时，均被蒙上眼睛带进卡基恩会会所（Kakin assciation）内，祭司找来的魔鬼在木屋内低沉地吼叫，当男孩进入木屋，立刻传出沉闷的劈剁声和尖叫声，一把锋利滴着血的剑刃穿出屋顶，意味着男孩的脑袋已被砍下，母亲们立刻哭了起来。几天后，男孩带着象征经过灵境的木杖步行回来了，他们好像懵懂的新生儿，步履蹒跚，不能言语。监护人得像教婴儿一样手把手地教他生活中的各种动作。新几内亚岛群岛上那些被怪物吞食的孩子紧闭双眼或者蒙着眼睛回到村子的时候，他们的女性族人含着泪接待他们，好像是从坟墓里复活回来似的，而他们自己也装得像新生儿一样听不懂族人的话。在图腾信仰的社会中，如北美的印第安各族成员常扮成本族图腾如狼、大乌鸦、鹰、熊等的样子突然抢走即将成年的孩子，妇女们痛哭不已，亲属为他们举办葬礼，而一年后这些孩子又被其代表图腾动物（人扮的）背送回来，象征着新生。详参弗雷泽：《金枝》，徐育新等译，北京：新世界出版社，2006年版，第647—650、646页。

②详论参见邓启耀：《衣装秘语》，成都：四川人民出版社，2005年版，第109—113页。

③哈里森：《古代艺术与仪式》，刘宗迪译，北京：三联书店，2008年版，第70页。

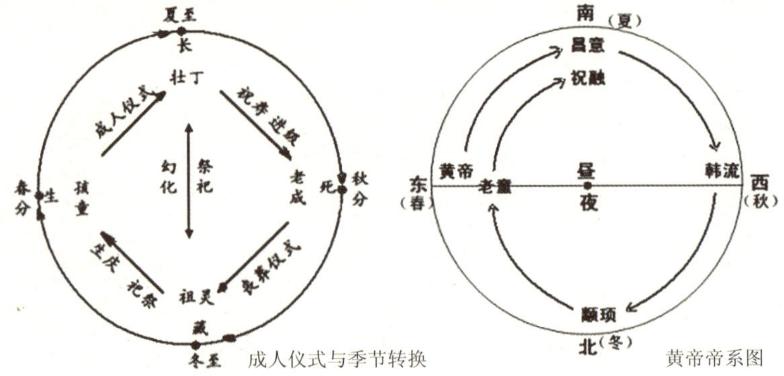

●1-7　成人仪式与季节转换（唐启翠绘制）

女柱边举行仪式，脱去旧装换新装，象征人的换命和“再生”。[①]

在棚屋、坟墓、洞穴或兽腹中“死而复生”这一流行主题更为深层的象征就在于让孩子“返回世界的子宫中，世界的肚脐中，地上的乐园中”[②]，以便能再次出生，获得新的生命，从生物人转换为社会人，就其生活世界而言，意味着离开母亲的怀抱而进入父亲的男性世界。

不难看出，成年礼的形式虽然千差万别，仪式有繁有简，但死而复活、脱胎换骨的身份转换、增强力量与生命循环的信仰是如此的一致：

在中国，个体不仅以“生—长—成—老—死”为生命循环，而且在远古帝系神话传说中，天帝正是以父死子生的循环来暗喻生生不息的大千世界的。[③]人们看到个体生命的短暂与脆弱和族群整体生命的延续与强大，也看到在谋生存的世界里，强壮者，无论是动物、神灵还是人，都能更好地获得食物，因而都希望获得强健的体魄和谋食的技术，甚至希望通过如模仿、仪式、祈祷等获得强者的力量与捕食技巧。既然个体生命由生而死是不可避免的，在个体的一生中有需要别人照顾的婴幼儿和衰老期，也有独立的反哺照顾别人的青壮年时期，那么，青壮年时期必然是一个备受关注的时期，这样就有了培训、锻炼、考验以增强力量、去旧更新的成年礼。对于族群群体而言，一代一代青年的培训与锻炼是非常重要的，它既是个体生命循环的历程，更是群体生命力量更新的关键。作为成人世界，尤其是智慧老人的接班人，只有通过考验的“有资格作为全体的成员而负责维持群体且可以得到神灵祝福的”强健

①故事转述自邓启耀：《衣装秘语》，成都：四川人民出版社，2005年版，第105—107页。
②坎贝尔：《千面英雄》，张承谟译，上海：上海文艺出版社，2000年版，第82页。
③叶舒宪：《中国神话哲学》，西安：陕西人民出版社，2005年版，第108页。

者，才可以担负起他应负的责任，这是更为本质的“死而复活”：“少年作为旧的年轻人死了，而作为新的成人（丁）再生出来。”日本学者田仲一成受英国人类学家哈里森和日本学者西乡信纲的影响，认为成年仪式的精神实质即在于模仿自然时序中冬去春来，以获得个体和群体生命力量的更新。[①]可谓至论，惜其过于简练而无论证，笔者正是受此启发，得以对冠礼重新认识和阐释的机会。

三、弃幼成德：春天祭社与冠礼

在死而复活的神话里，生命总是依赖于一定的介质和契机才使得“再生”成为可能。春天和雨季往往是最佳契机，而水、火、土、木则是经典媒介，尤其是在农耕文明社会里，水、火、土、木不仅是生命存在的基础，本身即具有某种魔力，是生命神的化身。[②]上古中国的春社祭典及其相关的象征物亦保存着远古的神圣信仰信息。

在《礼记》中，人是在宇宙循环中获得定位的：“故人者，其天地之德，阴阳之交，鬼神之会，五行之秀气也。……故人者，天地之心也。”[③]人在此犹如宇宙中的一个象征符号，超越了具体存在，随着天地四时、阴阳五行、日月更替的律动而行走于天地间。本着天人同感的神话思维，天地四时成为人们生活的模型与礼仪的动力源。强调人、社会与天地四时“同态相应”的生死循环、生生不息关系的同时，又立于天地中央，并且几乎所有的人事活动都会回归

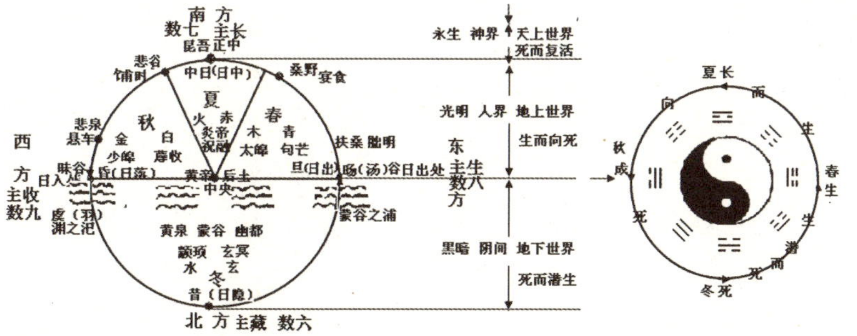

自然时序、人生历程与宇宙循环运行图
资料来源：据叶舒宪《中国神话哲学》第19页图1改绘

●1-8　神话宇宙观与成年礼

①田仲一成：《戏曲文学从祭祀里产生的条件及其在中国的过程》，《文化遗产》创刊号，2007年。
②详参弗雷泽《金枝》第474、918页相关引证。
③（清）阮元校刻：《十三经注疏》，北京：中华书局，2003[1980]年版，第1442页。

到天地之本源中：

> 古之制礼也，经之以天地，纪之以日月，参之以三光，政教之本也。[1]
>
> 地载万物，天垂象。取财于地，取法于天，是以尊天而亲地也，故教民美报焉。[2]

“报本反始”回到宇宙初始时间，纪念并获取创新魔力，正是持循环时间观念的人们春天庆典的内在动力，也是作为构成群体力量的个体生命力量获得的灵感。两者间的关联可以在上图中一目了然：

该图比较清晰地展示了自然时序、神话宇宙观与人生历程的同态对应关系。一个回归年可用太阳在天球上连续两次通过分至点中任意一点的时间来表示。竺可桢先生对中国近5000年来气候变迁的研究表明，新石器时代以来，在黄河流域从事农牧的各民族中，对季节运行中的二分二至的观测与把握至关重要，春分的到来往往是新一年生活的开始。[3]但如前述，选用哪一点作为新年的开端，取决于当地所处的地理条件和食物开始到来的时节。中国上古历法比较复杂，既用阴阳合历，又有改正易朔，《礼记·大传》：“改正朔，易服色。”孔疏：“改正朔者，正，谓年始；朔，谓月初，言王者得政示从我始，改故用新，随寅丑子所损也。周子、殷丑，夏寅，是改正也；周半夜、殷鸡鸣、夏平旦，是易朔也。”《史记·历书》：“王者易姓受命，必慎始初，改正朔，易服色，推本天元，顺承厥意。”故夏、殷、周、秦及汉初的正朔各不相同，及汉武后终始沿用夏历。这说明两个问题：

第一，说明改朝换代之时改正易朔具有推本天元、重创初始时间的象征取意。而国家改正朔易服色以新生的象征表达，投射在个体身份转换仪式中，则表现为以加冠换服、名字及冠醴词的祝颂形式保留“脱胎换骨”的仪式意义，如三加冠辞：

---

①（清）阮元校刻：《十三经注疏》，北京：中华书局，2003[1980]年版，第1684页。

②（清）阮元校刻：《十三经注疏》，北京：中华书局，2003[1980]年版，第1449页。

③商周人民观察春初薄暮出现的二十八宿中的心宿二，即红色的大火星来固定春分。别的小国也有用别的办法来定春分的。如在山东省近海地方的郯国人民，每年观测家燕的最初来到以测定春分到来。这与《月令》篇言伴随着仲春玄鸟至，而展开一系列活动相合。详参竺可桢：《中国近五千年来气候变迁的初步研究》，《考古学报》，1972年第1期。

令月吉日，始加元服。弃尔幼志，顺尔成德。寿考惟祺，介尔景福。

吉月令辰，乃申尔服。敬尔威仪，淑慎尔德。眉寿万年，永寿胡福。

以岁之正，以月之令，咸加尔服。兄弟具在，以威厥德。黄耇无疆，受天之庆。①

从始加的“弃尔幼志，顺尔成德”到再加“敬尔威仪，淑慎尔德”到三加“兄弟具在，以威厥德”，“幼志”与“成德”、“威仪”、“威德”形成鲜明的对比，从“弃”幼而“敬”成，正是循序渐进由“旧”而“新”、由“死”而“生”的过程。

眉寿万年、受天之庆以及醴/醮祝辞：

甘醇惟厚，嘉荐令芳。拜受祭之，以定尔祥。承天之休，寿考不忘。

旨酒既清，嘉荐亶时。始加元服，兄弟具来。孝友时格，永乃保之。

旨酒既湑，嘉荐伊脯，乃申尔服，礼仪有序。祭此嘉爵，承天之祜。

旨酒令芳，笾豆有楚。咸加尔服，肴升折俎。承天之庆，受服无疆。②

西周早期兽面纹卣，上海博物馆藏，叶舒宪摄。此器内曾装载美酒献祭祖先神灵，祝嘏以求天祜

●1-9 祭此嘉爵，承天之祜

①（清）阮元校刻：《十三经注疏》，北京：中华书局，2003[1980]年版，第30页。

②（清）阮元校刻：《十三经注疏》，北京：中华书局，2003[1980]年版，第30—31页。

则显示了冠礼与上天神灵、祖先的关联：酒、脯醢等祭品作为中介物，象征着神灵与祖先的在场，冠者与祖灵互渗、认祖归宗以及苍天、祖灵对冠者的守护意义在此昭然，而冠者亦由此获得守护祖灵、护家卫国的权利与义务。上天的人间之子——天子冠辞更为明显："令月吉日，王始加元服，去王幼志，服衮职，钦若昊命，六合是式，率尔祖考，永永无极。"

刘向《说苑·修文》：

> 冠者所以别成人也，修德束躬以自申饬，所以检其邪心，受其正意也。君子始冠，必祝成礼，加冠以属其心，故君子成人，必冠带以行事，弃幼少嬉戏惰慢之心，而衎衎于进德修业之志。是故服不成象，而内心不变，内心修德，外被礼文，所以成显令之名也。是故皮弁素积，百王不易，既以修德，又以正容。[①]

则从社会规范角度，将冠礼之弃幼成德、脱胎换骨的新生意义说得更为清楚。

第二，也从侧面证明了文献所见冠礼举行时间或正或二、三、四月的歧义，很大的可能是由于正朔不同与闰月影响。若换算为夏历，则大要不出冬至—春分的时间阈限。[②]而来自桂北的一则材料则无疑以"野"的形式保留了较为原初的冠礼时间：

> 桂北灵川等地，男女冠笄，用春秋二仲，择日时，审方位，请尊长者加巾帽。既拜父母，长者醮之酒，次受客贺，以竹叶裹槟榔为礼，藉于袖而授之。[③]

冬至以来的仪式，除了岁末"报本"之祭，就是"反归于始"——送寒迎暖、辞旧迎新的努力，正说明太阳死而复活的阈限跨越过程与

① （汉）刘向著，赵善伦疏证：《说苑疏证》，上海：华东师范大学出版社，1985年版，第563页。

②如秦始皇冠于四月，假设当时用的是周历，则以夏十一月为正，四月相当于夏历二月。汉初用秦历，以建亥之月为正，即以夏历十月为岁首，汉惠帝三月而冠，就相当于在夏历的冬至十二月。至于周成王加冠时间，《家语·冠颂》曰夏六月，既葬，冠成王，而《竹书纪年》曰秋，冠。显系守丧之特殊情况，也与文献阙佚舛讹有关，证据阙如，暂为悬置。

③李繁滋：《灵川县志》卷四《人民一·礼俗》，民国十八年（1929年）石印本。

春天庆典的时段性。在民间，春节本身并非简单一个节点，而是持续一个多月的时间段，与太阳死而潜生、复活重现的时间段基本吻合。而且在此期间举行的鞭牛、祭社、祠高禖、藉田等礼仪中的“土牛”、“社”、“高禖”、“帝”等本身即是大地复苏、万象更新、促进新生与丰产的使者或象征：社神后稷或后土本为主管生产万物的地母神，藉田礼仪本义实为天子代表天同阴性的地母相结合，促进自然生殖力的旺盛。而司生命的木神句芒与司生育的地母神高禖在东方神话系统中又有一种象征性的认同关系。[①]

诸如“春牛”，不仅与农神后稷、春神句芒关系密切，而且本身就是春天到来的使者。在希腊神话中，汇聚春神、酒神和再生神于一身的狄奥尼索斯也是“扶着犁头，播撒种子，减轻了农耕者的劳动”的农神和谷神，他的化身和使者就是公牛。在庆祝酒神复活的庆春仪式中，头戴花冠，身披鲜花的妇人们：

> 逗弄一头公牛，然后驱赶它，希望它能把春天也带来。……人们唱着最早的“赶公牛”赞歌：春光明且媚兮，酒神归何迟兮，庙堂馨且洁兮，福惠嘉吾众兮，圣牲狂且奔兮，蹄声动巷陌兮。

同时，在德尔斐城让人超凡入圣的，或者说通过自己作为圣牲的死亡来超度众生就是在比西俄斯月（Bysios，即春天开始的月份）被杀死的公牛。在小亚细亚的马格涅西亚城，每年岁末，官员就会到庙会上挑选一头最健硕、漂亮的牛，精心饲养，进行盛大的巡游仪式，在开播耕种之月的新月初升时节杀牲献祭，为该城百姓纳福。[②]要义均在此牲牛具有带来五谷丰登、六畜兴旺、造福众生的魔力，众人分享牲肉，也就获得了牲牛的魔力和力量。

中国作为农耕文明发源地之一，与牛的关系自然很密切。从“特牲”、郊祭用“犊”、迎日拜月用“牢”等圣事祭品用字已经可以看到雅典、德尔斐或者马格涅西亚城邦“圣牛”的影像。《辞海》这样解释“春牛”：

---

①详参叶舒宪：《中国神话哲学》，西安：陕西人民出版社，2005年版，第69—75页。

②哈里森：《古代艺术与仪式》，刘宗迪译，北京，三联书店，2008年版，第53—56页。

山东潍坊杨家埠清代炕头打春年画

●1-10　年画中的鞭春叙事

> 象征农事的土牛。用藤竹等扎成，外抹以土。旧时风俗，立春前一日有迎春的仪式，由人扮“勾芒神”，鞭土牛，由地方官行香主礼，叫做“打春”。卢肇《谪连州书春牛榜子》诗：“不得职田饥欲死，儿侬何用打春牛。”孟元老《东京梦华录·立春》：“立春前一日，开封府进春牛入禁中鞭春。[①]

《月令》所载的鞭土牛仪式，虽送寒迎春、祈福劝农的意义明显，但具体仪程阙如。幸先周居地甘肃宁县在民国前还有极其隆重的“打春”仪式：

> 立春到来之前，人们“打春”（在县城东郊），用木头做成一个高近二丈，长数丈的牛骨架，再用芦席裱糊牛身，然后装色，就叫春牛。又在春牛旁挖一个大土坑，用鸡毛从底下一直贴到坑沿。这个大坑是为验春准备的。到了立春之日，各乡民敲锣打鼓，聚会打春场，州县官员亲自参与并主持打春仪式。“打春”仪式的最后一个程序是县官手执麻鞭抽打“春牛”。这时香烟缭绕、锣鼓喧天。群众在县官象征性打过春牛之后，就手持木棍齐打春牛。霎时间，春牛散为席片。这时，大土坑里的鸡毛颤悠悠地动起来。鸡毛无风而动，预示着春神真的来到了人间。[②]

①《辞海》，上海：上海辞书出版社，1989年版，第4228页。

②于俊德：《先周历史文化新探》，兰州：甘肃人民出版社，2005年版，第230页。

在此详细描写中，《月令》所记“鞭土牛”仪式及其象征意义异常清楚，尤其是鸡毛坑验春的补充，更有意味。从《月令》所记天子、《辞海》所记人扮“句芒神”到宁县县官鞭春牛，还隐含着由谁来执行仪式的问题，显然天子与县官均是天下与地方之神，而《月令》“勾芒”为东方木正，是春神、木神、社神和生命神，与后稷亦有内在关联。周之始祖后稷，是“地母神兼高禖神姜嫄之子，也是太阳神帝俊之子”。[①]不仅与牛耕渊源甚深，且可死而复活，《淮南子·地形训》载：“后稷垄在建木西，其人死复苏。”《山海经·海内南经》又载建木“其状如牛，引之有皮，若缨、黄蛇”。而建木作为神木又是测日影的圭表和通天地的天梯——《吕氏春秋·有始》：“白民之南，建木之下，日中无影，呼而无响，盖天地之中也。”《淮南子·地形训》：“建木在都广，众帝所自上下。”则后稷作为农神、谷神、社神、木神和春神与句芒亦具有象征性认同关系。

句芒，鸟身人面，手执圆规，为东方之帝太皞（伏羲）之佐，司

●1-11　甘肃秦安大地湾土地庙，春秋二社举行地（叶舒宪　摄）

①叶舒宪：《中国神话哲学》，西安：陕西人民出版社，2005年版，第72页。

春之神，勾芒取义于春天草木萌芽生长，“句芒两个字就做了春天和生命的象征”。[1]有意思的是“社”在金文、汉简等古文字中、、、、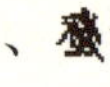诸体皆与土、木符相关，甲骨卜辞有“贞五牛”、“贞十牛”等记载，或即原始“社”字。[2]《墨子·明鬼》有“必立木之修茂者，立以为丛社”。高诱注《战国策·秦策三》“应侯谓昭王曰：恒思有神叢与？”曰：“盖木之茂者神所凭，故古之社稷恒依树木。”可见社神与春神句芒皆与木、土及生命象征密切关联。在古希腊手持青春枝的青春之神狄奥尼索斯又被称为树神，其形象“总是一棵直立的木杆，没有手臂，身披外套，有一个满脸胡须的面表示头部，头上和身上覆着枝叶，以显示神的本性”。[3]

至此，我们可以更清楚地看到春天祭社、社神与成年仪式的关系。而社神之头戴枝叶或句芒的鸟面人神，亦为冠礼中最难索骥的“冠”这一核心象征符号提供了线索。

①袁珂：《中国古代神话》，北京：中华书局，1961年版，第49页。

②上引各体及马叙伦之论，均见《古文字诂林》第1册，第186页。

③弗雷泽：《金枝》，徐育新等译，北京：新世界出版社，2006年版，第561页。

第二节
“再生”象征：“冠”之原型探源

冠礼作为高度简化、象征化的仪式，具象演示的色彩已经消褪，但作为文化的遗留物，从歧义的冠礼时间、加冠换服于圣地廟房、冠而字之及其冠醴辞等还依稀可见死亡与再生的活剧。而冠礼仪式中最为核心的象征符号——三加之“冠”——的象征意义，依旧莫衷一是。目前所见主要有三种观点：其一是传统解经家将之视为反古谕志的象征①；随着20世纪初以来人类学视野的进入，出现了两种比较代表性的观点，即以杨宽为代表将其视为身份权力的象征，②这是目前冠礼研究中比较常见的，还有以岑家梧、周絢隆为代表的源于图腾象征说。③三种观点看似独立，实际上有着内在关联：传统解经家点明了“加冠”之“加”所具有的“弥尊”意义，“冠”具有

①传统解经家自《仪礼·士冠礼》之“记”言、《礼记·冠义》到《古今图书集成·礼仪典·冠礼部总论》均从反本谕志的意义上解释：三加者，晓谕冠者之志，意令益大也。初加缁布冠，欲其尚质重古；次加皮弁，欲行三王之德；后加爵弁，欲其行敬事神明，是志益大。士礼始加缁布冠，不忘本也；次加皮弁，朝服也；三加爵弁，祭服也。不忘本，然后能事君；能事君，然后能事神。所谓三加弥尊，喻其志者，如是而已。刘向《说苑·修文》：冠者，所以别成人也……君子始冠，必祝成礼，加冠以厉其心。

②20世纪初，随着人类学视野进入，人们开始关注“三加”的身份转换、权力获得的象征意义。对此解释目前所见最为完善的是古史学家杨宽在其《冠礼新探》中的比较详细论证，以为冠服皆源于远古服饰，初次所加缁布冠为周族太古斋戒时所戴的一种帽子，是纯粹仪式化的，故而冠后“蔽之可矣”。三加之后标志着成人礼服为三代贵族常戴礼冠的玄冠是由缁布冠发展而来，又叫委貌、章甫、毋追。二加之皮弁也是周族人上古时戴的一种帽子，为白鹿皮制成，依据《白虎通·绋冕》皮弁素积“征伐田猎，此皆服之”以及《公羊传》宣公元年（公元前608年）何休注所言“皮弁，武弁”，皮弁服为周族在氏族制末期打猎与战斗时之服装，是为戎冠服。依照《礼记·杂记》“大夫冕而祭于公，弁而祭于己；士弁而祭于公，冠而祭于己”与《白虎通·绋冕》“爵弁者，周人宗庙之冠也”诸言，三加之爵弁是一种平顶的祭冠，与冕形制、功能略同，只是略低一等，无冕旒。要言之，冠礼所加冠服皆渊源甚古，既代表着当时贵族的身份和特权，又代表着他们参与大事的大志，“三加弥尊，喻其志也”。所谕之志何谓？无非第次表示授予贵族治人、参军护卫、参与祭祀的权力。 详论见《冠礼新探》，《古史新探》，第247—255页。

③周氏立论的主要依据岑家梧先生《图腾艺术史》中关于图腾装饰中原始部落结发以象征其图腾的礼仪资料。相关细节详见岑家梧：《图腾艺术史》，上海：学林出版社，1987年版，第四章；周絢隆：《中国古代的冠礼》，《民俗研究》，1994年第1期。

反古谕志、敬事神明的意义，但却点到即止，并未析言所谕何志。杨宽以此为追问起点，进而展开论述，从而将缁布冠、皮弁、爵弁追溯到远古服饰及其作为斋戒、治人、军事、祭祀权力获得的象征，隐含着氏族成年礼技能训练与考验仪式的高度象征化遗留。而周氏图腾象征说，从某种程度上又将身份权力之说前溯了一步，即作为氏族成年礼身份转换、权力获得的头部装饰在图腾社会入会礼中的意义和来源。

但此是否即冠礼之“冠”最初意义呢？进而追问：举行成年礼的人为什么要将自己装扮成图腾的模样？所加之冠的最初模型何谓？加冠换服最本质象征意义是什么？这即涉及“冠”之形制、功能和起源。要回答这些问题，除了参照异文化材料，还得从中国本土古文字资料和地下出土实物所见“冠”中来寻找答案。笔者拟从以下几个方面来试做索骥。

一、冠冕爵弁：甲金文所见“冠”字家族与其意义探源

汉字为象形文字，图像性十分明显的早期文字书写，无疑是活化石。“冠”、“冕”、“爵”、“弁”在古文字中又是什么样子呢？

研究“冠”者大多依据许慎《说文》释“冠”：“絭也。所以絭发，弁冕之总名也。从冖从元，元亦声。冠有法制从寸。”文字学者往往认为“冠”是会意字，从冖（覆盖）、从元（人首）、从寸（手），合起来即表示人手持冠加于头，象征从此以后要遵循成人礼法。至于冠的异体字“**冞**”则是会意冠礼行之于庙。[①]

马叙伦《说文解字·六书疏证》从声韵学角度对此说已予以驳论：

> 元、大、人、天一字也，人自有手，何必又从一手？伦谓：冠若为弁冕之总名，则为冂之后起字。冂为幂之初文，幂之转注字为幔。冠、幔声同元类，然则冠之声即冖之转，以冂为幂义所专，乃加寸元以明此乃持而箸于首之物。不然，则字本作冠，从寸，完声。金甲文宀冂二字每相似，故传写为冠

①周绚隆：《中国古代的冠礼》，《民俗研究》，1994年第1期；张弛：《从“冠”字看周代的冠制礼仪》，《汉字文化》，1999年第1期；刘志基：《汉字文化综论·释冠》，南宁：广西教育出版社，1996年版，第19页。

> 耳。此动词，为冠礼之冠。冂音明纽，冠从完得声，完从元得声，元音疑纽，明疑同为边音，故古借以为冂耳。[1]

此论实际上提出了另一种字形组合方式，即“冠从寸完声”，而此组合之“冠”又为何意，无说。丁山在《商周史料考证》认为“冠”之初文为“莞”，可以说是对从“完”说的绝好补充：

> （莞）甲骨文作[illegible]，像人头戴芇形，当是冠字本字，盖[illegible]下从冃，象帽子；其上象今平剧武将冠上所插的雉鸡翎。……武人戴插雉尾的华冠，由甲骨文[illegible]看，当是由殷商时代流传下来的。此字晚周或书为[illegible]，隶变为莞。许慎不达莞字本谊，硬将莞上雉尾变为从艸，训曰：[illegible]，艸也，可以作席，从艸，完声。[2]

丁山此论，对于讨论冠之雏形及其与冠冕爵弁的内在关系十分重要，若后世隶定之“莞”果为“冠”之初文，则甲骨文[illegible]，正为象形，像人头戴芇形，[illegible]下从冃，其上像冠上所插雉羽翎。整个字形亦变为从冃或芇从人，以象人戴插羽之冠的样子，而非手持冖戴冠之象形。

于省吾《释苜》肯定许慎《说文》“冃为小儿蛮夷头衣”之说，以为卜辞苜与苜字同，象羊角为饰之帽形，当系古代蛮夷所戴之帽形。[3]李孝定《甲骨文字集释第七》认同于氏之释，又增湖南小儿头衣为证：

> 于谓上象羊角之饰，今吾湘小儿头衣常绣作诸兽头形，多作虎头。上出两耳，谓可辟邪，与契文此字形状相似，可为于说旁证。至[illegible]字疑为冕免之异构，与金文作[illegible]者相似，象人戴冠免之形，……篆文[illegible]，即由[illegible]形省变，省[illegible]为[illegible]。后又增冃作冕，已为后起形声字矣。[4]

①《古文字诂林》第7册，上海：上海教育出版社，1999年版，第74页。
②《古文字诂林》第7册，上海：上海教育出版社，1999年版，第74页。
③于省吾主编：《甲骨文字诂林》，北京：中华书局，1999[1996]年版，第3352—3353页。
④李孝定：《甲骨文字集释》，台湾中央研究院历史语言研究所，1982年版，第2548页。

这样意义就非同寻常了。“冠”、“冕”、“弁”、“帽”在形符上十分接近。汉印中对此字形还略有保存：[illegible]①。现今所见从日之“冕”，在古文字从冃，许慎《说文》：“[illegible]，大夫以上冠也。邃延，垂瑬，紞纩，从冃，免声。古者黄帝初作冕。[illegible]，冕或从糸。”马叙伦《说文解字·六书疏证》详论金文[illegible]、[illegible]亦为弁冕初文，弁冕本为一物，以文武而异：

> 冕为冂、冃、冒之转注字，亦兜之转注字。冒为冂之后起字。……金文《鲁公伐郳鼎》冕字作[illegible]，《公伐郳鼎》作[illegible]，冒即[illegible]之变[illegible]，起初盖有如桶形而有两孔以露其目之象形文，以变为篆文而有所疑，则变孔为目耳。《书·顾命》：一人冕执剑，一人冕执戈，一人冕执瞿，一人冕执鈗，此皆执兵器以宿卫者，岂有垂瑬紞纩之理乎？明明是首铠也。《礼记·礼运》：冕弁兵戈藏于私家，非礼也。明冕是首铠，故不藏于私家也。大夫以上冠者，此皃字义。盖文者所冠为皃，武者所冠为冕。②

1 曾侯乙墓彩绘内棺执戟[illegible]冠神人纹饰（唐启翠摄于湖北省博物馆）

2 海南省海口市新坡镇冼太夫人纪念馆木雕戴羽冠像（周伟民 摄）

●1-12 [illegible]饰

①《古文字诂林》第7册，上海：上海教育出版社，1999年版，第73页。

②《古文字诂林》第7册，上海：上海教育出版社，1999年版，第99—100页。

至如“爵弁”之“爵”，许慎《说文》：“爵，礼器也。（）象雀之形，中有鬯酒，又持之也，所以饮器象雀，取其鸣节节足足也。古文作，象形。”罗振玉证之以卜辞字形，盛赞许说有网罗放佚之功。王襄又详加勾勒“雀”与“爵”之形同渊源：“窃疑古人象雀以制爵，更像爵以制字。”[①]后世文献解释爵弁，仅从象雀头之色取象，若联想到丁山先生以插羽之“”为冠之初文、于省吾以羊角饰之“”为冠冕原型，李孝定以为湘间虎头帽、以为冕之异构，以及出土文物和传世玉器中大量的羽冠，那么，作为酒器的“爵”与冠的“爵”与鸟雀之形或者并非风马牛不相及。

而对照商周青铜器纹饰、岩画舞蹈纹与民族学材料中的童帽和巫帽，符极有意味，尤其是商周青铜器纹饰，与雚（鸱枭）即玄鸟原型这一商人神话始祖[②]——无论外显形象还是内在含义——关系均极密切，鸱枭作为史前神圣女神兼死亡与再生的命运之神之“神显”，成为史前陶器、玉器与青铜器上常见纹饰与造型形象。[③]由此，“冠”、“雚”与“莞的形象与语音的联系当非偶然，而“冠”之原初象征与鸟形灵及再生的关系于此可见一斑。

上述文字学家的字源考证表明，冠、冕、弁、冒、胄（）等现今看来完全迥异的字形，在造字之初，皆同一符：、、，这或许是冠之最初形制，以草、皮、麻、布等覆盖头上，上无论饰以羊角、鸟羽或者虎头或者如、、、，饰以、、等，应是因地因时制宜。《后汉书·舆服志》在追溯服饰起源时即说：

> 上古穴居而野处，衣毛而冒皮，未有制度。后世圣人易之以丝麻，观翚翟之文，荣华之色，……见鸟兽有冠角𩕳胡

①于省吾主编：《甲骨文字诂林》，北京：中华书局，1999[1996]年版，第2743页。

②常庆林：《殷商玉器收藏与研究》（北京：蓝天出版社，2004年版）“殷商玉玄鸟”章、孙新周《鸱枭崇拜与华夏历史文明》（《天津师范大学学报》，2004年第5期）等均认为“天命玄鸟，降而生商”的玄鸟即鸱枭。闻一多曾考证玄鸟原型为凤凰，马承源《商周青铜器纹饰》亦持此说。但新石器时代鸱枭造型陶罐、枭面罐以及殷墟青铜枭尊以及大量鸱枭纹，乃至“商”、“雚”字形与猫头鹰形象的酷似，民族志材料中，鸱枭（即俗称猫头鹰）所兼具的死亡与再生、战争与智慧等女神的神格，均使得鸱枭说近来更占上风。

③叶舒宪：《经典的误读与知识考古——以〈诗经·鸱枭〉为例》，《陕西师范大学学报》，2006年第4期；叶舒宪：《第四重证据：比较图像学的视觉说服力——以猫头鹰象征的跨文化解读为例》，《文学评论》，2006年第5期。

之制，遂作冠冕缨蕤，以为首饰。[①]

衣毛冒皮，仿效鸟兽之冠角，与文字学家的字形释解如出一辙。现存早期的冠冕图像资料及人类学家在异域民族中所搜集的仪式冠饰，可说极为此溯源张本。如良渚玉琮羽冠神人、安阳妇好墓出土商代羽冠玉人、陕西宝鸡茹家庄西周墓出土的持环而舞铜人头戴山形角冠、河北平山三汲战国墓出土戴牛角玉人、河南信阳长台关楚墓所出漆瑟作法巫头戴禽冠、辽宁义县刘龙沟东汉鲜卑墓出土角形银冠……而文献中也屡见与动物相关的冠，如鹬冠、鶡冠、獬豸冠、虎冠、凤冠、雀尾冠、蝉冠……皆各有所象。新干大洋洲商墓出土玉人佩饰所戴之冠即如孔雀开屏的鸟形[②]，可谓爵弁模型。

冠之初形既明，则冠之起源与功能亦可揣知，高春明《中国服饰名物考》依据《淮南子·人间训》“冠履之于人也，寒不能暖，风不能障，暴不能蔽也”之言，将古代中国首服综类为三：巾以敛发，帽为御寒，冠为装饰。巾、帽重实用，冠重饰容，[③]不免过于坐实与简率，显系后来冠、帽功能分化之区分。一如德国人类学家利普斯所观察到的：

帽子的出现总是有与实用价值无关的社会意义和宗教意

1　曲沃晋侯墓戴鹰神人面，《文物》2009年1期第8页图10　2　碧霞元君戴凤铜像（唐启翠摄于青州博物馆）　3　清代皇妃凤冠（唐启翠摄于故宫博物院）

●1-13　戴鸟

①范晔：《后汉书·舆服下》，北京：中华书局，2006年版，第3661页。

②宋镇豪：《商代玉石人像的服饰形态》，《中国社会科学院历史研究所学刊》第二辑，北京：商务印书馆，2004年版，第86—87页。

③高春明：《中国服饰名物考》，上海：上海文化出版社，2001年版，第190页。

义。许多非洲部落首领精美的盖头物，显然是尊贵的标志。顺便说说，这正如伞盖是原始民族中贵族或首领的标志一样。这种观念一直延续下来，从中国古代官僚表示等级的帽子，直到某些国家的陆海军随着等级而增加金辫的帽子，都是如此。……低温迫使人们戴帽、帕卡（皮帽）或类似之物，故寒带的盖头物总是具有简单的实用形状，但对热带人来说，帽子是王冠的先驱。①

而在很多族群，年轻男子只有举行成年礼后，才有资格戴帽，而这帽子上常常会装饰上羽毛，有着十分神秘的意义。②

依据《士冠礼》仪程，士冠礼先后加缁布冠、皮弁和爵弁，是为士“三加”，三次所加主要区别在于冠弁形制与颜色不同，第次为黑—白—赤（即红）。三色在此可能寓有冠者经历黑暗世界（黑）之死而生（白）并成人（红）的历程。那么冠的形制又有何意义呢？

从探讨冠礼的原初意义来看，这样的后起之冠形显然已经离原义甚远。吾侪甚幸，可以看到前人所不能见之地下文物、古文字材料与异域文化旁证资料，为冠礼起源的探讨带来新的可能。由于自然腐朽与人为破坏等因素，几千年前的完整形态的冠冕已经很难看到，现今能够看见的仅仅是冠冕的构件或其他有特殊象征意义的器物，如斧钺、琮璧、陶器等纹饰，或者特殊造型的人像等。这些可见的构件与纹饰，正是得益于某些具有不朽与永恒象征的材质，如玉石、青铜等。而最初的造型与后世文献中对天子冠冕取向于天以及对冠冕起源的追溯，则表明冠冕的神圣起源与象征。

传统文献追溯冠冕起源时往往上溯到上古蒙皮衣毛时代，《礼记·礼运》：“未有丝麻，衣其羽皮”，郑注曰：“此上古之

①（德）利普斯：《事物的起源》，汪宁生译，兰州：敦煌文艺出版社，2005年版，第53页。

②在有些部落，特别是南海地区部落中，年轻男子成年以后给他戴帽作为标记，必须在严格考验其勇气后才能获得它。新几内亚卡比里人把这种帽子称为“迪巴”，它作圆锥形，涂以石灰并饰以羽毛和花朵。人们把帽子用胶粘在头上，甚至睡觉时也不去掉。新几内亚哈根山部落的年轻人，在“胡须出现在双颊的时候”就允许戴帽，他们称之为“俄利亚”或“坎苦”。其相邻的部落——穆里克人则只有在成丁礼举行以后，才有资格戴它。奥康尼尔在波纳佩人中见过这样的成丁礼。类似之物存在于地球上不同的地区，阿拉斯加西北岸的印第安人也有这样的帽子，称为“云帽”。这些奇异的圆锥形盖头物，长期以来起过神秘的作用。在某些方面，它似乎已失去尊贵的意义，而获得了魔术的意义。它成为中世纪巫师的帽子。利普斯：《事物的起源》，陕西师范大学出版社，2008年版，第53—54页。

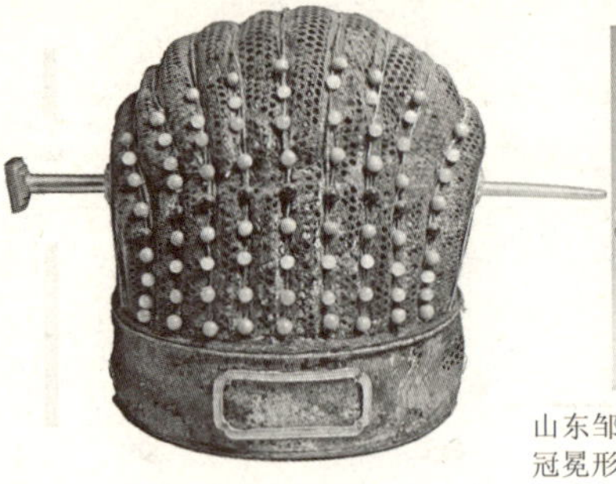

山东邹县鲁王朱檀墓出土九缝弁与九旒冕，见证了明代亲王冠冕形制，山东省博物馆藏（唐启翠　摄）

●1-14　出土弁冕实物

时。”即三皇时代冒覆头句颔绕项，至黄帝始有冕。“冒覆头句颔绕项”在冠字家族初形冂、冃、冃、[illegible]、[illegible]、[illegible]得到十分形象的显现。考诸文献、文物与异域文化材料等来看，可将冠冕之功能概括为：一、防护；二、伪装；三、通神；四、威仪。

所谓防寒遮阳等世俗功能自然可以归入“防护”一类，为需要者理应之物，故而不予讨论。本文所要探讨的冠冕形制与功能，主要是那些超越于世俗而具有神圣仪式象征意义的，如此则四类功能又可统括为通神。理由很简单，“防护”在于人们意识到头部的神圣与脆弱，比如天灵盖、灵魂居所、发肤受之父母等词语与观念，同时经验也让人们意识到头部受创易于死亡，而现代科学也证明生命最终结束于大脑的死亡。伪装成猎物或敌人，最初是为了隐蔽以达到目的，这个当然不在讨论的范围，但当伪装猎物而举行狩猎行为前后的舞蹈仪式时，如百兽率舞、毛古斯舞、祭熊仪式等，已经进入神圣领域，即模仿猎物或者图腾动物以获得力量，更无论成年仪式上让入会者死而复活的怪兽扮演者了。宗教人员如萨满、巫觋等作法时所戴冠通常被称之为神帽或神冠，通神功能不言而喻。而当冠服大备，冠服成为身份等级象征时，看似世俗王权的等级威仪象征，而深层里却依旧有着神授王权的通神、象神意味，如周王在各类仪式上所戴冠冕均以象天为法。[①]因此，若以神圣仪式或禁忌为起点，则冠冕原初意义即有神秘性——通神媒介或象征。

①《周礼·春官·司服》：“王之吉服，祀昊天上帝，则服大裘而冕。”郑注引《书》曰：予欲观古人之象：日、月、星辰、山、龙、华虫作缋，宗彝、藻、火、粉米、黼、黻希绣。此古天子冕服十二章。《礼记·郊特牲》王在迎日仪式中明确说冕服以象天；内在机制则在秩序，《易·系辞》：黄帝尧舜氏作垂衣裳而天下治，乾坤之象不可颠倒，使人知尊卑，上下不可乱，则民志定，天下治矣。《路史》：黄帝法乾坤，以正衣裳制衮冕，设黼黻、深衣……

冠冕的通神性不仅在现存萨满、巫师作法事时必须穿戴神服神帽中得到体现，而且从其制作材料、形制、所出之墓葬等级、部位等均可以得到证明。鹿皮、熊皮、虎皮、牛皮、鸟羽、玉石等常用来制作仪式冠冕的材料莫不具有神性、威仪等特征，在形制上虽然人们可能会说圆锥状正是人的圆形头颅这一物质特征所决定的，但圆形之上的各种附属配饰呢，那高耸的羽冠、冕板、冕旒、玉瑱等，上玄下纁（以象天地）的色彩，难道仅仅是无意义的装饰？而这样的冠冕并非庶人皆可拥有，从其所处墓葬等级来看，几乎都出自大中型墓内，位置多在墓主头部附近，或者绘制在当时重要礼器如象征神权与军权的斧钺上，礼天地的玉琮、玉璧上（如良渚大量的冠形饰）、陶尊上（如大汶口文化陵阳河墓出土陶尊羽冠符号、石家河陶尊上军事首领戴冠象）、王冠（安徽凌家滩玉王冠、阿鲁柴登金冠等），或者来自大型祭祀坑如三星堆青铜冠饰等。与礼制大盛时期束发之冠肖似的红山文化玉箍形器，以其出土时展现的准确位置，连同墓主葬式，成为此类冠饰神性的最好例证。据报告，在牛河梁红山文化墓葬规模最大的M4出土三件玉器，玉箍形器（中空，被考古学家苏秉琦、杨鸿勋等称为玉束发器）横枕于墓主头下，两件猪首形（或熊首）玉器并排倒置于胸前，墓主头东向呈交胫之形仰卧，论者以为有天地交泰而万物通之意，表明墓主必具有交通天地的本领，应为巫师长一类人物。[①]

人们对头部无以复加关注的深层原因还在于“头部素来被看作

内蒙伊克昭盟杭锦旗阿鲁柴登战国鹰鸟金冠

金沙戴日铜立人

三星堆金杖上戴冠珥环者

●1-15　通往神权的冠饰

①辽宁省文物考古研究所：《辽宁牛河梁红山文化“女神庙”与积石冢群发掘简报》，《文物》，1986年第8期。

是灵魂所在，看作是同天神的联系之所。因此，戴帽成为了各个民族共有的装饰方式”。[1]古文学家早已注意到，在早期文字中，“天”、“元”、“人”、“大”等字的构形为一，其互通性原因，正源于古人对天的观测与取法，天即是头顶之上的一切。[2]在古人看来，穹庐般的上天至高无上、神秘莫测，缩影于人体则头无疑就是天。故许慎《说文》：“天，颠也。至高无上，从一从大。”甲金文“天”为、、、、诸形，“元”为形，[3]而戴冠之人初文为或，无疑都强调了头部对人的重要意义。岩画与出土人像戴帽而舞表明了人与“天”的关联，如果说乐舞是通神的手段，则冠帽就是其通神的工具。在民族学中，青海土族将成年礼称作“戴天头”，彝族“天菩萨”、戴角苗、萨满神帽等以及商代高冠玉人、戴角玉人等，都是神话符号思维方式下“把各种尖状隆起当作向太阳和天神的亲近。正是这种思维造就了最早的通神意识，即把尖状的山头和树冠当作通神之物；也正是这种思维造就了最早的屋顶式和最早的帽式，即尖状隆起的方式”。[4]冠礼“三加”中所加皮弁，即是用白色鹿皮制成的“圆锥状，如后代之瓜皮帽”。[5]

甚至在更原始意义上，最早的帽式与屋宇的模特就是人们头顶的天：穹窿，因而，屋宇与冠帽本身又是宇宙天穹的缩影。这在一则神话故事中可以看得很清楚。在约鲁巴兰（西非）的故事里喜欢恶作剧导致不和的埃德舒神，就是用他的神帽作为道具的。故事说：

> 一天，这位奇怪的神灵沿着两块田地之间的小路走。他看见每一块田里各有一个农夫在工作，他打算和这两人开个玩笑。他戴上一顶帽子，这顶帽子一边是红的，可是另一边是白的，前面是绿的，后面是黑的（这是四个世界方位的颜色：这就是说，埃德舒是“中心”，即axis mundi，世界之轴或世界之脐的化身）……[6]

①王小盾：《中国早期思想与符号研究》，上海：上海人民出版社，2008年版，第392页。

②于省吾：《释从天从大从人的一些古文字》，《古文字研究》15辑，北京：中华书局，1986年版。

③字形见《古文字诂林》第1册，第17、9页。

④王小盾：《中国早期思想与符号研究》，上海：上海人民出版社，2008年版，第392—393页。

⑤钱玄：《三礼名物通释》，南京：江苏古籍出版社，1987年版，第13页。

⑥约瑟夫·坎贝尔：《千面英雄》，张承濮译，上海：上海文艺出版社，2000年版，第37页。

二、爵与皇：出土文物所见商周冠饰

《礼记·王制》言“有虞氏皇而祭，夏后氏收而祭，殷冔以祭，周冕以祭”，《士冠礼》“记”文亦言：“周弁、殷冔、夏收，三王共皮弁素积。”可见四代祭冠不同，汉代史学家和礼仪专家班固在其《白虎通》中论冠冕爵弁形制皆以“法天”为要，周冕、殷冔、夏收的形制皆取自岁正之象[①]。但究竟具体是何种样式，几种冠式之间有无关系？周天子举行各项祭祀时所穿各种冕冠服皆有取象于天的用意。天之主日与鸟的密切关联亦间接表明，“三加”之爵弁服与鸟关系匪浅。作为四代祭冠，夏收、殷冔，尤其是夏收，文献阙如，不敢臆测。“天命玄鸟，降而生商”与商祖简狄吞燕卵而生契的神话传说，与商墓出土大量的羽冠玉人、高冠鸟形佩，以及沣西与琉璃河西周墓出土羽冠神人等均表明“殷冔”、“周冕”原型与太阳、鸟羽的关系。

文献所记最早的“皇”冠也取象于鸟羽，郑注《王制》“有虞氏皇而舞”曰：“皇，冕属也，画羽饰焉。”孔颖达又引《周礼》“有皇舞”、“设皇邸”证之所画羽饰为五彩凤羽。郑注《周礼·舞师》“皇舞”曰“蒙羽舞”，《乐师》“皇舞”为“以羽冒覆头上”。可见以羽为饰（插羽、画羽）或覆头、蒙头（即所谓羽冠）是一种仪式中舞者头饰的主要方式。被学界称之为“神人族徽”的瑶山良渚文化玉琮上的神人羽冠可谓皇舞注解。神人羽冠犹如太阳光芒四射，神人作蹲踞状，张露着獠牙阴户，应为土地—生殖—丰饶女神形象。[②]而女神羽冠上的“介”字形，亦被学者视为“天”，中心突起即是通天盖的天柱所在。[③]比良渚更早的大汶口文化陵阳河M17出土陶尊上部的羽冠，即被认同于“有虞氏皇而祭”之“皇”字。[④]

①“谓之冕者，十一月之时，阳气俯仰黄泉之下，万物被施如冕，前俯而后仰，故谓之冕也。谓之冔者，十二月之时，阳气受化诩张，而后得牙，故谓之冔。谓之收者，十三月之时，阳气收本，举生万物而达出之，故谓之收。”而爵冠“如爵头何？以本制冠者法天，天色玄者不失其质。详参陈立：《白虎通疏证》，北京：中华书局，1994年版，第498—503页。

②萧兵：《良渚文化“神人兽面”的兼体造型和意蕴》，《考古与文物》，2003年第6期。

③冯时：《中国天文考古学》，北京：中国社会科学出版社，2007年版，第132—133页。

④李学勤：《论新出大汶口文化陶器符号》，《文物》，1987年第12期。

杜金鹏将新干出土铜、玉神像、琉璃河西周墓出土玉人羽冠与大汶口陶尊羽冠、良渚玉琮神徽、玉冠饰羽冠、龙山文化羽冠、商周羽冠以及流传在美国、台湾等地的传世玉器羽冠人像进行对比研究，发现形制与功能均具有极大的相似性，有着比较明显的承传、因革关系，并对其功能总结道：

> 这些神像大多只适于用作镶嵌，而不适于配挂，甚至不适于缝缀，它们应该是冠饰，有如后世之帽徽。良渚文化玉冠饰的使用方法与上述玉神像相同，它们均出自大型墓葬中死者头部，与三叉形玉器等同为冠饰，其底部有榫，榫上有销孔，正背面均雕刻神徽，显然应是竖立着嵌在冠顶，也即一种表示身份与地位的徽识。①

而且在这些雕刻有神像的古代铜、玉礼器上，若用一器表现两个神灵形象，两个神像必不相同，如图1-16中2、3、6、7等均是一为人面、

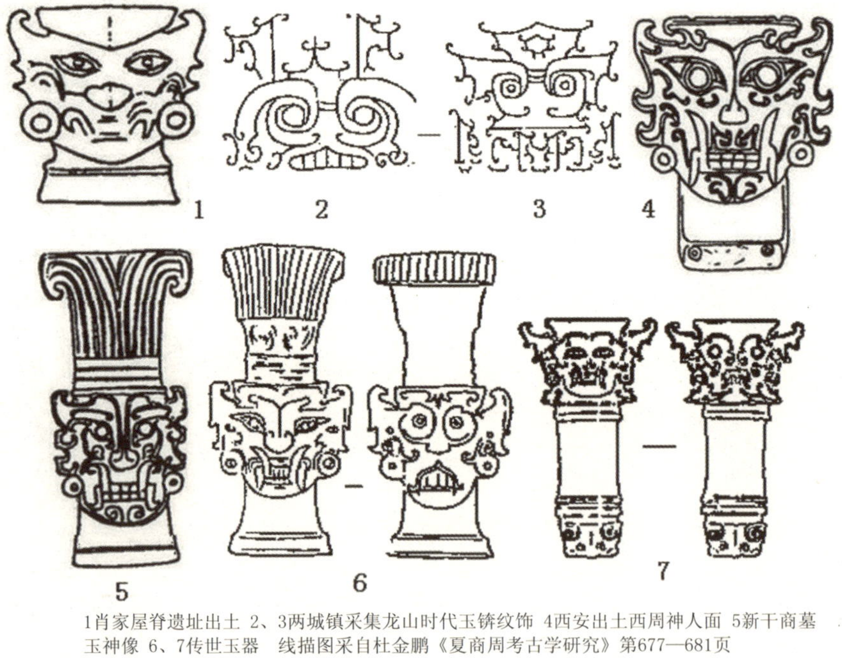

1肖家屋脊遗址出土 2、3两城镇采集龙山时代玉锛纹饰 4西安出土西周神人面 5新干商墓玉神像 6、7传世玉器 线描图采自杜金鹏《夏商周考古学研究》第677—681页

●1-16 新石器时代以来神人羽冠

①杜金鹏：《略论新干商墓玉、铜神像的几个问题》，《南方文物》，1992年第2期。

一为鸟面，即使同为人面也有区别，一有獠牙一则无：

> 即便是在良渚文化玉器上，一个完整的神灵体系也必是神人与神鸟的组合……我们从中可以悟出这样一条规律，就是这些古代玉器所表现的一个完整的神灵体系，应包括面目不同的两种神祇，而其中任何一方虽可独立存在，但它只代表神祇的一个方面。①

这些自新石器以来的玉冠饰及其神性功能，表明《周礼》“皇舞”、《礼记》“皇而祭”的存在的真实性，青铜器铭文中“皇”字、小篆“皇”字与出土羽冠，成为文字学家和考古学家考察“皇冠”变迁的线索。金文“皇”之本义，虽然说者各殊，难未定论，但“以象日出土上及王著冠冕二说，较为近理。惟皇字金文习见，其上所从，象‘日’者少，是则汪氏之说，独为切近。……徐氏从汪氏之说，而说皇下所从为“王”字，最为通达”。②汪氏即汪荣宝《释皇》率先注意到“皇”与《内则》、《王制》之“皇而祭”的关系，并推论了四代冠冕之更替与“皇”之演变：

> 然则舜时宗庙之冠，与夏之收、殷之冔、周之冕相当。舜推循尧道，无所改作；皇之为服，必三五以来相沿之旧制，古文皇字即象其形，⊟象冠卷，小象冠饰……余考古文“弁”作[illegible]，上形作[illegible]，与古文皇上形极似，明其同出一源，则皇之训冕正其本义，不烦破字。……夫皇之本义为冠，天子服之，因以为天子之称……自书传习皇为“大”而皇之本义晦，自小篆书皇作“自王”而皇之本形亦失。③

徐中舒盛赞汪氏之论，并以汉画周公辅成王图中成王所戴之山形冠，以证“皇”上三出之形正为王著冠冕形。并驳论皇下所从为“王”而非像“土”之帽架，并言士、王、皇皆端坐之形，而别以

①杜金鹏：《略论新干商墓玉、铜神像的几个问题》，《南方文物》，1992年第2期。

②李孝定：《金文诂林读后记》卷一，《古文字诂林》第1册，上海：上海教育出版社，1999年版，第233页。

③汪荣宝：《释皇》，《北京大学国学季刊》一卷二号，《古文字诂林》第1册，第227—228页。

冠。①徐氏之论，看到了冠之等级性。而未言皇冠之具体形制，郭沫若曾结合《师旋簋》铭文“盾生皇画内”对“皇”做了溯源性解释：

> 古人当即插羽于头上而谓之皇。原始民族之酋长头饰亦多如此。故于此可得皇之初义，即是有羽饰的王冠。我现在略按时代先后，且举几个金文皇字的例子在下边：
>
> 
>
> 金文“皇”字 资料来源 古文字诂林，231页
>
> 这不很明显地表示我国王头上顶着一顶有装饰的帽子吗？这装饰显然最初就是羽毛，其后人文进化，可能用别的金玉之类的东西来代替了。故皇字本义原为插有五采羽的王冠，其特征在有五采羽，故五采羽即为皇。后由实物的羽毛变而为画文，亦相沿而谓之皇。引申之，遂有辉煌、壮美、崇高、伟大、尊严、严正、闲暇（做王的人不做事）等义。到秦始皇而固定为帝王之最高称号。这是皇字的一部变迁史。②

20世纪90年代，曾宪通对“皇”字演变再做论证，以为“皇”字大致经历了三个阶段：初文为青铜器纹饰及铭文，为凤凰尾羽之象形；二是战国古文以皇羽作为舞具而造的专字“翌”；三是小篆“皇”字，由美、大而派生出君、王等义，至秦始皇乃成帝王之专字。③文献所载圣王戴戚、戴皇、戴午、戴干、戴辛、戴胜传说，参照文物可以发现，作为装饰的帽子来源于古老的“戴”巫术，圣人所戴之戚、皇、午、干、辛、胜等若干头饰皆为首戴法器、兵器等的方式象征克而能治的能力，与各方崇拜之鸟神相关。④欧洲大陆“在新石器时代早期以来的艺术中，女神都被描绘成头戴王冠或高居宝座的女祭司形象。在早期的历史记载和民间文学中，她被称为女王、女后、女主或娘娘”。此王冠（或角、蛇、鸟等）象征着智慧、财富和再生力量：“可以让人知晓世间万事、发现隐藏的珠宝、通晓动物的语言。”⑤可见冠与戴所具有的原初

①徐中舒：《士王皇三字之探原》，《中央研究院历史语言研究所集刊》第4本第4分，1934年版。

②郭沫若：《长安张家坡西周铜器群》，北京：文物出版社，1965年版，第5页。

③曾宪通：《释“凤”、“皇”及其相关诸字》，《中国语言学报》，第8期，北京：北京语言文化大学出版社，1997年版。

④王小盾：《中国早期思想与符号研究》，上海：上海人民出版社，2008年版，第四章。

⑤金芭塔丝：《活着的女神》，叶舒宪等译，桂林：广西师范大学出版社，2008年版，第128，220页。

良渚文化山形冠饰（叶舒宪摄于上海博物馆）

●1-17　神人羽冠的物证

神圣性意义以及转化为王权象征的内在依据。

从爵、弁上推至殷商羽冠、有虞氏皇冠及史前时代各方羽饰神人像，戴羽具有普遍性和连续性。而圣人之戴的传说与羽冠神人则为古人戴羽的神圣性提供了初义和信仰的根基。那么，士冠礼中，三加之冠的象征性意义也就渐趋明显了。相对于已成人者所戴羽冠之通神性而言，尚未完成身份转换，即尚未重生而处于阈限状态的入会者，“加冠”还有一层秘而不宣的意义：象征着与神或祖先互渗，完成死而复活的仪式。

在民族志材料中，台湾花莲一带高山族阿美男子成年祭仪以换服冠羽为先秦“冠”制提供了最直观的例证。成年仪式的圣物为白鸡，鸡毛抛掷在经受考验者身上，具有祛邪驱鬼并获神力的巫术功能。在入夜时分，父兄为行成年仪式者更衣，换下白色童装，穿上象征成年的红色盛装，戴羽冠，插耳轴，参加歌舞盛会，从此获得恋爱婚姻的自由和参与社群公共事务的权利和义务。[①]

①周鸣琦等：《中国各民族年节祭会大事典》，西安：陕西人民教育出版社，1995年版，第179—180页。

三、生与再生：仲春物候与“冠”之原始象征

成年礼的意义就在于孩童通过一系列ordaels，如肉体的痛苦如文身、劙痕、凿齿、割礼等技能的训练与考核、部落神秘知识的习得和神灵审判，通过者才能“第二次降生”获得成人的资格。相对于从母腹的初次自然降生，第二次降生最为核心的就是象征性死亡与再生。担负起这让人死而复活使命的就是祖先、神灵（祖先作为神灵与人的中介，有时也被归为神灵）或怪兽、魔鬼。商周青铜器上盛行的虎食人、双虎食人、双龙食人、史前鹰攫人首等主题装饰，或者与此相关。尤其是良渚文化那张着的獠牙阴户羽冠神人徽，作为地母—生殖—丰收女神的形象，不免让人联系起春神与社神——人面鸟身的句芒神。前面已经论述了该神、仲春与冠礼时间的关系，那么仲春之神与冠者死而复活的仪式的关系又是怎样的呢？《礼记·月令》“仲春物候”[①]的比较神话学分析为揭示此谜提供了极好的答案：

> 无论植物类的物候还是动物类的，没有一种不可以视作史前时代传承下来的“大女神”（The Great Mother，或者The Great Goddess，又称“原母神”）的直接化身形式。换言之，史前时代以女神形象为中心的叙述性的神话故事，到了《礼记》中已经被抽象改造成女神隐退之后的非故事性的、半抽象的、罗列叙述法了。真正取代女神及其情节故事的，正是女神原有的动物和植物化身。呈现在礼书中的物候排列式叙事虽然没有了情节，但是女神象征的潜文本信息仍然暗示着抽象文字记述背后的丰富联想空间。[②]

仲春物候与远古女神信仰所存在的密切联系，笔者不揣冒昧将叶先生丰赡的论述简约如下：

①仲春之月，日在奎，昏弧中，旦建星中。其日甲乙。其帝太皞，其神句芒。其虫鳞。……其祀户，祭先脾。始雨水，桃始华。仓庚鸣，鹰化为鸠。（清）阮元校刻：《十三经注疏》，北京：中华书局，2003[1980]年版，第1361页。

②叶舒宪：《〈礼记·月令〉的比较神话学解读——以仲春物候为例》，《陕西师范大学学报》，2006年第3期。

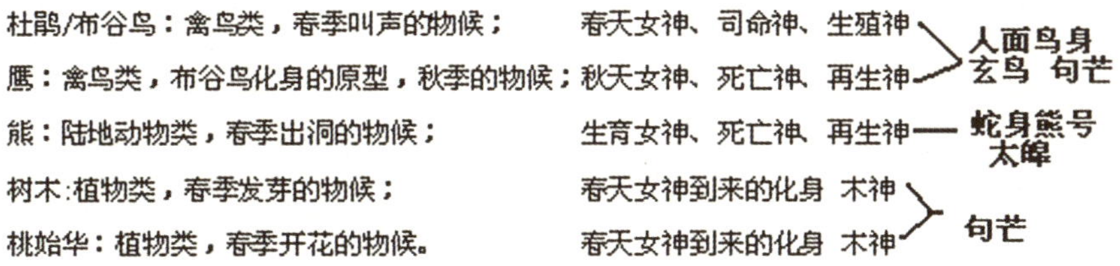

●1-18 仲春物候与死而复生（唐启翠绘制）

至此，联系第一节所论述的句芒神与地母神、木神和谷神的象征认同，春分时玄鸟（神的使者、化身）的到来，给世界带来更新和生机，给人类带来食物与希望：“‘天命玄鸟，降而生商’的故事，应是春神降临，地上的谷物花木都死而复生的寓言。”[①]基于“万物春生夏长，秋收冬藏，天地之正，四时之极，不易之道”的天人同态信仰，冠礼在此时举行，模拟自然以获得更新的魔力之意就在其间了。

瑞士科学家斯佩赛（F. Speiser）将部落成年礼深层意义解释为共享部落的重要食物，这些食物是生命的源泉，附托了某种神秘的力量。神仅对经过成丁礼神圣仪式而获得特许的人给以礼物。这个神就是丰收之神。德国人类学家利普斯对此说阐释道：

> 在最古老的文化中，祖先神是附托于重要食物上的神圣力量。农业社会的“丰收之神”，被看作是神圣的食物保管者，而祖先仍在凡人和丰收之神之间起着中介人的作用。祖先帮助参加成丁礼者赢得丰收神的喜爱，赋予食物和成人的体力。为了获得这种体力，孩子必须“死去”，成年人必须“出生”。正是这样的想法导致出成丁礼的系列节目：食物禁忌；死人精灵把孩子绑架而去；共享食物的准备（参加者隐居起来由精灵交给关于食物及取得食物的规则）；男孩子增强体质以进入成熟期；在代表死人的魔鬼帮助下共享食物；食物禁忌解除；参加者被接受为完全成长的人。[②]

这就是死而复活的过程。民族学研究中，台湾花莲一带高山族阿

①丁山：《中国古代宗教与神话考》，上海：上海文艺出版社，1988年版，第12页。
②利普斯：《事物的起源》，汪宁生译，兰州：敦煌文艺出版社，2005年版，第250页。

美男子成年祭仪，通常在八月十五收粟期间举行。抛掷在接受考验者身上的白鸡羽毛，具有祛邪驱鬼并神助其力的巫术功能。入夜时分，父兄为通过考验者换上象征成年的红色盛装，戴上羽冠，参加歌舞盛会。①食物、考验、鸟、羽冠与成年仪式融为一体，尤其是其中换装戴冠仪程，真可谓冠礼仪程的一个民族学材料旁证。

在很多部落社会的入会式中，入会者常常会装扮成图腾动物的模样象征成年，如在大洋洲人的入社式上，成员均用彩土、羽毛、树叶等材料，装扮成图腾的姿态。安哥拉（Angola）土人新入社的青年，也用树根或纤维织成蛇皮般的衣服，包卷全身，表达自身冀望化身为图腾的热诚。塔克萨斯（Texas）印第安的狼部族的少年战士，达到成年的时节，用狼皮包裹身体，模仿狼的动作。秘鲁鹰部落人，常取鸟的羽毛，把自己装饰为鸟的样子。②

早在距今7000年前的河姆渡文化中，鸟与仪式、食物（稻穗、植物）就已经联系在一起。河姆渡文化遗址所在地古属百越，至今还有“鸟田”传说，以为“稻谷是麻雀带来的”，奉化地区至今残存有农历二十九日祭祀谷神麻雀的习俗，俗称麻雀节。衢州地区新谷登场时习惯用新米喂食百鸟。③一衣带水的邻国日本有“稻花神谣”：“生下来的人，养大的人……从大海彼岸的乐土，鹤、鹭从腋下夹带来的稻种，落下一串稻种，就会长出三串，落下三串稻种，就会长出七串。落下七串稻种，就会长出数不胜数的稻穗。住在天空下的神之子，种植了稻种，用新米酿造了三石三斗三升三合三末神酒，给神供上三日神酒，请打开天之岩户，请从天上莅临人间享用神酒。”④在每年播种和收获之时都要举行大型祭祀谷神活动。

《尚书·尧典》尧帝“分命羲仲，宅嵎夷，曰旸谷，寅宾出日，平

①周鸣琦等：《中国各民族年节祭会大事典》，西安：陕西人民教育出版社，1995年版，第179—180页。

②详见岑家梧：《图腾艺术史》，上海：学林出版社，1987[1986]年版，第44—45页。

③关于鸟田，论者意见并不一致，陈龙、陈勤建等以为吴越地区古今民俗中有“鸟田”传说，即随着气候和节令，鸟类对大田作业的参与，如除草、除虫、灭鼠、肥田等助耕行为，详见陈龙《鸟田考》（《百越民族史论丛》，桂林：广西人民出版社，1985年版），陈勤建《古吴越地区鸟信仰与稻作生产》（上海：上海文艺出版社，1996年版），应长裕《奉化民间稻作神信仰的调查》（《中国民间文化》第十集，上海：学林出版社，1993年版）；而刘付靖《百越民族的水稻、浮稻与“鸟田”传说新解》（《民族研究》，2003年第1期）对此予以驳斥，认为鸟田非助耕，百越鸟信仰源于鸟、狗取稻神话。不管是哪一种解释，鸟与稻种的关系是非常密切的，也正因此而获得了人们的祭拜。

④任兆胜等主编：《稻作与祭仪》，昆明：云南人民出版社，2003年版，第321—322页。

秩东作。日中，星鸟，以殷仲春。厥民析，鸟兽孳尾”，[①]讲述了仲春确立的由来：尧命羲仲（太阳神化身之一）从东北辽西的旸谷到达正东方宾引日出，日夜均分、昏见南方鸟星，以定仲春，以令万物萌生，鸟兽孳尾，民众耕播。可见东方、太阳、鸟与万物萌生的关系。而《周礼·夏官·罗氏》“中春罗春鸟，献鸠以养国老，行羽物”，郑注“春鸟，蛰而始出，若今之南郡黄雀之属”[②]的记载，更具有人类学意义，春天女神的化身——鸠鸟竟然作为食物献给国老，而其羽毛则被用以制作冕服。这不是很矛盾吗？但若联想到许多地方流行的“圣餐仪式”，就一点儿不矛盾了。分享圣物，也就获得了圣物的力量。所谓“国老”即养于大学辟雍的德高望重的智慧老人，是冠者成年前后学习的地方，也是相当于部落社会会所的地方。[③]这些智慧长者正是冠礼仪式的主持者、执行者和教诲者，或者在远古即为吞食冠者之神的扮演者。而“行于羽物”与上述羽冠可参互对应，正说明句芒神与植物、食物和冠礼的联系。冠者在冠礼仪式上以加羽冠象征着成年，正是远古模仿春神的遗留。

那么冠礼仪式中为什么要加三次冠换三次衣服呢？这可能跟年龄等级或考验期限有关。而考验的终极目的即获得“再生”。我们已经看到，在《士冠礼》仪式中，一切都变得仪式化和象征化，毫无部落社会成丁礼割礼、劙痕等身体的痛苦。虽然礼仪文明化后，丰富多彩的原初神话与仪式已经大大抽象化为一连串繁琐的仪程，但“加”与“换”、醮、辞等行为本身依然保留着原初的意义。从天人同态感应的角度来说，每年春回大地，花开鸟鸣，就犹如大地换了新装，至今春节还有“旧符换新桃”、新年换新衣的习俗。换新装意味着一次更新，第次加象征斋戒、治事的缁布冠、田狩、朝会的皮弁和祭祀的爵弁，权力愈来愈多、愈来愈大，故而传统解经家说此乃“炼心”、“谕志”、“弥尊”。

前引台湾阿美人成年祭仪与换装羽冠仪程已是最好的注解。哈里森关于雅典卫城泛雅典娜节，即在古雅典历法岁首——七月，给雅

---

①（清）阮元校刻：《十三经注疏》，北京：中华书局，2003[1980]年版，第119页。

②（清）阮元校刻：《十三经注疏》，北京：中华书局，2003[1980]年版，第846页。

③《礼记·乐记》：“食三老五更于大学。” 郑注：“三老五更，互言之耳，皆老人更知三德五事者也。”孔疏：“三德谓正直、刚、柔。五事谓貌、言、视、听、思也。”《汉书·礼乐志》：“养三老五更于辟廱。”会所与大学辟雍的关系详见“会所、大学与年龄等级”一节。

典娜敬献新衣的研究，可为冠礼加冠换服提供另一参照。在雅典娜神殿中，有一尊年代久远的雅典娜圣母神像——相当粗糙的木雕像。每年人们要制作一件大袍献给女神，为神像更衣，象征神之生命与恩惠的更新，以庆祝新岁初启，送旱迎雨。而在最古老的阶段，人们是每年从圣树即命运之树橄榄树上砍下树枝，装饰着布条、干粮、水果等物事，献给“城市女王”雅典娜。唱着古老的橄榄枝之歌，祝福城市借之“道成肉身”。[1]这棵圣树是雅典娜与雅典城生命所系，相当于中国的社树。

①哈里森：《古代艺术与仪式》，刘宗迪译，上海：三联书店，2008年版，第115—117页。

第三节

“再生”圣地：东房与冠礼空间

从《仪礼·士冠礼》所述仪式空间——廟的构形来看：筮于庙门，……为期于庙门外。……冠之日，宾及宾赞立于外门之外，主人迎出门左，每遇拐弯皆揖让，至于庙门，揖入，三揖三让至于阶。主人登阼阶，宾登西阶而升堂，主人立于东序，宾立于西序。三加冠毕，冠者降自西阶，适东壁北面见母。冠者返，宾字之，主人乃送冠者出庙门以次。冠者遍见兄弟，入见姑姊。郑玄注“见母”曰：“适东壁者，出闱门也，时母在闱门之外。”解“入见姑姊”曰：“入，入寝门也，庙在寝门外。”这里有两点值得特别注意：

其一，庙是一个相对独立的空间，从纵轴上由南而北看进去：门（包括东西塾）—庭—阶（包括阼阶与西阶）—堂（包括东西堂）—室（有东西房）；若俯视整体格局，则是由围墙隔离起来的一个独立的空间。通向外界的有两道门：南面正门，东墙北头之闱门。如1-19简图。

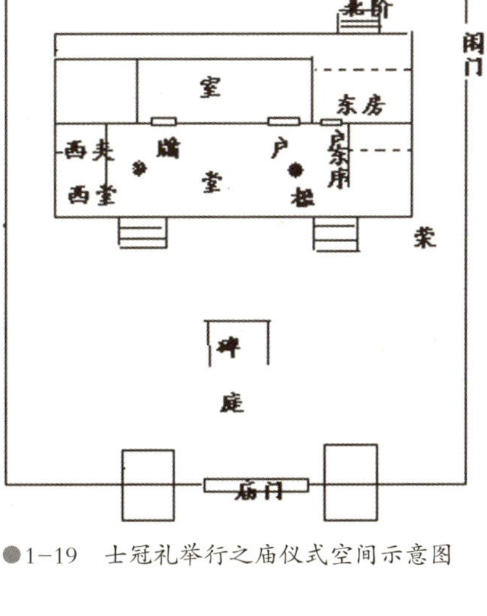

●1-19　士冠礼举行之庙仪式空间示意图

其二，在庙这一独立空间中，冠者主要的仪式地是阶、堂与东房，冠者冠毕适东壁北端见母。而东房又一分为二，北为北堂、南为东房。冠者主要穿梭于堂与东房行礼，那么，“东房”在冠礼仪式中有无象征意义？若有又是怎样的呢？仪文阙如，但从上文对冠礼时间与冠之原初象征探讨，以及相关异域民族学旁证材料可以看出，“东房”应当有特殊的象征意义。

一、北堂、萱草与母亲

东房半以北曰北堂，外有北阶相通。郑注《仪礼·大射礼》“工人、士与梓人，升自北阶”曰：“北阶，位在北堂下。”胡培翚《仪礼正义》曰：“房是妇人常处也。凡妇人入庙，位在房，故此致爵主妇，亦席于房中，不于室也。”“今设北洗，为妇人不下堂也。”北堂不仅是妇人、卑贱之人在庙中的位置，而且与母亲往往可互为喻指。据叶舒宪先生研究，在先秦典籍中，北方与水、地、下、冬天、黑暗、鬼界、死亡、女性等阴性因素关联，而南方则与火、天、上、夏天、光明、神界、生命、男性等阳性因素关联。故而北宫、北堂、北里等建筑空间便成为女性象征。“北里”则引申指代青楼烟花之地，是不洁的象征。[①]这就意味着“北边”是隐蔽的阴性的空间。

宇宙观与社会结构、居住格局和礼仪空间的关系，人类学家玛丽·道格拉斯对美拉尼西亚所门罗群岛槐欧人的研究，即为一可资借鉴的例证。槐欧人祖灵阿达洛活动于圣洁之地，只能男人才可以进入神圣且危险的圣地，与阿达洛沟通。妇女因身体被视为污秽而被摈斥于这一切事物之外。因而槐欧最重要的事就是使神圣领域、污秽领域与日常“现世”领域保持适当的隔离。这种隔离表现于一系列二元对立上：

女=下=污秽
男=上=神圣

男和女、神圣和污秽均很清楚地被认为是彼此之间的象征性倒影。这个象征的宇宙观模型也表现在槐欧人聚落的空间格局上。在空地上缘

①叶舒宪：《中国神话哲学》，西安：陕西人民出版社，2005年版，第27页。

为男子会所，是男子膳宿之处，该地是圣洁的，妇女不得接近。在空地下缘为妇女月经小屋，是污秽之处，男子不得接近。在空地的中央则为“现世”，盖有一栋或几栋家屋。但即使在每栋家屋中，上方（火炉的上方）也为男子专用地，下方才是男女皆可活动之处，如图1-20右。[1]

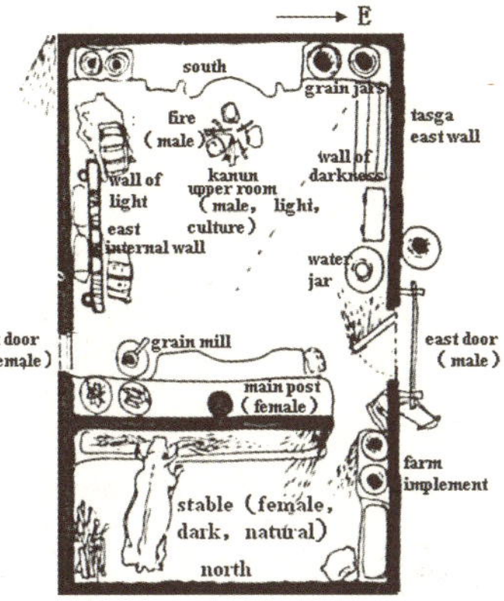

卡拜尔人房屋结构奥立弗1997年据布尔狄1990年所绘图修改而成，参引自克朗《文化地理学》第40页。

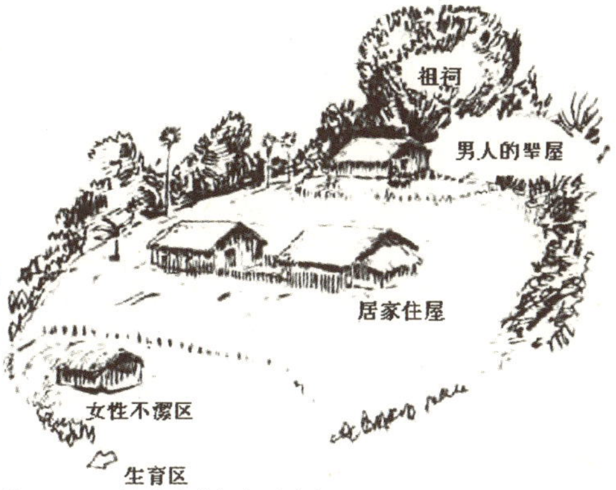

槐欧聚落与仪式空间

●1-20　仪式空间与房屋布局观念

文化地理学家迈克·布朗发现，即使家庭住宅内部私人空间的设立也是人们伦理道德观念和性别观念的表达。最著名的例子是阿尔及利亚卡拜尔人的住宅，房屋通常是一个有顶盖的矩形平房，包括纺织间、储藏室、粮食加工室以及马厩、牲口棚和饲料间。房顶微微倾斜以便雨水排出，而这个倾斜的屋顶使房屋一端高出另一端。低的一端是人的自然活动空间，如出生、性别、性行为、睡眠和死亡，摆放的都是那些潮湿、阴暗、绿色的家什；高的一端则是与光和水有关的活动和招待客人的空间，这样屋内就有了自然区域和文明区域之分。如果来客被安排在靠暗墙一方就座，就会抱怨受到了轻视。妇女劳动都是在室内暗区进行，男子则在户外进行劳动。因此，男人在黎明前就离开家，户外是属于男人的空间，而室内则是女性的世界。……总之，卡拜尔人的房屋内部结构的阴阳、明暗对照关系同样反映了室内与室外的对照关系。这种对照关系同样体现了一个二元对立的结构：

①基辛：《当代文化人类学》，于嘉云、张恭启译，台北：巨流图书公司，1981年版，第575—576页。

男：高=明=外=尊=文明

女：低=暗=内=卑=自然[1]

世界各地文化中，大多赋予房屋空间以等级、性别和圣俗分界的象征意义。斐济群岛的东墙以其享受神赐的第一缕阳光，而为酋长专有；蒙古包、阿拉伯人的帐篷均根据性别、尊卑与圣俗来划分内部空间；马达加斯加人的宅屋必须与宗教中关于宇宙的观念相符，西是主要朝向，北侧为贵客入口，东北角是一屋中最神圣的区域，北墙供奉祖先的灵位。甚至至今在牛津和剑桥学院还沿用着中世纪的用餐座次圣俗、尊卑模式。[2]可见，即使在高度发达和复杂化的文明社会中，具体建筑空间依然是人们观念（认识空间）的投射。看三礼中各项礼仪举行的仪式空间，这种男女内外、阴阳分隔的情形十分普遍。

北堂被指喻为母亲，一则与北作为阴性空间的“北”具有类比认同性，另则与一种萱草有关。萱草又名谖草，谖者，忘也。见诸文字记载最早的是《诗经·卫风·伯兮》：“焉得谖草，言树之背。”毛传：“谖草令人忘忧；背，北堂也。”陆德明释文：“谖，本又作萱。谓北堂树萱，可以令人忘忧。”因称忘忧草：“萱草，食之令人好欢乐，忘忧思，故曰忘忧草。”孟郊《游子诗》：“萱草生堂阶，游子行天涯；慈母倚堂门，不见萱草花。”王冕《偶书》“今朝风日好，堂前萱草花。持杯为母寿，所喜无喧哗。”按照古制北堂为主妇之居室，因以“萱堂”指母亲的居室，并借以指母亲。叶梦得《再任后遣模归按视石林》诗之二：“白发萱堂上，孩儿更共怀。”萱草又名“宜男草”，《风土记》“妊妇佩其草则生男”，故称此名。从“忘忧草”、“母亲草”到“宜男草”，似乎皆与萱草本身的药性及其象征意义相关。现代医学认为萱草叶可以宽胸消食，根可清热利尿、凉血止血，能治乳汁缺乏、月经不调诸症，皆与母亲、儿子和妇科病症治疗相关。而古人认为萱草食之可以忘忧，配之可以宜男，也具有巫医药性。英国学者威廉斯在其《中国艺术象征词典》中认为：

萱草是一种特殊的萱草属植物，多年来被认为是一种缓释

①迈克·克朗：《文化地理学》，杨淑华等译，南京：南京大学出版社，2003年版，第39—40页。

②阿摩斯·拉普卜特：《宅形与文化》，常青等译，北京：中国建筑工业出版社，2007年版，第53—54页。

痛苦的麻醉药或迷幻药（谖草）。据说，若妇女把它佩在腰带上，可以多生贵子，因此，它是家族中母亲的象征。萱草的嫩叶可以食用，似乎有几分醉人或刺激性作用。……据说鹿以萱草为食。①

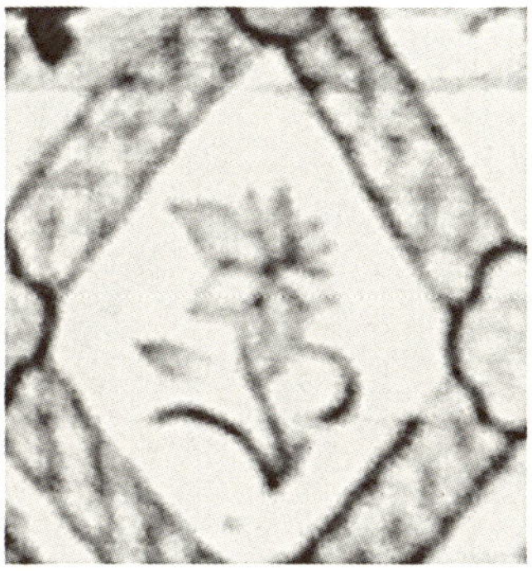

萱草又名忘忧、疗愁、鹿葱、宜男、母亲草。《本草纲目》言怀孕妇人佩其花则生男。传统绘画多将其与寿石、石榴或者石榴花配图入画，象征宜男益寿或益寿多子。明代宣德时子嗣不旺，宫中广种萱草，此时瓷器多以萱草为饰，象征宜尔子孙。

清代汉族白绫绣花裙萱草图案。裙前绣"麒麟送子图"，萱草、石榴等纹样绣于裙侧。（唐启翠摄于山东省博物馆）

●1-21　萱草：宜男益寿

萱草与母亲互为指代，具有象征性认同关系，而萱草又成为另外一种对国人而言十分熟悉的动物——鹿的食物。鹿在中国是长寿的象征。鹿皮，在先秦典籍中用作酬宾的礼物，也是婚礼纳吉、纳征的重要礼物。鹿角具有死而复生的特性，鹿茸具有生精滋养、止血防治小儿佝偻疾病等诸多功效。在《夏小正》、《月令》中"鹿角解"是仲夏重要的物候。鹿角除药用外，亦用于制成鹿角帽，这是北方萨满首服，可以通神。《士冠礼》中酬宾用俪皮，而二加之冠即皮弁，多用鹿皮制成。依据天文考古学的研究成果，在龟成为四象之北方代表前，约公元前48世纪到公元前5世纪鹿与麒麟都是北宫的主人，至公元前3世纪麒麟被置于中央而龟成为北象。②可见鹿与北堂、萱草的关系由此找到了惊人的联系。公元前45世纪的西水坡遗址第二组蚌雕图中，已出现蚌鹿图像③；在西汉中期卜秋千墓室顶壁

①（英）C.A.S.威廉斯：《中国艺术象征词典》，李宏、徐燕霞译，长沙：湖南科技出版社，2006年版，第125页。

②冯时：《河南濮阳西水坡45号墓的天文学研究》，《文物》，1990年第3期。

③著名考古人类学家张光直《濮阳三蹻与中国古代美术上的人兽母题》（《文物》，1988年第11期）一文认为此即道教"三跻"，是亡者升天的动物伙伴。关于"三跻"，萧兵《中国上古文物中人与动物的关系——评张光直教授"动物伙伴"之泛萨满理论》（《社会科学》，2006年第1期）对此进行了批驳，认为张氏所依据葛洪《抱朴子》"鹿卢跻"为带辘轳的撬车，根本不存在"鹿跻符"。而肯定李学勤、冯时之龙虎反映远古天文历法的假设，并认为目前最为稳妥的说法是龙虎在夹侍、保卫、衬托墓主，即令龙虎尚未成为东西二向标志，也已把墓主置于"宇宙中心"之神圣地位。最现成的证据就是汉画里西王母也用龙虎衬托其"中心话语"之权威性。有无"鹿跻"，还待资料印证，但鹿与再生、历法、神圣的关系依旧是明晰的。

画中绘有双龙、白虎、朱雀和麒麟，其中麒麟均生双翼，麒在后一角，麟在前无角，与雄雌二龙相互映照，当为牝牡二鹿。在公元前3世纪鹿龟替位后，麒麟被置于中央，成为倮虫之长，而人为倮虫。

在藏族苯教中，许多土著神以鹿为坐骑，乘以升天。巫师作法事时，往往骑在一头黏土塑成的鹿或一面称之为“rŋa”的鼓上，升入空中以便与神沟通。在西藏东部八宿县的岩画中，就有一幅巫师骑鹿的画面，生动地再现了这一宗教信念。巫师的鼓所以可以骑乘是因为鼓上覆着鹿皮，有些鼓甚至做成鹿或马的形象，某些蒙古部落巫师将这种鼓称为“黑色的雄鹿”。①

据隆梅尔（Lommel）研究，从旧石器时代晚期开始，鹿便作为萨满通神的动物助手而普遍见于欧亚大陆，尤其是欧亚草原地区，法国拉斯科岩画中伪装成鹿的巫师形象异常肖似。鹿因其角而受人崇拜被认为是“动物之王”或“猎神”。在欧亚大陆普遍流传的一则世界起源的故事中，鹿是“浑身发着白光，高扬着头，长长的角横在背上，半闭着眼睛飞入空中”的太阳神。这就可以解释中亚和中国北方草原地区比比皆是的鹿石遗迹。②鹿具有的飞翔能力，使之成为萨满巫师通天的助手。萨满作法时头戴鹿角帽，可能即延续了这种凭借鹿的飞升能量以升天的功能。从这个意义上讲，鹿角帽、二加之皮弁——鹿皮帽均具有通神的巫术性功能。

萱草在药物性上与母亲忘忧、多生贵子巫术性、妇科病症治疗相

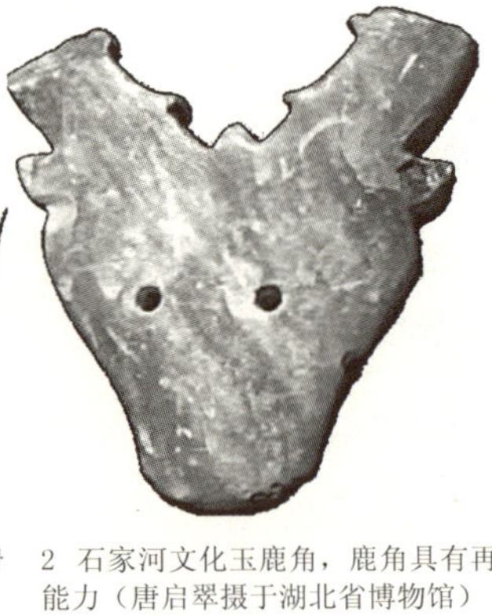

1　巫师骑鹿升天图（西藏八宿吐蕃时期岩画）采自《青海岩画》第95页

2　石家河文化玉鹿角，鹿角具有再生能力（唐启翠摄于湖北省博物馆）

●1-22　人借助鹿神或鹿角获得神力

①汤惠生、张文华：《青海岩画——史前艺术中二元对立思维及其观念研究》，北京：科学出版社，2001年版，第95—96页。

②详见 Anatoly I. Martynov,*The ancient art of northern Asia*. trans. and ed. by Demitri B. Shimkin and Edith M. Shimkin. Urbana : University of Illinois Press, c1991.,pp.52—73.

关，在仪式空间上与北堂、阴性空间相关。而鹿在传说中以萱草为食，是长寿、福禄的象征，从医药疗效上看，亦与生精补血、止血安胎、壮阳强体，即与男女之孕育生命、强身固体有关，与更为悠久的原始意义与狩猎仪式、通神能量遥相呼应。而鹿作为古中国四象之北象，与北堂、母亲具有象征性认同关系。那么这些与冠礼有什么联系呢？从维克多·特纳对恩丹布人的穆坎达仪式的详细观察和分析中，可以看出，成年仪式上，无论是男孩子的穆坎达抑或上女孩子的恩坎加仪式，象征母亲的穆迪树至关重要，“恩坎加仪式中受礼的女孩要在穆迪树下一动不动躺一天”，而穆坎达割礼的仪式药物库科利沙中要有穆迪树，原因就在于“所有人都说，用穆迪树是因为头个新入会者是在穆迪树下，并躺在穆迪树叶铺成的床上接受割礼的”。[①]而且“库科利沙（Ku-kolisha）源自动词ku-ko-la，意为‘变得强壮、健康’，ku-kolisha是它的使役形态。Ku-kola通常用来指生殖器官尤其是阴茎的变强壮。ilomu dakola 意思是‘能有力勃起的阴茎’。因此在健康的观念中是存在着对性能力的考虑成分的”。[②]穆坎达与恩坎加仪式中的男孩子、女孩子是被带离家与母亲的丛林营地，那里有象征性的门即穆科雷库入口、割礼圣地和隔离棚屋，穆科雷库门被放置在一条已被踩平的小路与一条通往行割礼手术地点的新开小径的交汇处，新入会者们将儿时衣物丢弃悬在“门楣”上，象征着将不纯的幼儿期和受过割礼的男性期分离开来。隔离棚屋及其间的训导、牛吼器和马齐西仪式，则是其获得新生的象征。[③]死亡与复活的戏剧在世界各地的成年礼仪式中上演，尤其是被怪物吞食的仪程几乎是世界普遍流行的基本主题。新南威尔士州的温吉或温吉邦部落中成年仪式中青年都要被称作达拉莫伦（Daramulun）的神秘怪物带到远处杀死，然后使之复活并敲掉一颗牙齿；大洋洲各部落、新几内亚、非洲等地皆以为是在仪式中发出“牛吼”声的鬼神或精怪跑出来吃掉孩子，又使之复活。在很多种语言中，“成年礼中吞吐受礼者的怪物都是被作为有威力的鬼怪或祖先的神灵来看待的，‘牛吼’则是鬼怪或

①维克多·特纳：《象征之林》，赵玉燕等译，北京：商务印书馆，2006年版，第189页。

②维克多·特纳：《象征之林》，赵玉燕等译，北京：商务印书馆，2006年版，第188页。

③牛吼器，被称之为恩丹巴—姆维拉，大意为“狮子吞噬”；马奇西指戴面具者，他会用棍子抽打男孩子们，并给新入会者父母带来盐。在恩伊约姆树祭坛骑西将被赋予男性远祖之名。详参维克多·特约：《象征之林》，第214页穆科雷库门图，第228—233、243页。

神灵的物质体现”。[①]

冠礼仪文中，已经很难看到如此具体形象的仪式过程了，也很难看到详细的比较具有原始意义的仪式阐释，但在字里行间的追寻中，仍旧依稀可见“东房”在冠礼仪式中，作为死亡与新生之地的象征意义。

二、东房、苍龙房星与母腹

成长、爱情与死亡应是人类发展史中永恒的话题。其中广义的“成长”可以贯穿个体人生始终，以通过各种关口显示生命历程。范·根纳普将之命名为“通过仪式”。最显著的通过仪式趋向于如劳埃德·沃纳所言：

> 一个人经历他有生之年的运动，从固定的母亲子宫内的胎盘到死亡和墓碑的终极点，最终作为死去的有机体躺在坟墓里，这个运动被一些重要的过渡时刻不时地打断，所有的社会都把这些重要的过渡时刻用适当的仪式将它们仪式化，公开标志出来，加深这些个体和群体在这个社区里活着的成员心中的重要性。这些重要时刻就是诞生、青春期、结婚和死亡。[②]

它们标志着一种转换。而狭义的“成长”则特指从童年到成年的过渡时期及其相应的仪式，人类学将之称为成年礼、入会式、再生仪式等，即通过特定分离、过渡、考验、象征性死亡与复活而回归，获得新的生命与状态。象征性死亡与再生作为成年仪式的核心，往往有一个死而生的圣地：树丛、洞穴、棚屋或者墓地。孩童在那里被神杀死复又吐出，即象征着第二次降生。恩丹布人穆坎达仪式的《施割礼者之歌》十分清楚地表达了此象征：

> 我是路上进食的狮子，你仰躺着，你望向天空，黑鹳的巢

①弗雷泽：《金枝》，徐育新等译，北京：新世界出版社，2006年版，第646页。

②Lioyd Warner *The Living and the Dead*.New Haven:Yale University Press,1959,p.303,参引维克多·特纳：《象征之林》，赵玉燕等译，北京：商务印书馆，2006年版，第94页。

里有黑鸢产下的蛋，曼巴蛇的洞穴里有蜥蜴产下的蛋，新入会者的母亲啊，你曾羞辱过我，把你的孩子送到我这里来我要虐待他，你的孩子逝去了，酋长的儿子也和奴隶一样。[①]

施割礼者被比作一头吞噬了新入会者的雄狮，将新入会者带入一个完全不同的世界即割礼与隔离之地，从而割断新入会者与母亲的联系，获得新生。这次的生命获得是以与女性（母亲）世界分离而与男性（父亲）世界认同为依归的。虽则如此，但是象征性的“再生”依然模仿了第一次生命获得之地——母亲子宫的形象——洞穴、棚屋等，以及复活之后象征性的喂食行为。这样的象征意蕴在冠礼仪式中有没有呢？

这就是东房，东房在“廟”这一神圣的建筑格局和仪式空间中，主要是器服陈放、妇人避立、行礼之处，带有很强的阴性空间意义。将冠者在未施礼前，采衣而髻童子之装立于东房之中，等候接受加冠仪式。三加仪式中，均在东房中换穿与冠服相应的衣裳，而当冠醴仪式完毕后，则不再进入东房。显然，东房在此具有与异域材料中的洞穴、墓地、棚屋等死而复生之圣地——大地子宫、世界之脐、母神之腹，具有象征性认同。这既可以在上述北堂、母亲与北象神鹿的象征性认同关系中得到印证，亦可在仲春物候中的星象东方苍龙之房星中看到类比关系。

东方苍龙七宿依次为角、亢、氐、房、心、尾、箕，各宿间距除心、尾二宿外，古今无变。有学者研究发现，当以房宿为连接点依次连缀七宿诸星时，无论用什么样的连缀方式，苍龙七宿所呈现的形象都与甲金文“龙”字形象完全相同，如图1-23。其形体对应为：角—龙角、亢—龙颈、氐—龙首、房—龙腹、心—龙心、尾、箕—龙尾。而方、房与腹关系匪浅，曾侯乙墓漆箱盖二十八宿名中“房”写作“方”，郑笺《诗·小雅·大田》“既方既皁”中“方”为“房”，《石氏星经》曰“东方苍龙七宿，房为腹”，《国语·周语》“农祥晨正”注曰“农祥，房星也，晨正谓立春之日，晨中于午也”。诸多文献说明“上古方、房、腹同音互假”。[②]

①维克多·特纳：《象征之林》，赵玉燕等译，北京：商务印书馆，2006年版，第187—188页。

②冯时：《中国天文考古学》，北京：中国社会科学出版社，2007年版，第415—417页。

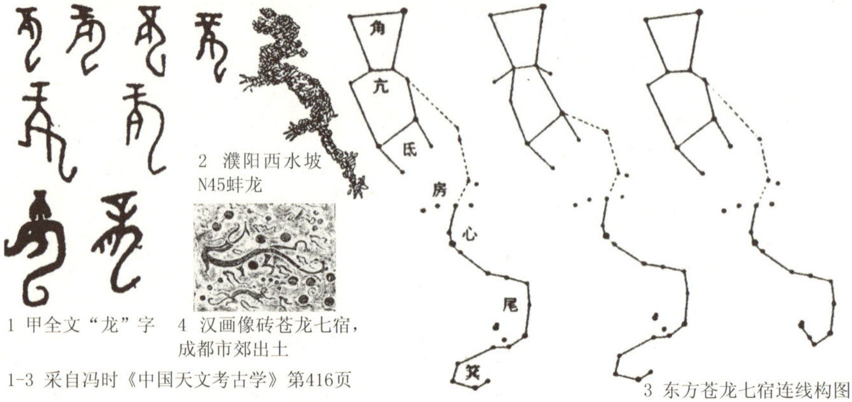

1 甲金文“龙”字　4 汉画像砖苍龙七宿，成都市郊出土

2 濮阳西水坡N45蚌龙

3 东方苍龙七宿连线构图

1-3 采自冯时《中国天文考古学》第416页

●1-23　甲金文“龙”字与东方苍龙

《月令》仲冬“命有司曰：土事毋作，慎毋发盖，毋发室屋，及其大众，以固而闭。地气阻泄，是谓发天地之房，诸蛰则死，民必疾疫”。郑玄、孔颖达均未对“房”作具体解释，孔正义仅曰：“房是人次舍之处拥蔽，于此之时，天地亦拥蔽万物，不使宣露。”大概即本于仲冬闭藏之月，发“天地之房”则闭藏之物即死。此文亦见《吕氏春秋·仲冬》，陈奇猷校释曰：“房犹窍也。”意同地穴。而此“穴”闭藏万物与母腹之孕育生命有着相似的功能。这一相似点可以从龙与辰的关系中得到印证。

在十二生肖中龙属辰，而辰的原始意义即可指妊娠之“娠”，亦可表示震动之“震”，前者为孕育生命，即闭藏，后者为发动生命，即生，也即“群龙无首”之处于孕育再生状态（胚胎）的“卷龙”：“早期龙神，事实上都是具有胚胎性格的神灵。……其实质是生命的胚胎状态或孕育状态。”①这与考古发现的早期龙形暗相吻合。更为有意思的是，蛇躯熊号的东方之帝太皞、人面鸟身的句芒神与东方苍龙、孕育新生命之房腹在比较图像学中可以获得通观。东房作为东方之阴性空间，与象征母亲的北堂同处一宇，初加冠前冠者身着童子之服，随着仪式的进行，逐次换服，礼成而不再回房，以示成人。则东房之母腹象征意义甚明。此意明，不由人联想到商周青铜器纹饰上屡见的龙虎食人图像以及学者对世界各地常见的“张开的兽口”的解释：

---

①王小盾：《龙的实质与龙文化的起源》，《寻根》，2000年第1期。

红山文化玉熊龙胎　　六种脊椎动物自左向右为：鱼、蝾螈、龟、鸡、猪、人胚胎图

●1-24　辰龙与卷龙

> 张开的兽口在世界上许多古代地方中都作为把两个不同的世界（如生、死）分割开来的一种象征。[①]

如果东房作为再生圣地，那么，东房之门是否就是这生死之界的关口？《睡虎地秦简〈日书〉》（甲种）中，时人娶妻生子之日往往与二十八星宿相对应，其中“房星”、“柳星”对应之日诸事皆吉：

> 房，取妇、嫁女、出入货及祠，吉。可为室屋。生子，富。……柳，百事吉。娶妻，吉。以生子，肥。可以寇（冠），可请谒，可田邋。[②]

房星——东方苍龙之腹，与柳星——南方朱雀之喙，所对应之日百事皆吉，并且是所有日子中娶妻、生子、祭祀、冠礼皆可的最难得吉日。秦简《日书》（乙种）尚有一条“初冠”条文曰：

> 凡初冠，必以五月庚午日，吉。凡制车及冠□□□□□申，吉。[③]

秦历自秦孝公、商鞅变法后，即使用夏历变种——《颛顼历》计时，以十月为岁首。如此，五月庚午，对比于《夏小正》之夏历，则为夏历仲春二月。其神为人面鸟神之木正勾芒。这其间是巧合还

---

①Nelson Wu，*Chinese and Indian Architecture*，New York：G.Braziller，1963，p.25,转引自张光直：《商周青铜器上的动物纹样》，《考古与文物》，1981年第2期。

②王子今：《睡虎地秦简〈日书〉甲种疏证》，武汉：湖北教育出版社，第159、161页。另，该书第177—178页列表比较了二十八星宿与娶妻、生子的吉凶关系。在该表中，唯东方苍龙房星（腹）与南方朱雀柳星（鸟喙）百事皆吉。

③吴小强：《秦简日书集释》，长沙：岳麓书社，2000年版，第219页。惜该简阙文，内容不甚完整。

是暗含玄机？

现在重新审视一下四时循环与成年礼的内在象征性关联，春生夏长秋收冬藏，于人于时，春分到夏至由生而长，至夏至抵“长”之顶点，自夏至而秋分则由长而老，至秋分万物萧杀，转入冬藏。但冬天虽死潜生，孕育着、等待着再次出生，这是整个自然时序循环一个周期的生命历程，也是个体生命生—死—再生的完整历程。若仔细观察成年礼仪式，不难发现，第二次降生并非简单地一下子就完成了两次生命的转换，而是以象征的方式在短时期内，完成一生的历程来象征其第二次降生：首先要借象征性死亡即被吞食、杀死等手段返回母腹，重新开始被孕育，当从兽口或墓穴、棚屋返回的时候，意味着再次降生，此次由于得神性魔力帮助，迅速长大成人，开始进入社会公共空间，而不再混迹于女性亲属世界。自此开始进入由长而老而死的生命循环。在此循环中，四方神掌管着天下万物的生杀大权，东方龙帝与鸟神掌管孕生，西方之虎就是掌管刑杀的死神。而所谓龙、鸟、虎、鹿或龟不过是生命女神的不同化身而已：可以是熊、蛇、鹰、鸠、虎、鹿、鱼、牛、蛙，也可以是石头、树木、大地……可以带来生也可带来死，但死亡并不预示着最后的终结，而不过是大自然循环的一个大环节。死亡总是紧密地伴随着再生，死是为了保证生命能量的循环更新。它实际上为生死两界提供了一种联系。①

安徽阜南龙虎尊双虎食人纹（唐启翠摄于海南省博物馆“国家宝藏”展）

●1- 25　张开的兽口与生死关口

①详论可参金芭塔丝：《活着的女神》，叶舒宪等译，桂林：广西师范大学出版社，2008年版，第215—230页。

第四节
“三加”仪式与年龄等级

以上三节从神圣时空、冠之原始象征意义讨论了冠礼所具有的辞旧迎新、生与再生的象征意义。本节回到世俗人间，围绕年龄等级、学校教育与部落会所的关联，探讨文献中所谓“三加”、“四加”与“五加”问题。

一、“三加”、“四加”与“五加”

关于冠礼，典籍中除了《仪礼·士冠礼》对士冠礼仪式器服、仪式过程记载尤详外，《礼记》、《大戴礼》、《孔子家语》、《荀子》以及《左传》、《国语》等亦有零星记载。如按《士冠礼》篇末之《记》文的说法“公侯之有冠礼也，夏之末造也。天子之元子犹士也，天下无生而贵者”[①]，则无论是王侯将相还是寻常百姓家的孩子，只有未成年人与成年人之别，无贵贱之别，故当无天子公侯冠礼。但自夏末开始，有了公侯冠礼，说明冠礼开始有了因身份不同而有不同等级的仪式。故有《大戴礼·公符》记有公侯天子冠礼仪程：

> 公自为主，迎宾，揖升自阼，立于席。……公冠四加玄冕。飨之以三献之礼，无介，无乐，皆玄端。……天子儗焉。太子与庶子，其冠皆自为主，其礼与士同，其飨宾也皆同。成王冠，周公使祝雍祝王曰：“达而勿多也。”祝雍曰：“使王近于民，远于年，啬于时，惠于财，亲贤使能。[②]

①（清）阮元校刻：《十三经注疏》，北京：中华书局，2003[1980]年版，第958—959页。
②王聘珍：《大戴礼记解诂》，王文锦点校，北京：中华书局，2008[1983]年版，第247—250页。“年”假借为“佞”。

《孔子家语·冠颂》亦借孟懿子问礼于孔子，讨论邾隐公冠礼仪程、天子诸侯冠礼规制以及三王用冠问题，并特记成王十三嗣立十四而冠之礼。[①]《左传·襄公九年》记有鲁襄公年十二而冠始末曰：

> 公送晋侯。晋侯以公宴于河上，问公年。季武子对曰："会于沙随之岁，寡君以生。"晋侯曰："年十二矣。是谓一终，一星终也。国君十五而生子，冠而生子，礼也。君可以冠矣。大夫盍为冠具？"武子对曰："君冠，必以祼享之礼行之，以金石之乐节之，以先君之祧处之。今寡君在行，未可具也。请及兄弟之国而假备焉。"晋侯曰："诺。"公还，及卫，冠于成公之庙。假钟磬焉，礼也。[②]

《左传·成公二年》还记有蔡景公、许灵公在军阵之前因"二君弱，皆强冠之"的情形。鲁襄公与蔡、许二公似乎都是在未作充分准备的情形下，被便宜行事地行了加冠礼。戴庞海因之说明春秋时"礼崩乐坏"，冠礼之重要性在人们心目中降低，对冠礼日益陌生，而导致冠礼举行比较随意。[③]这个推测或许有道理。但笔者以为，按照《春秋左传》常事不书原则，在记载者看来，这两条记载的意义或许不在叙述冠礼仪程，而重在表明"冠礼"所具有的成人身份转换意义。

按礼制，只有举行加冠仪式以后，才具有治人、军事和祭祀权力，否则只能算未成年人而不得预此事。鲁襄公见晋侯，蔡、许二公参战均未行冠礼，以未成年人身份从事了成年人的事情，在晋侯和楚共王看来，一定是违背礼制的事情，故有晋侯劝冠而楚王强冠之事的发生，这是不是反证了冠礼在春秋时还十分重要呢？至于鲁襄公何以不能多等几天等回到鲁国之后再举行隆重的冠礼，而假道卫国冠于成公之庙，事确有蹊跷，但史料阙疑，不得不暂时悬置。

春秋史料对成人身份的看重而略其仪程，记于史册的冠礼，还有

①孔子曰："天子冠者：武王崩，成王年十有三而嗣立，周公居冢宰摄政以治天下，明年夏六月，既葬，冠成王而朝于祖，以见诸侯，示有君也。"详见陈士琦：《孔子家语疏证》，上海：上海书店出版社，1987年版，第199—200页。

②（清）阮元校刻：《十三经注疏》，北京：中华书局，2003[1980]年版，第1943页。

③戴庞海：《先秦冠礼研究》，郑州：中州古籍出版社，2006年版，第149页。

《国语·晋语六》所记赵文子冠礼①。这段记载非常有意思，通篇只载赵文子冠后依照官阶大小依次拜访晋国九卿及其相关言论②，补足了《士冠礼》所缺冠后贽见乡先生、乡（卿）大夫仪程。赵文子即赵武，赵盾之孙，赵朔与庄姬③之子。《史记·晋世家》、《春秋》、《左传》皆载晋景公十七年（公元前583年），诛赵同、赵括，族灭之。因韩厥之言，而复反赵武田邑。④可见赵武是在赵氏家族绝祀之后，复立为赵氏宗主的。但《左传》未记其加冠之年，因而关于其加冠之年及其加冠时的身份，颇有争议。或以为行士礼，或以为行

①赵文子冠，见栾武子，武子曰："美哉！昔吾逮事庄主，华则荣矣，实之不知，请务实乎。"见中行宣子，宣子曰："美哉！惜也，吾老矣！"见范文子，文子曰："而今可以戒矣，夫贤者宠至而益戒，不足者为宠骄。故兴王赏谏臣，逸王罚之。吾闻古之王者，政德既成，又听于民，于是乎使工诵谏于朝，在列者献诗使勿兜，风听胪言于市，辨祆祥于谣，考百事于朝，问谤誉于路，有邪而正之，尽戒之术也。先王疾是骄也。"见郄驹伯，驹伯曰："美哉！然而壮不若老者多矣。"见韩献子，献子曰："戒之，此谓成人。成人在始，始与善，善进善，不善蔑由至矣；始与不善，不善进不善，善亦蔑由至矣。如草木之产也，各以其物。人之有冠，犹宫室之有墙屋也，粪除而已，又何加焉 。"见智武子，武子曰："吾子勉之，成，宣之后而老为大夫，非耻乎！成子之文，宣子之忠，其可忘乎！夫成子导前志以佐先君，导法而卒以政，可不谓文乎！夫宣子尽谏于襄、灵，以谏取恶，不惮死进，可不谓忠乎！吾子勉之，有宣子之忠，而纳之以成子之文，事君必济。"见苦成叔子，叔子曰："抑年少而执官者众，吾安容子。"见温季子，季子曰："谁之不如，可以求之。"见张老而语之，张老曰："善矣，从栾伯之言，可以滋；范叔之教，可以大；韩子之戒，可以成。物备矣，志在子。若夫三郄，亡人之言也，何称述焉！智子之道善矣，是先主覆露子也 。"徐元诰：《国语集解》，北京：中华书局，2006[2002]年版，第378—389页。

②拜见顺序依次为栾武子（栾书）、中行宣子（荀庚）、范文子（士燮）、郤驹伯（郤锜）、韩献子（韩厥）、智武子（荀罃）、苦成叔子（郤犨）、温季子（郤至）和张老（张孟）。据《左传·成公十三年》秦晋麻隧之战晋军将帅的排序：栾书将中军，荀庚佐之；士燮将上军，郤锜佐之；韩厥将下军，荀罃佐之；赵旃将新军，郤至佐之。对照赵文子所见诸卿顺序，可以看出是按照官阶大小依次见之，每个人均依照自己身份与立场说了或语重心长或嫉视的告诫语。另据《左传·宣公十二年》记载，晋师救郑……赵朔将下军，栾书佐之，赵括赵婴齐为中军大夫……荀首、赵同为下军大夫，韩厥为司马。可见栾书、荀氏、郤氏、韩厥等与赵氏家族的关系。

③据《左传》杜注庄姬为晋成公之女，景公之姊。（清）阮元校刻：《十三经注疏》，北京：中华书局，2003[1980]年版，第1904页。

④成公八年（公元前583年）夏"晋赵庄姬为赵婴之亡故，谮之于晋侯曰：'原、屏将为乱。'栾、郤为徵。六月，晋讨赵同赵括，武从姬氏畜于公宫，以其田与祁奚。韩厥言于晋侯曰：'成季之勋，宣孟之忠，而无后，为善者其惧矣。三代之令王，皆数百年保天之禄，夫岂无辟王？赖前哲以免也。《周书》曰：不敢侮鳏寡，所以明德也。'乃立武而反其田焉"。《春秋左传正义》，《十三经注疏》，北京：中华书局，2003[1980]年版，第1904—1905页。

大夫礼，其加冠之年则约在十三四至十六七间。[①]而史籍皆重在记载反田复位及诸卿之语，而略其加冠仪程与具体年月，原因之一即是记载者关心之重点在于：加冠之于灭族之后奇迹般复位的“界碑”意义。赵氏宗主的成年，无论是在加冠后反田，抑或反田后加冠，从郤氏之嫉视与栾书、范燮、韩厥等欣喜之余的谆谆教导可以看出，意味着赵氏绝祀之后的“复活”及其所具有的重新登上晋国政治舞台的转折点意义。由此亦可以看出，时至春秋，对于冠礼之成人意义的关注要大于对仪程的关注。故而在不多的记载中，凸显的均是成人立志成德及其在政治、军事与祭祀诸事中身份转换的意义。

因此，在身份转换界点，年龄与身份等级就成为史家、礼仪专家以及相关注释者关注的重点。由此带来男子二十而冠的常规与天子诸侯十二而冠以及史籍散见十四到二十二而冠的变礼，在“三加”之外尚有“四加”、“五加”等相关问题。《礼记》之《曲礼》、《曾子问》、《内则》、《冠义》皆曰：“男子二十，冠而字。”孔颖达《疏》曰：“此记之作，是记《仪礼·士冠礼》之事。士礼，故三加也。若大夫亦同。《士冠礼》云：无大夫冠礼……是大夫虽冠，用士礼。若诸侯，则有冠礼……其加则有四加，而有玄冕也。故《大戴礼》公冠四加也。诸侯尚四加，则天子亦当五加衮冕也。”《穀梁传·文公十二年》有“男子二十而冠，冠而列丈夫”。《荀子·大略》言“天子诸侯子十九而冠，冠而听治，其教至也”。《左传·襄公九年》记鲁襄公十二而冠，《孔子家语·冠颂》记成王十四而冠加衮冕，所谓五加之冠也。《晋语六》记赵文子在十三四至十六七岁间加冠。《史记》载秦惠文君、昭襄王、秦始皇皆二十二冠后听政。[②]《逸周书》载周灵王太子晋年十五而

---

①韦昭《国语解》以为赵文子之冠为“以士礼加冠”；按《史记·赵世家》“及赵武冠，为成人，程婴乃辞诸大夫，谓赵武曰：昔下宫之难，皆能死。我非不能死，我思立赵氏之后。今赵武既立，为成人，复故位，我将下报赵宣孟与公孙杵臼”所记，亦当是在行士冠礼之后复位的。《左传·襄公九年》孔颖达疏云“赵文子时年十六七，则大夫十六冠矣”以为是大夫冠礼；清乾隆年间进士盛世佐《仪礼集编》亦以为“大夫之冠仅一见于《国语》，而其礼不得闻记者，殆以其衰世之制而略之与？”（见文渊阁四库全书本）关于加冠之年，孔颖达以为十六七，沈长云等著《赵国史稿》（中华书局，2000年版，第74—75页）以为是在公元前574年，时赵武17岁。白国红《赵武“冠礼”解析》（《晋阳学刊》，2006年第4期）最新考证为鲁成公十三年五月至鲁成公十六年六月（即公元前578年5月—前575年6月）之间，时赵武的年龄在十三周岁十四虚岁至十六周岁十七虚岁之间。虽然不很确切，按虚龄大要不出十四、十七间。

②《史记·秦本纪》“三年，王（秦惠文君）冠”及“三年，王（昭襄王）冠。与楚王会黄棘”。《史记·秦始皇本纪》载九年“四月，上宿雍；己酉，王冠，带剑”。据杨宽先生考证，三王皆二十二而冠，冠而后听政。杨宽：《冠礼新探》，见杨宽：《古史新探》，北京：中华书局，1965年版，第238页。

加冠。[2]《左传·成公二年》记蔡景公和许灵公“弱而强冠”，此处之“弱”如依《曲礼》“二十曰弱，冠”则亦可理解为蔡、许二公因二十未冠，在军前被强加冠以示成人之意。

零星散见于各种文献中的关于冠者年龄分歧问题，或许透露出一些别样信息。参诸异文化资料，成年礼的举行一般都有一个漫长的过程，年龄上亦非一刀切，而是一个相当宽泛的年龄区隔或者年龄等级，最小者有六岁就开始进入的，大者20岁，故而成年礼的举行，生理年龄是相对而言的，更多的是一个具有弹性的文化年龄时间段。中国境内诸多族群延续至今的成年礼也是如此，很多成年礼仪式是分阶段完成的，每一个阶段的身份转换和权力获得是不同的。例如瑶族的度戒仪式，依随各个家庭财力不同而举行不同阶段的成人仪式，但有一点却是明确的，即越是高级阶段的仪式，其所获得的权力与权利就更大更多，诸如世俗的君权与神圣的巫权，乃至二者合一。[3]这一点对释读古代中国的冠礼阶段是很有启发的，或许可以作这样两种推测：其一，冠礼也是分层级、分阶段举行的；其二，时至西周，冠礼规格已经有等级区分，就像当时的庙制、葬制一样，按照天子、诸侯、大夫、士、庶民等等级，各有相应的规格。这从《礼记·内则》所记男子自6岁到20岁的教育历程与年龄关联不难看出：

> 盖古者公卿与庶民之子，其学不同：公卿之子以师氏所教者为小学，以成均为大学；庶民之子以家之塾，州、党之序为小学，以乡之庠为大学。公卿之子，其小学惟一，则其升于大学也速；庶民之子，其小学有三，则其递升于大学也迟。而又人之材质有敏钝，学业之成就有蚤暮，则其入大学固不可限以定期，大约自十三以上、二十以下，皆入大学之岁欤？[4]

孙氏之论，虽为推定，但却与人类学、民族学关于异文化中成年

①罗家湘：《太子晋的成年礼》，《中国社会科学院研究生院学报》，2005年第3期。

②吕大吉等主编：《中国各民族原始宗教·瑶族卷》，北京：中国社会科学出版社，1998年版，第416—426页。

③孙希旦：《礼记集解》，北京：中华书局，2007年版，第768—771页。

礼过渡仪式的阈限期相吻合，即从童年到成年的培训、考验与身份转换需要一个比较长的过渡期：

> 男女青年随着成熟期的到来，需要在连续几年内，受到一定程序的训练和考验，使具有必要的知识、技能和坚强的毅力，具备充当氏族正式成员的条件。可以说是一种原始的教育制度，也是学校的起源。如果训练后被认为合格，成年后，便可参与“成丁礼”，成为正式成员，得到成员应有的氏族权利，如参加氏族会议、选举和罢免酋长等，还必须履行成员应尽的义务，如参加主要的劳动生产和保卫本部落的战斗等。①

同时由于家世所带来的与生俱来的身份优势，所具有的培训、考验与转换时间不一致，所获得的权利与义务亦不一样。古代中国举行的冠礼，即传统所谓的“三加”之礼或许只是漫长成年仪式中的一个环节，甚至“三加”亦非一天之内完成，其初所有未成年者都得经历同样的仪式考验，获得成人身份及其相关的治人、军事和祭祀权力。随着等级制的出现，而有按照家世、身份等级而行或“三加”或“四加”、“五加”之礼，以获得不同的权能。时至西周，犹如当时的庙制、葬制一样，冠礼亦当按照天子、诸侯、大夫、士、庶民等级有了相应的规格区分。按照庙制、葬制等规制推测，此处所说之士、公侯、天子均是指将冠者家庭在社会政治结构中的位置与称呼，而非加冠者个体身份的称呼。这也就可以对“人生而无贵者”做一个前史性的通观理解。

但由于等级制的出现，个人家庭的社会等级地位直接决定了将冠者所能加冠的等级，因而，士这一级家庭中的将冠者举行“三加”以后就不再举行了，公侯一级家庭中的将冠者举行到“四加”仪式，而天子元子即太子则要举行“五加”仪式。此就可以解释士“三加”之后可以参加军事行动与祭祀仪式，有资格参加上一级的选拔，公侯“四加”仪式之后有权执政听事，天子“五加”之后可以亲政，尤其是未届成年而即大位者，如周成王。

史籍之突出“三加”仪程，或许是因为礼仪既失之后，冠礼的原始仪程已湮没无闻，《仪礼·士冠礼》所记又是高度简化、仪式化和象征

①杨宽：《古史新探》，北京：中华书局，1965年版，第235页。

化的，时人已经不谙最初仪式的意义，也不谙全部的仪式细节。甚或作记之人只是按照大体仪程记而载之，“三加”仪程全无时间间隔了。史料缺失，不可妄言。但典籍中记载良多的年龄等级以及来自于“野”的礼文，亦可资以旁证，以窥其一斑。常金仓曾参照异域文化资料，认为中国冠礼“三加”“最初也是分三次进行的”，即每隔“四年”（12—16—20）举行一次，来解释冠礼年龄的歧义问题。[①]这些均为精颖之论。惜其所论过于概略，本节以《礼记》之《内则》、《王制》、《月令》诸篇所记大学璧雍、年龄等级与进级考核为分析文本，参照埃里克森（Erikson）人格发展八段理论与部落社会之会所进级制度，对此问题予以详论，以揭示考验、考核通过仪式的生命转换功能。

二、年龄等级与冠礼

人类学家诸如舒尔茨（H.Schurtz）、韦伯斯特（H.Webster）、罗维（Lowie）、根纳普（Gennep）、艾森斯达特（Eisenstadt）、卫惠林、哈维兰（Haviland）等研究发现，在人类社会发展史中，人们为了解决亲属与婚姻关系以外的群体问题，往往依照性别、年龄、阶级、共同利益以及在一个等级系统中所占的地位而把人们分成不同的群体。按照男女性别分群是所有人类社会的特征，而按照年龄分群也是人类社会普遍存在的习惯，以至于它和性别有时被称为决定一个人社会地位的唯一普遍的因素：

> 所有人类社会都识别出若干生命阶段，但这些阶段具体如何定义却因文化而异。根据这种识别，人们确立了活动模式、态度、禁忌和义务。在某些情况中，这些东西是设计出来有助于个体从一个年龄过渡到另一个年龄，有助于传授必要的技能或是给予经济援助。它们往往被当作有组织群体形成的基础。[②]

---

①常金仓：《周代礼俗研究》，哈尔滨：黑龙江人民出版社，2005年版，第71—72页。

②哈维兰：《文化人类学》，瞿铁鹏等译，上海：上海社会科学院出版社，2006年版，第322-323页。

每一个年龄等级[①]都有其相应的义务和职责。而个体就在这一个年龄等级向另一个年龄等级的过渡与转换中完成生命历程。划分的标准即在同一年龄段：

> 这往往和秘密结社尤其是入会式有关，其构成分子是由于出生的时候相同，或者行某种仪式，特别是割礼的时候相同。……南迪（Nandi）的男孩同时行割礼的便属于同一个“伊宾达”（Ipinda）。行割礼的时候相隔7年半。在每个“伊宾达”中有三个分级，也是依年龄而分。马赛（Masai）人以4年为一期，2期为一辈（generation）。[②]

不仅是几乎在初民社会，在高度发展的当代社会也盛行此俗。艾森斯达特在其《从世代到世代》中认为年龄分级与生命礼仪是任何社会普遍存在的，仅有繁简的不同：部落社会的年龄组织是全面性的社会整合制度，发挥着社会任务职责分配与世代传递的效用；历史社会或半历史社会国家的年龄组织，为非全体性的贵族武士阶级的资格选拔式训练机构；近代社会的年龄组织，完全变成了志愿或同兴趣的团体。[③]

依据当代文化人类学家哈维兰的研究，非洲撒哈拉沙漠南部的蒂里基人关于年龄等级的用法是最复杂多样的，而且贯穿三个类型的社会。蒂里基人的年龄组成员一生都在一起，一同经历四个年龄等级，年龄等级每隔15年提升一次，依次为“斗士”、“年长斗士”、“公正斗士”和“仪式长者”四个年龄等级，“斗士”往往担当国家卫士的职责，其成员通过战斗获得声望；升为“年长斗士”后，主要通过在管理活动中承担越来越多的事务而获得各项技能，比如主持葬礼之后的会议以解决因某人死后出现的财产要求，他们还充当不同社区年长者之间的使者；与“年长斗士”在当今依然掌管行政管理职责不同，“公正斗士”主要处理与解决各项争端，时至今日，仍然作为地方司法机构发挥作用；“仪式长者”是最高的年龄等级，其成员履行神职人员的职能，在家户

①Age-grade即依生次长幼把不同年龄的男女成员分成如幼年、青年、成人（壮年）、老年等不同组级，它是以年龄为基础的人们类属，且每个个体在其一生当中都要经历该系列类属。

②林惠祥：《文化人类学》，北京：商务印书馆，2005[1934]年版，第184页。

③*From generation to generation*. 1956，转引自卫惠林：《社会人类学》，台北：台湾商务印书馆，1982年版，第147—148页。

进行的祭祀祖先活动、次级氏族会议、半年一度的社区申诉活动，以及加入各个年龄等级的仪式上，执行神职人员的职责。人们认为他们有使用特殊巫术力量的权力，尤其是在成人仪式中占有最重要的地位。①这非常典型地说明：

> 会员渐次自下级升至上级，每次升级都须举行仪式，等级愈高则其仪式愈繁，费时愈久。②

概观不同社会不同地域的年龄等级制度，可以发现一些共性要素特征：其一，皆与基于自然生理的生命转折仪式相关；其二，皆与基于社会结构与功能的男女劳务分工与长幼养育职责及其技能获得方式相关；其三，皆与“老者之智”的长老政治相关；其四，年龄等级制大多与会社或会所有关，即会所充当着群体教育、议事、军事训练、仪式空间等公共场所职能。

作为首先是生物性的人，其身心发育从幼至老经历了从弱至强而转弱、从无知到有知而至传知、从被养育至育人转而被供养的历程，各个阶段所充当的角色和担当的任务均不同。因此，年龄等级制往往与生命转折仪式密切关联：

> 任何社会里的个人生活，都是随着其年龄的增长从一个阶段向另一个阶段过渡的序列。③

对于个体而言，人生生命仪式与自然时序仪式、社会宗教庆典均是借助不断改变形式与环境、分离与重组、死亡与再生的通过仪式而完成转换与更新。年龄等级犹如生命历程中的分水岭，将一个年龄级的生命状态与另一个年龄级的生命状态以特殊的方式分离开来，以便获得社会规范的过程属性与文化秩序认可。这样一种生命仪式节点所组成的年龄等级制度在先秦典籍《荀子》、《礼记》等中所载良多，或从哲理高度概而论之，如《荀子·礼论》：

①哈维兰：《文化人类学》，瞿铁鹏等译，上海：上海社会科学院出版社，2006年版，第323—324页。
②林惠祥：《文化人类学》，北京：商务印书馆，2005[1934]年版，第183页。
③A.van Gennep.*The Rites of Passage*. Routledge & Kegan Paul, 1960, p.3。

礼者，谨于治生死者也。生，人之始；死，人之终也。终始俱善，人道毕矣。故君子敬始而慎终，终始如一，是君子之道，礼义之文也。①

《大戴礼·保傅》：

春秋之元，诗之关雎，礼之冠婚，易之乾坤，皆慎始敬终云尔。②

或从年龄等列叙之，如《礼记·曲礼》：

人生十年曰幼，学。二十曰弱，冠。三十曰壮，有室。四十曰强，而仕。五十曰艾，服官政。六十曰耆，指使。七十曰老，而传。八十九十曰耄，七年曰悼。悼与耄，虽有罪，不加刑焉。百年曰期，颐。③

《礼记·内则》亦详载生命历程，曰：

妻将生子，及月辰，居侧室。……子生，男子设弧于门左，女子设帨于门右。三日，始负子，男射女否。……三月之末，择日，翦发为鬌，男角女羁，否则男左女右。……父执子之右手，咳而名之。……子能食食，教以右手，能言，男唯女俞。男鞶革，女鞶丝。六年，教之数与方名。七年，男女不同席，不共食。八年，出入门户及即席饮食，必后长者，始教之让。九年，教之数日。十年，出就外傅，居宿于外，学书记，衣不帛襦裤。礼帅初，朝夕学幼仪，请肄简谅。十有三年，学乐、诵诗、舞勺。成童舞象，学射御。二十而冠，始学礼，可以衣裘帛，舞大夏，惇行孝弟，博学不教，内而不出。三十而有室，始理男事，博学无方，孙友视志。四十始仕，方物出谋发虑，道合则服从，不可则去。五十命为大夫，服官政。七十

①王聘珍：《大戴礼记解诂》，王文锦点校，北京：中华书局，2008[1983]年版，第58—59页。
②孙希旦：《礼记集解》，北京：中华书局，2007[1989]年版，第12页。
③孙希旦：《礼记集解》，北京：中华书局，2007[1989]年版，第761—773页。

致事。……女子十年不出，姆教婉、娩、听从；……十有五年而笄，二十而嫁，有故二十三而嫁。[①]

此种按年序齿的叙事与年龄等级制是何其相似！此时耳边不禁再次回响起根纳普的声音：

我们注意到在生育、幼年、青春期、订婚、结婚、怀孕、生子、成年礼及丧葬仪式的广泛的类似性。由此可见人类生命与自然相似，无论个人与社会都有相似而非孤立的安排，宇宙像是在分期依时地照料着人类的生命，让他循着次序变化着向前推进，个人在任何社会中，都是依照年龄分配其社会任务，一段一段地交替着进行，而且在从前一阶段推进到后一阶段时，总有一次是重要行动。而且在多数社会中，是配合着仪式行为把他圣化，这样使一个人的生命中，每一个变化都有圣洁与凡俗的规律反应。[②]

《曲礼》所记人生百年，十年为一级，各有相应的担当，七岁之前八九十以后，为悼为耄，悼者曰幼而需怜爱，耄者曰老知而需尊。百岁之后则颐养天年。《周礼》秋官司刺掌三赦：一曰幼弱，二曰老耄，三曰蠢愚。可见人在七岁之前与八九十之后为幼小羸弱期，尤其是七岁之前，在性别上处于中性，在社会结构与功能中处于被养育供侍阶段。七岁之后，男女有别，坐不同席，所学有别。

与《曲礼》十年一级概言不同，《内则》多从“三”言齿，如三日负子以射，三月剪发起名，三年而食之，六岁始学数术。此后多以“年”齿，七岁始分男女，八岁教以礼让，九岁教之数日，依此为界，此前均在家，男女之教同，十岁之后，男女之教异：男子十年则出就外傅，居宿于外，学书记，朝夕幼仪，衣不帛襦裤；而女子则十年不出，听姆教女事。男子十三岁学乐、诵诗、舞勺。十五成童，舞象、学射御。二十而冠，始学礼，衣裘帛，舞大夏，惇行孝弟，博学不教，内而不出。自二十以后《曲礼》与《内则》同，

①孙希旦：《礼记集解》，北京：中华书局，2007[1989]年版，第761—773页。

②A.Van Gennep.*The Rites of Passage*. Routledge & Kegan Paul, 1960, p.3。

十年一级叙之。三十而立，四十智虑、气力达到最强而从仕，至五十则气力始衰，发苍如艾，但智识谋略正盛，服官政，六十、七十皆至老境而不得执事，唯六十至老境而未全，但指事使人，七十全至老境，则传授家事付委子孙，所谓传者，上受祖父之重，下传子孙。所传家事，祭祀为重。十年一阶，虽因个体情况不同而有殊异，但幼、青、成（壮）、老之职守与十年一节的进阶亦为人心定向：

> 圣人制礼以律天下，壮者服其劳，老者安其逸，未用者无躁进之心，当退者无不知足之戒，每十年为一节，而人心有定向矣。①

对照埃里克森社会心理人格发展八阶段理论与南势阿美族、Sakizaya族年龄级名表，笔者自制《内则》年龄等级表如1-26。

不难发现，《曲礼》、《内则》等所记亦为年龄等级制度的文化记忆，或者可以用泰勒所提出的存留于文献中的“文化遗留”：

> 在那些帮助我们按迹探求世界文明的实际进程的证据中，有一广泛的事实阶梯。我认为可用“遗留”（survival）这个术语来表示这些事实。仪式、习俗观点等从一个初级文化阶段

《内则》年龄等级与Erikson人格八段、Ami族和Sakizaya族年龄等级对照表

Erikson 人格八段	Ami 年龄等级		Sakizaya 年龄等级		《内则》年龄等级			主要活动	重要影响人		主要活动地
I 0-1 口腔-感觉	wawa	rotoyai 一歳内	wawa	0-11	幼	幼儿—学龄期	0-3天 3月	射天地四方 剪发 取名	母亲	父母亲	侧室
II 1-3 肌肉-肛门		wawa 2-14					1-3岁	食子	母、乳母		寝
III 4-5 运动-性器							4-5	教食、言			家
							6	教数与方名	姆		
IV 6-11 潜伏-学龄							7	始别男女	保傅	保傅	
							8	始教礼让	父亲		小学
							9	教之数日			
							10	书计 幼仪	师 父亲		居宿于外
V 12-20 青春期	mamisral 15-19		kaoah	12-18		青春期	11-13	学乐诗舞	师友		大学
							14-19	舞象射御			
VI 20-24 成年前期	sral no niarox	20-26		19-25	弱	成人期	20-29	冠 学礼 舞《大夏》	师友		大学
		27-33		26-32							
VII 25-65 成年中期		34-40		33-39	壮		30-39	有室	师友 官长 同僚		社会
		41-54	Terog no kapah	40-46	强		40-49	仕			
		55-61			艾		50-59	服官政			
		62-68	Babalky	47-67	耆	老年期	60-69	指使	整个人类		庠序 大学
VIII 65- 成年后期	vake vakejan	69-75	Kalas no niyaro	68-74	老		70-79	传			
		76-82		75-81	耄		80-99	颐养			
		82-		......	期		100				

●1-26 《内则》与Erikson人格八段、Ami、Sak.族年龄等级对照表

①孙希旦：《礼记集解》，北京：中华书局，2007[1989]年版，第14页。

转移到另一个较晚的阶段，它们是初级文化阶段的生动的见证或活的文献。[①]

《礼记·祭义》："昔者有虞氏贵德而尚齿，夏后氏贵爵而尚齿，殷人贵富而尚齿，周人贵亲而尚齿。虞夏商周，天下之盛王也，未有遗年者，年之贵乎天下久矣。"四代尚齿，未有遗年，年之贵乎天下久矣。而《王制》、《内则》等所在四代养老制度以及尊老爱幼、以辈论资的传统，皆可印证典型年龄等级制度的存在与演变。如《内则》："凡养老，有虞氏以燕礼，夏后氏以飨礼，殷人以食礼，周人修而兼用之。凡五十养于乡，六十养于国，七十养于学。达于诸侯，八十拜君命，一坐再至，瞽亦如之。九十者使人受。……五十杖于家，六十杖于乡，七十杖于国，八十杖于朝，九十者，天子欲有问焉。"[②]人生六十，年届花甲，几乎在所有文化中，老者都是智慧的象征，虽渐渐退出社会服务，但又因其年长则见多识广经验丰富为活字书，而转为"传"与"授"，受社会尊敬和奉养。权力的获得往往与相应年龄密切关联，甚至在许多社会，最高权力往往掌握在年老者手中，是为长老政治，或曰老年政治，中国尤其如此。因此，可以说虽然时至春秋战国，历史进程处于艾森斯达特所言的历史时期的年龄等级，已非部落社会的全面性的社会整合制度，但作为贵族与武士阶层的选拔制度形态还是比较明显的，尤其是自童年向青年转换这一年龄等级的特征作为文化遗留在文献中的表现至为明显。依据著名人类学家和社会心理发展学家埃里克森的研究，在人的一生人格、心理发展过程中有两个关键时期：第一个关键时期是0—3岁的婴儿期，是儿童信任与自主力急剧形成期；第二个关键时期就是12—20岁自儿童向成人过渡期，是自我同一性和角色混乱的冲突期，是最大的危机时刻，是人格形成最关键时期。[③]这就是成年礼往往是生命仪式中最受关注时期的原因。从《内则》所载可以看出，记载尤为详细的正是这两个关键时期。而第二个时期的年龄跨越度较长——从12—20岁，与史籍中相互舛误的冠礼年龄前后临界点竟然是如此契合！而自十岁以来，从十三

①泰勒：《原始文化》，连树声译，桂林：广西师范大学出版社，2005年版，第11页。
②孙希旦：《礼记集解》，北京：中华书局，2007[1989]年版，第754页。
③详参H.埃里克森：《统一性：青少年与危机》第三章，杭州：浙江教育出版社，2000年版。

至十五而至二十，所学知识与技能，正是各民族在成年礼考验、过渡期所要接受的教育与军事技能训练与考核，从此亦可看见冠礼“三加”的象征意义与渊源所自。

三、会所、大学（辟雍）与冠礼

以上从年龄等级制度的一些共性要素如生命转折仪式、长老政治、男女两性劳务分工及其技能获得方式诸方面分析了冠礼年龄歧义问题以及冠礼在社会结构与功能中的重要意义。下面讨论第四个共性要素，即部落社会的会所与西周大学（辟雍）、冠礼的关系，以期更全面地了解冠礼的社会意义。来自人类学的材料表明：

> 男性的年龄组织与军事性教育训练制度，在多数部落例证中常是与男子会所Men's house或Men's club的建置是相关联的，……每一部落都有一个会所为部落的男性年龄组织，也同时是部落公共事务、仪礼行为与防卫组织的中心。[①]

会所与部落教育、军事、仪式、居住等公共事务中心的关系，尽管因不同地域不同文化而有所差异，但几乎无一例外与成年仪式训练、考验、过渡与转换相关。即使是在没有统一会所和严格年龄等级制度的社会中，狩猎、军事训练与祭祀仪式作为男子成年的界标，亦潜在充当着男性组织集体训练和部落公共事务执行与集会中心的功能。[②]这一点还表现在会所的建置形态及其相关神话叙事中：

> 会所建置方式有封闭式的，与无墙壁的休憩所式的。通常在会所中心处有一个大火炉，围着火炉周围乃是集会的会议场，会所的四周乃是分隔成年龄分组的连床，为会所中有任务及受训的年轻诸级组织成员的宿舍。会所中央后方至少有一个关闭的，在那里常有一个圣物仓藏贮着一切有神圣禁忌性的象征性神物。会所的大柱与前后墙壁上多数有象征的雕绘图像，

①卫惠林：《社会人类学》，台北：台湾商务印书馆，1982年版，第158页。

②详参卫惠林：《社会人类学》，台北：台湾商务印书馆，1982年版，第148—154页。

> 悬挂些象征性面具武器、仪礼的法杖之类的东西，会所周围通常都有一个公共聚会广场，门口常有召集部落人用的木鼓警钟之类的设置。在广场周围常有座石、社树以及安置敌首的台架之类的东西。
>
> 这会所的建置与迁建常代表着部落的历史时代，在每一部落长老叙述其部落历史时，常照传统习惯说某人或某某氏族首先找到了某地，建立了会所定居下来，过了若干年以后，因为天灾或战争从某旧部落基地迁移到某处，再建立新的会所然后定居下来；每一个会所常是与某一时代的部落历史相终始的，连从总会所出来的小会所之成立，也可以代表着一个部落的发展与兴衰阶程。此男性会所与年龄组织相关连，乃是说明男性从社会分工中，负担了社会的公共事务与防卫责任，以及原始社会老人统治制度与男性统治制度之普遍性的历史过程。[①]

从中可以看出，会所建置与其部落居地起源的神话叙事密切关联。而无论迁居何处，作为部落神圣公共空间，会所总是最先修建也是最重要的建筑，这与中国宫庙房屋所具有的模拟重演神话宇宙起源论具有异曲同工之处。会所建置中，无论是封闭式的还是无墙壁的休憩所式的，火炉都是整个会所的中心和灵魂，围着火炉周围就是集会的会议场，是公共议事厅的核心地带。圣仓、广场、社树、木鼓、法杖等，往往与仪式、祖先、神灵、部落秘密乃至性别禁忌相关。无不显示着会所作为部落公共事务处理、军事防卫、集会中心和仪式圣地的功能意义。

汇部落男性集训、宿舍、集会、议事、授知、仪式等诸项功能于一身的公共空间——会所，在西周、春秋战国时代的中国有无相应的空间？回答是肯定的。杨宽、常金仓均推测当时的大学即是，[②]颇启益后学。西周大学辟雍即璧雍，文字形象正是四周环水而中有形高台建筑：

①卫惠林：《社会人类学》，台北：台湾商务印书馆，1982年版，第158—159页。

②杨宽以为是辟雍，常金仓以为是“成均”。常氏虽举五证，但详于年龄等级之“齿让”与概论学校之集议政、军事、教育等功能，而缺乏对“成均”形制与功能的论述，故而虽新人耳目，启益后学，但尚待进一步的论证。详见常金仓：《周代礼俗研究》，第48—49页。笔者在此认同杨宽先生的观点，见下论。

●1-27 北京国子监内辟雍建筑与甲金文字“辟雍”（唐启翠 摄）

甲金文“邕”字皆从巛（或省作巜）从吕（或省作吕、作口）、从隹，从巛象四周环绕有水，从吕象水中高地上有宫室建筑，从隹，象有鸟集居其上，因为辟雍和泮宫的附近有广大的园林，为鸟兽所集居。[①]

传世文献如《大戴礼·盛德》：“明堂者，……以茅盖屋，上圆下方，……外水曰辟雍”，西周铜器铭文如昭王时器《麦尊》：“王客葊京酻祀，粤若翌日，在璧雍，王乘于舟，为大豊，王射大龏（供）禽”[②]均表明“璧雍之内，有一大池，池之中央筑一高台，奉为圣处”。[③]穆王时器《静簋》铭文亦曰：

惟六月初吉，王才葊京。丁卯，王令静司射学宫，小子、眔（暨）服、眔（暨）小臣、眔（暨）尸（夷）仆学射。雩八月初吉庚寅，王以吴𠦪（伯）、吕㓻（犅）合𤔲（豳）、[艹益]

①杨宽：《我国古代大学的特点与起源》，《古史新探》，北京：中华书局，1965年版，第200页。
②唐兰：《西周青铜器铭文分代史徵》，北京：中华书局，1986年版，第249页。
③（日）白川静：《金文的世界：殷周社会史》，温天河等译，台北：联经出版事业公司，1989年版，第86页。

（徵）𠂤（师）邦君射于大池。静学（教）无罡（尤），王易静鞞𠜅。①

讲的是六月吉日，王在莽京，命静司射学宫，小子、服、小臣、夷仆等学射。到八月吉日，周王与吴伯、吕犅、众小子等会射于大池，以考验静之教和众小子之学，结果是静通过了考验，获得了周王的赏赐。《麦尊》“璧雍”即《静簋》“学宫”，也即大学。所射之大池亦即大泽、泽宫。②

射猎目的主要有三：军事训练、供给祭祀和维护秩序。这与《礼记·内则》“成童舞象，学射御”，《礼记·王制》“天子命之教，然后为学。小学在公宫南之左，大学在郊，天子曰辟雍，诸侯曰泮宫”等典籍所记成童15岁入大学，以舞乐和射御为主要课程相吻合。也与《周礼·夏官》“凡国之政事，国子存游倅，使之修德学道，春合诸学，秋合诸射，以考其艺而进退之”，《礼记·射义》：“天子将祭，必先射于泽。……已射于泽，而后射于射宫”，《礼记·月令》季春之月“命舟牧覆舟，五覆五反，乃告舟备，具于天子焉。天子始乘舟，荐鲔于寝庙，乃鲔麦祈实”等典籍所载习射与军备武艺、择选人才、宗庙祭祀等内在关联。对此，郑玄《周礼》注有比较详细的论述：

> 大射者，为祭祀射。王将有郊庙之事，以射择诸侯及群臣与邦国所贡之士可以与祭者。射者可以观德行，其容体比于礼，其节比于乐，而中多者得之于祭。诸侯，谓三公及王弟子封于畿内者。卿大夫亦皆有采地焉。其将祀其先祖，亦与群臣射以择之。凡大射各于其射宫。

射宫与周庙、明堂辟雍的关联非常明显。《麦尊》、《静簋》共同点即周王泛舟于大泽射猎，《大豐簋》亦言“王又（有）大豐，王凡（汎）三方”，《遹簋》铭文亦有“穆王才莽京，乎渔于大池”。所谓大泽、大池、汎三方等印证了辟雍“圆如璧”，“壅之

①释文详参唐兰：《西周青铜器铭文分代史徵》，北京：中华书局，1986年版，第357—358页。
②详见杨树达：《积微居金文说》卷七《静簋跋》；唐兰：《西周青铜器铭文分代史徵》，北京：中华书局，1986年版，第358页。

以水”，“立明堂于中”及射于泽的特点。辟雍之中心上圆下方的房子，后来演变为大型“亞”形建筑——明堂——天子布政颁朔、祭天敬祖、朝会诸侯之圣地。传世文献通常明堂辟雍并称，明堂成为建筑群总称，而辟雍则是明堂之外旋如璧的水池，象征着天地相接之处，亦是圆天之象征。

关于西周大学何以建造成四面无壁而周寰以水的样式，多以之为古制遗留：

> 粤惟上古，水土荒沉，橧亢犹在，政教朴略，宫室未兴。神农氏作，始为帝宫，上圆下方，重盖以茅，外环以水，足以御寒暑，待风雨，实惟明堂之始。明堂者，天子所居之初名也。是故祀上帝则于是，祭先祖则于是，朝诸侯则于是，养老尊贤教国子则于是，飨射献俘馘则于是，治天文告朔则于是，抑且天子寝食恒于是。……自夏商周三代，文治益隆，于是天子所居，在邦畿王城之中，三门三朝，后曰路寝，四时不迁。路寝之制，准郊外明堂，四方之一，向南而治，故路寝犹袭古号曰明堂。……然而圣人事必师古，礼不忘本，于是近郊东南，别建明堂，以存古制。①

古人祀天祭祖、颁朔布政、养老教学、飨射献馘多在同一圣地。故后世文献所言明堂、太庙、大学、灵台、灵沼，在古同地，就事殊名而已。建筑之外周以外水，犹如村居必有沟绕水。如西安半坡仰韶文化聚落遗址即环以水沟，水沟之内，环以许多小屋，中心有一个大型厅堂式房屋，可以推断其为氏族聚落的公共活动场所，兼有礼堂、会议室、俱乐部和学校的形制。②此类环以围沟及有中心“大房子”的聚落遗址，在姜寨、洛阳王湾、华县泉护村、西乡李家村、秦安大地湾等地均有发现。参诸民族学材料，可能是氏族首领和被社会抚养人口诸如老年、少年、儿童以及病残成员的集体宿舍。大房子的前部空间则可能是聚会或举行仪式的场所。③尤其值得补充的一点是在这些大房子中心均有一个大火塘，与上述部落社会会所中央的火炉所殊几微。

①阮元：《揅经室集》，北京：中华书局，1993年版，第57页。

②杨宽：《古史新探》，北京：中华书局，1965年版，第211—212页。

③详细论述参见杨鸿勋：《仰韶文化居住建筑发展问题的探讨》，《考古学报》，1975年第1期。

秦安大地湾901大房子与半坡F1大房子相比，形制更为复杂，不仅有前堂后室的分隔，还有东西两厢，前堂极为讲究，宽16米，进深8米，近130平方米，正门朝南，堂中央有一个大火塘，火塘后的地面上有一幅地画，像两人在方形台子旁舞蹈，两人均双腿交叉，左手摸头，右手持棍棒。台上则放着两个牺牲。其内容可能是描绘杀牲献祭的仪式，也可能是祈求狩猎成功的巫术画。房前还有一个约130平方米的地坪，有两排柱洞，每排六个，在西边柱洞旁有一露天火塘。显见901大房子为宗教仪式性建筑。①

倘若以发展的眼光来审视，则西周辟雍或学宫无论是从形制还是功能上看，皆与新石器时代这些围沟聚落中的大房子颇有渊源。辟雍作为西周贵族最高学府，传世文献与出土文献均表明其是当时贵族子弟学习、集会、飨饮、射猎、祭祀、礼乐、养老、议事、告捷、献馘等男性活动的公共空间。自天子诸侯以达于士，冠礼之举行空间均在庙，区别在于各级庙制等级规格不同。辟雍与部落会所之形制、功能亦大同小异，这可以从年龄等级中男子进入会所接受训练与《内则》所记男子入太学所接受的诗书礼乐教育的契合得到证明，孙希旦《礼记集解》索隐文献，证明13—20岁为贵族子弟大学教育期已如前论。孙氏所论以社会等级制度为本，程子又从“修身”补之：

> 古人入学也易，八岁入小学，十三入大学，舞《象》舞《勺》，有弦歌以养其耳，舞干羽以养其气，其心急则佩韦，缓则佩弦。出入闾里，则视听游习与政事之施，莫不由此。如此，则非僻之心无自而入。又曰：古者家有塾，党有庠，遂有序，故未尝有不入学者。八岁入小学，十五择其秀者入大学，不可教者归之于农。三老坐于里门，出入，察其长幼、进退、揖让之序。②

无论是等级制度还是修身择秀，从人类学视野看来，此处正是年龄等级制度的文化遗留，与部落社会年龄等级组织——会所制度

①白寿彝总主编，苏秉琦主编：《中国通史2·远古时代》，上海：上海人民出版社，1995年版，第254—257页。

②孙希旦：《礼记集解》注引，北京：中华书局，2007[1989]年版，第771页。

相较，可以看出所谓10—13—15—20岁，第次叙来，应是自童年向成年过渡的青年年龄等级受训时期。犹如当今学校教育，学生经过学习、训练和考核一级一级地向上递升。在部落会所制度中亦是如此，譬如中国台湾东部的卑南族在少年时期要经过杀猴祭的训练仪礼，参加少年会所为成员，称为takobakoba η，接受四年的长期训练生活，然后经过Miabuta η的成年礼，升入男子会所，开始穿男性短裙、腰边带刀，被正式纳入组织负有军事防卫及服务部落的责任。这一级的青年要继续服役五至六年，然后退役，称为pansala η，准许与女性交往结婚。但pansala η一级仍旧继续担任会所的指导任务。卑南族南北二部六个会所均统一被称为raha η的部落军事领袖与部落司祭统帅。台湾南势阿美族三部落每隔七年举行成年进级礼一次，秀姑峦阿美族与海岸阿美族多数是每隔五年举行一次成年进级礼，马兰社则是三年一次进级礼。[①]可见，虽然不同部落文化的进级礼年限不同，但均有按年龄等级予以训练和考验进级的礼仪，目的皆在让部落成员循序渐进地习得技能、知识与毅力，担负起军事防卫、获取食物、宗教祭祀等公共服务的责任。

《礼记·王制》记载有从乡学到国学的对学员考校以升降的规制：

> 司徒……命乡简不帅教者以告，耆老皆朝于庠，元日习射上功，习乡上齿。大司徒帅国之俊士与执事焉。不变，命国之右乡，简不帅教者移之左，命国之左乡，简不帅教者移之右，如初礼。不变，移之郊，如初礼。不变，移之遂，如初礼。不变，屏之远方，终身不齿。[②]

掌管邦教的司徒使乡学简择“不帅教”者以告，大司徒作为上级领导，带领从乡学选拔上去的俊士以及耆老（致仕及乡中老贤者）于元日会集乡校，举行一场特殊的示范教学和考核——习射、饮酒礼：

> 国之俊士，由乡学而升于国学者，今还使执事于乡学之中也。盖范之以进退揖让之仪，闲之以志正体直之德，示之以长幼之节，艳之以俊髦之荣，所以诱掖而激劝之者至矣。……云

①卫惠林：《社会人类学》，台北：台湾商务印书馆，1982年版，第149—151页。
②孙希旦：《礼记集解》，北京：中华书局，2007[1989]年版，第362—363页。

“简不帅教者”，谓出入学时也，初不变，谓三年考校时；再不变，谓五年考校时；三不变谓七年考校时；四不变，谓九年考校时。盖至此而不变，则其人为终不可化矣，然后屏之远方，终身不齿。远方，谓要荒也。此乡学绌恶之法也。①

多次考校不合格者，即被视为冥顽不化者，而被流放于荒凉边远之地，视之非人，永不录用。所谓国之俊士，亦是从乡学考核选拔上去的佼佼者：“命乡论秀士，升之司徒，曰选士。司徒论选士之秀者，而升之学，曰俊士。”但在大学依旧需要经过严格的考校，包括王公诸子，考校不合格者，亦将屏之远方：

乐正崇四术，立四教，顺先王诗书礼乐以造士，春秋教以礼乐，冬夏教以诗书。王大子、王子、群后之大子、卿大夫元士之适子，国之俊选，皆造焉。凡入学以齿，将出学，小胥、大胥、小乐正，简不帅教者，以告于大乐正，大乐正以告于王，王命三公、九卿、大夫、元士皆入学。不变，王亲视学。不变，王三日不举，屏之远方。西方曰棘，东方曰寄，终身不齿。②

可见各级学校考校之严格，所谓三年、五年、七年、九年考校，则当与年龄等级制度的三年、五年、七年等进级礼考验同。《礼记·学记》亦有：

古之教者，家有塾，党有庠，術有序，国有学。比年入学，中年考校。一年视离经辨志，三年视敬业乐群，五年视博习亲师，七年视论学取友，谓之小成；九年知类通达，强立而不反，谓之大成。夫然后足以化民易俗，近者说服而远者怀之，此大学之道也。③

男孩10岁出就外傅居宿于外，是由内而外的一个界点，标志着从

①孙希旦：《礼记集解》，北京：中华书局，2007[1989]年版，第362—363页。
②孙希旦：《礼记集解》，北京：中华书局，2007[1989]年版，第362—366页。
③孙希旦：《礼记集解》，北京：中华书局，2007[1989]年版，第957—959页。

此离开家庭亲人，进入外界，与同龄人与师长共同学习和生活。至13岁，通过考核者，进升一级，进入更高规格的技能训练，是以学乐、颂《诗》、舞《勺》学，比照异域材料，10岁至13岁当应为少年受训期。至成童（15），通过考核者再进升一级，舞《象》，学射御，二十而冠，是为成人，可以衣裘帛，始学礼、舞《大夏》，惇行孝悌。从13而至15、20，所学课程均是文献和铜器铭文所记西周大学之主要课程诗书礼乐射御等“六艺”，尤其是射御，更是此一阶段学习重中之重，所谓“国之大事，惟祀与戎”，祀与戎之保证在于射御技能与礼序乐和，而乐舞、射御均是技能性较强的，故而训练期也长，考核也严。《礼记·学记》亦曰：

> 大学始教：皮弁祭菜，示敬道也。《宵雅》肄三，官其始也。入学鼓箧，孙其业也。夏、楚二物，收其威也。未卜禘不视学，游其志也。时观而弗语，存其心也。幼者听而弗问，学不躐等也。此七者，教之大伦也。《记》曰：“凡学，官先事，士先志。”其此之谓乎！①

伦者，义也。所谓教之七伦，即敬道、官始、孙业、收威、游志、存心、不躐等，均是以冠服（如皮弁）、祭仪（如释菜、禘）、学业（如《小雅》之《鹿鸣》、《四牡》、《皇皇者华》、乐）、仪式（如鼓箧、视学）等明示官事士志、长幼威仪等大义。孙希旦集解将七者之伦阐释得相当明白②，尤其是从夏楚二物以收摄学者威仪使之不至于惰慢，与天子诸侯禘祭而视学考校，可见出入学校等级之严格。

①孙希旦：《礼记集解》，北京：中华书局，2007[1989]年版，第962页。

②先圣先师，乃世之有道德者，皮弁祭菜，所以示学者尊敬道德，使知所以仰慕而兴起也。《诗》者，学者之所弦诵，始入学者先习《小雅》、《鹿鸣》之三篇，盖以此三篇皆在君之所以燕乐其臣，而臣之所以服事于君者，故以入官之道示之于入学之始，所以扩充其志意，使知学之当为用于国家也。入学发箧，必击鼓以警告之，所以提撕警觉，使之逊心于学业之中，而不至于外驰也。夏楚（夏，榣也，楚，荆也，二者所以扑挞犯礼者）所以收摄学者威仪，而不至于惰慢。……禘者，夏祭之名。视学，谓考学者之业，即一年视离经辨志，以至于九年视知类通达也。入学在春，而考视则在夏祭之后，所以宽其期，以优游其志意，而使之不至于迫促也。凡人之于学，得之也易，则其守之不固，故时时观示，而不辄语以发之，所以使学者存其心，以求于内，待其自有所得，而后告之也。年有长幼，则学有深浅，故其进而受教于师，使长者咨问，而幼者从旁听之，所以教之使循序而进，而不可逾越等级也。此七者，虽未及乎讲贯服习之事，然振兴鼓舞之方，整齐严肃之意，从容涵养之益，皆在是焉。是设教之大伦也。孙希旦：《礼记集解》，北京：中华书局，2007[1989]年版，第961—962页。

本章小结

综上，冠礼的时间、年龄、空间与“冠”之原始意象等，虽然均为礼学中聚讼难已的问题，但若从汉字象形特征所具有的语言生物学考古意义、考古实物与图像、仪式自身所具有的“容器”和叙事功能，以及以异域文化参照，即综合运用四重证据法，还是可以为纷纭难解的问题提供一种新的阐释视角。把握住冠礼作为人类生命周期性转换、更新与新年的季节性转换、更新具有深层认同机制，便不难发现冠礼最原始意义即在于模仿冬去春来万物复苏的庆春仪式以获得辞旧迎新转换身份。“冠冕”家族字形虽在文字隶定以后丧失了造字之初的意义，但甲金文的出土与释读以及大量新石器时代以来的玉、铜冠饰及相关神话和仪式则为“冠”——象征生命转换的核心象征符号——提供了原型参照，即羽冠——神鸟通灵之象征①。而作为冠礼仪式中冠者身份转换的主要仪式空间——东房与阴性空间、东方苍龙房星与青铜器龙虎食人纹饰联系的观察，东房与大地母腹可能存在象征性认同，均象征着生命再生孕育之所。与第一次孕育之所——生物性的母腹——不同，第二次降生是从大地母神或者始祖神之腹中诞生，第一次获得生物意义上的生命，而第二次获得的则是文化意义的具有与祖先认同的生命。但是第二次生命的获得需要通过一系列的生存技能、知识与毅力的训练，考验合格者才有资格获得第二次生命，故而年龄等级、会所与大学的关联性探讨则表明冠礼不是一蹴而成的，而是一个与年龄、教育、考核进阶、身份等级密切相关的仪式过程，从而揭示“三加”仪式在世俗层面的象征意义。

①日本学者白川静考索甲金文字“隹”旁字后认为鸟作为人的灵魂在一时变化的姿态的观念沉潜在文字中，也存在相关的生活和仪式空间中。详参白川静：《中国古代民俗》，王魏译，沈阳：春风文艺出版社，1991年版，第16—25页。

第二章

神圣空间：『廟』的象征分析

考古发现将为文献中充满歧义的先秦庙制带来什么？『庙』如何借由物化空间转换身份、展演权力？在文字象征权力的时代，纪念性的铜器上普遍性地存在错字，可能吗？若非如此，金文『廟』之本义及其内在编码又是怎样的呢？

本章从三个方面讨论“廟”这一圣事空间：第一节从传世文献与考古材料所见先秦廟的建筑构形与等级规制入手讨论廟的物态空间构成，主要是具有歧义性的庙寝布局；第二节以冠礼仪式空间转换为例，透视物化空间与认知编码、身份转换、权力叙事的关系；第三节从金文“廟”字各构形符号的分析入手，探析“廟”字原型及其思维编码。

第一节
传世文献与考古材料所见之先秦庙制

一、传世文献所载先秦庙制

关于先秦庙制，这里有两指，其一为传世文献与考古材料所见先秦庙的建筑构造形式即物态空间，其二为关于廟的等级规制即观念空间或曰认识空间，二者互为表里，形成完整的先秦廟制。为了能清晰明白地揭示《礼记》的圣事空间及其意义，这里有必要先从先秦宫廟的建筑构造形式与庙的等级规制入手。

依《礼记·王制》“天子七庙，三昭三穆，与太祖之庙而七。诸侯五庙，二昭二穆，与大祖之庙而五。大夫三庙，一昭一穆，与大祖之庙而三。士一庙。庶人祭于寝”，与《礼记·曲礼》“君将营宫室，宗庙为先，厩库为次，居室为后”，以及《荀子·大略》“寝不逾庙”等所记，可以看出庙制与身份等级密切相关。所谓七庙、一庙的主要标准大概是供奉神主之数，同时祭祖之庙与居住之宫室或寝在建筑格局布置上各有区处。孙希旦《礼记集解》在庙寝之建筑格局上同意诸说：庙皆南向，各有门堂寝室，而墙宇四周焉。但对所谓七庙、五庙之制颇有微词，认为是汉儒之构拟。[1]除了等级隆杀，经学家还致力于建构夏商周递代嬗变的庙制发展史，如《礼纬·稽命征》：“唐虞，五庙：亲庙四，始祖庙一。夏，四庙；至子孙五。殷，五庙；至子孙六。”《孝

①孙希旦：《礼记集解》，北京：中华书局，2007[1989]年版，第343页。

纬·钩命诀》："唐尧，五庙：亲庙四，始祖庙一。禹，四庙；至子孙五。殷，五庙；至子孙六。周，六庙；至子孙七。"像孙希旦一样，很多学人对此类庙制记载持以质疑的眼光。

1913年王国维发表《明堂庙寝通考》首次利用二十余种殷周铜器铭文，为殷周庙寝、明堂的具体格局问题打开新的研究局面。人们发现所谓四庙、五庙和七庙之制在青铜器铭文中不乏例证，在著名的西周《史墙盘》和《𤼈钟》铭文中就一连出现七世祖先的姓名，印证了西周七庙制的存在。七世祖先同时出现也意味着一种大合祭（祫祭）制度在周初的正式形成，以及殷周祭祖制度的因革性。[①]

据朱凤瀚先生研究，早在殷商王室，已有较完备的宗庙制度，而且在宗庙的总体构成、设置原则及宗庙活动上，均体现出强化王权与维护子姓贵族团结的特点，从而使宗庙制度成为巩固商王朝统治的重要政治制度。其中有四条原则十分明显：

> 第一，直系先王可有自己单独受祭的宗庙；第二，直系先王单独宗庙可世代保存，未有毁庙制度；第三，为近世直系先王增设祭所；第四，只有部分近亲的先王配偶可以有自己的单独的宗庙或受祭的场所。[②]

关于昭穆制度，根据刘正《金文庙制研究》的稽查，金文中常见昭、穆二字，有穆庙、昭宫，鲜见昭庙，但依然可以看出昭穆制度是周人礼制的核心问题。[③]在文字文献的歧异纷争之外，人们在墓葬考古中发现了证据，如陕西沣西张家坡西周墓地基本上是以一墓在中而其他墓室左右对称排列的现象出现的，亦即祖墓在前而按父昭子穆的次序而排列的，反映了西周墓葬制度的高度成熟化和礼制化程度：

> 一定时期的墓葬制度在相当大程度上揭示了当时的社会存在和社会意识，因此，无论是在历史学还是在考古学研究

①七世祖依次为高且、烈且、乙且、亚且、乙公、丁公和𤼈，刘正：《金文庙制研究》，北京：中国社会科学出版社，2004年版，第4页。

②朱凤瀚：《殷墟卜辞所见商王室宗庙制度》，《历史研究》，1990年第6期。

③刘正：《金文庙制研究》，北京：中国社会科学出版社，2004年版，第15页。

中，墓葬制度都有着突出的重要性，它体现着时代性、民族性及地域性，也是一定历史时期内等级制度的再现。①

地下墓穴的昭穆排列应该是地上宗庙昭穆排列的反映，因而具有相当的说服力。至于为什么要按照昭穆来安排，《礼记·祭统》所载观念当有代表性：

> 凡赐爵：昭为一，穆为一，昭与昭齿，穆与穆齿，此之谓长幼有序……夫祭有昭穆。昭穆者，所以别子、远近、长幼、亲疏之序而无乱也，是故有事于太庙，而群昭、群穆咸在，而不失其伦，此之谓亲疏之杀也。②

在传世文献中对宫庙描述最早也最为详瞻的应属《诗经·小雅·斯干》③，诗分九章，由远而近、由外而内第次描述了宫室的环境、居室空间分布及其功能。远而眺之，此宅第靠山临水，百堵之室融于茂林修竹之中，自先祖妣以来，整个家族皆生衍藩息于此，其乐融融。近而观之，但见整栋宅第壁立隅廉，夯土坚实，屋宇宏伟像大鸟举翼奋飞，彩檐轻盈如翚飞张翼。登堂入室，但见中庭平正，前堂明广，后室幽深。堂后有寝，乃日常生活起居，长养子孙绵延后嗣之所。《诗序》将《斯干》坐实为宣王考室。④或说是大型建筑群落成之祝颂歌辞，卜筑者谁，今人多说是周王，虽嫌模糊，却稳妥审慎。⑤不管是言之凿凿的宣王还是模糊审慎的周王之宫庙建筑，在此，我们可以看到比较完整的庙寝建筑的环境、布局及其功能分工。《礼记·檀弓》中所记“美哉轮焉，美哉奂焉！歌于斯，哭于斯，聚国族于斯”，对宫室之祭

---

①印群：《黄海中下游地区的东周墓葬制度》，北京：社会科学文献出版社，2001年版，第2页。

②孙希旦：《礼记集解》，北京：中华书局，2007[1989]年版，第1245页。

③《小雅·斯干》：秩秩斯干，幽幽南山。如竹苞矣，如松茂矣。兄及弟矣，式相好矣，无相犹矣。似续妣祖，筑室百堵。西南其户，爰居爰处，爰笑爰语。约之阁阁，椓之橐橐。风雨攸除，鸟鼠攸去，君子攸芋。如跂斯翼，如矢斯棘，如鸟斯革，如翚斯飞，君子攸跻。殖殖其庭，有觉其楹。哙哙其正，哕哕其冥，君子攸宁。下莞上簟，乃安斯寝。乃寝乃兴，乃占我梦。占梦维何？维熊维罴，维虺维蛇。大人占之：维熊维罴，男子之祥；维虺维蛇，女子之祥。乃生男子，载寝之床，载衣之裳，载弄之璋。其泣喤喤，朱芾斯皇，室家君王。乃生女子，载寝之地，载衣之裼，载弄之瓦。无非无仪，唯酒食是议，无父母诒罹。（清）阮元校刻：《十三经注疏》，北京：中华书局，2003[1980]年版，第436-438页。

④正义曰：作斯干诗者，宣王考室也。考，成也。宣王既德行民富，天下和亲，乃筑庙寝，成而与群臣安燕而乐之此。（清）阮元校刻：《十三经注疏》，北京：中华书局，2003[1980]年版，第436页。

⑤周啸天：《诗经鉴赏》，成都：四川辞书出版社，2007年版，第250页。

祀、死丧、宴会、居处等功能的描述亦是对《斯干》所咏之旁注。“哙哙其正，哕哕其冥”正是堂和室的写照，此处的幽深之室与明广之堂皆为行礼之地，以祭祀为主，不供日常起居，故而第六、七两章描述寝息与生育，则是堂室之后的另一个供人生活起居的建筑“寝”。

《史记·周本纪》记载早在灭商之前，周人即在古公亶父的率领下，自邠徙居周原后，“乃贬戎狄之俗，而营筑城郭室屋，而邑别居之”①，《诗·大雅·绵》也曾描绘古公亶父当年修建城池宫室的情景为：“俾立家室，其绳则直，缩版以载，作庙翼翼。……乃立皋门，皋门有伉。乃立应门，应门将将。乃立冢土，戎丑攸行。”②由此可以窥见早周岐邑城门高耸、宫室宗庙林立的盛况。

《考工记》：“匠人营国，方九里，旁三门，国中九经九纬，经涂九轨，左祖右社，面朝后市，市朝一夫。”③此“国”即指整个都城，“朝”指宫廷前方之“外朝”，“朝”及“市”的规模，均为一夫。“夫”为井田制农耕土地的计量单位，一夫为100亩（相当于今天的31.2亩）。这显示了农耕文明形态的宫室布局。宫城由内朝、寝宫和外朝、宗庙、社稷所构成，周围有官署区、市区及居住区等，宫居中，前朝后市、左祖右社，对称布列。但纵观考古发掘的东周列国都城遗址，除了鲁曲阜故城，大多与《考工记》中所言城市规划思想不符。④故有学者认为，《考工记》中的“匠人营国”条，很可能是以曲阜为蓝本，糅入著者构思所描绘出的一幅王权礼制之下的理想城市设计图。⑤

---

①司马迁：《史记》，北京：中华书局，2007[1959]年版，第114页。

②（清）阮元校刻：《十三经注疏》，北京：中华书局，2003[1980]年版，第510—511页。

③（清）阮元校刻：《十三经注疏》，北京：中华书局，2003[1980]年版，第927页。

④曲阜故城轮廓大致为方形，城门11座，东、西、北门各3座，南门2座。在故城中部偏北，被认为是鲁国宫城的宫室建筑基址，大城圈可视为郭城。在宫城周围，即城的东部、东北、北部和西北，分布着许多手工业作坊和居住遗址。南墙东门以南1.5公里余有夯土台，传为舞雩台，为鲁行雩礼之处。宫殿、城门、“两观”、祭坛成直线，可视为鲁城的中轴线。在春秋时期，大量周朝的礼乐典籍器物在伯禽(周公子)至曲阜就任鲁公时被带到鲁国，因此，曲阜的礼乐典籍远比其他诸侯国丰富，周公死后，成王为褒奖周公辅政的功绩，特命鲁国郊祀文王。此即《礼记·明堂位》所言“凡四代之服、器、官，鲁兼用之”。鲁国一向恪守周礼，即使春秋末期，仍然比较完整地保存着古代礼乐。吴公子季札于鲁襄公二十九年(公元前544年)出使鲁国，遍赏周代乐舞，尽兴而归。晋国韩宣子在昭公二年(公元前540年)出聘鲁国后，发出了“周礼尽在鲁矣”的感叹，孔子也说“齐一变至于鲁，鲁一变至于道”（《论语·雍也》），认为鲁国比其他国家都接近周礼。

⑤许宏：《先秦城市考古学研究》，北京：北京燕山出版社，2000年版，第83页。

《墨子·明鬼》："虞夏商周三代之圣王，其始建国营都日，必择国之正坛，置以为宗庙。"[①]"宗，尊也；廟，貌也，所以仿佛先祖之尊貌也。"[②]《礼记·曲礼下》云："君将营宫室，宗庙为先。"均说明宗庙之重要，几成王权、都城、国家之标志。对宗庙的主祭权，实质上是表现为神权形式的家天下式的君王统治权。

殷人以"亲亲"为主，周立宗庙，从"尊尊"（政治）着眼而又不废"亲亲"（伦理）以立宗法。《公刘》篇之"食之饮之，君之宗之"，《文王》篇之"本支百世"以及《召南》篇之"既燕（宴）于宗"、"于以奠之？宗室牖下"等皆反映了宝塔式宗法等级制度，所谓大宗、小宗，即是按照立嫡立长继嗣原则分化而来。就王族而言，嫡长子登上王位则为全国大宗，其他王子即为小宗；次子有分封为诸侯者，在其封地内为大宗，其嫡长子登上诸侯王位，又为诸侯国大宗，他子又为小宗……依次而下，构成森严的宗法社会统治结构。公刘、文王皆既为周族之君，其嫡长子系后嗣便是世袭的大宗，大宗主持祭祖大事。因而，从天子、王侯到大夫、士、庶民，均有相应的宗庙和祭祀礼制，即所谓天子七庙、诸侯五庙、大夫三、士一而庶人寝诸种与身份地位相应的等级不同的宗庙建筑与祭祀制度。

在青铜器铭文中，关于王室宫庙门朝制度最为重要的第一手文字资料则数周康王时器《小盂鼎》铭文，现据陈梦家先生的释读，将全铭约录如下：

（1）甲申　昧爽，三左三右多君入服酉
明，王各周廟……邦宾奠其旅服，东向
盂……入南门，告曰
盂……以兽进，即大廷……折兽于口
盂以人馘入门，献西旅，以口入寮周庙
（2）　口，入三门，即立中廷，北向，盂告
（3）　大采，三周入服酉
王各庙……用牲啻周王、武王、成王
王乎口口令盂以区入

①孙诒让：《墨子闲诂》：北京：中华书局，2001年版，第235页。"日"或作"曰"，断在下句首，详见上海书店1992[1986]年版，第146页。或吴毓江：《墨子校注》，中华书局，1993年版，第359页。
②何清谷：《三辅黄图校释》，北京：中华书局，2005年版，第303页。

（4）乙酉　口，三事大夫入服酉

王各庙……王令赏盂[1]

全部铭文记录甲申、乙酉两日之事，甲申之明、大采和乙酉日王三次各于庙，在不同的地点和时辰举行不同的仪式：（1）盂告禽献俘获于周廟；（2）是盂与其他侯伯告周王于中廷；（3）周王褅先王于廟；（4）王赏盂于廟。这与《虢季子白盘》铭文与《左传·僖公二十八年》城濮之战后晋军“振旅恺以入于晋，献俘、授馘，饮至，大赏”的记载一致。可见春秋时期将士凯旋献俘、授馘、大赏还保留着西周时仪式。陈梦家先生推测《小盂鼎》铭文所记之门廷庙寝示意图如图2-1。

显见此是按照中轴线纵深推进的，但与《周礼·春官·小宗伯》所记“右社稷、左宗庙”的格局是何关系，是否为中轴纵深推进的前庙后寝？因“三门”之模糊与铭文残缺而不得不悬置。

这种前庙后寝或者说前堂后寝即门—庭—堂—寝的建筑格局，在建筑考古遗迹中多有见证：

> 以西周早期凤雏甲组建筑基址作定点，往上溯源到早商的尸乡沟J1D4宫室和夏商之际的二里头三期一、二号宫室，往下循流至春秋中叶马家庄一号秦国宗庙群，皆不出门庭堂室的结构与中轴对称的布置，这应是三代宫室格局的基本特色。[2]

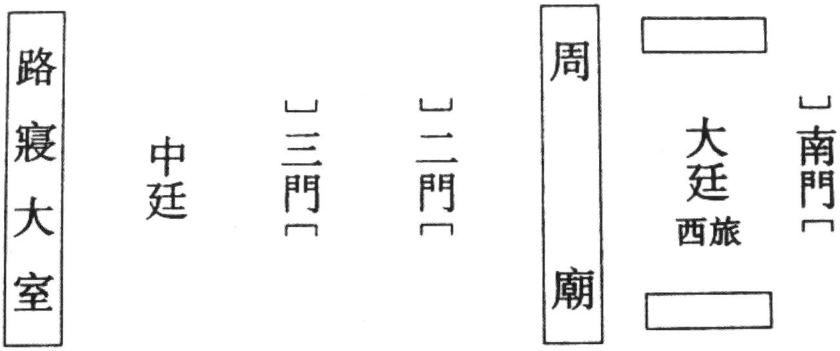

●2-1　《小盂鼎》所载庙寝布局示意图

①陈梦家：《西周铜器断代》，北京：中华书局，2004年版，第109页。图2-1见该书第110页。

②杜正胜：《古代社会与国家》，台北：允晨文化出版公司，1992年版，第756页。

并继而将之分为庙寝合一（即庙寝同屋）、庙寝相连（即庙寝分屋）和庙寝分离三个阶段。[①]也即同意前庙后寝的分布格局。

如此，则不能不提到一个疑惑，即所谓“寝”是生者之“寝”还是象征性的逝者之“寝”？所谓“寝以安身，庙以事祖”[②]一为生人一为逝者。若为前者，则建筑在由简单而复杂、由一室而多室的线性发展中，“堂”担负着祭祀和会客的公共空间功能，一直到庙寝分离甚至异地，则也是可能的。若是后者，则作为圣地的庙宫与日常起居的寝宫，又当如何布局呢？诚如许宏博士在《先秦城市考古学研究》中所说：

> 在考古学上还难以区分早期都城内具体的大型夯土建筑究竟属宗庙抑或宫殿遗存，但是毫无疑问地“整个城市以宫庙为核心，突出地体现了为王室贵族服务的性质”。[③]

士冠礼、婚礼等仪式现场表明，庙在大门之内，因文简以“曲”揖记之，而不明具体方位。李如珪《仪礼释宫》：“庙在寝东。”江永《仪礼释宫增注》曰：“宫室之名制，不尽见于经，其可考者，宫必南向，庙在寝东，皆有堂有门，其外有大门。”另据《周礼·春官》：“小宗伯之职，掌建国之神位，右社稷，左宗庙。”则宗庙建筑应位于宫城东部，亦即庙在寝东。

二、考古遗址所见宗庙建筑

文献所记及其阐释相互抵牾，读者多惑。时至今日，无疑可以借助于建筑遗迹来弄明白一些问题。如果立足于夏商周宫殿建筑基址的总体布局中来看，庙寝布局问题或许可以得到一种解答。如河南偃师二里头宫殿遗址，整个宫殿建筑群均被围在垣墙之内，位于西边的F1是由一周

①杜正胜：《古代社会与国家》，台北：允晨文化出版公司，1992年版，第758—760页：二里头三期及尸乡沟宫室基址中间偏北版筑台基之建筑大概是三代宫室寝庙的雏形，前面的堂是议政和祭祀之处，也叫做“庙”，后面的室是起居偃息之所，也叫做寝。这一阶段堂寝同在一屋顶下，可谓庙寝合一。……凤雏甲组基址的宫室，同一大门而不同屋宇，属于庙宫发展的第二阶段。关于庙寝分离，可见《春秋左传》记载的春秋郑大夫游吉之宫室布局为“庙在道南，其寝在道北”（《左传·昭公十八》）。庙与寝被道路所隔。庙寝分别变成独立建筑的原因，可能与政治发展或者政治社会地位之高下有关。政治社会地位愈高者寝庙之数愈多。

②高诱：《吕氏春秋·仲春纪》“寝庙必备”注，上海：上海书店出版社，1986年版，第13页。

③许宏：《先秦城市考古学研究》，北京：北京燕山出版社，2000年版，第79、81页。

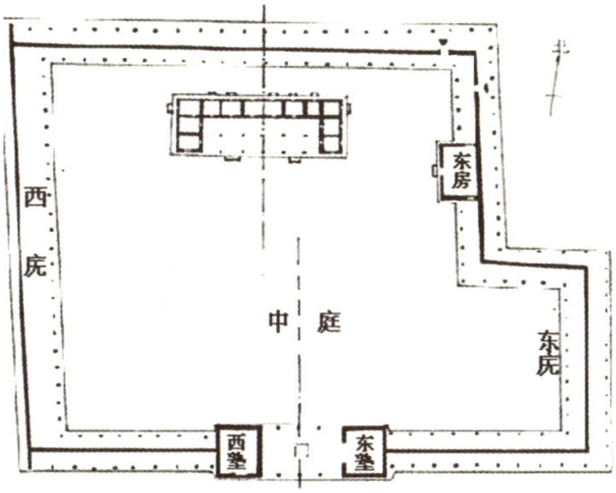

二里头F1遗址复原平面图

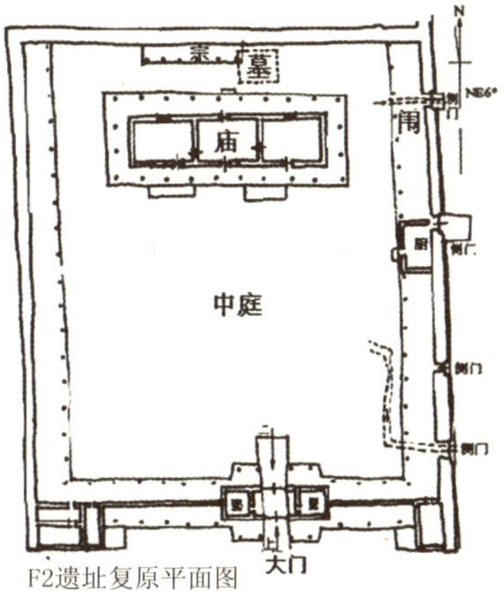

采自《中国考古学·夏商卷》第66、67页　　F2遗址复原平面图

●2-2　二里头遗址所见庙寝建筑格局

廊庑环绕成的一个庭院，院内北部中有一座坐北朝南的大型殿堂，南、东、北廊庑均为内外回廊，并在廊庑东北隅的东侧和北侧各有一个小门，可能就是“闱门”。F1东北150米处，是F2，基本形制与F1相仿，包括廊庑、穿堂式大门、主体殿堂和墓葬，大门在南庑中间偏东处，在庭院中轴线上的后部是三室的主体殿堂，在北围墙与主殿之间有一座大墓，北墙下有五间祭祀使用的带顶的祭坛——宗，殿内发现若干埋有人骨和兽骨的祭祀坑。东、西、北三面围墙有内侧回廊，东廊有4个侧门与外相通，最北端当为闱门；南围墙是内外回廊（见图2-2），与其正前方的F4相呼应，形成一个更大的围合空间，①被认作是宗庙一体建筑，应是夏王供奉其先王神主和日常祭祖之地——宗庙，则F4当为举行某些特殊祭典之地。②此或即如蔡邕《独断》所言：“人君之居，前有朝，后有寝。终则前制庙若朝，后制寝以象寝。庙以藏主，列昭穆；寝有衣冠几杖象生之具，总谓之宫。”可见，在总体布局上，祭祀之宗庙的F2位于布政之宫的F1之东，而在F1、F2各建筑群内部又有前朝后寝与前庙后寝的区分，廟在整体建筑中的位置也一目了然，若把F1建筑群视为生者朝

①F4的主殿台基北距F2南庑及南大门约12—14米，F4主殿之北无北围墙、主殿台基北缘设双柱且发现有垫土踏步的痕迹；同时主殿台基东缘距宫城东墙（二号宫殿东墙内侧延长线）的距离，与其西缘距二号宫殿西缘延长线的距离均为10米左右，即四号宫殿主殿台基位于二号宫殿的正前方则F2、F4有共同的建筑中轴线，应属同一组建筑。详见中国社会科学院考古研究所二里头工作队：《河南偃师市二里头遗址4号夯土基址发掘简报发掘》，《考古》，2004年第11期。

②《杨鸿勋建筑考古学论文集》（增订版），北京：清华大学出版社，2008年版，第96页。

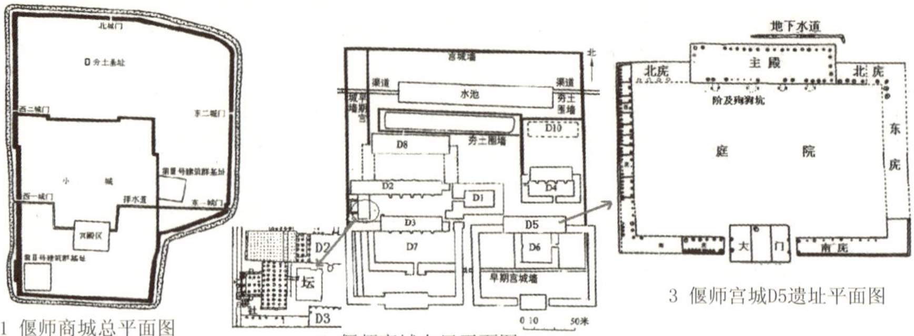

1 偃师商城总平面图　2 偃师商城布局平面图　3 偃师宫城D5遗址平面图

1 采自《中国考古学·夏商卷》第206页
2、3 采自《杨鸿勋建筑考古学论文集》（增订版）第102、105页

●2-3　偃师商城所见宫城格局

寝整体，那么“庙在寝东”的格局似乎在二里头三期的建筑布局中已经滥觞。

河南偃师尸乡沟商城王宫基址具有更为明显的“前朝后寝”与“左祖右社”性质的建筑布局。（见图2-3）偃师商城由城壕—大城—小城—宫城构成，大城平面呈“厨刀”形，南部窄似“刀柄”，为小城面积的两倍多。小城呈长方形，其中部偏南位置为宫殿建筑区，约占宫城三分之二；宫城最北为池苑，主要由大型人工水池和水渠构成，二者之间即宫殿建筑以北、池渠以南，有大量祭祀遗迹，当是祭祀场所。其中宫殿建筑大致可分为东、西两区，D2、D3、D7、D8构成西区朝寝建筑群，而D4、D5、D6等构成东区宗庙建筑群，左朝寝右宗庙，功能各异并向排列，而又互相呼应，构成完整的宫城布局。其中D1最大并位居城南宫殿区中央部位，D1东边的D5规模较大，面积9000多平方米。周围廊庑环绕，北面有石砌水沟，南庑中部有宽大的门塾。正殿南面有四处台基遗迹，每处台阶两侧各有一埋狗的方形坑，狗头皆朝向大门。因此，D5极有可能是祖庙。（见图表2-3右）在D1西侧宫殿D2西南角发现社、稷、坛遗址。（见图2-3左）①

1999年发现的洹北中商宫殿建筑规划与形制与此相类，据《发掘简报》②，位于宫殿区东南的一号基址平面布局为回字形“四合院式”

①详见中国社会科学院考古研究所河南第二工作队：《1984年春偃师尸乡沟商城宫殿遗址发掘报告》，《考古》，1985年第4期；中国社会科学院考古研究所河南第二工作队：《河南偃师尸乡沟商城第五号宫殿基址发掘简报》，《考古》，1988年第2期；中国社会科学院考古研究所河南第二工作队：《河南偃师商城宫城北部“大灰沟”发掘简报》，《考古》，2000年第7期。
②中国社会科学院考古研究所安阳工作队：《河南安阳市洹北商城宫殿区1号基址发掘简报》，《考古》，2003年第5期。

四面闭合的建筑单元，有主殿、庭院、东西厢、南庑、门塾等，目前在一号宫殿的主殿、门塾、廮台等处发现祭祀遗迹达40余处。依据殷墟宫殿区的商王寝殿建筑不用牺牲祭祀的考古发现说明，一号宫殿当为宗庙类建筑群。[③]

晚商以安阳殷墟为代表，有两个中心点：洹河北侯家庄、武官村以北的王陵区和洹河南以小屯、花园庄为中心的宗庙宫殿区，洹河两侧则分布着其他居住基址及手工业作坊，族墓分布在居住区附近及外围地区。其宗庙宫殿自北而南大致分为甲、乙、丙三组达53座之多的建筑，其东、北有洹河环绕，西、南以深壕与外面相隔，或有桥与外沟通。由于早期盗掘严重，为宫庙建筑性质及形制确认带来困难。总体而言，甲组基址15座，位于宫殿区北部，甲十二、十三可能为盘庚迁殷前后先王宗庙；乙组21座，其中一些较大的房基上、下都发现有用以奠基或祭祀的“墓葬”，墓内埋有人或动物，有些墓内还有成套的铜礼器，其中乙七、乙八最有可能是宗庙建筑，最南端的乙二十最有可能是宫殿建筑。丙组建筑在乙组之南偏西处，共有17座基址，颇似坛的形式，一些基址附近有较多的祭祀坑，其中丙三、丙四、丙六最有可能为祭坛性建筑。[①]可以看出，总体上形成一个前宗庙后宫寝的布局，在宗庙区内又形成前朝后庙、南社的布局。

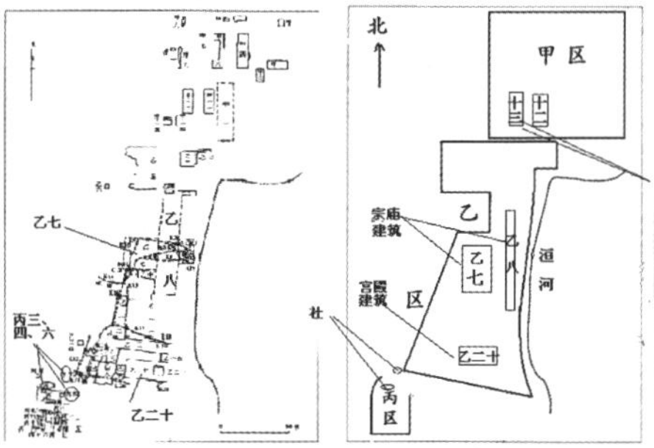

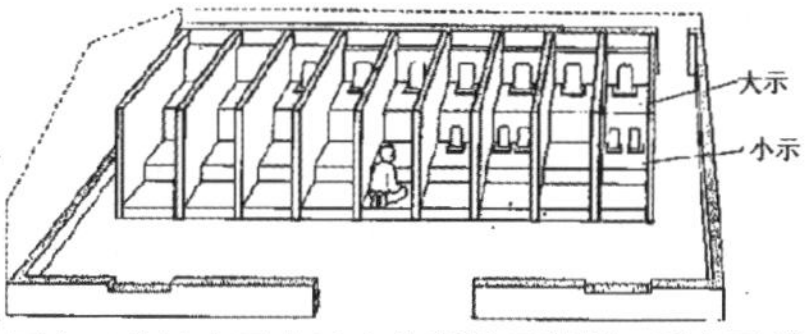

甲十三基址大示小示立体复原示意图，采自石璋如《中央研究院历史语言研究所集刊》1994：第445页

左安阳殷墟宗庙宫殿区甲、乙、丙基址位置图，采自《中国考古学·夏商卷》第297页，右为笔者自绘甲乙丙三组基址位置示意图

●2-4　殷墟庙寝格局示意图

①中国社会科学院考古研究所安阳工作队：《河南安阳市洹北商城的发现与初步勘探》，《考古》，2003年第5期；杜金鹏：《洹北商城一号宫殿基址初步研究》，《文物》，2004年第5期。

②详见陈志达：《安阳小屯殷代宫殿宗庙遗址探讨》，《文物资料丛刊》（10），北京：文物出版社，1987年版；唐际根：《殷墟一期文化及其相关问题》，《考古》，1993年第10期；郑振香：《安阳殷墟大型宫殿基址发掘》，《文物天地》，1990年第2期；中国社会科学院考古研究所安阳工作队：《河南安阳殷墟大型建筑基址的发掘》，《考古》，2001年第5期；孟宪武、李贵昌：《殷墟四合院式建筑基址考察》，《中原文物》，2004年第5期。

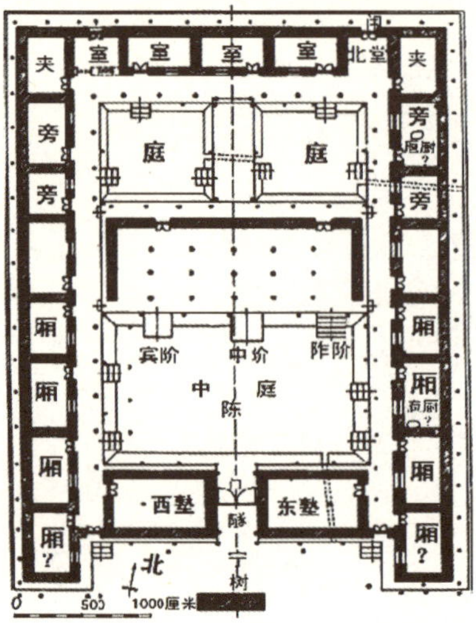

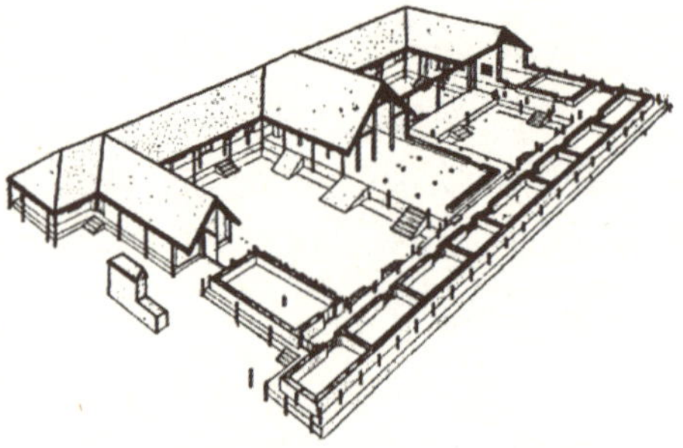

左凤雏甲组遗址平面图，右甲组建筑复原图采自《杨鸿勋建筑考古学论文集》（增订版）第144、147页

●2-5　凤雏甲组基址所见建筑空间模式

关于西周宫殿建筑的总体规划与形制，根据近年考古勘查和部分遗址的发掘，周原遗址为早期城址，南北长约5000米，东西宽约3000米，总面积达15平方公里。考古材料表明，“终西周之世岐邑一直是周王室政治宗教上的核心所在”。①早期建筑以凤雏基址为代表，现在发现的宫殿建筑有甲乙两组，甲组建筑为坐北朝南的高台建筑，总体布局呈日字形，为标准型前堂后寝四合院式建筑。（见图2-5）学者多据《尔雅·释宫》：“室有东西厢曰庙，无东西厢曰寝”，推测为宗庙建筑。②但亦因缺乏祭祀遗迹而不能完全肯定，而存异议，但前朝后寝格局，则为公认。③乙组基址位于甲组西侧，也是坐北朝南，墙内发现有柱础石，建造结构与甲组宫殿相同。如果能确认甲组为宗庙建筑，则其与乙组的关系，恰好可构成“廟在寝东”的格局。

丰镐遗址地处沣河中游两岸，其中心区域面积约15平方公里，已发现大型夯土基址约30处，未发现城垣，但四周均有河流，与凤雏周城相同。丰京遗址东有沣河，西有灵沼河，北有渭河，西南部原有一积水的湖。宫殿区分布在客省庄西南、马王村北一带。已发现夯土基址14座，

---

①许宏：《先秦城市考古学研究》，北京：北京燕山出版社，2000年版，第62页。

②陈全方：《早周都城岐邑初探》，《文物》，1979年第10期；杨鸿勋：《西周岐邑遗址初步考察》，《建筑考古学论文集》，北京：文物出版社，1987年版；庞怀靖：《凤雏甲组宫室年代问题再探讨》，《考古与文物》，2001年第4期。

③许宏：《先秦城市考古学研究》，北京：北京燕山出版社，2000年版，第62页。

基址内有陶排水管道和西周瓦片。从青铜器铭文和文献中可知，这些宫殿的名称有太庙、京宫、康宫、邵宫等。康王、恭王有丰宫之朝，即在沣京举行大典，会见四方诸侯。[①]

在陕西凤翔马家庄春秋秦都雍城遗址中的一号基址，因其中庭布满祭祀牺牲坑而被推断为宗庙遗址[②]，是比较典型的门—庭—庙—亭台（或社）自南而北进深建筑，大门正中是门遂，东西各有塾，四周廊庑。门遂经中庭，对准宗庙，宗庙分作堂、室、东西夹、序，皆左右对称。庙后有亭台，或以为是社，正中宗庙之左右前方各配有一座相似的建筑，或解作昭庙与穆庙，亦东西对峙，两两相称。最外四面再环绕着围墙，形成封闭空间。而位于一号之西约500米的三号建筑群是一个坐北朝南的由南而北进深的五进院落，第一进院落无建筑痕迹，第二进中部偏北两侧各有一座建筑，第三进院落中心有一夯土基址，院落西北和东北部也有夯土分布，第四进只有小规模的夯土痕迹，第五进院落面积最大，院内正中偏北及其前方两侧各有一座建筑，呈品字形排列。[③]如果确为报告者所推测之寝宫，则与一号基址正好构成"庙在寝东"的布局。

综上，从传世文献和建筑考古遗址可以看出，庙寝布局比较具有歧异性，若从考古建筑基址的总体布局来看，不难发现自二里头三期宫庙布局起，廟寝与朝寝已经各自为一个独立的建筑单位，已有庙在寝东的滥觞，甚或成熟形态，而就各独立建筑单位内部来看，朝寝与庙寝基本同制，皆有垣墙廊庑、门、廷、阶、堂、室，有一个由简而繁以及功能上的由合而分的发展过程。同时作为宗族向心与团结的强力纽带——祖庙，无论是对天子王侯还是大夫、士与庶民，都具有重要的意义，成为亲疏、贵贱、尊卑等关系、等级与身份象征乃至性别叙事的展演舞台，作为一种时代观念之物化载体的建筑空间，它又是通过哪些具体的象征符号来展示的呢？

---

①中国社会科学院考古研究所：《中国考古学·两周卷》，中国社会科学出版社，2004年版，第56页。关于镐京详参陕西省考古研究所：《镐京西周宫室》，陕西：西北大学出版社，1955年版；陈公柔：《西周金文中的新邑、成周与王城》，《庆祝苏秉琦考古五十五周年论文集》，北京：文物出版社，1989年版。

②韩伟等：《凤翔马家庄一号建筑群遗址发掘简报》，《文物》，1985年第2期；韩伟：《马家庄秦宗庙建筑制度研究》，《文物》，1985年第2期。

③韩伟、焦南峰：《秦都雍城考古发掘研究综述》，《考古与文物》，1988年第5—6期。

第二节

仪式空间与身份叙事：廟的内部空间分析

建筑是一个时代观念的物化载体，通过象征艺术的形式传达。尽管建筑的象征含义，往往因漫长岁月及功用技术等物质因素所掩盖而变得暗昧不明，但传统惯性、变亦守恒的文化结构，依旧留下可供解码的密钥。荀子曰：

> 礼有三本：天地者，生之本也；先祖者，类之本也；君师者，治之本也。……礼者，以财物为用，以贵贱为文，以多少为异，以隆杀为要。……故为之雕琢、刻镂、黼黻、文章，使足以辨贵贱而已，不求其观；……《诗》曰："雕琢其章，金玉其相。亹亹我王，纲纪四方。"此之谓也。[①]

可见，在以礼仪为基本结构的传统中，凡宫室台榭雕琢刻镂等设置的主要目的在于依天地之义圣人之道，辨贵贱明轻重，彰显四方纲纪。故《礼记·礼器》认为，"礼有以多为贵者：天子七庙，诸侯五，大夫三，士一……；有以大为贵者：宫室之量，器皿之度，棺椁之厚，丘封之大……；有以高为贵者，天子堂九尺，诸侯七尺，大夫五尺，士三尺。"所谓"多"、"高"与"大"等宫庙建筑的描述术语，不但指涉体量与数量，更重要的在于表征尊卑贵贱的等级与秩序，与师法天地之道的精神。建筑空间中尊卑有序、贵贱有别的表征莫过于建筑的高、大、量、差上，即贾谊所言"非壮丽无以重威"达到"见其服而知其贵贱，望其章而知其势"。[②]所谓"高门出贵人"、"侯门深似海"等俗语正是渊源于高垣深院的建筑格局。从规格、形制到装点饰纹皆受社会结构与身份地位规约的宫室成为维护礼仪秩序的有效工具之一。

①王先谦：《荀子集解》，北京：中华书局，2007[1988]年版，第349、357、180页。

②颜振益、钟夏：《新书校注》，贾谊撰，北京：中华书局，2000年版，第53页。

在此，建筑空间犹如图象，通过构图、位置、比例、朝向等手段进行叙事和观念传达，正如“图象不仅用模拟表达着取向，以位置传递着评价，以比例暗示着观念，更以变异凸显想象”[①]，用套式化的位置和比例来展示帝王之高大与侍者之矮小、五服同心方中的侯甸卫荒与明堂位序之亲疏远近……，建筑也有自己独特的“物语”——不仅用门、阶、墙、壁、堂、室、房、寝及屋顶脊饰、瓦当悬鱼、梁柱斗拱、匾额楹联、木雕彩绘乃至房屋多寡、地理位置等进行身份、等级叙事和厌胜祈福等观念的传达，[②]更以仪式景观中的“位”“向”集中展示一种社会关系，即仪式展演依赖一定的“位置”与“面向”来体现社会关系网络，表明尊卑贵贱亲疏远近的关系，从而透过礼仪所体现的关系空间达成一种身份叙事。

虽然“空间是以自然地理形式或人为建构环境为其基本要素及中介物，却都不认为那是最终的”[③]。最终的是什么？“当然是……空间里弥漫着社会关系，它不仅被社会关系支持，也生产社会关系和被社会关系所生产。”[④]这与人类学与文化地理学研究发现的世界各民族皆喜于把所有事物置于一个特定空间来认知，包括人群的区分——人们通过“地方”来定义和区分自我与他者[⑤]——颇相一致。如前论所门罗群岛槐欧人、阿尔及利亚卡拜尔人对居住格局和圣俗空间的认知与安置，就是融合着物化、关系与认识三层空间，尤其是性别叙事的极好例证。非洲的乔鲁巴族土著则总是用特别的颜色来代表某一地区，祖尼印第安人则用四方空间方位作为一套万用分类符号体系，一切皆可纳入到某一空间区域，与该区域所标示的具体部位认同为同类事物，四方与四色、四季、四元素（气火土水），甚至可以对社会生活与职业进行分区，武士和战争属于北方，狩猎属于西方，医术和农业属于南方，巫术和宗教属于东方。美国哲学家威尔莱特对此解释说：原始人所意识到的与其说是空间的概念，不如说是相互联系的部位，他们根据位置和质、能来区别

①葛兆光：《思想史研究视野中的图案——关于图像文献研究的方法》，《中国社会科学》，2002年第4期。

②详参刘森林《中华装饰——传统民居装饰意匠》相关论述，上海：上海大学出版社，2004年版。

③黄应贵：《空间、力与社会》，台北：中央研究院民族学研究所，1995年版，第4页。

④Lefebvre,Henri.1979: “*Space: Social Product and Use Value*”, *In Critical Sociology: European Perspective*. ed. J.W.Freiberg, 285.New York: Irvington.

⑤详见唐启翠《“五方之民”叙事中的空间模式再探》，《湘潭大学学报》，2008年第6期。

甲部位与乙部位。空间是存在于假定中的思维抽象；部位却是从经验和直觉中认识的。[①]

这些虽然是来自原始部族的例证，复杂且日益远离神圣的世俗社会中的居室空间与仪式空间情形是否与此完全相类，颇受质疑，但这与中国上古神话宇宙观却极为吻合。而且在所谓高度发达和复杂化的文明社会中，具体建筑空间依然是人们观念（认识空间）的投射。而在礼仪之邦的古代中国，建筑不啻是礼制表征和仪式生活的绝好舞台。如至今尚存的北京四合院、晋中民居等，据刘森林先生在《中华装饰》一书中的描述，皆为礼制化的物质载体。如四合院，其平面布置以中门（垂花门、仪门）界分前后两院，前院为门房、客房和仆佣之房，后院为主人居房，是非请勿入之地。位于中轴线上后端的堂屋（明间），坐北朝南，不仅层层抬高，而且开间阔大，规格高级，雕梁画柱，装饰华美，是住宅群中最为突出醒目、视线聚焦之处。堂之左右为祖辈、长者居住，两侧厢房为子女晚辈居住。并严格遵循“男治外事，女治内事，男子昼无故不处私室，妇人无故不窥中门，有故出必拥蔽其面”的原则和规矩。山西晋中祁县大型民居中，坐北朝南的堂屋多为楼房，高于两侧厢房，成为至尊至显之地，而其东西厢房作为晚辈子女的居室，其布局亦有区别，东厢房屋脊要高于西厢房，尺寸也要大于西厢房，如此布局则是源于传统等级中的“男左女右”与“文左武右”和地理方位中以东为左、为上的意识，而衍化成男性多居东厢而女性多居西厢，居室中的性别叙事已然成为学者解读王实甫《西厢记》故事的一把钥匙。[②]在这里，亦不难看到因复杂化而隐微的男女、左右、明暗、阴阳、内外、尊卑、高下等二元对立模式，所谓“寻常之室无奥宊之位，则父子不别；六尺之舆无左右之义，则君臣不明；寻常之室，六尺之舆处无礼，则上下踳逆，父子悖乱，而况其大者乎？”[③]作为“天地之序”以“定亲疏、决嫌疑、别同异、明是非”甚至可以自别于禽兽的“礼”犹如一张无形之网使房屋建筑从形制到装饰无不充满尊卑有分、上下有等、男女有别的秩序感。

下面即以士冠礼仪式空间中的几个标志性象征符号门、阶、堂、房、闱门的位置、格局及其在相关仪式中的场景转换、位向为例，分析

①威尔赖特：《燃烧的源泉》（1954年英文版）第8章，转引自叶舒宪：《中国神话哲学》，西安：陕西人民出版社，2005年版，第281—282页。

②详见王振复：《中国建筑的文化历程》，上海：上海人民出版社，2000年版，第228页。

③颜振益、钟夏：《新书校注》，贾谊撰，北京：中华书局，2000年版，第214页。

秩序与身份地位如何借助建筑“物语”而得以展示。

一、门：内外之别

门（門），在甲、金、陶、简等各体中均留有形体大体一致的书写痕迹，、、是最基本的三种书写形式。罗振玉《增订殷墟书契考释》释为：“象两扉形，次象加键，三则上有楣也。”陈梦家《殷虚卜辞综述》：“卜辞‘父甲門’、‘且丁門’当指祖甲、祖乙的廟祊。乙门、丁门的乙、丁似亦指廟主。南门、宗门、宗户、和门，当指宗室祖廟的门。西周金文群臣入廟门立于中庭北向，则所入当是南门。”[①]无论是概言之门扉之象形，抑或析言之宗室祖廟之门，在空间序列上，门是从外而内，甚至在院内，又是从外庭（公共空间）到内室（私密空间）的阈限，是通道也是屏障，即《释名》所言：“门，扪也，为扪幕障卫也。”而通过则标志着身份的当下转换。

在冠礼仪式中，南边的廟门与北边的闱门是通往另一空间的通道，与整体建筑群保持着相应的联系。同时也以此为界域形成不同的仪式空间，在冠礼正仪前筮日、筮宾与请期的仪式场地，即位于廟门之外，构成第一阶段的仪式空间，参加人员有冠者之父或兄、有司（筮人、记卦人、宰、宗人），主要仪式就是占筮。郑康成以为：“筮者以蓍问日吉凶于易也。冠必筮日于廟（庿）门者，重以成人之礼，成子孙也。廟谓称祢廟（庿）。不于堂者，嫌蓍之灵由廟神。”贾疏云：“廟以棲神，严肃之地，古人行大礼必于廟（庿）。今尊蓍龟，故于廟（庿）；以其为外神，故于门。”可见在郑、贾等经学家的解释中，之所以在廟门筮日筮宾，原因在于此时问吉凶于蓍草之灵而非祖灵，以其为外神故于门。廟门之界分内外，从吊丧规制也可窥一斑，《左传·襄公十二年》：

> 凡诸侯之丧，异姓临于外，同姓于宗庙，同宗于祖庙，同族于祢庙，是故，鲁为诸姬，临于周庙，为邢、凡、蒋、茅、胙、祭，临于周庙。[②]

①罗、陈二解均见于省吾主编：《甲骨文字诂林》，北京：中华书局，1999年版，第2083、2084页。

②（清）阮元校刻：《十三经注疏》，北京：中华书局，2003[1980]年版，第1951页。

又据《礼记·祭统》：

> 君迎牲而不迎尸，别嫌也。尸在庙门外则疑于臣，在庙中则全于君；君在庙门外则疑于君，入庙门则全于臣，全于子。是故不出者明君臣之义也。
>
> 夫祭之道，孙为王父尸，所使为尸者，于祭者子行也。[①]

按照祭祀规制，子辈不能为亡父充当神尸，而由孙辈担当。国君作为祭主，在廟外与充当神尸者为君臣、父子关系。所以为了避嫌，国君出廟迎接祭牲而不出迎充当神尸者。但是充当神尸者一旦进入廟门，世俗的身份就获得了转换，成为时君之亡父替身——神尸。廟门在此无疑具有仪式中身份转换之阈限的功能。在冠礼仪式中，实际上也是以廟门为界，构成一个仪式进程的三个阶段，而使廟中仪式成为一个封闭空间中的自成一体的仪式过程。

如果说南庑中的大门是通向外界的通道，那么北端的“闱门”则是向内的通道，是另一意义上的内外之分——男女性别空间。上一节对夏商周宫殿形制与布局的考述中，可以看出，东北隅（东墙北端与北墙东端）往往是有一道小门，跟文献记载以供妇女出入的闱门相吻合。在整个冠礼仪式的参与人员中，是没有女性的身影的，冠者见母为适东壁北面见之，见姑姊则是入见，按照郑注皆当通过闱门进见的。则北端的闱门当是通向内部空间的通道。

二、阶：主客之分

许慎《说文》阜部：“階，陛也，从阜皆声；阼，主阶，从阜乍声。陛，升高阶也”。马叙伦《说文解字·六书疏证》：

> 陛为坒之后起字，土部，坒，地相次也。与次下文陔训阶次，词例略同，坒是阶级，一级高于一级，故曰相次。[②]

①孙希旦：《礼记集解》，北京：中华书局，2007[1989]年版，第1244页。
②李圃主编：《古文字诂林》第10册，上海：上海教育出版社，2004年版，第839—840页。

可见，所谓阶者，由低处通往高处的通道也。从庙门入中廷，由中廷升堂有东西两阶，东阶又称阼阶，是主人登升之常阶，西阶亦称宾阶，为客人常登之阶。早期建筑大多是茅茨土阶，周原凤雏基址虽已用陶瓦，但阶仍为土阶，故而在先秦建筑考古中只能依稀见到阶级遗迹，很难明晰阶级详制，而且建筑遗迹中的阶数也不单是东西两阶，如尸乡沟商宫城D4、D5堂前有四阶遗迹，凤雏甲组基址堂前有三阶遗迹，而马家庄一号基址堂前只有两阶。东周以来礼书经典多记东西两阶，或许到春秋战国时期的建筑中，堂前之阶已经定制为东西二阶，东阶为主阶，西阶为宾阶。同时依照礼书文献记载，不同等级的人亦有不同的阶制：天子之堂九级，诸侯七级，大夫五级，士三级。这里的天子之堂九尺、诸侯之堂七尺、大夫五尺、士三尺，以及庙制，似乎与墓葬中的列鼎制度十分吻合，当为等级制度定型化在建筑和礼仪中的显现。如在士冠礼仪式中："宾筵前坐，正纚，兴，降西阶一等，执冠者升一等，东面授宾……"从初加到三加，宾从降"一等"到降"三等"，分别从有司手中接过缁布冠、皮弁和爵弁，以示"三加弥尊"，也暗示出士阶三等。杜正胜先生亦言："说中国宫室及其内部格局是一部无字的人伦宣言，似亦不为过，大小礼仪所反映的伦理关系都可从行礼的位置显现出来。"[①]在《仪礼·士冠礼》正仪当日：

> 主人玄端爵韠，立于阼阶下，直东序西面。兄弟毕袗玄，立于洗东，西面北上。摈者玄端，负东塾。将冠者采衣、紒，在房中南面。宾如主人服，赞者玄端从之，立于外门之外。摈者告。主人迎出门左，……每曲揖，至于庿门，揖入。三揖至于阶，三让，主人升，立于序端西面。宾西序东面。[②]

这是加冠仪式开始之前仪式参与人员各自立位的描述，将冠者此时仍着采衣且朱锦束发的童子装饰，所立之位在东房；与其他仪式

①杜正胜：《古代国家与社会》，台北：允晨文化出版公司，1992年版，第764页。
②（清）阮元校刻：《十三经注疏》，北京：中华书局，2003[1980]年版，第951—952页。

参与人员的服饰——成人之玄端爵韠——形成强烈的对比，摈[①]是接待宾客与仪式引导者，故而其位在门堂之东塾，宾及其赞者为仪式执行人，是请来的外宾，故而立于外门外，等候主人迎接。主人与宾及赞从门入庙，由庭升堂，主人从阼阶升，宾从西阶升，主人与阼阶、东序和东方，客人与西阶、西序和西方定格为一套给定并接受和践行的空间符码：阼阶及其相关的位向是主人身份的象征，西阶及其相关的位向是客人身份的象征。若客人身份与主人不对等，则所登之阶亦随之有变，如《礼记·曲礼》：“主人就东阶，客就西阶。客若降等，则就主人之阶。主人固辞，然后客复就西阶。”《礼记·郊特牲》：“天子无客礼，莫敢为主焉。君适其臣，升自阼阶，不敢有其室也。”《礼记·坊记》：“君适其臣，升自阼阶，即位于堂，示民不敢有其室也。”这几条记载颇能体现“位”之空间符码实质，当客人身份低于主人时，不敢为尊走西阶，而需主人再三相让，方可登西阶上堂入座；而当家天下的天子莅临臣属之家时，又俨然以主人身份从阼阶登堂入室。这也就是说，对外而言，西阶与东向标示尊位；对内而言，阼阶又标示着家长的独尊地位，如《礼记·冠义》嫡子“冠于阼，以著代也”，《礼记·婚义》“厥明，舅姑共飨妇以一献之礼，奠酬，舅姑先降自西阶，妇降自阼阶，以著代也”，阼阶为家中之尊位由此可见一斑。凤雏甲组基址堂前三阶，马家庄一号宗庙堂前两阶等，无疑为礼书中主客登堂升阶之礼仪提供了无言的证据。

由此可见，君臣、宾主、嫡庶等尊卑贵贱亲疏远近关系借着空间而呈现，“阶”与“向”作为礼仪中的核心象征，其多义性和浓缩性特征亦随着仪式参与者身份而变化。社会生产空间，空间标示关系，空间与权力因此密切关联。阶、位与向不仅使物化空间的权力话语得以展示和凸显，而且还有更为深远的文化意义。

通过位置与朝向来定义和区分自我与他者，在先秦礼书所载礼仪中比比皆是，尤其是《仪礼》、《礼记》所记各种礼仪诸如诞生、冠、婚、丧、祭、射、覲、聘等皆是通过仪式参与者所立“位”“向”来辨等正仪的，门庭堂房等均有定义、区分和象征主客、尊卑与亲疏关系的功能。

---

①通“儐”，类今之傧相，行接待宾客之职。《周礼·秋官·小行人》：“凡四方之使者，大客则擯，小客则受其幣。”郑玄《注》：“擯者，擯而見之，王使得親言也。”《论语·乡党》：“君召使擯，色勃如也，足躩如也。”陆德明《释文》：“擯，本作賓，又作儐。”朱熹《集注》：“擯，主國之君所使出接賓者。”

三、堂：尊卑有序

所谓登阶升堂，堂指的是寝、庙之正中最高大敞亮，位于阶上室外的地方，为设席行礼之处。堂中有二楹，左右有东西序、东西堂，堂后有室和东西房。无论是住宅之堂还是庙堂，无论贫贱还是富贵，堂在古代建筑空间中都是十分重要的场所。宋人所编《事物纪原》载："堂，当也，当正阳之屋；堂，明也，言明礼义之所。"《礼记·内则》所载"凡为宫室，必辨内外，深宫固门，阍人守之"的原则到了宋代司马光《涑水家仪》里依然是主要原则，甚至在民国时期的北京四合院、晋中大宅院依然如故。对于庶人而言，"堂"既是接待宾客的公共空间，同时也是敬神祭祖的地方：

> 通常在主厅堂（即堂屋）条案上设有祖宗牌位，还在楼上专门辟出一室，以作祖宗牌位的祭典或常年供奉陈列之所。平日不让人进出，只在祭祀时开放。云南大理地区则多假借楼梯上部空间做成神龛，内中依序安放五服之内祖宗牌位，上书祖宗的生辰天干地支年月和墓葬地点等。①

●2-6　海口丘濬故居可继堂内祖龛（唐启翠　摄）

①刘森林：《中华装饰——传统民居装饰意匠》，上海：上海大学出版社，2004年版，第33页。在中国乡间，这样的格局至今仍在，2006年夏天，笔者在海南昌江县大田村调查时，亲见屋主堂屋正壁上方的祖龛，里面供放者祖宗牌位和族谱，还有不曾熄灭的香烛。

这可以看作是《仪礼》时代的礼仪空间在现代的遗留或者见证。在《仪礼》的时代，身份等级的不同，敬神奉祖的仪式空间也不一样，天子、诸侯、大夫、士、庶人均有与自己身份等级、财产相应的居住空间和仪式空间，所谓天子七庙、诸侯五庙、大夫三庙，士一庙，庶人祭于寝，这里的七、五、三、一，只不过是标志等级的象征性的数码而已，核心则是贵族包括士敬神奉祖的仪式空间在庙，庶人在所居之寝。古者庙寝同制，无论是寝，抑或是庙，堂均是一个重要的地方。《论语·先进》所谓："由也升堂矣，未入于室也。"这一学习入境深浅的比喻，原初起源于建筑空间与仪式空间的远近、疏亲、外内喻指。郑注《士婚礼》"宾升西阶，当阿东面致命"之"阿"为"当栋也，入堂深，示亲亲"。《士冠礼》："主人之赞者筵于东序，少北，西面。"指在堂上接近东序之处的地方布席，席西向，冠礼即在此举行。这与冠者身份相关。整个冠礼正仪即三加、醴（醮）礼均是在阶与堂上举行，这是嫡子之冠礼，是主人的象征。而庶子则只能在房外举行。

堂后为室与房，室者，实也，以堂非人常处，而室则无不实也。其在宫室，则昼居夜息于是，其在宗庙，则诏祝筵尸迁主于是；其在居室，则有《礼记·曲礼》"为人子者，居不主奥"[①]，其在廟室则有《仪礼·少牢馈食礼》"司宫筵于奥"，"乃更延主室之奥，尸来升席自北方，坐于主北焉"[②]，为神主之位，接神之处，具有神圣性。室是家中尊者与神灵之地，故为人子者，居不主奥。堂室之旁为房，是器服陈放之所，妇人避立、行礼之处。《礼记·内则》：

> 礼始于谨夫妇。为宫室，辨外内。男子居外，女子居内，深宫固门，阍寺守之，男不入，女不出。……妻将生子，及月辰，居侧室。……子生，男子设弧于门左，女子设帨于门右。……（男）十岁出就外傅，居宿于外，学书计。……女子十年不出，姆教婉、娩、听从，执麻枲，治丝茧，织紝、组、紃，学女事，以供衣服。观祭祀，纳酒浆、笾豆、菹醢，礼相助奠。[③]

①《尔雅·释宫》："西南隅谓之奥，西北隅为屋漏，东北隅谓之宧，东南隅谓之□。"室之西南隅谓之奥，为室中最尊贵之处，亦为设卧席之处。

②《礼记·郊特牲》"诏祝于室，坐尸于堂"注，孙希旦：《礼记集解》，北京：中华书局，2007[1989]年版，第715—716页。

③孙希旦：《礼记集解》，北京：中华书局，2007[1989]年版，第759-773页。

墨子所谓“深宫高墙，所以别男女之礼”，与《诗经·斯干》“弄璋弄瓦”之义在此宫室布局、男女外内、妇德男教与少长贱贵等礼仪秩序的阐述中一目了然。依据《尔雅》“牖户之间谓之扆，其内谓之家，东西墙谓之序”，郭璞注曰：“所以序别内外。”根据《仪礼》所记各种礼仪中，按照主人在外主妇在内的空间区分，主妇的活动空间主要在房，偶尔在室，如《特牲馈食礼》记载，祭祀之日，主人升堂入室，主妇盥于房中，有司举鼎设俎，主人降阶升阶皆在前堂，主妇礼位不变：“席于户内，主妇洗爵，酌，致祭于主人。……主妇出，反于房。主人降，洗、酌，致爵于主妇。席于房中，南面，主妇拜受爵。”献尸致爵之后，男女族众分别酬酒，诸子兄弟酬于阶下，而主妇及内宾宗妇酬于房中。郑玄的注说得更为明白：“自尸祝至于兄弟之庶羞，宗子以与族人宴饮于堂；内宾、宗妇之庶羞，主妇以宴饮于房”。这里有两点值得注意：其一，家之内外区分点似应以设有斧扆的堂后之墙及序为界，其内的室与房可以供祭祀的妇人出入，而旁房则是妇人主要的活动地；其二，与此相连，在东堂之后的东房，又界分为南北二界，其北又名北堂，其南为东房，为祭祀礼仪器服陈设之处，《仪礼·士婚礼》有“妇洗在北堂，直室东隅”，设在此处的“洗”，在士冠礼和士婚礼中被称为“北洗”，为赞者和妇人盥手洗爵的地方，与设在阼阶东南方以供宾及主人盥洗的“南洗”相应。胡培翚《仪礼正义》曰：“房是妇人常处也。凡妇人入庙位在房，故此致爵主妇，亦席于房中，不于室也。”“今设北洗，为妇人不下堂也。”而东房半以北曰北堂，外有北阶相通。因之，相对于正殿之高、大、阳与尊，为一家之主所立之地，北堂则象征着阴性空间的矮、小、阴与卑，是女性在仪式中所处之地，故而可喻指母亲。①

实际上，“家”构成了两重内外之分，对于家外的世界，家是女人的领地，皮埃尔·布尔狄认为家“是这个家的男人的妻子的领域，对于不属于这个家的任何一个男人来说，这块地方是神圣不可侵犯的”。②而在家居内部，又有第二层级的尊卑区分。在先秦，家内的内外空间区分似以寝门为界，如《国语·鲁语》所载季康子往

①北堂的阴性空间象征可详见第一章之三再生“圣地”节。

②转引自迈克·克朗《文化地理学》，杨淑华等译，南京：南京大学出版社，2003年版，第39页。

见从祖叔母敬姜，敬姜“闔门与之言，皆不逾阈”。韦注：“闔，闢也。门，寝门。阈，限也。皆，二人也。敬姜不逾阈而出，季康子不逾阈而入。传曰：妇人送迎不出门，见兄弟不逾阈。”①《礼记·曲礼》亦言：“外言不入于梱，内言不出于梱。”“梱”，同“阈”。郑注：“外言内言，男女之职也。不出入者，不相问也。”孔疏：“男职在于官政，……不得令妇人预之；女职谓织纴，男子不得滥预。”敬姜严守外内之职分：“夫天子及诸侯，合民事于外朝，合神事于内朝；自卿以下，合官职于外朝，合家事于内朝；寝门之内，妇人治其业焉。上下同之。夫外朝，子将业君之官职；内朝，子将庇季氏之政焉，皆非吾所敢言也。”②这与上引《礼记·内则》“男不言内，女不言外”与男十岁出外就傅，女十年不出学织纴、相礼之事暗相应和，以明男女不仅在职事职上，而且在居住空间、仪礼空间上也有分别。否则即为《尚书·牧誓》所告诫的牝鸡司晨败家亡国之祸。而对外，则如《礼记·丧服四制》所言：

> 丧有四制，变而从宜，取之四时也。有恩有理，有节有权，取之人情也。恩者仁也，理者义也，节者礼也，权者知也。仁义礼知，人道具矣。其恩厚者其服重，故为父斩衰三年，以恩制者也。门内之治恩揜义，门外之治义断恩。资于事父以事君，而敬同，贵贵尊尊，义之大者也。

所谓门内恩治、门外义治，即亲亲尊尊贵贵之家国同构之理下，“门”之具有的象征意义。“亲亲”而言，大门之内为同族，大门之外为异族，同族为恩治，异族为义治。

因此，在宫室、宗庙建筑中，四周围墙廊庑的功能不在支撑，而主要在于界限和遮蔽——作为一个独立的空间与周围环境区隔开来。清初李渔在其《闲情偶寄》中这样谈论墙壁：

> “峻宇墙壁”、“家墙壁立”，昔人贫富，皆于墙壁间辨之。故富人润屋，贫士结庐，皆自墙壁始。墙壁者，内外攸

①徐元诰：《国语集解》，北京：中华书局，2006[2002]年版，第199页。

②徐元诰：《国语集解》，北京：中华书局，2006[2002]年版，第193页。

分，而人我相半者。俗云："一家筑墙，两家好看。"①

这里强调的就是墙的内外区隔和辨等功能，与荀子所论宫室雕镂如出一辙。而门则在启闭之间成为联结和沟通内外的渠道，同时也以其高门峻宇予以标示身份等级。在空间序列上，门是从外而内，甚至在院内，又是从外庭（公共空间）到内室（私密空间）的阈限，是屏障也是通道，而通过则标志着身份的当下转换。用埃尔多·范·艾克（Aldo van Eyck）的话说就是：

内外的区别实际上是依据不同的本体而呈现出相对性的，意识上的进入和离去才是门的具体意义，门应当是一个场所，界定两个意识上不同层次空间的应是一个空间，其表现的不仅是人的转换过渡和来去，而且更是能够折中两方面极端诠释的冲突，并使彼此妥协从而使得两者并行不悖。②

因此可以说，围墙区隔内外形成一个封闭的礼仪空间，门形成亦内亦外的过渡空间，门之内外则是一个确定亲疏、内外、男女、人我的空间阈限。

①李渔：《闲情偶寄》，长春：时代文艺出版社，2001年版，第307页。
②参引许亦农：《中国传统复合空间观念》，《建筑师》第36期，北京：中国建筑工业出版社，1989年版，第73—74页。

第三节

“廟”字构形与神话编码

文字作为人类思维与认知世界的表征符号，蕴含着造字之初的意义体系，而汉字更是以典型的“象形思维”使神话思维表象及其制约下的文化心理结构、思维方式得到最大限度的保留。[①]本节即通过分析金文所见“廟”字构形及其形体演变，参照考古坛廟遗存，构拟还原“廟”字原型及潜隐在其中的神话编码。

一、传统小学视域中的“廟”字释解

冠礼仪式举行之地——庙，《士冠礼》经文特作“庿”，《仪礼注疏》校勘记按曰：“仪礼庿廟错出，张淳论之详矣。”[②]今本《十三经注疏》中，“廟”、“庿”依旧错出，甚或在《仪礼·士婚礼》一文之中，亦二字并出[③]，又无规律，不知何故。杨天宇《仪礼译注》从张淳说，认为：

> “庿”字汉代已不行用，故书手抄写经文时，每每将它改作汉时通行的“廟”字，盖当时学者正定经字时，见改写既多，便索性改从今字。今姑存张氏说，而字一仍注疏本。[④]

笔者查阅相关辞书，从金文、篆书到汉隶，“廟”形体多有变迁，

①叶舒宪：《中国神话哲学》，西安：陕西人民出版社，2005年版，导论第3—4页、正文第319页对此皆有详细的论证。

②张淳《仪礼识误》遍考《仪礼》中“庿”、“廟”字后说：庿，古“廟”字，《经》不当有从“朝”者。自《婚礼》而下，稍稍从“朝”，盖是后之传抄校勘失于不审而已。今悉改作“庿”。阮元校刻：《十三经注疏》，北京：中华书局，2003[1980]年版，第948页。

③如：“女子许嫁，笄而醴之称字。祖庿未毁，教于公宫三月。若祖廟已毁，则教于宗室。”（清）阮元校刻：《十三经注疏》，北京：中华书局，2003[1980]年版，第971页。

④杨天宇：《仪礼译注》，上海：上海古籍出版社，1994年版，第42页。

各体之时代特征亦十分显著，尤其是西周铜器铭文之“廟”，非常独特，值得探索。图2-7即为“廟”与“朝”字各体书写形式[1]。

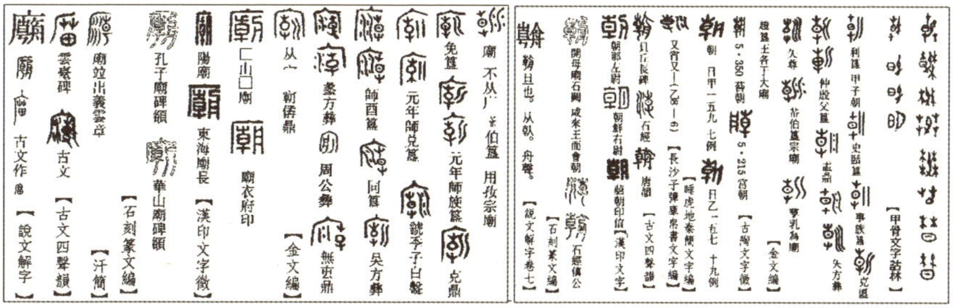

●2-7 甲金简帛汉隶文字所见“廟”、“朝”字形体

甲骨文中尚未见“廟”字，而甲文“朝”与金文“廟”所从之“朝”大异其形。自许慎《说文》始，文字学家解说分歧未减。许慎《说文》：“廟，尊先祖貌皃也。从广朝（实为[字形]）声。眉召切。庿古文。”“廟”所从“朝”为“舟”而非“月”。古文“庿”从广苗声。从图2-7可以看出，许慎之廟与汉石碑刻书体同形，而与汉简、西周铜器铭文等异构。汉简“[字形]”从广从淖，“淖”从[字形]，为水，金文“廟”多从[字形]诸水形，仅《周公东征鼎》（亦作[字形]鼎）铭文[2]中[字形]（[字形]即廟）所从“朝”字从“月”与甲骨文字同，与楷书全同，然西周铭文仅此一见，故徐中舒、陈梦家等皆以为疑。王国维《遗书》为：

> 卜辞有[字形]，……今隶朝字，即从此出，但省二屮耳。小篆[字形]字乃变为从倝舟声，倝者[字形]之伪，舟者月之伪也，殷周古文从月之字，篆文辄改从舟，如互、恒、朝诸字，篆文皆从舟，古文皆从月，与今隶同也。……金文朝作[字形]等诸形者，本潮汐字，借为朝夕字。[3]

①“廟”、“朝”分别参引李圃主编：《古文字诂林》第8册，上海：上海教育出版社，2003年版，第285—286页，李圃主编：《古文学诂林》第6册，上海：上海教育出版社，2003年版，第448—551页。

②依唐兰先生隶定文为：唯周公于征伐东尸（夷），豐白□古咸□。公归，[字形]于周[字形]，戊辰，酓□酓，公□[字形]贝百朋，用作[字形]鼎。详见唐兰著《释朝》，《殷墟文字记》第47页，李圃主编：《古文字诂林》第6册，上海：上海教育出版社，2003年版，第449页。

③参引李圃主编：《古文字诂林》第6册，上海：上海教育出版社，2003年版，第449页。

谭戒甫谓金文“廟”所从水形象潮汐浪涛形：

> 潮汐是月圆所引起的，西周初已认识到此种天象，故本铭廟所从的朝字从月，和现在楷书全同，颇足惊异。……若据铭文全体措辞看，实是无可疑的。[①]

吴其昌之论与此同工：

> 此鼎廟字。从广从𠦝从月而不从泉，吾友徐中舒以为疑。其昌按，泉为原字，亦为泉字，象原下有泉流之形。古文化起源于黄河两岸，吾先民见河岸泉潮，与月相应，故从月与从泉无别也。[②]

戴家祥主编《金文大字典》所征引“廟”字，从广从淖之廟18例，从宀从淖4例，从宀从朝1例，从广从苗1例，共24例，其中从淖者22例。并认为：

> 廟篆书作廟，下半部分从舟，而金文皆从水，此属表示事物类属与场所的偏旁更换例。……《𩰫方鼎》⿱宀朝即廟之别构。据汉字结构变化规律，广、宀都表示处所，偏旁更换后，构成别体，音义不变。[③]

唐兰以《周公东征鼎》铭文“廟”字为中介，在殷商甲骨文“朝”与西周铜器铭文“廟”之字体间找到某种演变的痕迹：

> 铜器有《塱鼎》……其⿱宀朝字作⿸广朝，或者遂疑为伪，不知此正铭文书于殷周之际，犹承殷世风气之一铁证，若果赝鼎，则作伪者既能仿之如是其精，宁不知“朝”不从“月”，为周世金文之习惯哉？……周人既借“□”为“朝”，后人又误为

①谭戒甫：《西周𩰫鼎铭研究》，《考古》，1963年第12期。

②吴其昌：《周公东征鼎》，《金文历朔疏证》卷一，引自《 古文字诂林》第8册，上海：上海教育出版社，2003年版，第286页。

③戴家祥：《金文大字典》，上海：学林出版社，1995年版，第1152—1154页。

𦩍，而日月同在艸中之形，乃仅存于今隶矣。[1]

甚至有学者由此以为，金文从“水”之“朝”非从甲骨文从“月”之“朝”字直接演变而来，疑甲骨文或有从水之朝，因至今尚未发现，是以令人煞费神思。因而认为：

> 从“月”之朝字，定是先民于平野之上见日出于草茻中，残月在天之情景下所创造之，至于从水之朝是古人于河边或舟上见日出于草间而创造之，故加河川之边旁。《盂鼎》“朝”，其边旁表水之三点而后人予以连成三横画，如“月”则变成舟之形状，此一讹变，致令后世小篆，乃至隶书均从舟旁，故许氏谓“从倝舟声”，汉隶则写作朝 朝 等形但“舟”“朝”双声，可以借作声符。[2]

总之，前贤学者皆试图从文字形体上寻找字体演变轨迹，并解释何以如此。但几乎无一例外地以为从甲骨卜辞之从“月”之“朝”，到金文大量的从水之“廟”，再到篆文的从“舟”之“廟”的历程中，在某个环节发生了讹误，正体为从“月”或“水”，但不从“舟”。[3]

二、比较神话学视野下的“廟”字释解

据张再兴统计，西周金文“廟”字字频为34例，其中从广从朝

---

①唐兰：《释朝》，参引《古文字诂林》（李圃主编，上海教育出版社，2003年版）第6册，第449—450页。

②于省吾主编：《甲骨文字诂林》，北京：中华书局，1999年版，第1347—1348页。

③王国维《遗书》以为：小篆𦩍字乃变为从倝舟声，倝者𠦝之伪，舟者月之伪也，殷周古文从月之字，篆文辄改从舟，如互、恒、朝诸字，篆文皆从舟，古文皆从月，与今隶同也。……金文朝作朝朝朝等诸形者，本潮汐字，借为朝夕字。参引《古文字诂林》第6册第449页。《甲骨文字诂林》在遍录诸家释义后，姚孝遂按语曰：甲骨文“朝暮”之“朝”其形体差异较大，导致诸多误解，有必要重新加以认识。甲骨文早期，“朝”字作朝或朝，旧均释为“明”，然据其辞例，当释为“朝”。……二期卜辞则稍作繁化：朝朝。西周青铜器铭文“朝”字作朝、朝、朝、朝诸形，其作朝形者，与甲骨文朝之形体相承袭。《三体石经》古文则从水作朝（即“□”）。《说文》：“𦩍，旦也，从倝舟声”，从“倝”显然是形体之讹变。“朝”字形体虽累经变易，但始终保持“旦”这一基本概念而不变。引申之则为“朝会”，孳乳之则为“潮”、为“廟”，义俱相因。参见于省吾主编：《甲骨文字诂林》，北京：中华书局，1999年版，第1348页。

者20例，从宀/广从淖者14例，均意指祭祀祖先的场所。[1]然据笔者查阅，“廟”字频及构形原非如此。《金文引得（殷商西周卷）》[2]字频为35例，经查阅《金文总集》[3]可知，其中从广/宀从淖者32例，从宀从朝1例，借“淖”为廟者2例，则从广/宀从淖者34例；台湾出版《青铜器铭文检索》[4]有36例，香港中文大学电子版汉达文库《金文资料库》[5]可索引45例。另据杨怀源《西周金文词汇研究》对廟（mjag^{w}）、朝（trjag^{w}）、淖（drjag^{w}）三字上古音、中古音与今音的构拟可知，三字从古至今一直同韵。[6]而且在西周中晚期，尚有2例器铭假“淖”表述“廟”。[7]两周金文字形多从广从淖，无可置疑。铜器铭文“廟”字之“朝”所从之“水”与汉隶从“舟”真的是字形讹变吗？在一个书写并未普及而文字象征权力的时代，在纪念性的铜器上普遍性地存在错字，有可能吗？若非如此，“廟”之本义及其文化意蕴又是怎样的呢？笔者不揣冒昧，试从神话宇宙观对“廟”字字符分而释之，以窥其原初象征。略备一解，不当之处，望方家指正。

（一）艸、林、茻、□与朝、庿

甲骨文所见“朝”字为□、□、□、□、□、□、□、□、□、□诸形，从构形上看，从日、月、艸、茻、□与□；金文所见“朝”，除了《周公东征鼎》为从艸/□/茻/□从“日/月”外，余皆为从“水”（□□□□□），与之相关的廟则有□、□、□、□、□、□、□诸体，所加之广（或宀）标示屋宇。

甲金文中“朝”字最具代表性的字形为“□”，故多训为日已出艸中，而月犹未没，是为“旦”义。王襄《古文流变臆说》考释艸、茻、□、□、□、林、□古皆相通。[8]黄铭崇进一步考察甲金文中这些符号互通之外，追其意为“木”，而非“中”，且最原始者为四木即□，也即“高”（镐京或写作□）或“方”（即□）建筑物的角隅四木，为神话宇宙起源论在房屋、宫苑中的微型化象征。中、艸、□为其简

①张再兴：《西周金文文字系统论》，上海：华东师范大学出版社，2004年版，第13、55、360页。
②华东师范大学中国文字研究与应用中心编：《金文引得（殷商西周卷）》，南宁：广西教育出版社，2001年版。
③严一萍编：《金文总集》，杭州：浙江古籍出版社，1983年版。
④季旭升等主编：《青铜器铭文检索》，台湾：文史哲出版社，1995年版。所增1例亦从广从淖。
⑤https://www.chant.org/scripts/trial/member_details.asp。
⑥杨怀源：《西周金文词汇研究》，成都：巴蜀书社，2007年版，第298页。
⑦西周中期：《趩簋》：王各于大淖（廟）。西周晚期《乖伯归夆簋》：用好孝宗淖（廟）。
⑧详见李省吾主编：《甲骨文字诂林》，北京：中华书局，1999年版，第1336—1337页。

1 甲骨文从茻、𣡕字

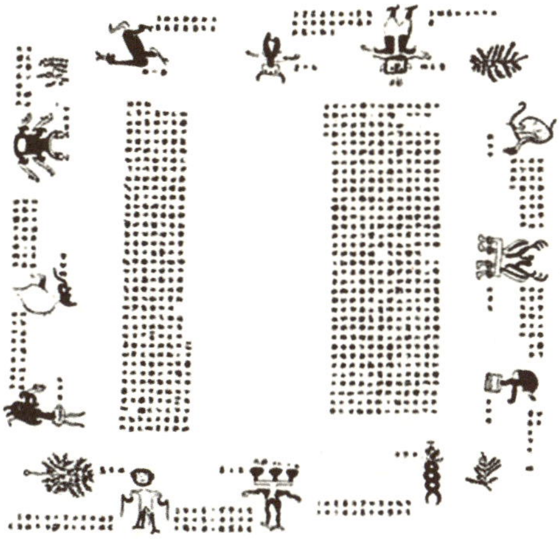

2 战国《楚帛书》十二月神、四木与创世神话

●2-8 出土文物与甲骨文所见“四木”

化，而到了汉博局镜及《淮南子》中，天之四木衍化为八柱了。[①]

《大戴礼·明堂》有：“明堂者，文王之廟也。朱草日生一株，至十五日，生十五叶，十六日，一叶落，终而复始也。周时德泽恰和，蒿茂大，以为宫柱，名为蒿宫。”《竹书纪年》亦有：“周德既隆，草木茂盛，蒿堪为宫，因名蒿室；既有天下，遂都于镐。”西周铜器铭文又屡见“葊京辟雍”[②]，关于蒿京、镐京与葊京的关系，卢连城综合考古与文献材料，认为蒿京与葊京，即《诗经·小雅·六月》中猃狁“侵镐及方”中的“镐”与“方”。[③]黄铭崇进而论证了“蒿”与“葊”之构形与明堂的关联，甲骨文中二字均从茻，也即四木，“𦾔（蒿）”字原意应为建筑物“高”位于“四木”之中，也即明堂的象形字。“葊”同样是从茻，加上一个屋盖“亼”字以及声符（或兼意符）“方”字，……即“𦾔”、“葊”作为宇宙中心之特性表达在文字上。而宇宙图示中的角隅“四木”，在《楚帛书》、临淄郎家庄一号墓出土漆器明堂残画、汉蟠螭镜、日光镜、日本家屋文镜等出土文物中多见。[④]战国《楚帛书》创世神话中，当四神相戈，天地倾危之时，帝即赐以五木之精作为天柱。且《楚帛书》与临淄郎家庄一号墓出土漆盖图四隅皆有四木，可见“朝”

①黄铭崇：《明堂与中国上古之宇宙观》，《城市与设计学报》，1998年第4期。
②据黄铭崇统计，葊京有二十余件，其中《麦尊》与《白唐父鼎》等与辟雍或辟池直接相关。
③卢连城：《论商代、西周都城形态（续篇）》，《中国历史地理论丛》，1991年第1期。
④黄铭崇：《明堂与中国上古之宇宙观》，《城市与设计学报》，1998年第4期。

“暮”之四□、□或二艸中日升月落之景象当亦有深意。若联系“日/月”符论，此深意则更为显明。

（二）□、□、□与朝、廟

关于甲骨卜辞“朝”字□、□、□、□、□、□、□、□、□、□、□、□……诸形，王玉哲与黄铭崇之论有某种契合之处。王氏综合考察了甲骨卜辞“朝”字用例以及甲骨文字作字喜增减字符的习惯，认为□为朝字原型，省日符为□、□诸形，省两木符则为□、□、□、□诸形，省四木则为□、□、□诸形，但无论如何省形，其“旦”之义，即正像太阳初升或初降于草木中，而残月尚存的晨昏情景一直保留着。从而孳乳为朝廷、朝会、潮汐与廟。[1]这是从形训所包含的时间义考索了日月、艸木与朝、廟的关系。若联想《周礼》开篇所言：

惟王建国，辨方正位，体国经野，设官分职，以为民极。

与《考工记·匠人》：

匠人建国，水地以县，置槷以县，眡以景，为规识日出之景与日入之景，昼参诸日中之景，夜考之极星，以正朝夕。[2]

以及《吕氏春秋·慎势》：

古之王者，择天下之中而立国，择国之中而立宫，择宫之

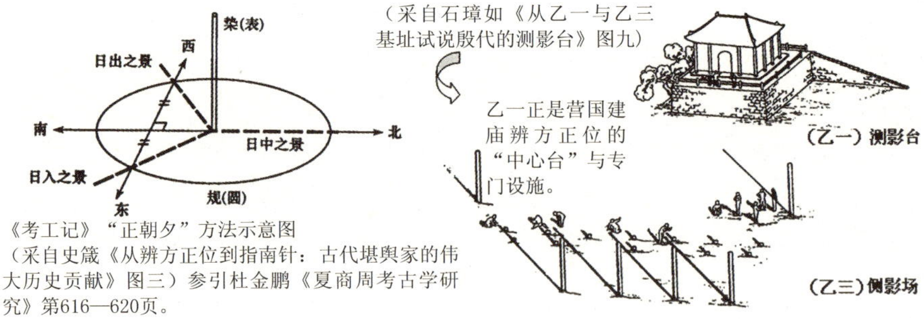

《考工记》“正朝夕”方法示意图
（采自史箴《从辨方正位到指南针：古代堪舆家的伟大历史贡献》图三）参引杜金鹏《夏商周考古学研究》第616—620页。

●2-9　辨方正位与建国营都

①王玉哲：《甲骨金文中的朝与明字及其相关的问题》，《古文字诂林》第6册，第450—452页。

②（清）阮元校刻：《十三经注疏》，北京：中华书局，2003[1980]年版，第927页。

中而立庙。①

则不难看出日月、木与朝、廟及其宇宙重演的关系。所谓“惟王建国，辨方正位”，谓建国之时，先须视日影以别东西南北四方，使有分别。四方既别，又于中正宫室朝廷之位。这表明：“古代国家开邦立业的第一桩大事中，竟以重演的形式凝缩地再现了初民以太阳为尺度确立四方空间秩序的全过程。”②具体操作过程即上引《匠人》所言，凡立邦国都城，必于四角立植，而縣以水，望其高下，高下既定，乃为位而平地。槷者，植也，柱也，于所平之地中央，树八尺之臬以縣，视之影以正四方。影者，谓于槷短自日出以至日入视之，随影东移而连续画之，识之则得景为规，规之交处即东西正也，又于两交之间，中屈之指槷，又知南北也。仍恐难审，则昼参诸日中之景，夜考诸北极之辰，以正朝夕。③测日影为何要用八尺之表？江永曰：“古人树臬用八尺何也？盖测景之臬不可过短，过短则分寸太密而难分，过长则取景虚淡而难审，八尺与人齐，如是为宜。”《考灵曜》与《周髀算经》皆曰：“从上向下八万里，故以八尺为法也。”程瑶田指出正朝夕与求“地中”的关系：

> 必夜考之极星者，极星与地中正南北相直者也。……是故考极星者，测景之权衡，而正朝夕以求地中，舍是则弗得其求也。④

陈梦家释成王时器《令方彝》“隹十月月吉癸未，命宫朝至于成周”亦从“朝至”之词考索“朝夕”之正东西义⑤，将立槷以正朝夕

①许维遹：《吕氏春秋校释》，北京：中华书局，2009年版，第460页。

②叶舒宪：《中国神话哲学》，西安：陕西人民出版社，2005年版，第228页。

③《诗经·鄘风·定之方中》：“揆之以日，作于楚室。”《周髀算经》：“以日始出立表，而识其晷，日入后识其晷，晷之两端东西也。中折之，指表者，正南北也。”又曰：“正极之所游，冬至日加酉之时，立八尺表，以绳系表巅，希望北极中大星，引绳致地而识之。又到旦明日加卯之时，复引绳而希望之，首及绳致地而识其端。其两端相去，正东西；中折以指表，正南北。”

④上述所引皆详参见孙诒让：《周礼正义》，北京：中华书局，2000年版，第3415—3421页。

⑤《召诰》：“太保朝至于洛，周公朝至于洛。”《洛诰》：“予惟乙卯朝至于洛师。”《牧誓》：“王朝至于商郊牧野。”凡此洛、洛师、牧并成周，由西土的周来说，都属于东国，所以朝至也者谓东至。金文朝字一旁象日出草中，一旁象水潮之形，日出东方为朝，故朝有东义。《考工记·匠人》：“建国以正朝夕”，正义以为言朝夕即东西也。陈梦家：《西周铜器断代》，北京：中华书局，2004年版，第38—39页。

在营国立都中的意义扩展而为天下国土之东西，极星为天之中，国为地之中。“惟王建国，辨方正位”的宇宙重演模式，是可以在“古之王者，择天下之中而立国，择国之中而立宫，择宫之中而立庙”中模拟、复制的。四角及中八尺之柱（槷）规视日影以正朝夕与“朝”之四木、日升月落之景象所具有的某种重演性甚明。

（三）、、与朝、廟

“朝”，甲文从“月”，金文从“水”与篆文从“舟”的矛盾，论者或以讹误，或寻找其演变痕迹及可能的原因，已如前述。由“月”到“水”，因月相与潮汐之关联，多以为无别。而从“舟”为讹误几成通解，唯有戴家祥以为“廟，篆书作，下半部分从舟，而金文皆从水，此属表示事物类属与场所的偏旁更换例”，可谓警醒之语。

卜辞有：“甲戌卜，曳贞，来辛巳，其旬。”“”，罗振玉释为“舟”，商承祚隶定为“洀”，为“舟”之变体。于省吾《释洀》引证文献，认为“汎”即“洀”即“盘”，“旬洀”应读为“徇盘”，谓巡行盘游。古文从“舟”从“凡”一也。[①]杨树达《释》释解《殷契萃编》八四三片“辛未卜，今日王，不鳯（风）”中“”为“洀”：

> 余谓字象水形，乃水字，甲文恒见。水字多在字旁，而此水横截舟上者，示舟浮行水上之形也。后世字作洀。[②]

姚孝遂编按曰：

> 契文、、、诸形，均从水从舟，并当释“洀”读作“汎”。……“汎”、“泛”、“渢”之初形实当作“洀”，象汎舟于水之形。[③]

①引《管子·小问》“意者君乘骏马而洀桓迎日而驰乎” 中尹（知章）注“洀，古盘字”，为盘桓巡行之意，证之于《管子·乘马》：“蔓山，其木可以为材，可以为轴，斤斧得入焉，九而当一；汎山，其木可以为棺，可以为车，斤斧得入焉，十而当一。”又引《国语·周语》“乃命其旅曰徇”之韦注“徇，行也”与《尔雅·释言》“徇，今巡”等，证“旬洀”应读为“徇盘”，谓巡行盘游。甲骨文“洀”或作（《京津》一七二四）或（《金》一四）。于省吾：《甲骨文字释林》，北京：中华书局，1999年版，第93—94页。

②杨树达：《积微居甲文说》，上海：上海古籍出版社，2006年版，第45页。

③于省吾主编：《甲骨文字诂林》，姚孝遂编者按语，北京：中华书局：1999年版，第3172—3173页。

水与舟的关系毕现于此字矣。《书·盘庚》所言“尔惟自鞠自苦，若乘舟，汝弗濟，臭厥载”，以及后世所谓“水能载舟，亦能覆舟”的政治喻象，颇能见出水与舟的内在关联。而“㳻”之[illegible]、[illegible]、[illegible]、[illegible]诸形省[illegible]，则为[illegible]、[illegible]、[illegible]、[illegible]、[illegible]、[illegible]，正与金文朝、廟所从之水同形，皆像独木舟在水上泛游之形，故而隶定时以水上行舟状水流之貌。①

《麦尊》、《白唐父鼎》诸器铭文言王在莽京辟雍或辟池乘舟以射，《静簋》言王在莽京射于大池，《弁敦》有“佳二年正月初吉，王才周邵宫，丁亥，王格于宣榭”，《虢季子白盘》曰“王格周庙宣榭”，《南宫鼎》言“王居才射圃”，《师汤父鼎》亦曰“王在周新宫射廬”等言，莽京辟雍与学宫、射圃、大池的关联前如有论。据吴式芬《擵古录金文》、吕大临《考古图》等考证，“射圃”之“圃”即古“庿”。“宣榭”即“宣王之廟”。所谓“宣榭”本为“宣射”即“讲武屋”。亦名“射宫”、“射庙”、“射庐”、“射”等。②从《弁敦》、《虢季子白盘》等铭文不难看出宣榭应在周廟内。邵宫即昭宫③，即昭廟。④

金文“廟”之从水，与大池、水泽的关系，除了文字构形外，还可从文献与考古遗迹中所见城池、池苑得到旁证。文献记载中最早营建池苑的是夏桀，其时“宫室无常，池囿广大”⑤，乃至“昏乱失道，骄奢自恣，为酒池可以运舟，一鼓而牛饮者三千人”⑥，终至亡国。商纣亦是如此。

古建筑遗址宫城池苑的最早实例，目前所知即在偃师商城。偃师商城遗址自1983年发现迄今，经考古工作者20多次有计划的考古发掘，现已证实该遗址包括外城、内城、宫城三重城垣及多组宫殿建筑基址、民房、作坊、墓葬等。在宫城北部有一“大灰沟”，东西

①或恐俞、朕、服、彤诸字，甲金文为[illegible]、[illegible]、[illegible]、[illegible]诸形，小篆皆作从舟形[illegible]（[illegible]）、[illegible]、[illegible]、[illegible]、[illegible]与古体同，而隶定皆从月，是为偏旁混同例证。

②刘正：《金文庙制研究》，北京：中国社会科学出版社，2004年版，第106—107页。

③杨树达：《积微居金文说》，北京：中华书局，1997年版，第105页。

④在金文中有“穆庙”观念而无“昭庙”概念，“昭庙”一般以“昭宫”作为替代而出现。这是相当重要的一条原则。……因此，穆庙和昭宫是一对反映了昭穆制度的宫庙概念。刘正：《金文庙制研究》，北京：中国社会科学出版社，2004年版，第127页。

⑤黄怀信等：《逸周书汇校集注》，上海：上海古籍出版社，2008[2007]年版，第970页。

⑥《古列女传·夏桀末喜》，何志华主编：《〈古列女传〉与先秦两汉典籍重见资料汇编》，台北：中文大学出版社，2004年版，第154页。

长约120米，南北宽约14米，深达2米，四周有宽约1米的夯土墙围绕。灰沟里堆积着厚厚的商代早期土层，自沟底到沟口，不仅有大量陶器出土，而且始终有祭祀牺牲——整头猪的骨架。[①]这说明此地是专供帝王举行祭祀活动之地。灰沟以北还有一人工挖掘的方形水池，东西长约130米，南北宽约20米，深约1.4米。因池内发现陶质和汉白玉网坠，被推测为商王室池苑遗迹。水池东西两端，各有一条用石块砌成的渠道同水池相连通。西渠为注水渠道，东渠为排水道，分别从宫城西墙、东墙下穿过，经过两次直角拐折之后，又分别从大城“西一”城门和“东一”城门门道下通过，同城外的护城河沟通。在大水池的南岸，还发现有临水建筑遗址，被发掘者称之为“人工湖泊的最早实例”。[②]这里有三点值得注意：其一是宫城北部的大灰沟祭祀遗址；其二是灰沟之北的方形水池中发现了陶质与汉白玉网坠，则与帝苑射猎相关；其三此池苑自西流向东，且与外城护城河相连，而与外城、内城、宫城之“同心方”模式相映照。

郑州商城东北部宫殿集中区也发现有略呈西北—东南走向的方形池苑，东西长约100米，南北宽约20米。用途不详，或以为是蓄水池[③]，也或许与偃师池苑同，还有待进一步的证据。

安阳殷墟宫室区东、北有天然洹水河湾，西、南有大型壕沟，分别长1100米和650米，一般宽约10米，最宽处21米，沟深5米，与洹水相接，形成外围屏障。而在宫殿区内亦有水沟纵横曲折、彼此相通，最终与洹河相通。尤其是乙组宫庙建筑基址内共发现水沟31条，总长度为650.9米[④]。其功用除蓄水、排水、美化外，当亦有泛舟、射猎、祭祀等功用。而其建筑的核心据推测为坛庙基址，该基址为一近方形的黄土台基，南北长11.3米，东西宽11.8米，现存高度1米以上，位于小屯东北地最高处，质地坚硬，土质纯净，系用纯黄土筑成，非当地土质，当系外来土。台基上无础石，形制几近方形，南北线顺着太阳子午线而定。基址附近埋有十余具虎头骨及9具猪骨，当是隆重仪式所遗留。[⑤]或

①中国社会科学院考古研究所河南第二工作队：《河南偃师商城宫城北部“大灰沟”发掘简报》，《考古》，2000年第7期。

②杜金鹏：《偃师商城与夏商周断代工程》，《中原文物》，2001年第2期。

③杜金鹏：《偃师商城初探》，北京：中国社会科学出版社，2003年版，第200页。

④中国社会科学院考古研究所：《殷墟的发现与研究》，北京：科学出版社，1994年版。

⑤中国社会科学院考古研究所安阳工作队：《河南安阳殷墟大型建筑基址的发掘》，《考古》，2001年第5期；《河南安阳市洹北商城的发现与初步勘探》，《考古》，2003年第5期。

当是商王祭天之圣地。从甲骨文中多见“高”、“京”等高台建筑形，以及文献所见四阿重屋、宫室池榭等，当时宫室当已经比较宏伟。《尚书·泰誓》记载武王伐纣的原因之一，竟然与商汤讨伐夏桀一样，是“今商王受（纣），……惟宫室台榭陂池侈服，以残害于尔万姓”。

不过周代商立国之后，依然大造宫室池苑。《三辅黄图》卷四《苑囿》盛赞文王令德泽被鸟兽鱼虫民人，天下欣欣向荣景象：

> 周灵囿，文王囿也。《诗》曰（即《大雅·灵台》）：“王在灵囿，麀鹿攸伏，麀鹿濯濯，白鸟翯翯。”毛苌注云：“囿，所以域养禽兽也，天子百里，诸侯四十里。灵者，言文王之有灵德也。灵囿，言道行于苑囿也。”《孟子》曰：“文王之囿，方七十里，刍荛者往焉，雉兔者往焉，与民同其利也。”文王灵囿，在长安先西四十二里。[①]

同卷《池沼》亦言：“周文王灵沼，在长安西三十里。《诗》曰：王在灵沼，于牣鱼跃。”朱熹《诗经集注》云：“台下有囿，囿中有沼。”灵沼并称既指苑囿灵台、池沼，亦含神池之意。班固《西都赋》言长安“西郊则有上囿禁苑，林麓薮泽陂池，连乎蜀汉，缭以周墙，四百余里，离宫别馆，三十余所，神池灵沼，往往而在”。据陈直、何清谷考证，文王灵囿遗址在现长安西沣河西岸海子村一带叫“海子”的洼地，从《灵台》可以看出，灵囿中有巨大的高台建筑，有为贵族子弟设立的学宫辟雍，有一片汪洋鱼跃鸟飞的灵沼，此当为周贵族重要的渔猎、游乐、祭祀中心。

关于西周宫苑，文献多有记载，铜器铭文有“莽京辟雍”与上文所言“蒿京”即镐京，亦有周武王镐京池苑遗址。《三辅黄图》卷四《池沼》曰：“镐池在昆明池之北，即周之故都也。《庙记》曰：‘长安城西有镐池，在昆明池北，周匝二十二里，溉地三十二顷。’”[②]丰镐遗址西周墓葬出土的《长甶盉》铭文记载了周王在池中泛舟渔猎的情景。故有学者认为，汉唐昆明池北一带地势低洼的

①何清谷：《三辅黄图校释》，北京：中华书局，2005年版，第229页。
②何清谷：《三辅黄图校释》，北京：中华书局，2005年版，第260页。

故池遗址即西周镐池所在地。[①]

还有一个有意思的现象是：古代帝王池苑的水源几乎都是来自西方而流向东方，从偃师商城，到汉唐长安、洛阳、宋汴梁以及金、元、明、清的都城，莫不如此，郑州商城池渠流向虽然尚不清楚，但现今仍有一条金水河自西而东流过郑州商城北部，很有可能是商代早期“金水河”的遗迹。[②]自西而东的金水河与西高东低中国地势的吻合，是无意的巧合抑或是有意的模仿？今人已经无法确切知晓了，但延续几千年的营建原则，自是认识空间的物化投射。

“水”在城市、宫殿、宗庙中占据十分重要的位置，除了实用目的，最深层的意义当是创世神话皆离不开生命之“水”的缘故。几乎所有的创世神话皆从天地由混沌大水中分离讲起，古希腊神话中，天、地、海洋生成以前，整个世界是一个茫茫漠漠、无可名状的浑沌，但其中蕴藏着万物的胚种。[③]希伯来《旧约》开篇即为：“在宇宙天地尚未形成之前，黑暗笼罩着无边无际的空虚混沌，上帝那孕育着生命的灵运行其中。”[④]北欧神话说：“宇宙最初混沌一团，无天、无地、无海。”[⑤]美洲印第安神话说：“很久以前，大地棘荆丛生，漆黑一片。没有光明，昼夜不分。至高无上至灵的天父从最初的混乱中现身。”[⑥]布里亚特萨满教认为，世界之初只有水，神在水中大龟之肚上建立了世界。[⑦]古埃及创世神话说：“在时间之初，尚未有天地，神人均未造出，唯有太阳神浮在混沌水面上，混沌名为难，他充满了整个宇宙。”或认为浮于混沌大水上的是一只发光的蛋。[⑧]古巴比伦的世界秩序源于光明神马杜克大胜混沌与黑暗之神提阿马特，古印度梵天创世神话尤为详细：

创世之时，什么也没有；没有太阳，没有月亮，也没有星辰；只有那烟波浩渺、无边无际的水。混沌初开，水是最先创

①王世民：《周都丰、镐位置商榷》，《历史研究》，1958年第2期。

②杜金鹏：《偃师商城初探》，北京：中国社会科学出版社，2003年版，第250页。

③（美）托布尔芬奇：《希腊罗马神话》，杨坚译，长沙：湖南人民出版社，1987年版，第7页。

④廖诗忠、张芝梅：《圣经故事》，北京：宗教文化出版社，1996年版。

⑤茅盾：《神话研究》，天津：百花出版社，1984年版，第39页。

⑥张穗华主编：《神灵、图腾与信仰》，中国对外翻译公司，2002年版，第76—77页。

⑦郭淑云：《原始活态文化——萨满教透视》，上海：上海人民出版社，2001年版，第14页。

⑧转引自叶舒宪《中国神话哲学》，西安：陕西人民出版社，2005年版，第238页。

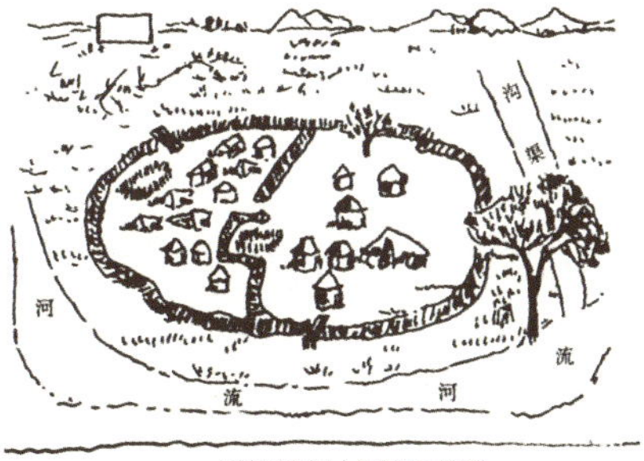

半坡遗址村落平面图

图片采自于希贤《法天象地：中国古代人居环境与风水》第7、113页

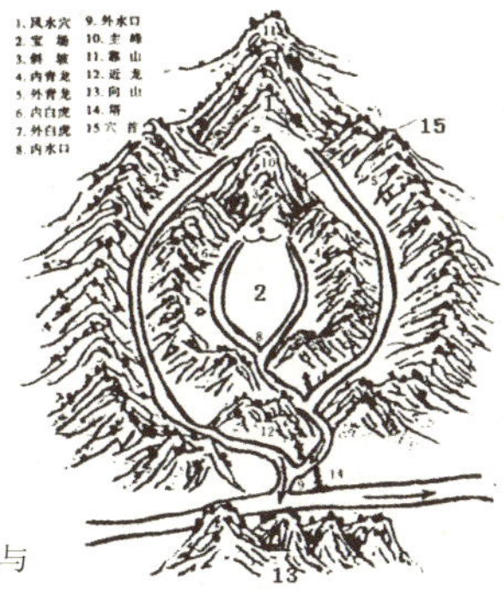

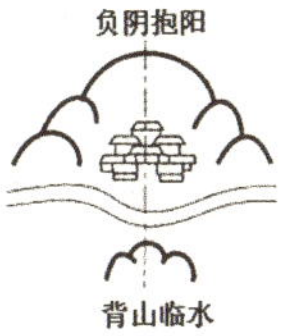

最佳聚落示意图

●2-10　太一生水与最佳聚落

> 造出来的。而后，水生火。由于火的热力，水中冒出一个金黄色的蛋。这个蛋，在水里漂流了很久很久。最后，从中诞生了万物的始祖——大梵天。……这位始祖在水中开辟了大陆，确定了东南西北的方向，奠定了年月日时的概念。宇宙就这么形成了。[①]

在中国，虽然“天地混沌如鸡子，盘古生其中，万百千岁，天地开辟，阳清为天，阴浊为地”的盘古开天辟地神话[②]晚至三国才出现，但“浑沌”一词却早已为老庄反复运用，成为神话哲学核心概念，可谓“千面浑沌”[③]。战国《楚帛书》创世神话的释读，亦将天地于“混沌”中开辟的时间大大提前。而郭店楚简《太一生水》篇的发现与释读，则为上古中国宇宙生成论提供了较为完整的解说图式：

> 太一生水，水反辅太一，是以成天。天反辅太一，是以成地。天地[复相辅]也，是以成神明。神明复相辅也，是以成阴阳。阴阳复相辅也，是以成四时。四时复相辅也，是以成沧热。沧热复相辅也。是以成湿燥，湿燥复相辅也，成岁而止。故岁者，湿燥之所生也。……天地者，太一之所生也。是故太一藏于水，行于时，周而又[始，以己为]万物

①黄志坤等编译《古印度神话》，长沙：湖南少儿出版社，1986年版，第5页。

②徐整：《三五历记》、《五运历年记》。《述异记》卷上和《历神仙通鉴》卷一也有类似记载。

③叶舒宪：《庄子的文化解析》，西安：陕西师范大学出版社，2005年版，第118页。

母；一缺一盈，以纪为万物经。[①]

作为“天地之母”、“万物经纪”的“太一”原型即为混沌、太阳或北极星，它藏于“水”，生“水”并通过“水”生成天地万物，显又是以“水生万物”的“水源论”神话宇宙观为基础。[②]因而，在人类学与神话学视野看来，“浑沌”这一意象和观念是神话思维时代人类最普遍的象征词语，是世界各民族认为宇宙万物起源于混沌大水观念的历史记忆，及至轴心时代的哲学思维，依然如是：

> 水者何也？万物之本原也，诸生之宗室也。[③]
>
> 故圣人之处国者，必于不倾之地，而择地形之肥饶者，乡山，左右经水若泽。内为落渠之写，因大川而注焉。[④]

靠山临水，土地肥沃之地，正是新石器时代以来人们聚落的最佳选择。山环水抱的中央，被认为是天地精华之“气”的汇聚点，为最适宜居住的福地，也就是后代风水观念中的龙穴（阴宅）与宝场（阳宅），山与水共同构成了一个生生不息的能量交换场，无异于天地之根的“玄牝之门”：绵绵兮若存，用之不勤。

（四）广、宀、与庙

作为指事性形符，木、日、月、水、舟构成了“庙”之整体环境及其相关的人类活动，而作为具体的建筑空间——庙——的意义，其标志性形符“广”或“宀”在此建筑空间及其与整体环境、神话宇宙观的关系又当如何？在文字学中，“庙”所从之“广”或“宀”符，属偏旁互换，甲金文金文中“广”、“宀”为“”，表示三面有墙的房屋，以图画明之，当为。另有“厂”，为之异文，亦氏之初文。《墨子·辞过》所言“古之民未知为宫，就陵阜而居”，即以氏以表居，是因（厂）为屋。[⑤]广、宀、厂可谓异源而同流，是人类早期适应各

①李零：《郭店楚简校读记》，北京：北京大学出版社，2002年版，第32页。

②相关研究综述及论述详参萧兵：《“太一生水”的神话学研究》，《华中师范大学学报》，2003年第6期。

③黎凤翔：《管子校注》（水地篇），北京：中华书局，2006年版，第831页。

④黎凤翔：《管子校注》（度地篇），北京：中华书局，2006年版，第1050—1051页。

⑤详参马叙伦：《说文解字·六书疏证》卷十八考述，《古文字诂林》第8册，上海：上海教育出版社，2003年版，第241页。

方水土而造居（穴处巢居）之情形的具象展示。①

从考古所发掘人类早期居住遗址来看，人类最早的住所就是利用天然洞穴或树穴和构木巢居，北京周口店、山顶洞遗址，江西万年仙人洞，广西桂林甑皮岩，云南老鹰山，四川巫山青石洞、来滨龙岩洞，广东翁源吊珠岩洞、海丰牛母洞，海南三亚落笔洞等都是早期洞穴居的见证，甚至时至20世纪90年代，在云贵高原尚有穴居人群。“构木为巢”的树屋由于年代久远而在考古遗迹少见，但从民族学资料分析，风篱、木屋、帐幕等则是最早、最简单且易于建拆的人工住所。②鄂伦春人的仙人柱由二三十根桦木杆搭成，南面留门，周围覆盖桦树皮或兽皮，上边留孔，供通风出烟。赫哲族的“撮罗安口”与仙人柱形制同，该种房型在北美被称之为“天幕”，在北方草原被称之为“穹庐”的蒙古包，在蒙语称“蒙古勒格尔”，即“长生天”与“房屋”两个词语的组合，其形状和结构就是对“天”的模仿，是萨满教观念中的宇宙模型。③顾颉刚先生1934年游历内蒙古百灵庙时，对蒙古包有详细的描述：

> 其地张蒙古包以为宿舍，所谓“穹庐”也。其物如繖，中高而四垂，可张可翕。……顶端一孔，称为“烟口”，以灶设正中，炊烟可上腾也。有一纽，司烟口之启闭。予乃悟曰：此中霤也！我国房屋，肇始帐幕，所谓“上栋下宇”者，即此上高而下垂之圆筒形包耳。……此烟口之用有二，一为飏烟，一为通明。当天雨时，苟不闭其口，则直溜

①《礼记·王制》言：“北方曰狄，衣羽毛穴居，有不粒食者矣。”《易·系辞下》：“上古穴居而野处，后世圣人易之以宫室，上栋下宇，以待风雨。”《太平御览》卷七八引《始学篇》：“亘古皆穴处，有圣人教之巢居，号大巢氏，今南方人巢居，北方人穴处，古之遗俗也。”

②在泸沽湖畔发现三种方便看视庄稼的原始住所：其一，“活计”（即石风篱或土风篱），以石块或土块围筑一个圆形土墙，留门。中央升一堆篝火，可容一二人。其二，“机栝”（即窝棚），在活计基础上，外埋四柱，横搭二梁，上覆松枝，形成有盖的挡风遮雨的房子。其三，“尼扎意”（即干栏建筑），地上埋四柱，在一人多高的地方搭横木铺地板，向东或南开门，其他三面及顶覆盖树枝，上层住人，下层贮柴火，是秋天看庄稼用的。宋兆麟、冯莉编著：《中国远古文化》，宁波：宁波出版社，2004年版，第188—189页。

③至今的民族民歌还如此唱：因为仿造蓝天的样子，才是圆圆的包顶；因为仿造白云的颜色，才用羊毛毡制成，这就是穹庐——我们蒙古人的家庭；因为模仿苍天的兴替，天窗才是太阳的象征；因为模仿天体的星座，吊灯才是月亮的圆形，这就是穹庐——我们蒙古人的家庭。详参满珂：《蒙古包：神圣、世俗与科学的混合空间》，《中南民族大学学报》，2003年第4期。

而下，故所铺之地毯于中间空缺一方。①

顾氏文中列举1950年西安半坡仰韶文化遗址所见圆形屋、宝鸡半地穴式遗址、爱斯基摩人冰屋等证圆形屋及其中央置匏形灶炕之制的久远，以及与《礼记·郊特牲》所言“家主中霤国主社”之家神、灶神崇拜的关联。且在20世纪上半叶的湖南、四川、云南等地尚有奉祭“中霤神”之遗风。②火灶正是位于蒙古包中央，被视为神圣区域，是火神的居所，亦是家族兴衰的象征。③考古遗址中发现早期半地穴式房址中央有一圆形灶坑的形制十分普遍，半坡、姜寨、庙底沟、后冈一期等均是，尤其是兴隆洼文化，不仅盛行室内葬，房屋皆呈圆角方形或长方形的半地穴式建筑，房址中间有一圆形灶坑，而且更为奇特的是所有房址皆无门道。依据史书和民族学资料如《魏书·勿吉传》“（勿吉人）筑城穴居，屋形似冢，开口于上，以梯出入”的记载和东北亚科利雅克人（Koryak）在室内立柱上挖洞作梯，从房顶出入的穴居，则知道此种形制可能更早。④

可见，无论是就陵阜岩石穴居，抑或垒石为室、构木为巢，人类有意识的活动已然划分出文化与自然、我界与他界、安全与危险、熟悉与陌生的界域，文化的、安全的则是自我熟悉的我界——我群的世界。在世界各地族群宇宙观中，“我界”无疑都是世界的中心，是己群祖先神灵所划界的安全区域，而房屋，特别是神庙，则是“人的精神借助于一套已经定下来的造型目录”，“定居在某个重复述说宇宙起源论的领域里”。⑤因为“房子并不是一个物件，不是一个‘用来居住的机器’。它是人类借助于对诸神的创世和宇宙生成模式的模仿而为自己创造的一个宇宙”。⑥这是主宰人类空间观念整体性构造特征的法则：

①顾颉刚：《中霤》，《史林杂识初编》，北京：中华书局，2005[1963]年版，第140页。

②顾颉刚：《史林杂识初编》，北京：中华书局，2005[1963]年版，第142—144页。

③吕大吉、何耀华总编，满都尔图等分主编：《中国各民族原始宗教资料集成》（鄂伦春诸族卷），北京：中国社会科学出版社，1999年版，第606—608页。

④Jochelson：*The Koryak*，*PartII*，*Material Culture and Social Organization*. PP.452—468，转引自苏秉琦主编：《中国通史2·远古时代》，上海：上海人民出版社，1995年版，第352—353页，其他半地穴式资料亦来自此书，不一一做注。

⑤列维-斯特劳斯语，参引让-保尔·陆博（Jean-Paul Loubes）：《规则性：汉化空间的策略》，《法国汉学》第9辑，北京：中华书局，2005年版，第194—195页。

⑥伊利亚德：《神圣与世俗》，王建光译，北京：华夏出版社，2003年版，第25页

> 在某种意义上，神圣建构了世界，设定了它的疆界，并确定它的秩序。所有的这一切我们可以从为占有一个领地而举行的吠陀仪式中非常清楚地看到。通过建立一个火的祭坛向火神阿耆尼（Agni）献祭之后，对领地的拥有就是合法的和有效的。……因为事实上，为火神建立起一座祭坛仅仅是微观意义上的创世再现。在树立祭坛时用来和黏土的水被视为一种最本初的水，构成祭坛基座的黏土象征着地球，那四边的围垣代表者大气等等。在建造祭坛的过程中，人们宣咏着创造宇宙的歌曲。[①]

建造祭坛，表明对一块新土地占有的合法性，建造房屋与圣地亦是如此。澳大利亚的原住游牧民族阿奇帕人（the Archipa）在其游牧生活中，总是随身携带考瓦奥瓦（Kauwa—auwa）神圣木杆，指引并确定他们的居地。这支撑着他们的世界并确保与上苍联系的神杆，就是阿奇帕人神祇纳巴库拉（Numbakula）神用橡胶树干涂血做成的，神沿着它爬上去消失在蓝天之中。神圣木杆周围的土地就被仪式性地转换成了一个可以居住的世界，木杆即代表着宇宙的轴心。相同的宇宙图景在卡尔特人、日耳曼人、罗马人、古印度人、不列颠哥伦比亚考其多印第安人和印度尼西亚佛洛雷斯岛的纳达人中都可以看到。[②]

在中国北方草原的“穹庐”（即蒙古包）、南方民族的“司冈里”（即洞穴）、古代中原的明堂辟雍等居住形态中都可以看到宇宙原初形态的重演。尽管“各文明之间对自然界秩序的看法、将自然神化的方式，因其文化与社会的特征而有区别，并且随文化与社会之变化而变化”[③]，但是，天地在混沌之中分离，形成天—地—人—神秩序井然的世界，是世界共有的神话叙事模式。

最大范围的宇宙秩序是天—地—海（水）三层空间，天是神居之所，水为鬼魂之所，地则是人居之所，三层空间之间又可互相沟通，而沟通渠道有诸如高山、大树、崇宇、廟堂、云烟、乐舞等都是沟通上下的天梯，其间最重要者则是世界肚脐——宇宙山、神

①伊利亚德：《神圣与世俗》，王建光译，北京：华夏出版社，2003年版，第7—8页。
②伊利亚德：《神圣与世俗》，王建光译，北京：华夏出版社，2003年版，第9—11页。
③张光直：《商周神话之分类》，《中国青铜时代》，北京：三联书店，1983年版，第263页。

树、神杆、廟堂等圣地。最小范围的则是人的身体，介于中间的是城池、村庄、房屋等空间。这是神话思维最直观亦是最为象征式的表述。此即由心—身—家—国—天下层层推衍的同心方世界观，此同心方可以模块式复制、模拟和重演。个中根源在于：“对于早期人类而言，神圣就是力量，而且归根到底，神圣就是现实。……同时也意味不朽，意味着灵验。”[①]神或祖先最先开创之地，或者显圣物[②]所在之地才是安全的。故而对于古人来说，在草莽未辟、未为人知的乡野上垦植或者构巢居住，就相当于重复太初的一项事业——通过模仿神祇的创造活动，创造和拥有某处——一个总是跟众神已经创造的并且住在里头的模范世界一样，使混沌变为人居世界，从而创造熟悉的时空秩序：

> 一处未知的、异己的、未被占领的领土——这经常意味着“未被我们自己所占领”——仍然处于一种不稳定、处于低级的混乱状态。通过对它的占领，更主要是通过在这块土地上的定居，通过仪式上的对宇宙起源进行的重复，人类便象征性地把这块土地转变成了一个宇宙。[③]

廟作为天下中心的中心，其所从宀符标志着宇宙微型——房屋建筑，有其历史的演进，依据陈梦家先生的研究：

> 西周金文广部的廙廬廟廟等字皆不见于卜辞，卜辞宫室宣宗家[illegible][illegible]等字都从宀，在宀部，……但卜辞之[illegible]在晚期，金文中已从广，由此知在意义上宀广之可通。殷周宀广之别和居住建筑的形式当有关系。穴復与家室两种形制或者可以代表它们。[④]

---

①伊利亚德《神圣与世俗》，北京：华夏出版社，2003年版，序言第4页。

②该术语来自伊利亚德，他认为所有神圣的东西，无论简单还是高级的，都是通过显圣物来自我表征，例如神圣可以通过一块石头或一棵树来表征，从而被人祭拜。作为显圣物，石头和树已经转化成一种朝自然的存在，对于有着某种宗教体验的人而言，所有的自然物都能把自我表现出一种宇宙的神圣性。宇宙作为一个整体，它也能够成为一种显圣物。城市、圣殿、会所、教堂等建筑也是宇宙的显圣物。详见伊利亚德：《神圣与世俗》序言，王建光译，北京：华夏出版社，2003年版，第2—3、26—27页。本文所言明堂、廟、神树等皆是。

③伊利亚德：《神圣与世俗》，北京：华夏出版社，2003年版，第8页。

④陈梦家：《殷虚卜辞综述》，北京：中华书局，1988年版，第479—480页。

在甲金文中，∩又被视为田中屋——“庐”之初文，并借为^（六），今南音尚读为陸，与廬同音，有∩宀介仌⺌诸变形，与早期房舍侧视图同：

> ^介仌⺌，很可能就代表简陋的房舍，而为廬的初文。……卜辞中介除了作为数字六外，也有可能作为“廬”的意义的地方，其例如下：“丁卯卜，乍介于涉？”（殷缀二九五）“勿乍介于涉？”（乙八八一二）……[①]

若宀^介仌⺌为“廬”之初文，不误，则意义非同寻常。金文“廬”见于《师汤父鼎》“王在周新宫在射庿”及《趞曹鼎》“王射于射廣”。高田忠周《古籀篇》释庿为廟字异文，文义可通而字形迥异。[②]不过大多论者皆释为“廬”，以为此射廬为王习射时所居。[③]与前射廟、宣榭考述同，而卜辞“丁卯卜，乍介于涉？”“勿乍介于涉？”中之介果为廬，则再次证明了射猎、池囿（水）与廟的关系。同时数字“六”具有的“岁中”、“律中”、“天地之中”[④]以及“六合”的神秘意义，亦为介作为宇宙起源论的一种重演，提供了最好的说明。

在先秦典籍中，数字“六”常被用来表示天地四方六个维度[⑤]，这种“六合”观念在神话思维中往往时空混同。在原始祭祀仪礼中，祭坛中央安放神祇模型“方明”，方四尺，设六色（东方青，南方赤，西方白，北方黑，上玄下黄）象征太阳神明普照天地四方，上通天下达地，光被寰宇，赋予“六合”宇宙神妙的巫术意义。又以“六玉”礼天地四方：“以苍璧礼天，以黄琮礼地，以青圭礼东

①康殷《文字源流浅说》认为：“∩即廬之初文，见宀，借声以为数字六，今南音尚读如陆，古音概与廬同。”彭曦认为：“^为人类早期房舍的侧视图，半坡遗址出土的聚落房屋，不论圆锥体或是两面坡式，其侧视之均为^形。”蔡哲茂《说金文“陸”、“睦”二字——兼论六、入、宀、夫为一字》赞成康彭说。见《甲骨文字诂林》，北京：中华书局，1999[1996]年版，第1983页。

②李圃主编：《古文字诂林》第8册，上海：上海教育出版社，2003年版，第248页。

③参引李圃主编《古文字诂林》第8册，上海：上海教育出版社，2003年版，第248页。

④丁山：《数名古谊》，详见《甲骨文字诂林》，北京：中华书局，1999[1996]年版，第3576页。

⑤《庄子·应帝王》“出六极之外，而游无何有之乡”之“六极”，《淮南子·地形训》“地形之所载，六合之间，四极之内”之“六合”，屈原《远游》“经营四荒兮，周流六漠”之“六漠”，……至于六指、六幽、六虚、六采、六神、六爻、六官、六卿、六艺、六玉之类天地四方之引申义，更是举不胜数。

方，以赤璋礼南方，以白琥礼西方，以玄璜礼北方。”与“方明”有异曲同工之妙，皆是用直观可感的颜色划分来象征标示抽象的方位空间，较明显地保留着史前时空观的特征。《周易》以“六”爻象征着宇宙三维空间，《周礼》以天地四方（四时）天、地、春、夏、秋、冬配“六官”，以“六制”表示基本的统治规范，典型地传达出原始宇宙观中对六方空间的自然崇拜。甚至朱元璋发明并流行于明清的瓜皮帽，亦名“六合统一帽”象征着天下一统。[①]

“六”作为神话时空象征，在一些部落社会仪式中看得更清楚。如在西亚族印第安人那里，祭司站在祭坛前面，摇着祭神响板绕着祭坛转圈，重复此动作六次表示是给空间的六个方位，圆圈表示全世界的一切云神都被召来湿润土地。俄马哈族和朋卡族常常在抽烟的时候把烟斗向六个方向伸去：向四种风的方向，向地面和上界。[②]

本章小结

参照考古材料与传世文献所见先秦庙制，本章首先讨论了“廟在寝东”的建筑布局与等级隆杀规制；接着以冠礼仪式空间转换为例，透过门、阶、堂、室、位、向等建筑“物语”透视了物化空间与认知编码、身份转换、权力叙事的关系；最后从字源学、宇宙起源神话与考古学的角度，检讨了传统小学单一的文字训诂视域下对金文“廟”及其形体演变的误读，逐一分析金文“廟”字字频及其、、、、、、诸形符，发现“廟”字构形，指涉了由池苑、园囿、宫廟以及射猎、祭祀等活动场景所构成的“廟”之整体环境。该类形符均为宇宙神话起源中典型的神圣符号，故而其组合即展现了对神话宇宙观的模拟和重演。从而重新体认和构拟了汉字构形中潜隐的神话编码，揭示文字背后被遮蔽和遗忘已久的远古神话知识。

①叶舒宪、田大宪：《中国古代神秘数字》，北京：社会科学文献出版社，1996年版，第113—122页。
②列维·布留尔：《原始思维》，北京：商务印书馆，2007年版，第211页。

第三章

圣俗之间：《礼记·明堂位》空间叙事

『明堂』仪式空间如何借由『位』与『向』及建筑形态展示其政治秩序与权力话语？本章将展示人们怎样通过模式化的叙事建构一个有意义的文化空间，以及文化又是如何利用这些空间实现其意义的？

本章呼应前论“庙”之内部空间要素在礼仪过程中的内外攸分，正仪辨等，标志身份、地位和权能的象征符码，笔者借助仪式理论和考古建筑、祭坛遗址复原图，尝试从仪式空间的三个层面思考人们怎样通过模式化的叙事建构一个有意义的文化空间，从而揭示出潜藏在“明堂”之“位”中的观念及其与明堂建筑的象征关联。

依据史籍记载，“明堂”之名始见于《左传》，或认为殷商卜辞中已有“明堂”之名及其祭祀仪式①，并且为以后历代帝王所效法。然而，由于秦火战乱，史籍散佚，汉后之人所能见之载籍分歧甚大，历代阐释众说难一。从而形成了中国礼制研究中的“明堂”难题，两千年来聚讼纷纭，难成定说②，王国维谓之“古制中之聚讼不绝者，未有如明堂之甚者也”。③在《中国神话哲学》一篇关于天子明堂研究的文章中，著者有一段很有启发性的评论：

> 纵观前代学人有关明堂研究的数十万言文献，可以说都是在狭隘的考据学范围内转圈子，虽然在明堂制度的设立、建筑布局、用途及沿革诸方面有详细的阐发和考索，但均未能洞悉明堂的本质。④

无独有偶，建筑考古学家亦认为明堂问题悬疑至今的原因主要在于：

> 历代研究者们总是凭传说的记载作臆测，把明堂视为僵死的、固有的而且从来就是服务于精神方面的礼仪设置；没有把它纳入建筑史学的动态发展的轨道上去分析问题，……两千余年来的从书本到书本的研究方法证明，再这样下去是没有出路的。⑤

---

①晁福林《试释甲骨文“堂”字并论商代祭祀制度的若干问题》中认为卜辞“畤藉于名合”（合集9505片）即在明堂举行藉礼的记载，并认为从武丁到武乙时期的卜辞中，“堂”为具有多种功能的公共祭祀场所，与文献所记载的明堂功能相合，从康丁时期开始，此堂的功能逐渐由“宗”来代替。《北京师范大学学报》，1995年第1期。丁山先生在其《中国古代宗教与神话考》中排比了商卜辞中的宫室名称与月份后，认为：知周王随时异室的制度，正自商王春宅于东寝，夏匚于南室，秋告于盟室，冬出于[illegible]寝的祭仪演变而成。丁山：《中国古代宗教与神话考》，上海：上海文艺出版社，1988年版，第161页。

②关于前贤的明堂研究综述，详见张一兵：《明堂制度研究》，北京：中华书局，2005年版，第1—26页。

③王国维：《观堂集林》卷三，北京：中华书局，1959年版，第125、143页。

④叶舒宪：《中国神话哲学》，西安：陕西人民出版社，2005年版，第156—157页。

⑤杨鸿勋：《破解“周人明堂”的千古之谜》，《杨鸿勋建筑考古学论文集》（增订版），北京：清华大学出版社，2008年版，第158页。

可见，两位作者的共识就是限于文本材料难以触及明堂实质，因而都在寻求更为切实可行的研究方法和视野。就笔者所阅读的关于明堂的研究路径来看，除了传统的"獭祭鱼"式搜罗文献外，代表着新视野和方法的主要有三种方式：

其一，基于建筑考古遗址，在建筑史学动态发展链条上推论明堂性质及其功能。如杨鸿勋即以考古遗迹的实物史料为依据，参考相关文本文献及日本弥生时代神社遗址，推论复原"黄帝时明堂"为"社"之祖型，其建筑原型即"京"——一种干栏式高台建筑，周明堂形制为开敞明亮的高台建筑空间，是三代相承的宫廷前殿之名。①

其二，基于神话学和人类学视野，从发生学意义上追寻"明堂"原型，叶舒宪可为代表。叶先生在黄帝明堂与埃及金字塔和印加太阳神庙等的跨文化比较中，追溯明堂建筑结构与"有效观测太阳运行踪迹"的原始功能及其随之兴起的太阳崇拜祭仪、天子坐明堂与仪式历法之间的密切关联，认为明堂是古人精心设计和建造的神话宇宙模型缩影②，将传说中的明堂为"社"之原型再前溯为太阳观测台。

其三，基于图像叙事、图像证史的视野，揭示明堂结构的诸构成要素及其思想来源，以巫鸿、黄铭崇为代表。巫鸿在《"图""画"天地》一文认为，明堂作为东周以来宇宙缩影的象征，是在古老的明堂已经消失而成为历史的记忆时，被当作王权和政治秩序的最高体现创造出来且不断被强化的产物，是诸种思想的融合，因而，"有足够的迹象表明，明堂在东周晚期被再度创造时，至少因袭了三种'图'的形式与概念，包括：（1）作为宇宙模式的'式图'，（2）建筑图，以及（3）一种我称之为'图文'的非线性文献"。③台湾学者黄铭崇则综合利用考古学发现图像与传世文献，发

①杨鸿勋：《破解"黄帝时明堂"》，《杨鸿勋建筑考古学论文集》（增订版），北京：清华大学出版社，2008年版，第59—68页。

②参见叶舒宪《中国神话哲学》第五章。

③巫鸿：《礼仪中的美术》，郑岩等译，北京：三联书店，2005年版，第647页。依据李零的研究，"式"是一种卜卦的器具，通常由一圆形天盘和方形地盘组成，两盘均刻有各种指示天文与历法区划的标记。通过四方、五位、八位、九宫、十二度等高度抽象的具有极强的派生能力的视觉元素来表现宇宙；建筑图指当是绘制建筑图所固有的表达程式；图所谓"图文"文献必须满足两个基本特征：必须具有非线性的空间结构，即"图"，其次该图必须与文献本身的内容不可分割，即指楚帛书、幼官图类文献。详见巫鸿：《礼仪中的美术》，第649—651页。

掘作为宇宙观缩影的明堂空间结构要素：亚字形大地、四木与圜水，后来嵌入月令、历史等时间因素和“明堂位”人间政治秩序，因而，狭义的明堂是古代宇宙观中的“空间”部分，是代表宇宙的建筑模型，广义的明堂则是空间、时间和人间三个面向的总和。[1]这些研究视野都非常具有启发性。

从这些新视角的讨论，可以看出，尽管明堂问题自古以来聚讼纷纭，莫衷一是，但古今学人在对“明堂”形式所蕴含的观念象征上仍具有共识：明堂不是一般的建筑物，而是上古宇宙观的物化形式，是重要的仪式、国事公共活动空间。或者用比较神话学的术语更为准确：神话宇宙观的“显圣物”。作为宇宙观的显圣物，“明堂”原初仅仅是“空间”这一维度吗？怎样展示其与政治秩序与权力话语的关系的？

因此，尽管明堂外部宏观形态的象征意蕴及其可能的原始起源，学人已进行了各种层面和向度的可贵探索，但对以《礼记·明堂位》为主要文献的明堂内部空间叙事及其与作为“显圣物”之明堂的内在关联触及甚少。笔者即不揣冒昧，尝试从仪式空间的角度对其进行微观探讨。在此，笔者主要目的在于解释那些潜藏在“明堂”之“位”——仪式空间——中的观念及其与明堂建筑的象征关联。即作为一种礼仪性宫室，“明堂位”何以借助空间叙事？由各个“位”与“向”所形成的仪式空间折射着怎样的信仰与观念？内部的明堂位序空间与外部建筑形态有何关联？换言之，就是要思考人们怎样通过模式化的叙事建构一个有意义的文化空间，该空间内各个方位如何获得文化意义，以及文化又是如何利用这些空间实现其意义的。

①黄铭崇：《明堂与中国上古之宇宙观》，《城市与设计学报》，1998年第4期。

第一节 明堂形制与仪式空间

关于仪式，人类学家们有各个不同层面的定义，最经典的定义来自维克多·特纳：

> 我所用的“仪式”这个词，指的是人们不运用技术程序，而求助于对神秘物质或神秘力量信仰的场合时规定性正式行为。象征符号是仪式中保留着仪式行为独特属性的最小单元，它也是仪式语境中的独特结构的基本单元。①

该定义阐释了仪式与特定空间（场合）及神秘信仰的关系，但对于“规定好的行为”本身没做说明，这一点在吉恩·路易斯·杜兰朵那里得到补充：

> 礼仪本身，如同图像，是一种无声的空间。在此被规则地组织起来的行为，按一系列次序展开，比那些较开放的日常活动节目中的动作程序更为严格。正是这类程序限制使我们能够区别什么是仪式，什么不是仪式。如果我们不知道动作和动作次序的名称，我们就不可能理解仪式：语言是现实的首要解释者。②

可以看出，无论是就礼仪行为序列本身，还是它所举行的特定场合而言，抑或借助多种媒介“文化地建构起来的象征交流系统的模

①维克多·特纳：《象征之林》，赵玉燕等译，北京：商务印书馆，2006年版，第19页。

②吉恩·路易斯·杜兰朵（Jean-Louis Durand）：《仪式作为手段》，收入《古代希腊牺牲的烹制》（*The Cuisine of Sacrifice among the Greeks*），马赛尔·德田恩(Marcel Detienne)和吉恩·皮埃尔·维尔南(Jean-Pierre Vernant)合编，保拉·威辛（Paula Wissing）译，芝加哥：芝加哥大学出版社，1989年版，第120页。

式化或序列化的言语与行为”[1]，或者作为表演和转换[2]，仪式与空间的关系都非常密切。而作为一种仪式空间，从身体动作到场所至少包含着三个维度：物态空间、关系空间和认识空间。

所谓物态空间，是指由物质构成的、呈现各种礼仪展演行为体现关系与认知的空间，具体可分为自然地理空间和人为建构的场所两种。两者分别象征着自然与文明的区域，前者是未经圣化和占领的自然空间，但一经选择便转化成后者——圣化的和被占领的供仪式举行的可以居处的具体地方，譬如宫室，它为周旋揖让、应对进退的礼仪提供了基本的表演舞台，即仪式空间。明堂建筑正是为了一系列礼仪动作展开而在自然地理空间（国之阳）人为建构的礼仪场所。《礼记·明堂位》开篇即言诸侯朝见周公于明堂所站之位：

> 昔者周公朝诸侯于明堂之位，天子负斧依南乡而立；三公，中阶之前，北面东上。诸侯之位，阼阶之东，西面北上。诸伯之国，西阶之西，东面北上。诸子之国，门东，北面东上。诸男之国，门西，北面东上。九夷之国，东门之外，西面北上。八蛮之国，南门之外，北面东上。六戎之国，西门之外，东面南上。五狄之国，北门之外，南面东上。九采之国，应门之外，北面东上。四塞，世告至。此周公明堂之位也。明堂也者，明诸侯之尊卑也。[3]

这与《逸周书·明堂解》的记载基本相同[4]，成为今人为《明堂位》成书断代的依据之一。从这段文字可以看出，周公朝见诸侯的礼仪，以井然有序的“位”（中阶、阼阶、西阶、门左、门右、门外）、

①（Tambiah，1979，p.119）“它由一系列模式化和序列化的言语和行为组成，往往是借助多重媒介表现出来，其内容和排列特征在不同程度上表现出礼仪性的习俗，具有立体的特性（刚性），凝聚的（熔合）和累赘的（重复）特征。”译文参引鲍伊《宗教人类学导论》，金泽等译，中国人民大学出版社，2004年版，第178页。

②波比·亚历山大强调了仪式的表演和转换要素：“仪式是按计划进行的或即兴创作的一种表演，通过这种表演形成了一种转换，即将日常生活转变到另一种关联中。” 参引鲍伊《宗教人类学导论》，金泽等译，中国人民大学出版社，2004年版，第176页。

③（清）阮元校刻：《十三经注疏》，北京：中华书局，2003[1980]年版，第1487—1488页。

④前后叙述次序和个别字句略有不同，基本辞句和意思一致。但在“明堂位”一节，比《礼记》的位置更为详细：“周公摄政，君天下弭乱，六年而天下大治。乃会方国诸侯于宗周，大朝诸侯明堂之位。天子之位：负斧扆南面立，率公卿士侍立于左右。三公之位，……，诸子之位，门内之东，北面东上。诸男之位，门内之西，北面东上。……四塞九采之国，世告至者，应门之外，北面东上。宗周明堂之位也。明堂，明诸侯之尊卑也。故周公建焉，而朝诸侯于明堂之位。制礼作乐，颁度量，而天下大服，万国各致其方贿。”相关论述详见王锷：《礼记成书考》，北京：中华书局，2007年版，第278—279页。

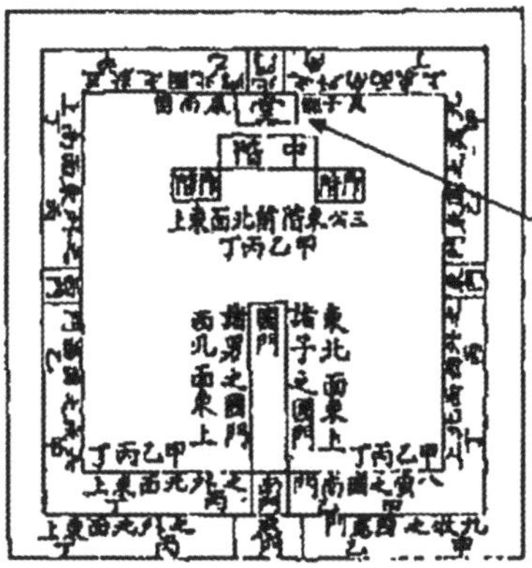

杨甲撰、毛邦翰补《六经图》卷八
周公明堂图

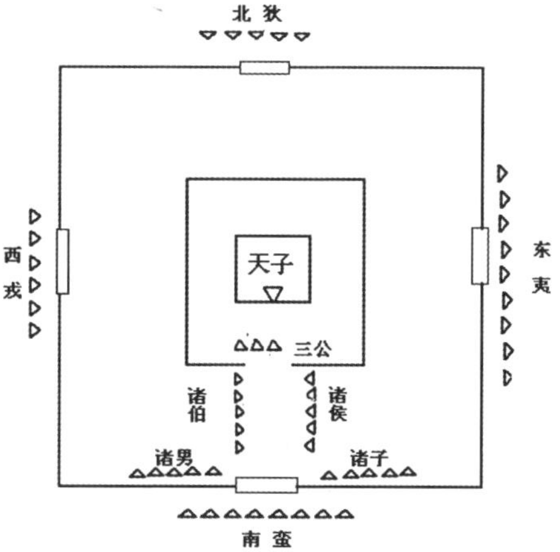

巫鸿《礼仪中的美术》第646页明堂位序图

●3-1　周公明堂位序图

“向”（南向、北向、西向、东向）等空间要素定格为一个仪式景观，这一景观显然是用空间叙事来表征权力关系。（见后论）杨甲撰、毛邦翰补《六经图》中有《周公明堂图》（图3-1左[①]），巫鸿在其《“图”“画”天地》中亦绘有明堂位序图（图3-1右）。

在这样的仪式景观中，观者只能看到一个静止的、割裂背景的、局部的、高度简化的明堂空间。至于此“明堂”是专称还是代称，在国中还是在南郊，是四时朝觐还是时会殷同，内部设置怎样，皆无交代。依据孔颖达正义所引文献：

> 《明堂月令》说：明堂高三丈，东西九仞，南北七筵，上圆下方，四堂十二室，室四户八牖，其宫方三百步，在近郊三十里。讲学大夫淳于登说云：明堂在国之阳，三里之外，七里之内，丙巳之地，而祀之就阳位；上圆下方，八窗四闼，布政之宫，故称明堂。明堂，盛貌。周公祀文王于明堂以配上帝五精之神，太微之庭，中有五帝坐位。[②]

所记虽然相异，但明堂所在的地理空间及其形制亦可见一二。参

①转引自张一兵：《明堂制度研究》，北京：中华书局，2005年版，第355页。

②李学勤主编：《十三经注疏·礼记正义》（标点本），北京：北京大学出版社，1999年版，第930页。以下简称《礼记正义》。

考汉后明堂建筑遗迹如20世纪50年代发掘的汉长安古城南郊明堂、80年代发掘的汉魏洛阳城南明堂和90年代发现的大同北魏平城南郊明堂遗址[①]可以得知，在自然地理空间而言，明堂位于国之阳，或泛言之“近郊三十里”，或精确为“三里之外，七里之内，丙巳之地”，明堂在国之南，至少是“向南”，是确定无疑的。亚里士多德的环境地理学说中所指出的包括建筑在内的人类文化多少决定于人类所处地理环境的观点，同样适用于中国古代建筑意匠。中华先祖世代繁衍生息于亚洲北温带区域，至迟新石器时代以来的农耕文明形态已经形塑了先民关注日月星辰风雨霜露的变迁与农作的关联，尤其是对太阳升落出入的关注、测量、祭拜和模拟，形成了明堂建筑形制及其地理环境的选择：高台敞亮的向阳建筑，而其最原初的形态则是视野开阔的高处，进而人工坛台[②]。这不仅在汉以后明堂建筑群随着功能的分化而分解成不同的建筑形态，如“司历纪、候节气”的灵台可以看出，从史前发现的祭坛也可以遥想一般，如图3-2对比示意图。

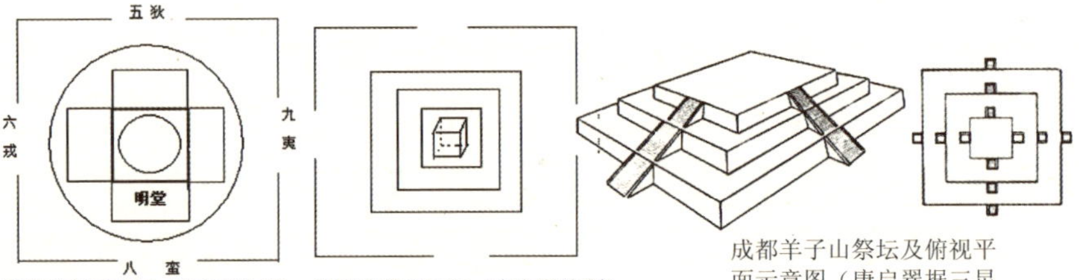

明堂辟雍示意图（唐启翠绘制） 朝觐宫壇方明坛（唐启翠绘制） 成都羊子山祭坛及俯视平面示意图（唐启翠据三星堆博物馆墙画绘制）

●3-2　原始祭坛、方明坛与明堂位序比照图

---

①参见王银田：《北魏平城明堂遗址研究》，《中国史研究》，2001年第1期，第37—44页。现今所见明堂建筑遗迹只有唐东都洛阳明堂在宫城内中轴线上，虽然不在南郊但亦向南。

②关于明堂建筑形制演变轨迹的研究，目前可鉴者有三：建筑考古学家杨鸿勋先生以仰韶以来的建筑遗迹为本，参诸文献记载，认为明堂建筑的雏形为“社”，即传说中的神农、黄帝时的“有盖而无四方”的架空的开敞明亮的茅草方亭，主要用于庆祝和祈祷生产丰收的场所，随着社会与建筑形制的日渐发展，明堂建筑也日渐复杂，从大地湾F901大房子、夏世室、殷重屋到周明堂，明堂作为高台敞亮的朝堂前殿是一脉相传的，而前堂后室为周宫殿之通制。《杨鸿勋建筑考古学论文集》，北京：清华大学出版社，2008年版，第59—73、158—163页。叶舒宪先生在《中国神话哲学》中从神话学和比较文化的视野考察了上古明堂建筑形制及其原始功能，认为它起源于古人观测太阳的活动，初为视野开阔的高处，进而人工坛台建筑，进而由观测结果中构想出来的宇宙模式的信息反馈，而有了“茅茨嵩柱”、“上圆下方”、“四面无壁”且环之以水的原始太阳堂。随着对被观测对象的神化和崇拜意识，加之太阳堂作为社会文化中心的神圣地位，大凡国家政治、军事、宗教、教育、外交等重大事宜先后移至此处，使得太阳堂世代相延而不断奢华，于是演化而成周明堂建筑群。《中国神话哲学》，西安：陕西人民出版社，2005年版第173—174页。张一兵先生详细考索历代文献记载后亦认为明堂形制演变痕迹为早期的祭祀日月之神“扫地为祭”的“墠”，演化为祭祀天神的坛而不屋的祭坛，再演化为祭天配祖坛屋的明堂建筑群。《明堂制度研究》，北京：中华书局，2005年版第365页。三者视野不同，方法有异，但结论却大同小异。

位于辽西牛河梁一带约50平方公里范围内有一组女神庙、积石冢和祭坛构成的大型祭祀遗址，以女神庙为中心，周围分布着十几座规模很大的积石冢，其中3号积石冢主体由三环同心石柱构成三级祭坛，2号积石冢主体为方形，中央是一座大型石椁墓，墓顶是一边长约3.6米的石砌平台，具有坟墓、祭坛双重用途；牛河梁东南约50公里的地方是东山嘴大型方圆组合祭坛，基址外围都有石砌护坡。这些遗址均在山丘顶部，由层级构成，根据冯时先生的研究，与天文学密切相关。而女神庙内出土鹰、熊等季节性动物，或许与季节性仪式相关。而方圆组合的大型祭坛更与《周礼》、《礼记》等典籍所记郊天祀地仪式祭坛同。文献所见汉始将天地祭坛分为南北郊，原本当与此同。

良渚文化遗址如反山、瑶山、汇观山等地祭坛亦均建在山顶，而且由红、灰、黄褐三种不同颜色的土垒成，据考古报告，这些土石均非当地所有，而且废弃之后均作为高级贵族或首领（或兼具祭司）的墓地。

1998年发掘的凌家滩祭坛处于整个墓地中心部位，祭坛分为上中下三层结构，最下层为纯净细腻的黄斑土铺设而成的祭坛③层；中间是用灰白色黏合剂搅拌大量小石子铺设而成的祭坛②层，据测量小石子绝大多数为长5—15毫米的石英岩（49%）、硅质岩（30%）、石英砂岩（15%）和少量的阳起石、玛瑙等，显然系人工选择；最上层为鹅卵石、碎石铺设而成的祭坛①层。在①层曾发掘3处祭祀坑和4处积石圈，而出土玉器较多的大墓基本在①层南面呈东西一线（M7—M29），世人瞩目的玉龟（M4）、玉版（M4、M29）、玉鹰猪/熊首（M29）、玉卷龙（M16）、玉王冠（M15）、戴冠玉人（M1）等明显具有礼器性质的葬品即出土于此。[①]其中的玉版“可能是古代先民用以测日测星定时的原始日晷，它反映了5000年前观象测时方法和时间制度”。[②]玉鹰展翅飞翔，两翼为猪/熊首，腹部则阴刻两个

①朔知：《凌家滩祭坛遗迹试论》，张敬国主编：《凌家滩文化研究》，北京：文物出版社，2006年版，第172—173页。同书有周玮《安徽含山凌家滩祭坛的初步研究》，虽对“祭坛”之说持谨慎态度，但亦不否认这些是较长时期使用的相对固定的人工营建土石建筑。根据非洲民族学资料，原始部落人们几乎没有诸如祭日、祭地、祭祖的分类概念。因此，新石器时代祭坛可能具有祭祀太阳、祭地和祭祖的混合功能。张敬国主编：《凌家滩文化研究》，北京，文物出版社，2006年版，第143页。

②李斌：《史前日晷初探——试释含山出土玉片图形的天文学意义》，张敬国主编：《凌家滩文化研究》，北京：文物出版社，2006年版，第108页。

同心圆，内外两圈之间刻八角星纹图案，则与少昊（鸷形）、太阳、自由、力量相关：“此玉雕寓意鹰鸟拥有熊的力量，可以直飞高天，追寻太阳。”“是否即为英（鹰）雄（熊）或雄（熊）鹰名词的由来？”[①]鹰或者是“创造大汶口文化的少昊氏部落集团之首领挚（鸷）的神形”。[②]（见图3-3）

●3-3 玉鹰熊与太阳 采自《凌家滩文化研究》第54页

这种坛、墓、庙合一的建筑方式，在二里头和安阳殷墟中还有延续。二里头宫殿遗址F2基址，为宗庙建筑，在其北围墙与三室的主殿之间有一座大墓，北墙下有五间祭祀使用的带顶的祭坛——宗，殿内发现若干埋有人骨和兽骨的祭祀坑。殷墟乙一作为乙组建筑核心，被推测为坛庙。该基址为一黄土台基，近方形，南北长11.3米，东西宽11.8米，现存高度1米以上，位于小屯东北地的最高处。整个台基系用纯黄土筑成，土质纯净，不掺杂任何其他质料，且非当地所有，台基形制几近方形，而其南北线是顺着太阳的子午线定的。基址附近埋有十余具虎头骨及9具猪骨，应是隆重仪式所遗留，或者就是崇拜最高神的地方。[③]联系到商代建筑基址与墓葬均以东北方为尊的现象，或许与日月崇拜及祖源地相关。[④]其实在新石器时代的墓葬基本上“都有固定的墓葬方向。如宝鸡北首岭墓地是‘头西面东’，王因是‘头西脚东’，大

①张宏明：《安徽出土史前玉器的初步研究》，《凌家滩文化研究》，北京：文物出版社，2006年版，第163页。

②李修松：《试论凌家滩玉龙、玉鹰、玉龟、玉版的文化内涵》，《凌家滩文化研究》，北京：文物出版社，2006年版，第3页。

③中国社会科学院考古研究所安阳工作队：《河南安阳殷墟大型建筑基址的发掘》，《考古》，2001年第5期。郑振香：《安阳殷墟大型宫殿基址发掘》，《文物天地》，1990年第2期。

④杨锡璋：《殷人尊东北方位》，见《纪念苏秉琦考古五十五年论文集》，北京：文物出版社，1989年版。朱彦民:《殷人尊东北方位说补证》，《中原文物》，2003年第6期。

汶口墓地是‘东西向’等”。[1]而在鄂温克族，一般人死后用牛车送葬时，尸体要头西脚东，面向日出方向。[2]这种定向埋葬模式与太阳升落类比为生死的神话观念有关。在东西二方占主导地位时，“使死者面向日出方向的做法很可能寄托着灵魂再生的希望”。当四方形成之际，“北方便被认同为阴间地狱的地方”。[3]故而在《礼记》之《檀弓》、《礼运》诸篇中便出现了“葬于北方、北首，三代之达礼也，之幽之故也”的总结性言论。

可见，在比较原初的意义上，墓葬不仅与祭坛共存，而且与太阳测量与崇拜相关。具体到殷墟乙一的东北方位，祖源与日出之方是完全吻合的。在新石器，祭坛可能兼具祭太阳、祭地和祭祖的混合功能。[4]

原始明堂与祭坛、大型仪式的关系还可从《仪礼·觐礼》所载南郊宫壝方明坛看个仔细。虽则临时，但整个仪式空间布局却与明堂十分相似，如图3-4。

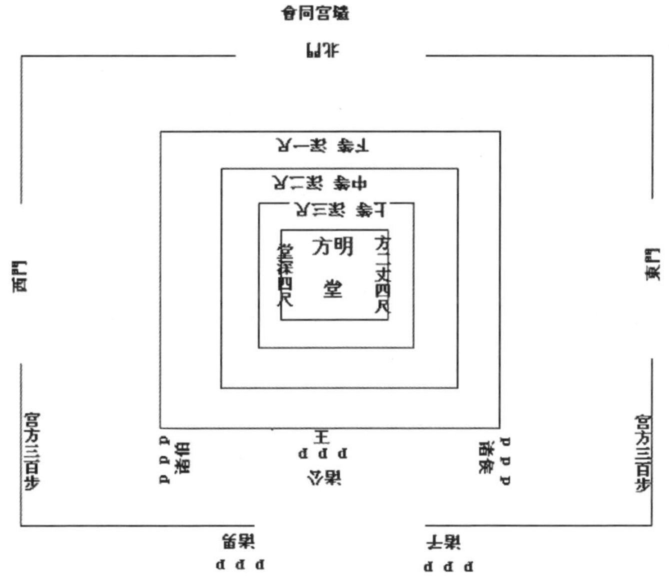

采自杨天宇《仪礼译注》第467页

●3-4　会同宫壝示意图

①宋兆麟：《中国原始社会史》，北京：文物出版社，1983年版，第431页。

②吕光天：《鄂温克族》，北京：民族出版社，1983年版，第67页。

③叶舒宪：《中国神话哲学》，西安：陕西人民出版社，2005年版，第222页。

④周玮：《安徽含山凌家滩祭坛的初步研究》，《凌家滩文化研究》，北京：文物出版社，2006年版，第143页。

> 诸侯觐于天子，为宫三百步，四门。坛十有二寻，深四尺，加方明于其上。方明者，木也，方四尺，设六色：东方青，南方赤，西方白，北方黑，上玄下黄。设六玉：上圭，下璧，南方璋，西方琥，北方璜，东方圭。上介皆奉其君之旂置于宫，尚左。公侯伯子男皆就其旂而立。天子乘龙，载大旆，象日月，升龙、降龙，出拜日于东门之外，反祀方明。礼日于南门外，礼月与四渎于北门外，礼山川丘陵于西门外。[①]

应该说，这里所述比《明堂位》要细致得多。“方明”与旆旂的加入，形成更为完整而形象的朝觐礼仪空间形态，此处的方明之坛亦即临时设置会同宫壝，制同明堂之位：

> 以《觐礼》、《逸周书》及此《明堂位》篇考之，则明堂有坛而无屋，与方明坛初无异指。方明坛亦谓明堂者，《荀子》“著明堂于塞外而朝诸侯”，杨倞以为即方明坛。……或曰墠，或曰堂，或曰台，皆一音之转也。一曰宫，一曰明庭。[②]

从表层叙事来看，似乎是临时搭建的“方明坛”在因地制宜地复制明堂之制，各个空间方位的文化意义也由此得以彰显。三层方形坛台，最上层的中央放置“方明”：上下四方六色六玉，注皆曰上下四方神明之像，很显然象征着宇宙六合空间，木制，则有神木（或社树）元素或象征，而天子“出拜日于东门之外，反祀方明”，隐含着祀“方明”与祭日月的关系。[③]天子与公侯伯子男就旆旂而立之“位”遵循着明堂之

---

①（清）阮元校刻：《十三经注疏》，北京：中华书局，2003[1980]年版，第1092—1093页。

②任铭善：《礼记目录后案》，济南：齐鲁书社，1982年版，第32—35页。

③《汉书·律历志》引《尚书·伊训》：“惟太甲元年十有二月乙丑朔，伊尹祀于先王，诞资有牧方明。”议曰：“言虽有成汤、太丁、外丙之服，以冬至越茀祀先王于方明以配上帝，是朔旦冬至之岁也。”明章潢《图书编》卷一百《明堂大飨》：“盖一岁之间而有二祭，既于岁首一阳之月祭天于泰坛，而以祖之有功者配祀；又于季秋万宝告成之后飨帝于明堂，而以宗之有德尊严其父者配食；而曰天所以尊之也，尊之则祀之，惟以其诚，故坛而不屋。……盖泰坛，明堂一也。”张一兵引述各种观点，后总结为：“堂”本义为隆起的土台子，“明”字最初为“日”、“月”两个字组合而成，故“明堂”最初的含义就是祭祀天神（其代表为日月二神）的土台子。并且方明礼与明堂礼来源为一，皆为祭日月之礼即朝日夕月。见张一兵著《明堂制度研究》，北京：中华书局，2005年版，第57—59页。另易学专家郭彧从八卦与方明之数的关系亦得出“方明”与太阳祭仪的关系。详见郭彧著《八卦与方明》等文，http://blog.sina.com.cn/s/blog_4e2e3c1a01008tik.html~type=v5_one&label=rela_prevarticle。

位序，这里由引出一个权力与空间的关系。旗帜与斧钺（笔者按：天子背后的斧扆即其象征）都是权力的象征，“斧钺代表制裁，旗帜代表人众。”所以武王伐商前训誓时“左杖黄钺，右秉白旄以麾曰：逖矣西土之人”为证。[①]这里叙述者除了对天子之日月龙旗予以特别提示外，对其他各方之旗帜则以不言自明的方式予以略过，对今日正确阐释旗帜与权力叙事的关系问题带来隔阂。但2002年发表的上博馆藏《容成氏》一篇对大禹建五方旗的记载，可为此提供一个线索：

> 禹听政三年，因民之欲，会人地之利矣。是以近者悦治，而远者自至，四海之内，及四海之外，皆请供。禹然后始为之旗号，以辨其左右，思民毋惑。东方之旗以日，西方之旗以月，南方之旗以蛇，中正之旗以熊，北方之旗以鸟。然后始行以俭。衣不亵美，食不重味。[②]

这里有两点与《明堂位》、方明坛壝极其相似：其一，均为圣王听政而天下大治，万民咸服，四方来朝；其二，以旗为号，辨其左右。这里明确指出五方之旗号，中央熊旗，东方日旗，西方月旗，南方以蛇，北方以鸟，井然有序。这显然“蕴涵着确立文化、统合权力的象征意义。……旗帜或者旗章，是原始分类观的重要物质媒介。从语源上推考，可知‘旗’来源就与图腾标志功能密切相关”。这中间不仅隐含着早期族类编码观念，辨别四方与中央的关系，而且是“中国”得名的原型经验。“‘中’字的原初字型就是一个旗杆，上面飘着旗帜，表示由人群围着祭祀仪式的中心象征，引申为中央空间的意思。”[③]

至于明堂形制，现存礼学文献中关于明堂规制的记载描述很多，但常常自相矛盾，孰是孰非，颇费思量[④]。而明载者有二，其一为《逸周书·明堂解》：“明堂方百一十二尺，高四尺，阶广六尺三寸。室居中方百尺，室中方六十尺，户高八尺，广四尺。东应门，

①张光直：《美术、神话与祭祀》，沈阳：辽宁教育出版社，2002年版，第77页。
②《上海博物馆藏战国楚竹书（二）》，上海：上海古籍出版社，2002年版。
③叶舒宪：《大禹的熊旗解谜》，《民族艺术》，2008年第1期。
④张一兵《明堂制度研究》列举了四套数据系统，详见该书第378—383页。

南库门，西皋门，北雉门。东方曰青阳，南方曰明堂，西方曰总章，北方曰玄堂，中央曰太庙。左为左介，右为右介。”[①]其二为《周礼·考工记·匠人》：“夏世室……殷重屋……，周人明堂，度九尺之筵，东西九筵，南北七筵，堂崇一筵，五室，凡室二筵。”

数据看似翔实，实则粗疏。明堂或为一堂之专名，或为四堂五室或明堂建筑空间之总名。[②]确定《考工记》与《逸周书》所记明堂尺寸是指一堂还是四堂，便显得尤为重要。考古建筑学专家杨鸿勋，以考古遗址对应《考工记》尺寸，认为《考工记》所记应为一堂：

> 明堂整体南面的厅堂——“明堂”，通面阔东西九筵，每筵九尺，即八十一尺，按古制偶数开间，可作六间。进深七筵，为六十三尺。按周大尺=0.225米计算，则通面阔合今18.225米，通进深合今14.175米。台基高度一筵为九尺，合2.025米。……《考工记》所记的明堂，长宽比为9：7，不仅是合乎天子身份的数字，而且这样面积集中的大殿，也是很适合临朝使用的。……从《考工记》的简略记载估计，大概西周天子明堂只有四堂。……五室中四室相同，其中应该另有一个大体量的大室，在中央台墩之上。按《大戴礼》所记“圜盖方载”，大约是方形平面而外廊檐柱排列呈圜形，上承圆形屋盖。这是符合工程建设实际的。[③]

在杨先生的论述中，从日本绳纹、弥生时代的考古遗迹找到了传说中的黄帝明堂原型，沿着甘肃秦安大地湾F901遗迹，从二里头、偃师、盘龙等夏商宫殿遗址到西周岐邑建筑遗址如召陈F5、岐山凤雏甲组遗址，明堂作为大型宫殿前殿的形制被一一复原，他猜测“西周明堂，作为初期高台宫殿，应是一层台上建太室，依大台四壁再布置前堂后室的形式”。但此也仅只于推断，因为关于三代明堂，除了临淄郎家庄东周一号墓出土的漆画残片上的宫室纹样形似明堂外，尚无直接的考古建筑遗迹确证周明堂形制，可见的明堂建筑实物遗迹与周明堂最近者

①即《隋书·宇文恺传》所引《周书·明堂》，文字稍有差异。

②巫鸿认为明堂或五室或九室的争论在于不同的思想系统。详见巫鸿著《礼仪中的美术》，北京：三联书店，2005年版。

③《杨鸿勋建筑考古学论文集》（增订版），北京：清华大学出版社，2008年版，第161—162页。

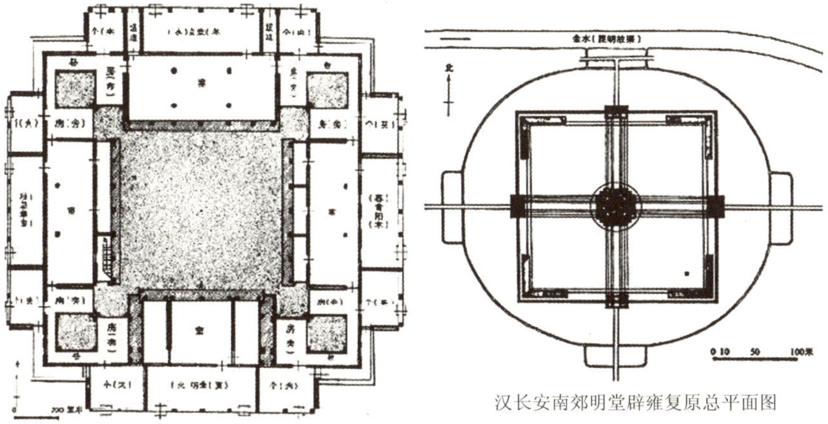

汉长安南郊明堂复原平面图　　汉长安南郊明堂辟雍复原总平面图

采自《杨鸿勋建筑考古学论文集》（增订版）第263、279页

●3－5　考古所见明堂建筑格局

是王莽时由刘歆等设计营建的长安明堂遗址，这座建筑遗址虽经破坏，但平面布局基本清楚。根据发掘报告，明堂是建在一个直径62米的圆形夯土台基上，其上有42米见方的高大夯土台遗存，台上有木构建筑痕迹。[①]总体外围有圜水沟，圜水以内为方形宫垣，四面辟门；宫垣内四隅有曲尺形配房，中庭地坪整个抬高，呈大台状；中央又筑圆形地基，下层沿土台四面皆有殿堂，或即汉儒所谓东“青阳”、南“明堂”、西“总章”和北“玄堂”。上层高台中央应为太室，四隅有小殿堂。杨鸿勋先生认为王莽出于托古改制仿效周公摄政朝诸侯于明堂之位以服天下之意，所营建的这座明堂所依据的应为《考工记》，从而对其复原：“依中心台周围设单坡屋盖，四面堂、个又另出复笮重屋；中央土台顶部四边向外扩大至与大台对角相接的四隅四小台，即不包括下部暗室顶的范围，以便设在西部暗室的扶梯登台；台中央布置圆形的太室——即《大戴礼记》所谓的‘通天屋’。”[②]

透过考古建筑遗迹复原图，周明堂作为一种开敞明亮的向阳的高台建筑群浮现在眼前。作为行天子朝会诸侯、布政颁令、享上帝礼鬼神配祀先祖以及观四方行教化等功能的宏观礼仪空间亦由此呈

①中国科学院考古研究所汉城发掘队：《汉长安南郊礼制建筑遗址发掘简报》，《考古》，1960年第7期；王世仁：《汉长安城南郊礼制建筑（大土门村遗址）原状的推测》，《考古学报》，1963年第9期；

②《杨鸿勋建筑考古学论文集》（增订版），清华大学出版社，2008年版，第268页。

现。但当时的礼仪过程却已随历史如云烟般悬浮，依旧暗昧不明。可见者仅仅为由明堂位序所构成的仪式景观的定格状态，至于明堂内部的空间布置，除了标明诸人之位的“阶”、“门”等有限符号外，提供的信息依然非常有限。不过，从《礼记·明堂位》关于周公大庙之饰的描述，尚可略见一二：

> 大庙，天子明堂。库门，天子皋门。雉门，天子应门。振木铎于朝，天子之政也。山节，藻棁，复庙，重檐，刮楹，达乡，反坫出尊，崇坫康圭，疏屏，天子之庙饰也。①

从此描述来看，鲁国的太庙略似天子的明堂。按照《礼记·王制》所载，天子之宫的中轴线上有五座大门，由南而北依次为皋门、库门、雉门、应门和路门，鲁国的王宫，中轴线上有三门，即库门、雉门和路门。在此，鲁国的库门相当于天子皋门，而雉门相当于应门。周天子为旌周公之功，准许鲁国用天子之礼。故天子布政前“振木铎”以警众的方式，亦为鲁君所用。鲁国的太庙里，也仿效天子明堂，雕制山形斗拱，彩绘水草图纹短柱，重檐复屋，殿柱光滑可鉴，窗户通达对称，还有雕镂通透的云气虫兽图案的屏风。此外，在两大殿柱之间当尊偏南的地方，有个小高台（坫），以备人君接待诸侯，饮酒既献反爵于坫；两楹偏北处，亦有一高台，以备人君受宾之圭。由此可窥天子明堂内貌及其宴享朝见诸侯礼仪之一斑。

另据《孔子家语》记孔子至周，问礼于老子，“历郊社之所，考明堂之则，察庙朝之度。……观乎明堂，睹四门墉有尧舜之容、桀纣之像，而各有善恶之状、兴废之诫焉。又有周公相成王，抱之负斧扆，南面以朝诸侯之图焉。”②作为殷商后裔的孔子，专程从鲁到周考察礼乐堂庙制度，每每喟然而叹，大赞周公之圣，可遥相当年明堂之盛况。可惜只是选择性地留下一点明堂的记忆：明堂四个门口的墙上分别画有尧舜和桀纣的肖像，以示善恶兴废之诫；一幅大型壁画描述了周公相成王，抱之负斧扆南面诸侯的场景！让明堂更加扑朔迷离。但有两点却是肯定的，其一是周公相成王时曾经践天子位朝会诸侯，其二是明

---

①李学勤：《礼记正义》，北京：北京大学出版社，1999年版，第942页。

②陈士琦：《孔子家语疏证》（增订版），上海：上海书店出版社，1987年版，第71页。

堂建筑蔚为壮观，作为天子南面布政之宫的堂内空间甚大，装饰繁复华丽。这从《小雅·斯干》“似续妣祖，筑室百堵，西南其户，爰居爰处，爰笑爰语。……如跂斯翼，如矢斯棘，如鸟斯革，如翚斯飞，君子攸跻。殖殖其庭，有觉有楹；哙哙其正，哕哕其冥，君子攸宁”对宫室的歌咏中亦可得到明证。建筑遗迹和文献记载均表明，前堂后室为三代宫室通制，前堂为公共活动空间，而后室则为私密空间，建在正当向阳的周明堂已经是一座雄伟的建筑群，代表着纯阳至尊，是祭天配祖、颁朔布政、朝会诸侯、养老庠学之地。

第二节

明堂位序与空间叙事

前论庙之内部空间转换已表明，建筑物语对于内外、身份、等级、性别等观念象征性传达。明堂作为颁朔布政祭天配祖之宫的内外形制、规格已见一斑。那么，朝会之时的位序布局，即由各个“位”与“向”所形成的仪式空间折射着怎样的信仰与观念？

明堂位序的安排与叙说，遵循着典型的中—东—南—西—北空间叙事模式：

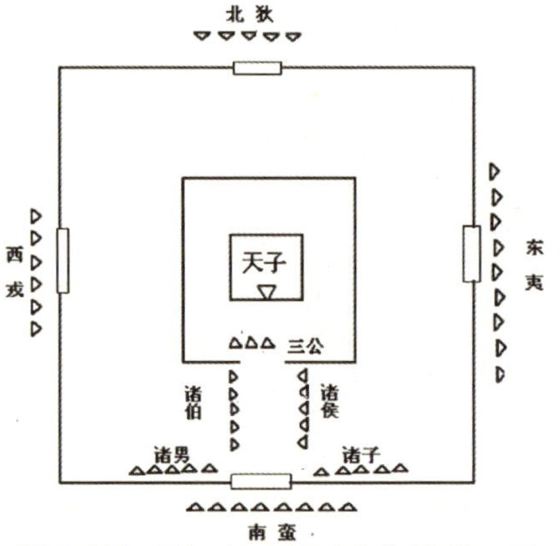

明堂位序图　采自巫鸿《礼仪中的美术》第646页

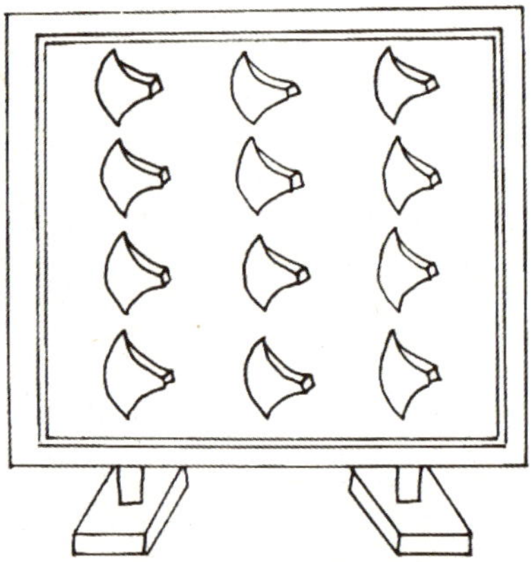

斧扆图　采自黄以周《礼书通故》第2277页

●3-6　明堂位序与斧扆示意图

堂上正中北位后室的户牖之间，是绘有斧扆图案的屏风，天子背对斧扆南向而立，三公由东而西北向并列于中阶之前，以东为尊；诸侯自北而南西向立于阼阶之东，以北为尊；诸伯自北而南东向立于西阶之西，以北为尊；诸子由东而西北向立于门内之东，以东为上；诸男由东而西北向立于门内之西，以东为上。九夷之长自北而南西向位于东门之外，以北为尊；八蛮之长自东而西北向位于南门之外，以东为尊；六戎之长自南而北东向位于西门之外，以南为尊；五狄之长由东而西南向位于北门之外，以东为上。九采之国，自东而西北向立于应门之外，以东为尊；至于四塞极远之国，世告至即可，位同夷蛮，大概位于四门之外。孙希旦《集解》已看出，如此位序排列与《周礼》理想中的“五服制度”暗相契合：

> 诸侯、诸伯、诸子、诸男，此侯、甸、男、采、卫五服之诸侯在中国者也。九夷、八蛮、六戎、五狄在九服之外，所谓“四海”者也。九采之国，谓蛮服诸侯也。王制：“千里之外，曰采曰流。”自蛮服内，皆谓之采，其地在九州之内，采取美物以贡天子。……四塞，四方边塞之国，夷、镇、蕃三服之诸侯在九州之外者也。……四塞之国，盖在四门之内，与夷、蛮、戎、狄相近，像蕃国之守侯边塞而外与四海接也。侯、甸、采、卫在应门内，要服在应门外，藩国在四门内，四海在四门外。以应门之内像中国，以四门之内像九服，近者在内，远者在外。此诸侯朝位之差也。[①]

五服制所构成的“同心方”天下叙事模式，在此得以复制，只不过中心点不是中国，而是中国的微型象征：明堂。笔者曾探讨了《礼记·王制》“五方之民”空间叙事模式中所隐含的对“他者”的包容与排斥的矛盾编码现象[②]，在此亦被置于朝觐班序的明堂位之中：

陛阶之上，“负斧依南乡而立”的天子，高居中央俯视诸方，是为人间至尊的象征；列国诸侯前来“中国”朝觐，“阶”与门阈象征着等级、内外与礼野区隔。浑言之，以门为界分为内外两个世界，门内之公侯伯子男位序象征着“内”、“亲”、“近”、“文”与“尊”，夷蛮戎狄分列东南西北四门之外，象征着“外”、“疏”、“远”、“野”与“卑”，更加遥远的四塞之国，不仅在位序上，同时在朝觐的时间间隔上——世告至——象征着更加的“荒远”。析言之，门内门外又各有等级尊卑，用“位”与“向”来标明，三公立于中阶之前，北面帝王，离天子最近，可谓一人之下万人之上，高于群侯，以东为上，又是三公内部的尊卑

①孙希旦：《礼记集解》，北京：中华书局，2007[1989]年版，第481页。

②唐启翠：《“五方之民”叙事中的空间模式再探》，《湘潭大学学报》，2008年第6期。亦见本文第四章。

区分；阼阶之东，诸侯自北而南西向立，阼阶为主人登堂入室之阶，即象征着主人，与象征客位的西阶之西的诸伯相对而立，位卑于三公，而在其内部则以北为尊；门作为内外区分之阈限，诸子诸男分列门之东西，北向而立，位在公侯之下，内部又以东为上相区分。东南西北四门之外的戎夷蛮狄各位其方，内部亦各按尊卑远近而“位”与“向”。在这一叙事模式中，门内象征“中国”，东南西北“四门”则象征着东南西北“四裔”，陛阶即是人间至尊区别于百官众僚的象征，也是世俗迈向神圣的象征。

不难看出，由“位”和“向”所形成的这一礼仪景观，折射出的是一种社会关系，即仪式展演依赖一定的“位置”与“面向”来体现社会关系网络，表明尊卑贵贱亲疏远近的关系，可以谓之礼仪所体现的关系空间。这与人类学与文化地理学研究所发现的世界各民族皆喜于把所有事物置于一个特定空间来认知，包括人群的区分——人们通过“地方”来定义和区分自我与他者——颇相一致。与庙之墙庑、门庭、堂阶所具有的普遍性的或者说更具个人性或家族性的“我”与“他”、“主”与“客”、“尊”与“卑”、“男”与“女”的区分，既相联系又相区分，明堂作为庙——圣事空间的最高级别与最为核心的体现，更具有国家性质的“天子”与“臣民”、“我族”与“他族”、“中国”与“四方”、“文明”与“野蛮”等象征性叙事。家庙是国庙的缩小，家庭空间与权力亦是国家空间与权力的同制微缩。社会生产空间与权力，权力借助空间标示等级秩序与关系。因此，建筑空间物语与权力叙事密切关联。或者准确地说，在最为原初的意义上，“庙”是一个比“明堂”含义更为广泛的包容明堂璧雍以及下及诸侯、大夫、士等各级庙宫形制及其所在之池苑环境。也即“庙”是更为完全的原初神话宇宙观的复现形式，而明堂建筑则为“庙”之核心——神话宇宙观的最高级别的核心显圣物。其宫垣区隔内外形成一个封闭的礼仪空间，门形成亦内亦外的过渡空间，门之内外则是一个确定亲疏内外人我的空间，阶、位与向则不仅使物化空间的权力话语得以展示和凸显，而且还有更为深远的文化意义。

对比《逸周书·明堂解》，可以发现，这里的空间与权力叙事具有两重意义。一方面遵循了明堂位序固有的空间构成，显示了远近、尊卑、亲疏、四方环卫中央的关系。另一方面则是对“周公”的凸显，尤其是《明堂解》的“宗周明堂之位”与《明堂位》的“周公明堂之位”的细微差别，显示出编纂者的幽微用心，关于这一点，清人汪中《述学·明堂通释》指出：“鲁之儒者，又因《周书》之旧而增饰之，为《明堂位》篇，以表周公之功。”周玉秀在其《〈逸周书〉的语言特点及其文献学价值》中更有详论：

> （《明堂解》）“宗周明堂之位也”《礼记》作“此周公明堂之位也”，“宗周”变作“周公”，这可能不是简单的传讹问题，乃鲁人有意为之。因为《礼记·明堂位》除此节，以下皆言周公功勋及鲁国赖之而用天子之礼的情况，是专为美周公夸鲁国而作的。所以，此二篇就明堂位之制度而言，是有所承的，也极有可能是《礼记》作者引用了《周书》之文而作了发挥补充。但是否即今传本《逸周书》，还不敢肯定。[①]

二者孰前孰后，还待新材料的论证，但叙事主体的空间政治观念则在此彰显无遗。从“宗周”到“周公”，表面看是从“国”到“人”的置换，但背后却隐含着权力中心的位移：地理中心从西都宗周转移到东都成周；权力中心从摄政王周公还交周成王。《明堂位》与《明堂解》均追述此次朝会缘由在于周公平定天下之乱，“制礼作乐、颁度量而天下大服”之后，“乃会方国诸侯于宗周，大朝诸侯明堂之位”，然后致政成王。

有学者研究发现，世界或大地中心的寻觅与确定，比其他“中心”意象的崇拜更具有现实性和政治性，特别是在重定“新权威”的关键时刻。周就是典型。周起于西北，理应以“昆仑山”为世界中心，后因入主中原而重新以洛邑为世界之中心，进而认同宇宙，实现天人合一、神民和谐、万众钦服，无异于一种“创世”行为，一种重新整理世界、构造秩序的行为。[②]神圣的中心随着政治统治的需要发生了游移，这是地缘政治对神话之改造的一个极佳例证。

后现代地理学理论对地理空间、权力与话语关系的反思表明：特

①相关论述详见王锷：《礼记成书考》，北京：中华书局，2007年版，第278—279页。
②萧兵：《中庸的文化省察》，武汉：湖北人民出版社，1997年版，第561—562页。

定时代文化领导权的确立往往与其空间观念关系密切，地理观念从本质上是一定社会权力观念的集中体现，具有强烈的意识形态特点：

权力的消亡是不可避免的，其原因就像它最初诞生一样地难以理解。政治地理学家相信，权力自身是牢固地根植于世界的自然性质之中的。……现代国家的力量也是来源于它所安身立命的领土。①

虽然地理空间背后的话语分析是20世纪社会科学的前沿理论，但在政治实践中却是由来已久：

战国人已将当时七国疆域及其四周未开化之少数民族所居地视为“天下”，认为即世界之总面积，故秦皇刻石云“六合之内，皇帝之土”，六合者，上下四方也。②

《禹贡》的“九州”、“五服”，《周书》的明堂位序、王制的“五方之民”，《山海经》的“同心方”天下格局等，都是实例。③《山海经》“同心方”式地理景观构成本身和上古文化走向大一统的政治权力集中的现实需要密切相关。其空间图式实质是服务于功利目的的宗教政治想象图景。④

从这里可以看出，以象征性的、巫术般的方式实现对地理疆域的控制从先秦时代就已经相当成熟了。天子所居之地就是天地之中，而天子明堂则是天下之中的中心，是天地之间的唯一通道，天子是“四海之内”最高祭神仪式的唯一合法主持者，拥有祭神主权即拥有对天下四海疆域的控制权。因而，不仅常以方便易建的“方明坛”替代已经固定的“明堂”建筑，来象征性地实现对天下的统一，而且当周明堂已经成为历史的记忆时，“作为王权和政治秩序的最高体现却不断被强化。……对人们想象中的大一统国家来说，‘重建’明堂成了建立一个理想政府

①（美）杰弗里·帕克：《二十世纪的西方地理政治思想》，李亦鸣等译，北京：解放军出版社，1992年版，第1页。

②顾颉刚：《顾颉刚读书笔记》第二册，台北：联经出版事业公司，1990年版，第1712页。

③张岩：《从部落文明到礼乐社会》，上海：上海三联书店，2004年版，第185页。

④叶舒宪：《〈山海经〉神话政治地理观》，《民族艺术》，1999年第3期，第60—75页。

的同义词。所以，当荀子向一位诸侯陈述他的政治主张时总结道：若是，则虽为之筑明堂于塞外，而朝诸侯可矣”。[①]《孟子·梁惠王下》亦有：“夫明堂者，王者之堂也。王欲行王政则勿毁之矣。”[②]自汉武帝始，人们对明堂的讨论热情亦为此证。

●3-7　故宫太和宫前的日晷（唐启翠 摄）

①巫鸿：《“图”“画”天地》，《礼仪中的美术》，北京：三联书店，2005年版，第647页。荀子语出《荀子集解·强国》，北京：中华书局，1988年版，第201—202页。
②（清）阮元校刻：《十三经注疏》，北京：中华书局，2003[1980]年版，第2676页。

第三节
明堂与宇宙“显圣物”

人类学对空间探究的主题之一，就是记录不同文化中的人类是怎样透过某种基本结构来思考空间、创造空间并赋予空间以象征意义的。用列维-斯特劳斯的话说，就是为了创造空间形式，“人的精神借助于一套已经定下来的造型目录”①，而造型的源头则是可以主宰空间观念整体性构造特征的法则：“定居在某个重复述说宇宙起源论的领域里。”②此构造特征可以被记忆、表述、传授和复制为一些典型的空间形象，以表现更为深层的文化结构，引导人们思考并付诸实践。因为空间的实质就是“位于某处”，并创造和拥有某处——一个总是跟众神已经创造的并且住在里头的模范世界一样。中国空间不啻为典型，彼拉佐利·米歇尔（Pirazzoli Michèle）在其《建筑与空间规划》“中国”条中这样描述中国空间：

> 中国古代的宇宙起源论里，人们认为天是圆的而地是方的，人住的空间则被想象成层层相套的格子，类似以京都为核心而分布的各种等级的空间。京都是由朝向东南西北的四个大门围起来的方形，也是宇宙种种影响力的汇合点。于是产生了世界几何的形象，由空间里种种互通构成的整个基本网络来推动……中国的建筑就是要反映这个理想的秩序，因此保存了古人的某些基本原则，像方位、纯粹的几何造型或是对称，这些都是宇宙二元论的结构留下的记忆。③

这就是中国空间的“规则性”，它们不仅使宇宙和人世间的联系绵

①《法国汉学》第9辑，北京：中华书局，2004年版，第194页。
②《法国汉学》第9辑，北京：中华书局，2004年版，第195页
③《建筑与空间规划》，《法国汉学》第9辑，北京：中华书局，2004年版，第196页。

延不绝，而且表征于空间形象，如马车、铜币、玉琮、天坛、明堂等，形成中国式空间意象世界——宇宙观的表征。关于宇宙，依据中国本土典籍《庄子》、《淮南子》等的记载，原型即房子——一个可以标示时间的空间①，用具象的房屋来隐喻宇宙图式。明堂尤其典型。从传说时代的神农、黄帝明堂开始，明堂俨然就是宇宙之微型缩影：

> 昔者神农氏之治天下也，……岁终献功，以时尝谷，祀于明堂。明堂之制，有盖而无四方，风雨不能袭，寒暑不能伤，迁延而入之。
>
> ——《淮南子·主术训》

> 上欲治明堂，未晓其制度。济南人公玉带上黄帝时明堂。图中有一殿，四面无壁，以茅盖屋，屋通水，水环宫垣，为复道，上有楼，从西面入，名曰昆仑。
>
> ——《史记·封禅书》

> 明堂者，天道之堂也。所以顺四时，行月令，宗祀先王，祭五帝，故谓之明堂。
>
> ——《三辅黄图》

> 王者造明堂，上圆下方，以象天地。为四面堂，各从其色，以仿四方。天称明，故曰明堂。
>
> ——《新论》

> 堂方百四十四尺，坤之策也。屋圆径二百一十六尺，乾之策也。太庙明堂方三十六丈，通天屋径九丈，阴阳九六之变，圆盖方载，六九之道，八达以象八卦，九室以象九州，十二宫以应十二辰，三十六户七十二牖，以四户八牖乘九

①《淮南子·齐俗训》："往古今来谓之宙，四方上下谓之宇"，注释者指出："宇，屋檐也；宙，栋梁也。"《庄子·庚桑楚》："有长而无本剽者，宙也。""宙"原来是想象中的无本无末之木，用在建筑上指"正脊"或曰"正梁"，或称作"极"。详论见第五章《礼记·月令》的神话时间观。

室之数也。户外皆设而不闭，示天下不藏也，通天屋高八十一尺，黄钟九九之实也。二十八柱，列于四方，亦七宿之象也。堂高三尺以应三统，四乡五色，各象其行，外博二十四丈，以应节气也。

——《通典》

可见，无论是朴素的神农、黄帝明堂还是复杂的汉唐明堂，其“上圆下方”的外在形态与“方台环室”的平面布局皆与神话宇宙原型象征模式完全吻合，可以说：“明堂是以太阳运行为发生根源的宇宙时空模式的人工物化形式，是古人精心设计和建造的一个小宇宙模型，其原型范本即是划分为阴间（水）、阳界（陆）和神界（空）的神话宇宙观。”①

作为宇宙观的物化意象，明堂与宇宙观的关联还不仅于此。依据《礼记·月令》与《吕氏春秋》的记载，作为代称的整体明堂平面图如王国维等人所绘，太室居中，东为青阳，南为明堂，西为总章，北为玄堂，四堂皆为前堂后室，各有左右房，天子按月居于不同房室，施行相应的政令礼仪。叶舒宪先生谓之象征仪式历法的神圣建筑，其意义在于，成为联结三种时间单位（年、月、日）的象征纽带，而在明堂中居处活动的主体——帝王，除了要按照太阳每年每季每月的运行规则“顺四时，行月令”之外，还要仿效太阳每日的运行，即每当日出东方地平线的时刻上朝处理政务，这就是因袭3000年而不改的“早朝”礼仪，而此行为模式背后则是神话思维的类比逻辑：当大宇宙中的太阳将其生命之光辉照耀在人间大地的时刻，世俗的太阳——天子，也要出现在小宇宙模型（明堂）中，将其假想中的光辉普照于臣民和国家。②这即《礼记集解》所言：

天子者，与天地参。故德配天地，兼利万物，与日月并明，明照四海而不遗微小。其在朝廷，则道仁圣礼义之序。③

---

①叶舒宪：《中国神话哲学》，西安：陕西人民出版社，2005年版，第164页。

②叶舒宪：《中国神话哲学》，西安：陕西人民出版社，2005年版，第183—185页。

③孙希旦：《礼记集解》，北京：中华书局，2007[1989]年版，第1255页。

这个按月绕行居处的象征性宇宙王权礼仪，是明堂位序的一种模式化扩展，而依据《周礼·司寇》、《仪礼·觐礼》和《礼记·王制》、《月令》等文献的记载，天子还有规模更大的礼仪性绕行和象征性占有，天子不仅每一年要轮流接受四方诸侯的觐见①，而且每五年一个周期，天子本人要巡守朝拜四方之岳，春东岳，夏南岳，秋西岳，冬北岳。透过这种双向的绕行，天子象征并维护着时空宇宙秩序的正常运行。若用图示，很容易看到一个由礼仪活动构成的模式化复制而又重重扩展的同心圆——象征性的天下，由此而形成第三重空间观：认识空间（mental space）——一种被视为象征宇宙的空间。认识空间是基于物态空间和关系空间之上的一种观念性投射，人们赋予物态空间以一定的象征意义，使之与人类精神世界中相关的秩序、等级、结构等概念相对应，借此手段在心理及现实层面实现预期的功能。《王制》、《山海经》、汉赋等典籍所显示的"五方"空间叙事的宏观天下格局，在此以微型"天下"象征而展现。明堂，无疑隐含着人类的认知编码，解码的过程，即试图使今人透过文本的有限信息一窥文本之后的复杂事像。

古人的空间定位，首先确定的是自身所在的中央，《周礼·天官》开篇所称"惟王建国，辨方正位"，《荀子·大略》所强调"欲近四方，莫如中央，故王者必居天下之中，礼也"，《墨子·明鬼下》"且唯昔者虞夏商周，三代之圣王，其始建国营都，必择国之正坛，置以为宗庙，必择木之修茂者，立以为丛社"，等等，均是深刻影响中国建筑空间的意识形态，《隋书·宇文恺传》中论说明堂建筑时亦持如是说："在天成象，房心为布政之宫；在地成形，丙午居正阳之位。观云告月，顺生杀之序；五室九宫，统人神之际。"②明堂透过建筑来表现天地人三才共处的空间，在此情境中，神圣的宇宙空间——圆天和世俗的空间——方地，甚至承载大地的水下世界——辟雍，共同构成一个彼此呼应对照而多元变幻

①《周礼·秋官·司寇》："大行人掌大宾之礼，及大客之礼，以亲诸侯。春朝诸侯而图天下之事，秋觐以比邦国，夏宗以陈天下之谟，冬遇以协诸侯之虑。"春夏冬三季之礼已佚，唯有秋觐尚存于《仪礼》。张一兵认为周公之前，明堂多作祭祀用，在明堂朝诸侯仪式，首创于周公，最早见于《明堂位》，考虑到朝诸侯之礼仪同秋官及后世季秋大享明堂，甚至君王登基仪式的渊源关系，周公举行"朝诸侯"仪式多少含有一些使自己的摄政王合法化的意味。详见张一兵：《明堂制度研究》，北京：中华书局，2005年版，第265页。

②（唐）魏徵、令狐德棻：《隋书》，北京：中华书局，1982[1973]年版，第1588页。

的关系网络空间——由区域、方位、颜色、面向等构成。从这个意义上说，明堂，无疑是俗世里的“显圣物”，通过“辨方正位”建立一个祭天祀神的建筑和人间天子坐明堂的历法仪式，象征着对世界中心、率土之滨与天人通道之处合法的并有效的占有和掌控。祭坛所在的空间因此成为一种神圣的空间，构成空间的这些建筑物则成为神圣的显圣物。

传说中的神农明堂祈谷祀神功能，黄帝明堂又名“昆仑”，周明堂太室称“通天屋”以及“祭天配祖”功能，以及祭祀歌谣“经始明堂，享祀匪懈；於皇烈考，光配上帝。赫赫上帝，既高既崇；圣考是配，明德显融。率土敬职，万方来祭；常于时假，保祚永世。”①均可以看出明堂的圣地性。在上述的“惟王建国，辨方正位”传统和“宇宙”词源追索中，时会殷同的仪式空间里可以看到“明堂”作为天下之中的意义，而且在天子巡守礼仪中，五岳应有象征性的天子祭天别宫——明堂，汉武帝时，东岳汶上明堂遗迹传说以及汉武帝下令重修明堂，不是一个很好的例子吗？

同样，也不难在“明堂位序”中彰显，东南西北四门八观及廊庑壁柱形成一个闭合的空间，由此而内，渐行渐高②，升阶登堂，由堂而室，也越来越神圣和神秘，整个明堂建筑中，最核心的建筑是四堂之后的“太室”③，即通天屋，这是高于四堂的坛台之上的圆形重屋复笮建筑，是举行祭天配祖仪式的中心殿堂，由外入内的通道是位于西南室内的楼梯。这仿效的正是被称之为“昆仑”的黄帝明堂，昆仑是中国上古传说中宇宙之山，而明堂的原型正是测量日影的高台或标杆。④后世匠人建国，置槷眡景，以正朝夕。这难道不是在模拟最原始的宇宙起源神话和领土占有模式吗？尽管周明堂已经不复神农黄帝时明堂“中有一殿，而无四方”之简陋，而是一个相当复杂的建筑群了，但整个明堂位序的安排，依旧象征性地模拟这一原型：化外之戎夷蛮狄四塞之国分列东西南北四门之外，形成天下的最外一道屏障，从门内的诸子、诸男到

①这是晋武帝祭天大典的祝祷曲《明堂飨神歌》，（唐）房玄龄等撰：《晋书》，北京：中华书局，1974年版，第682页。

②汉长安南郊明堂遗址表明，明堂庭院实际是一个高150米左右，四面缓坡的大台。庭院四边距宫墙14米处开始坡下，四周坡度为12°—17°。详见《杨鸿勋建筑考古学论文集》（增订版），北京：清华大学出版社，2008年版，第277页。

③王国维先生有详考：“四堂、四室，两两对峙，则其中有广庭焉。庭之形正方，其广袤实与一堂之广相等。《左氏传》所谓‘埋璧于太室之庭’，《史记·封禅书》载申公之言曰：‘黄帝接万灵明庭’，盖均指此庭也。此庭之上有圆屋以覆之，故谓之太室。太室者，以居四室之中，又比四室绝大，故得此名。”王国维：《观堂集林·明堂庙寝通考》，石家庄：河北教育出版社，2003年版，第62页。

④叶舒宪：《中国神话哲学》，西安：陕西人民出版社，2005年版，第167页。

阶前的公侯诸伯众星拱辰般地形成层层推进的同心方，而中心则是陛阶之上的天子——世俗世界的中心，而天子之后的通天屋，则是由世俗迈向神圣世界的通道，是绝天地通之后，保持与神灵的联系的最神圣的通道。

关于明堂祭典仪式，先秦礼仪记载不详，《通典》卷一百一十《礼七十·开元礼纂类五·皇帝季秋大享明堂》“陈设”记载盛唐时期的仪式景观可作参考：

> 祀日未明时刻，太史令、郊祀令升昊天上帝于明堂太室之内，中央，南向，席以稿秸；设睿宗大圣真皇帝神座于上帝之东南，西向，席以莞；设青帝于木室，西向；赤帝于火室，北向；黄帝于太室南户之西，北向……[①]

从礼仪过程来看，五帝齐聚太室，象征的是对五方天下领土的合法占有，三公九卿、四方诸侯到明堂朝见天子祭拜五方神圣的旅程无异于朝圣之旅，而旅程终点仅限于明堂之阶，阼阶之上，斧扆之前，所谓九五之尊，臣下仅能遥视瞻仰，不可僭越，而作为祭天配祖之地的太室，除了司祭人员与天子，朝圣者是不能随便进入的，因而成为层层闭合空间的神秘中心。但这只是象征性的宇宙中心，实际政治空间的中心是“天子”：诸侯环绕天子构成的方形象征中国的政治空间，意味着某个文明化了的区域，外环的四海代表四种夷族居住的不确定的边疆。四方交汇于独一无二的中心点，即天子。天子乃作为天地人宇宙三才之间的轴心。保证了天地人三才之间的和谐相通，他具体地重现了天地的运转和它们运转的节奏。[②]

汉学家程艾蓝由此认为：“中国很早就脱离了探求一种与神灵‘纯宗教性’的纵向沟通，转而寻求一种合作性的和谐关系。”[③]但从明堂建筑及明堂位对宇宙起源论的模仿来看，上古中国纵向沟通的诉求并不亚于水平的合作性诉求，只不过随着建筑象征意蕴的失落而变得暗昧不明而已。

①杜佑：《通典》，长沙：岳麓书社，1992年版，第1484页。

②程艾蓝：《中国传统思想中的空间观念》，《法国汉学》第9辑，北京：中华书局，2004年版，第6—7页。

③程艾蓝：《中国传统思想中的空间观念》，《法国汉学》第9辑，北京：中华书局，2004年版，第9页。

东西南北四个面向，也各具规则性，与神话宇宙观密切相关。《礼记·乡饮酒义》对此有比较详细的解释：

> 四面之坐，象四时也。……东方者春，春之言蠢也，产万物者，圣也。南方者夏，夏之为言假也，养之、长之、假之，仁也。西方者秋，秋言愁也，愁之以时察，守义者也。北方者冬，冬之为言中也，中者藏也。是以天子之立也，左圣乡仁，右义偝藏也。①

东南西北四向不仅位配四神，获得神之居所的象征意义，而且与四季之生长收藏（圣仁义藏）类比认同，复现太阳神生长盛大、死而复生的象征意义，人间小太阳——天子之南向而立便获得神圣的意义："左圣"法天地之生物于春，"乡仁"法天地之阳居长养于夏，"右义"法天地之成物于秋，"偝藏"法天地之阴居藏伏于冬，正是天地以仁圣育万物而以义藏正万民之意。从这里，不难想起印第安部落羽蛇神之人间居所（为适应图拉财富的增加和力量的增强而建的房子在山丘上，中央部分是圆的，向着四个方向各有一幢巨大的侧屋）落成之日，尘世子民欢欣鼓舞的赞颂：

> 他有伟大的威力。他使我们富裕。自从他来到以后，我们不再忍饥挨饿。他的眼睛看到哪里，他的手伸在哪里，哪里就是富饶美丽。②

太阳运行代表宇宙时空秩序与人类社会的福祉，为了确保此神圣秩序，必须由某位中介者在某个被认为是天下中心的地方建造一座象征宇宙秩序的神圣建筑，进行宇宙与社会间的沟通，以确认中介者（天子）统治权。每当国家初建、改朝换代之时，最首要的大事就是"惟王建国，辨方正位"——以重演宇宙起源的形式象征性地再现初民以太阳为尺度确立四方空间秩序的过程。而临时性的"方明坛"及其相关仪式的深层叙述便具有了"辨方正位"、重建或复现宇宙秩序的意义。明堂建

①孙希旦：《礼记集解》，北京：中华书局，2007[1989]年版，第1426—1434页。

②洛佩斯·波蒂略：《羽蛇》，宁希译，北京：人民出版社，1978年版，第41—42页。

筑中的每一个符号——宫垣、门庭、堂阶、旗帜、位向等均与宇宙观、社会结构和仪式之间相互暗合表征，以物化象征艺术的隐微形态反复重演“居于某处”的远古传说。而“天子坐明堂”则超越时代，践行着天地人神圣中介的角色与特性，实现其对世俗天下君临的威势与权能。

本章小结

在明堂礼仪空间中，以宏观而言，上圆下方圜水体现了纵向的宇宙三大领界：神界（空）、人界（陆）和阴界（水），四堂五室的平面布局，即由中心太室向四个方向延伸的四堂、四门和回廊，则体现了水平的五方四合秩序，纵向与水平的交点即宇宙中心，象征着宇宙和谐与统摄的井然秩序。而明堂位序则是人间模拟宇宙秩序的一个微缩景观，“阶”与“向”所标示的“位”完成了水平协作关系和纵向统合关系的世俗展示，天子君临天下覆翼四海的威势借着门、阶、位、向等空间要素与按照仪式历法坐明堂和巡守五岳、重建方明坛等礼仪得以显现。作为上古中国宇宙观和社会结构的物化象征形式，其形制依据相应身份地位而隆杀，透过模式化的礼仪叙事建构了可以复制和表述的有意义的文化空间，并借助复制和移植反复重现宇宙起源和领土的合法性占有。

第四章

天下认知：《礼记》『五方之民』叙事研究

作为『过去』的『五方之民』如何被叙述？如何被用以诠释现在？为何洞察史观的主体性及语境如此重要？本章将揭示『五方之民』叙事的民族志意义及其隐含的天下认知图式。

本章分为两部分，首先，响应“多民族史观”讨论，围绕“五方之民”叙事，检讨了近一个世纪以来“五方之民”研究的视域及其局限，凸显出洞察史观的主体性及语境至关重要。第二部分从叙事主体天下认知角度对“五方之民”叙事空间模式进行再探，揭示其民族志意义在于彰显了“王者”天下认知图式及其渊源已久的族类编码观念。

第一节 叙事的再叙事：多民族史观下的“五方之民”①

一、当下“视域”：多民族史观的诉求

《民族文学研究》2007年第2期刊发的一组关于多民族文学史观及多民族文学史书写问题的文章，将“多民族史观”的探讨呈现到关注此议题的人们面前。该组文章可以说既是对近年来的“重写中国文学史”的响应，亦是对“多民族史观”的自觉反思与探讨。而这一话题的元语境则是如何走出长期以来的“民族实质论”下的多民族“化合”文学史观，予非汉族文学在整体“中国文学”书写中以应有的地位。

从历时性来看，“多民族”至少包含三层意涵：作为历史真实存在的多人群，“历史”文献中的多族类，多民族国家有机构成的话语存在。这样一个历史性概念，在此提出有何新意呢？徐新建先生给予了清晰的回答：“多民族”之“多”，代表着对象的开放、主体的多元和多元间的互动与互补。从而突破限于统一国家框架下对各民族文学的列举和组装模式，达到多民族故事的讲述既包含“以一视多”，更意味着“由多视一”。②

显然，此“多民族”观根植于非传统“史观”：历史与再现的“历史”之综合。历史之吊诡性就此走向暂时的统一，弥合了实体论和建

①本文作为“天下认知与五方叙事模式”早期研究成果，已经发表在《民族文学研究》2008年第1期。

②徐新建：《“多民族文学史观”简论》，《民族文学研究》，2007年第2期。

构论的缺失，既看到作为事实历史的不可逆性和作为书写“历史”的主体建构性，又看到了历史的承继性和“历史”书写的向真性诉求。“多”与“一”的互视诉求不仅对当下的民族文学史书写有意义，对相关的研究亦有深远的意义。本文即借此视域来观照出自《礼记·王制》的“五方之民”叙事及其再叙事问题。

无论是“中国、夷、蛮、戎、狄”的表述，还是文献书写格局与现代考古发现，“五方之民”均既是历史存在，亦是“历史”记忆。而后人围绕其进行的研究，既是发现历史也是建构“历史”的过程。本文所要探讨的就是：作为“过去”的“五方之民”是如何被叙述，又是如何变成了现在，以及如何被用以诠释现在？

二、叙事：《礼记·王制》中的“五方之民”

“叙事”在此意指“简直就是生活本身”意义上的“元代码”叙事和作为“有效地再现历史事件甚至是为历史事件提供解释的有效模式”的叙事。[①]同时，从“五方之民”叙事及其再叙事中几成范式的中东南西北“五方”叙事模式，还可以看到非常清晰的源于汉语语境辨方正位之“叙事”意义。因此，叙事在此指一种基于辨方正位时空叙事的谈论（无论实在的还是虚构的）事件的方式，一种话语模式。研究“叙事”也就是引起对文化本性的反思，使人能够借之洞察历史意识的深层结构，反思历史话语。[②]怀特的历史叙事理论为文史哲三学科的综合开辟了跨越的通道，赋予了“叙事”角度重新解读历史和认知当下的可能性与合理性。而汉语语境的“叙事”则为揭示“五方”叙事模式背后的权力话语提供了基础。从这个意义上来说，《礼记·王制》就超脱了作为经传的文类形式，“五方之民”叙事及其再叙事的研究亦因此而具有洞察历史意识的深层结构与历史话语反思的意义。

作为王者之制的理想构图，《礼记·王制》对“五方之民”进行了相当完整的描述：

---

①海登·怀特：《后现代历史叙事学》，陈永国等译，北京：中国社会科学出版社，2003年版，第143页。

②海登·怀特：《形式的内容》，董立河译，北京：文津出版社，2005年版，第1—3、243页。

凡居民材，必因天地寒暖燥湿，广谷大川异制；民生其间者异俗，刚柔、轻重、迟速异齐。五味异和，器械异制，衣服异宜。修其教，不易其俗；齐其政，不易其宜。中国戎夷，五方之民，皆有性也，不可推移。东方曰夷，被发文身，有不火食者矣。南方曰蛮，雕题交趾，有不火食者矣。西方曰戎，被发衣皮，有不粒食者矣。北方曰狄，衣羽毛穴居，有不粒食者矣。中国、夷、蛮、戎、狄，皆有安居、和味、宜服、利用、备器，五方之民，言语不通，嗜欲不同。达其志，通其欲，东方曰寄，南方曰象，西方曰狄鞮，北方曰译。[1]

230余字，即描述了族类文化、地理生态与政治布局：

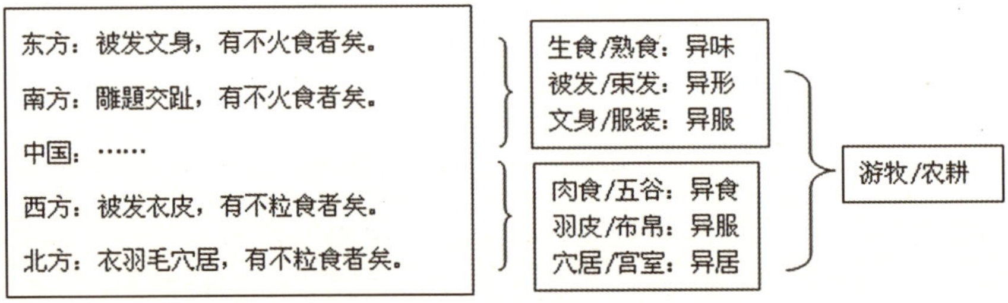

●4-1　五方之民叙事（唐启翠绘制）

难怪有学者认为这是"中国最早具有民族志意义的记录，也是中国传统的族类观念在异文化群体中扩展的标志"。[2]在其对"戎、夷、蛮、狄"进行观察、描述、解释的同时，不仅涉及书写者与对象的关系，而且体现了书写者的身份认同及其对对象的"心理构图"，以及在隐含的书写动机或曰意图下的发挥和删减。因此，"五方之民"本身即是一种叙事。此一叙事从外在文法结构来看，至少囊括了三层框架：

（1）五方空间格局：中（国）、东、西、南、北；

（2）夷夏二分模式：中国、戎夷；

（3）族类构成图景：中国、戎、夷、蛮、狄。

填补空隙的是其隐含的分类逻辑：

（1）生态类型：寒暖燥湿，广谷大川；

①李学勤主编：《礼记正义》，北京：北京大学出版社，1999年版，第398—399页。

②郝时远：《先秦文献中的"族"与"族类"观》，《民族研究》，2004年第2期。

（2）文化类型[1]：游牧/农耕；

（3）族类区分：各有其性，不可推移；

（4）语言差异：言语不通，嗜欲不同；

（5）政治构图：修其教，不易其俗。齐其政，不易其宜。

而元话语则是“中国”的“天下”叙事[2]：无论是“中国”两个字的构型[3]还是中国与东夷、南蛮、西戎、北狄的空间布局，均体现了中国居中四夷环卫以我为主的格局，形成了隐含叙事者“中国”之天下。若联系《王制》中的“畿服”与“州里”的叙述，“天下”叙事就更鲜明了：

> 凡四海之内九州，州方千里……千里之内曰甸，千里之外曰采曰流……郑玄注曰，甸，服治田，出谷税。采，九州之内地，取其美物，以当谷税。流，谓九州之外，夷狄流移，或贡或否。《禹贡》荒服之外，三百里蛮，二百里流。[4]

九州、畿服、五方与四海构成了想象与真实参半的古代中国人心目中的世界图式：天下。“天下”的“混一域内”超越了“国”界，通过对列国时代华夷相分多极世界以及四方特殊“地方”的默认与容纳，完成了“中国居中，万邦来朝”式中心对四夷的帝国一统。昭然的“中国”叙事身份与立场，使该天下观带着明显的“华夏”正统的“中心”话语叙事。代表“中国”的某一发言人，以农耕、定居以及礼仪文明为准矢对四方不同于该种文明的人群进行了描述。在叙事者对王朝政治地理结构构想模式中，“中国”成为一个“不在场”而又毋庸赘言的“全能”叙述者，四方之民作为“夏”的他者，成为“中国之民”看台上无法亦无需申辩的“异

①该分类逻辑的划分是在徐新建先生课堂启示下的完善。王柯认为华夏和戎夷蛮狄从字源意义上即代表了游牧与农耕两种文明形态。见《民族与国家：中国多民族统一国家思想的系谱》，冯谊光译，北京：中国社会科学出版社，2001年版，第32—35页。

②列文森认为中国早期的“天下”即“帝国”，亦即世界，“国”是帝国的一部分，是一个权力体，而“天下”是一个价值体。“中国”即“中心国”，是“天下”的中心。近代中国即是一个从天下走向国家的过程。见列文森：《儒教中国及其现代命运》，郑大华、任菁译，北京：中国社会科学出版社，2000年版，第84、87页。

③于省吾：《释中国》，见胡晓明等主编：《释中国》第三卷，上海：上海文艺出版社，1998年版，第1515—1524页。徐新建“一点四方”模式，叶舒宪“同心方”模式均对此有精彩的论说。

④李学勤主编：《礼记正义》，北京：北京大学出版社，1999年版，第339—349页。

类”。

学者与政治家，理论与实践，总不免错位。就像董仲舒的“大一统”要“王者爱及四夷”以德变夷，但汉武帝只取其“大一统”而仍以武力征服四夷所彰显的一样，《王制》对“五方之民”的描述与区分，目的本为“王”寻找最佳治理途径：“修其教，不易其俗；齐其政，不易其宜”的“德化怀柔”、“任土作贡”四海如一谋略。[①]但隐含的却是话语霸权。由此而形成的张力，使得春秋时代“纳异”还是“攘夷”的矛盾态度：“抚有蛮夷，以属诸夏”，“裔不谋夏，夷不乱华”，“戎狄豺狼，不可厌也”[②]，成为历史叙事中“华夷”关系的一根主线，延续几千年。而正统诸夏与异端四夷的主从关系亦随时势而变幻不定。[③]

三、再叙事：现代学术视野中的“五方之民”

“五方之民”叙事本身的涵容性与开放性，使之既是研究的对象，又是研究的出发点与论述的框架，形成了不同语境、视域和范式或者同一语境不同诉求的研究者共同参与的多元对话。在此对话中，“五方之民”均不同程度地脱离了《王制》的原生文本，成为论者“驱遣”的“工具”：或为“中心”话语的线性史观下“共同体”之历史依据，或为非中心话语的“复线历史”诉求之远古例证，即是一统叙事的资材，亦是去中心话语的靶的，从而成为区别于元叙事的“再”叙事：

首先，叙事范式的承绪与“内卷化”。由于《王制》对“五方之民”的描述具有第一个较为完整的民族志书写的意义，其叙事模式亦成了《史记》以来的正史，乃至现代多民族国家历史书写的范式。王静安研治边疆强族历史，似有意以多篇论文串联成一四裔考。[④]这与梁任公的近代民族观念及论述架构，直接影响了随后的民族史书写模式，如吕思勉、江应梁、林惠祥、王桐龄、白寿彝等。蒙文通的江汉、河洛、海

①宋四辈：《古代中国所建立的国际秩序的两重性及其现实意义》，《郑州大学学报》，1998年第6期。

②分别见于《左传》襄公十三年、定公十年与闵公元年。

③李大龙认为在中国疆域的形成过程中，夷夏平分秋色，远古到唐是夏占主位，而五代到清则是夷占主位。见《传统夷夏观与中国疆域的形成》，《中国边疆史地研究》，2004年第1期。

④王国维：《观堂集林》卷13—16，北京：中华书局，2006年版。

岱三区系划分[①]以及徐旭生的华夏、东夷和苗蛮三大集团[②]考，均有着“五方”简约化的影子。

田继周《先秦民族史》[③]基本叙述框架即为时间延展和空间布局，即史前、夏、商、周到春秋战国的时代推衍与东西南北地域分述相结合，“中”华夏则隐含其间。舒大刚《春秋少数民族分布研究》[④]远绍蒙文通《周秦少数民族研究》，直接以春秋时期东夷、南蛮、西戎、北狄所谓“四夷”各部分的分布与迁徙史作为自己的研究对象和书写模式。翻阅中国民族史，不难发现大致相同的论述框架。此不赘举。该派论者大多在民族实质论的前提下，对“五方之民”进行科学范式的考索、论证和阐释。试图展现中华民族自古以来即为多民族国家共同体。

古史辨派与此不同，认为《礼记·王制》作为政治“偶像”乃是战国秦汉间儒生托古改制的产儿[⑤]。以民族言，多元可信，一元说则当是春秋以后民族日趋融合“种族观念渐淡而一统观念渐强”时代的产物。[⑥]童书业《夷蛮戎狄与东南西北》[⑦]绍绪崔述《丰镐考信别录》卷三对夷蛮戎狄与东南西北关系的怀疑与考证精神，认为戎狄蛮夷在甲文、金文及春秋文献中皆布四方，与东西南北并无固定关系。这种固定的关系为战国人的想法，并为汉人沿袭。该派力求拆去伪造体系，回复中国古史“多元的真面目”，可谓开民族建构论先声。

20世纪90年代以来，以台湾学者王明珂《华夏边缘》和《羌在汉藏间》为代表，一一辩驳了传统的从体质、语源、文化特征、考古实物与历史文献参互溯源民族起源及边界的可靠性，甚至直接挑战了传统研究的根基：“民族”概念的界定，试图从历史记忆与族群认同来探求华夏与羌戎蛮狄的边界形成与扩张。[⑧]可谓对上述两派的

①刘梦溪主编：《中国现代学术经典：廖平、蒙文通卷》，石家庄：河北教育出版社，1996年版。

②徐旭生：《中国古史的传说时代》第二章，桂林：广西师范大学出版社，2003年版。

③田纪周：《先秦民族史》，成都：四川民族出版社，1996年版，其《少数民族与中华文化》的叙述框架亦是如此。

④舒大刚：《春秋少数民族分布研究》，台北：文津出版社，1994年版。

⑤详见许冠三：《新史学九十年》第六章评论，长沙：岳麓书社，2003年版。

⑥顾颉刚：《答刘胡两先生》，《古史辨自序》，石家庄：河北教育出版社，2003年版，第11—12页。

⑦童书业：《中国古代地理考证论文集》，北京：中华书局，1962年版，第43—50页。

⑧王明珂：《华夏边缘：历史记忆与族群认同》，北京：社会科学文献出版社，2006年版。

超越和补充。

细读上述论著，不难发现，论者们无论是立还是驳，从某种意义上，都构成了对“五方之民”元叙事的“内卷化”[①]，使得“五方”及其“民”更加具体可见，同时也更加繁复而模糊。

其次，叙事话语从“天下”转换为“国家”。在《王制》叙事中，“五方之民”是不同生态文化类型中的自在族类，是“中国”叙事者“天下”政治格局构想中的真实与想象参半的人群存在，是一个高度简约化的族类构拟。是“中国”叙事者一厢情愿的观念臣民，抑或中国戎夷两厢交互的事实君民，比如封贡关系。而在民族—国家历史书写中，“天下”退让给了“国家”，“中国”也就从没有疆界的观念天下转换为有严格界标的实体国家，“五方之民”中的四裔亦不再是游离于“中国”的自在族类，而必须成为多民族国家政权的一部分而存在。

因此，自梁任公始，甚或上推至司马迁的《史记·五帝本纪》，在“一统”叙事框架里，夷戎蛮狄从经典文本中的没有历史与未来的族类，成为可以且必须具有历史源流迁变的实体民族——东西南北民族——的统称，且自古以来与华夏关系匪浅：摇摆于华夏与戎夷间而最终归化于华夏，逐步混“成为数千年来不可分裂不可磨灭之一大民族”。[②]所有的文献信息也就成为这一普世性叙事框架的注解环节。[③]因之被杜赞奇称之为“应拯救的历史”。[④]

再次，叙事主体视域从“一元”走向“多元”。作为一个文本，《王制》只有叙述者的“中心”视域，而参与现代学术话语中这场对话的则是“多元”视域，是历史、“历史”与研究者的历时性与共时性的交谈，是学术的亦是意识形态的交锋。

近代以来的“五方之民”研究，以视域言之，基本围绕“五方”之空间及“民”而展开整体观照式建构论阐释，或个案实证式溯源逐流。

①这里借用戈登威泽（Alexander Goldenweiser）的概念，说明论者在“五方之民”既定格局中，对其内部族类及其分布的详细考索和修正。参见刘世定、邱泽奇：《“内卷化”概念辨析》，《社会学研究》，2004年第5期，第97页。

②梁启超：《中国历史上民族之研究》，《饮冰室合集》（十一册）卷42，上海：中华书局，1936年版。

③艾尔曼：《中国文化史的新方向》，《经学、政治和宗族》，南京：江苏人民出版社，1998年版。

④杜赞奇：《从民族国家拯救历史》，王宪明译，北京：社会科学文献出版社，2003年版，第21—36页。对20世纪初以来梁启超、汪精卫、傅斯年、雷海宗、顾颉刚、鲁迅等史家的民族国家与启蒙模式的叙事范式进行了述评，认为尽管立场不同，而基本叙述结构都是关于民族主体连续、进化的种族实体的建构，其实质是将偶然的虚假的统一性民族史，制造成一个同一的从远古进化而来的现代共同体。

整体观照论者在全景展示“五方之民”之时将其分成两大阵营：夷/夏，从空间布局看即“一点”对“四方”的君临俯视，构成中心与边缘的地理、文化和政治格局。论者对“五方之民”叙事语境随之亦有两种基本观点：书写者的“天下观”与“中原中心观”。前者试图从书写者当时的语境中，论述古代中国思想界利用空间概念构想了一个世界秩序：天下中国。其或隐或显的判断是该“天下”世界观的想象性。[①]在此世界秩序中，文化统一诉求大于种族歧视。而后者则从旁观者的角度审视批判书写者华夏中心立场，论者或从文字构型论证华夏叙事的我族中心主义对四夷的污名化和非人类化[②]，或从语源及民族自称和他称的演变关联中，予以补充和反驳[③]。

与此宏观视野不同，个案实证者往往聚焦一点各个突破，试图寻找“五方”各“民”的源流迁变及其关系，即民族源流史的构建。中国、夷、戎、蛮、狄，每一个词的背后都有一个世界，王静安、梁启超、顾栋高、顾颉刚、蒙文通、李学勤、于省吾、李白凤、栾丰实、马长寿、段连勤、费孝通、苏秉琦、邹衡、许倬云等通家皆各有详论，这里不可能也无必要“獭祭鱼”。但近一个世纪以来的民族学、历史地理学和考古学等不同场域的逐本溯源研究却有着近似的结论：（一）中国、戎、夷、蛮、狄无论从内涵、外延还是地理分布上均为一组流动的概念；（二）中国、东夷、南蛮、西戎和北狄的地理分布大致符合春秋战国以来的事实；（三）但并非绝对均衡，而是常常犬牙参互难以厘清，故而在夷夏之防的同时又有夷

①顾颉刚：《畿服》，《史林杂识初编》，北京：中华书局，1963年版；《秦汉统一的由来和战国人对于世界的想像》，《古史辨》二，上海：上海古籍出版社，1982年版；童书业：《汉代以前中国人的世界观念与域外交通的故事》，《中国古代地理考证论文集》，北京：中华书局，1962年版；何新华：《试析古代中国天下观》，《东南亚研究》，2006年第1期。叶舒宪：《山海经的神话政治地理观》，《民族艺术》，1999年3期；葛剑雄：《统一与分裂：中国历史的启示》，北京：三联书店，1998年版；王柯：《民族与国家》等，都从不同的角度分析了这一天下图式的真实与想象。

②陈鸿钧：《从古文字形上看古“华夏”与“四夷”的关系》，《西北史地》，1999年第4期；李云泉：《夏夷文野之分与华夏中心意识》，《山东师范大学学报》，2002年第3期；张文：《地域偏见和族群歧视》，《民族研究》，2005年3期。

③王国维指出族名常“随世异名，因地殊号，至于后世，或以丑名加之。”《观堂集林》卷13，北京：中华书局，2004年版，第583页；郑张尚芳《“蛮”、“夷”、“戎”、“狄”语源考》从语源学与现时族称对照的详细考索后认为蛮夷戎狄最初皆为自称的译音，不含轻蔑侮辱成分。至于他时又拿之泛称异族，则属于字义引申。见王小盾主编：《扬州大学中国文化研究所集刊》（第一辑），杭州：江苏古籍出版社，1998年版，第96—111页。

夏互变的观念。

作为上述两种视域的前延，有学者以人类学视域介入，尝试从图腾意义上追问作为族类的“夷、蛮、戎、狄”为何与东南西北相配，即试图探寻四方与族类的深层联系。[①]从处理历史事像的“五方之民”这一研究对象而言，这种研究已经进入了原始分类和中国特有的思维模式在对象上的投射了，但此种论证，可说尚处初阶。

综上可见，清末民初以来，社会与学术观念背景虽发生了几次巨变，但政治上的民族统一诉求及其施及学术上的民族实质论和线性历史进化论依然占据主导位置。尽管随着“民族”概念的变化、族群边缘理论的加盟、考古发现和民族志书写的个案化，有了不同往昔的声音，但在主体上，依然停留在“中原话语”文献表述里复制着“华夏和没有历史的蛮夷”式的单向表述中，真正的多元对话，尤其是边缘与中心的实质性对话还需拭目以待。但无疑，这些阐释本身已经构成了历史叙事的一部分，成为话语分析与反思的对象。

无论怎样讲述，选择性是无可置疑的，但“那些在现在的路标指引下描述过去的人，一般都会意识到历史既是由变迁构成的，但也包含了连续性”。[②]此即历史的吊诡性：作为自在的历史本身是无限丰富且不可逆现，而一旦讲述即意味着遮蔽与失落。同时后人又不得不依赖如此“历史”记忆来进行研究。因此，洞观史观的主体性及语境就显得至关重要。

柯文在《在中国发现历史》和《历史三调》两书中都强调：历史意义的选择取决于我们提出问题的方式和关注时代演变的主观角度。一个问题的提出，就是一个概念的更新，随着而来的则是不同的史料选择与处理方式。往昔的“五方之民”是“华夏”“万世一系”的表述体系，而在“中华民族多元一体”及现行“民族”概念预设下的“夷蛮戎狄”族别史，并没有突破“华夏”“自我”主体对“四夷”“他者”身份预设。当下“多民族史观”的提出将会带来什么？

一如《熊图腾》著者所言：从远古到上古的中国多民族文化源流

①黄安静：《北狄命名的人类学阐释》，《池州师专学报》，2004年第2期；张富祥：《说“夷”》，《淄博师专学报》，1997年第3期；段连勤：《北狄与中山国》“狄，即翟，翟族是我国远古时期以翟鸟为图腾的民族”。

②哈布瓦赫：《论集体记忆》之刘易斯·科瑟《导论》，毕然等译，上海：上海人民出版社，2003年版，第60页。

问题无疑是一个过于复杂且引人的问题，但用近现代定居文化的观点和多民族分居格局去看待上古时期的人种和文化分布，本质上必然与《春秋》、《史记》等文献一样，共同达成对真相的遮蔽。所幸的是考古发现已突破数千年中国史学正统的藩篱，开始复原历史本相。[①]“熊图腾”的寻访即是响应广袤大地的期待，去发现被“神圣”历史所遮蔽和遗忘的东西。

大地的言说，边疆的挑战，“多元一体”与“尊重差异”的“中心”共识，都试图超越中心的一元叙说[②]。但同时，正如美国人类学家郝瑞所发现的，当人们在质疑20世纪50年代的民族识别运动时，民族识别所给定的被认为成问题的“民族称号”已经为被识别人群所自觉认同，并且成为本土知识分子捍卫本族文化传统的“旗标”。[③]如此悖论的现象，显示“多民族史观”下的“复数史”书写及其研究依旧任重道远。

①叶舒宪：《熊图腾》，上海：上海文艺出版社，2007年版，第182—196页。

②参见彭文斌：《清帝国与美国清史学边疆研究综述》，中央民族大学人类学理论与方法研究中心通讯，2007年第10期，第8—13页；徐新建：《西南研究论》、《边地中国》、《从边疆到腹地》等文。

③斯蒂文·郝瑞（Stevan Harrell）：《田野中的族群关系与民族认同——中国西南彝族社区考察研究》，巴莫阿依、曲木铁西译，南宁：广西人民出版社，2000年版，第260—283页。

第二节

族类编码："五方"叙事与"天下"认知图式①

一、五方空间与"天下"认知图式

"五方之民"叙事以其对"中国戎夷"的民族志式描述，不仅成了《史记》以来的正史，乃至现代多民族国家历史书写的叙事范式，而且成了后世论者的研究对象和论述框架，尤其成为民族格局、民族关系研究中"驱遣"的资材。但目前几乎所有论述均在抽离《礼记·王制》文本之下谈论"五方之民"。上节将之还原到《王制》整体语脉之中，对其叙事模式进行了初步的探讨。在《王制》中，"五方之民"实际上被置于由九州、畿服与四海等共同构织而成的"王者之制"世界图式："天下"之中。这样的"天下"格局即浓缩在"五方之民"这一概念网络中："五方"及其辖属之民，即在寒暖燥湿，广谷大川的不同生态中，潜在着农耕与游牧的文化区分。随之是政治格局中的夷夏二分和文化地理空间里的族类编码：中国、东夷、南蛮、西戎、北狄。

若回置于《王制》语境，仅仅将之视为民族分布格局或民族关系的最早记录，就消解了它隐含的更多的民族志意义。由于"五方之民"的问题十分复杂，本文仅就其五方空间模式所彰显的"天下"认知图式进行一些探讨。

关于古代中国"天下"②图式的研究，大致有两种基本图式："一

①本文以《"五方之民"叙事中的空间模式再探》为题发表于《湘潭大学学报》2008年第6期。

②"天下"在古时兼指自然的宇宙空间和政治地理空间，即天地之间：世界和"中国"意念中的国土范围：全国。前者如庄子的天下观、邹衍的大九州以及《山海经》中的四荒图式；后者如《书·大禹谟》："奄有四海，为天下君。"《后汉书·朱穆传》："昔秦政烦苛，百姓土崩，陈胜奋臂一呼，天下鼎沸。" 以及《书·禹贡》"九州"图式等。本文限于篇幅，仅将前者作为背景，来讨论后一种"天下"观。

点四方”[①]与“同心方”[②]，它们分别凸显了“五方之民”之“方”字不同义项的图示[③]：

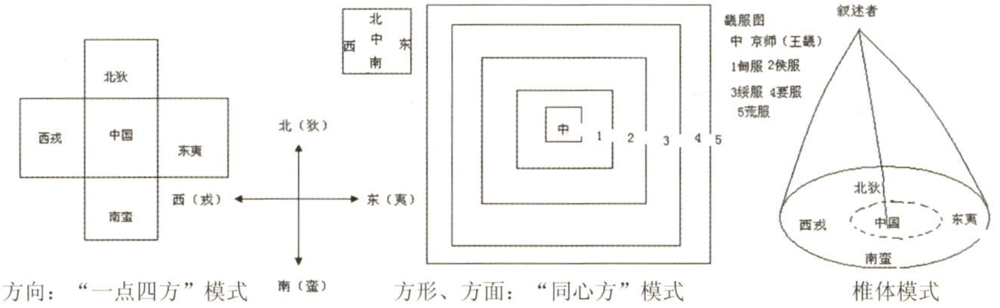

●4-2 天下认知图式（唐启翠绘制）

用数字人类学[④]的观点来看，“中”字——“一点四方”模式，代表的是一种基数认知模式，凸显的是“五方之民”叙事中我群与他群的关系格局：中国同时面对四方，反之亦然。中心与四方在结构上是平等关系，同时，中心与边缘均是相对存在，互相成就。这是一种以“我”为中，四向延展的平面图式。

而“国”字——“同心方”模式，则代表着一种序数认知模式，彰显了中央与地方的关系格局：从中心向四周等距离层层推衍，以亲疏远近隐喻国家与地方关系的远迩松紧。在此理想化的权力建模中，固定的中央形成对四方的等级性统摄。戎夷蛮狄作为“异族”，被分置于要服和荒服，而不再是同时面向中央的“他者”，即在四方之间亦有“差序格局”，距离中心越远，意味着与中心权力的离心力越大，受中央控制的力度就越弱。因此，与“一点四方”文化认知模式不同，此为权力认知模式。

这两种图式尽管在视觉化呈现上不同，所表征的原初对象也不一样，但从图式“绘制者”立场来看，两者异曲同工：均以某一地区或者某一点为核心向东南西北四周进行辐射式划分和描述，形塑为

①“一点四方”，即以中原某地为中心之点，向四周延伸四个方向。参见徐新建：《西南研究论·总序》，昆明：云南教育出版社，1992年版。

②所谓“同心方”空间模式，是以“中原”为中心的文化展开的层次结构，反映着由“中央王国”（中国）的自我中心意识所投射出来的辐射性的空间区域分布。参见叶舒宪：《〈山海经〉的神话政治地理观》，《民族艺术》，1999年第3期。

③徐新建《西南研究论·总序》对“方”的义项进行了分解组合并有图示，受其启发，笔者将之分解为方向及其块面化的“中”字图式和方形及其模块化的“口”（“国”）字图式，以及叙述者视角的椎体模式。

④（英）克伦普：《数字人类学》，郑元者译，北京：中央编译出版社，2007年版。

中国文化传统中从未间断的空间观念及思维方式。由此表明，要探讨“五方之民”叙事，五方空间模式的研究十分必要，而讨论此空间模式，有必要先弄清楚如下问题：

1．是谁、在哪里绘制此“天下”图式？从知识社会学的角度来看，这两种图式共存于王制之中究竟意味着什么呢？

2．为何要如此“绘制”？即“五方之民”作为民族志的意义何在？

二、“五方之民”与圣人立意

日本学者菊地利夫《历史地理学导论》从客观地图与认识地图的不对称关系出发指出，书写世界中的空间是人类戴着“文化”这一滤色镜所认知的“认识地图”，是不同文化集团相区别的行为在空间上的表征。[①]叶舒宪先生认为“同心方”地理格局便可视为“认识地图”的直接产物，“表明当时人的世界观念是以种族观念表现出来的。……把中国与‘非中国’统合在同一种空间构架之中的，应该是历史上最早出现的一统性政治信念”。[②]

在叙述者视野下，中心从“中”悄然升起，通过空间标志与拥有，区分了自我和他者的不平等关系，形成俯视天下之势，其俯视的目光犹如密集的射线，形成一个圆锥体。“中”即权力的中心就在锥体之巅，从而在两种基型之上，隐含一种统摄“天下”的“锥体”模式。这个模式并非出于笔者的臆想，其依据如下：

（一）在貌似全知的视角下，叙事者在王朝政治地理结构构想模式中，使“中国”成为一个“缺席”而又毋庸赘言的存在，而戎夷蛮狄作为“中国”的他者，成为被展示的“异族知识”。这昭示了叙述者潜在的“中国”身份和立场。

（二）但若检视其叙事的政治意图“修其教，不易其俗；齐其政，不易其宜”，并将其回置于《王制》文本之中，则可以发现“五方之民”不是孤立的，而是处于王者政治蓝图之民政范畴内被言说和被规划的。“五方”同处于政治蓝图之中，但“中国”显然高于“四方”。

①详见《中国历史地理论丛》，辛德勇译，1987年第2期。

②叶舒宪：《〈山海经〉的神话政治地理观》，《民族艺术》，1999年第3期。

“中国”不被言说，是因为整个“王制”都在言说“中国”。在这样的通盘视野中，方透视出“四方之民”才是一个被言说的“缺席者”，以及“中国”视点对其认知的极限与不足。

（三）在“五方之民”叙事中，中国与戎夷区分的空间标示背后，是不同生态环境形塑下的不同文化。叙事者试图平等地看待这种与己不同的文化和生活方式，由于“文化滤色镜”的潜在机制，在“修教齐政”的宽容中试图大度地“不易其俗及其宜”，达到“和而不同”的一统天下，但依然掩饰不住华夏礼仪之邦的傲视眼光。

这样的骄傲心态在《王制》及整个《礼记》中形成了某种互文性。如《王制》规定凡元日习射及诗书礼乐考试几番不过关者、刑人即“屏之远方，终身不齿”。注者皆解“远方”为九州之外的要荒两服，即戎夷蛮狄之地。[①]《大学》亦有“放流之，屏诸四夷，不与中国同”。《曲礼》所记朝聘之礼中，也以称呼显等级区分：“九州之长入天子之国，曰牧。……其在东夷、北狄、西戎、南蛮，虽大曰子。”司马迁《史记·五帝本纪》在追述古史的叙事中，“流共工于幽陵，以变北狄；放驩兜于崇山，以变南蛮；迁三苗于三危，以变西戎；殛鲧于羽山，以变东夷：四罪而天下咸服”，戎夷蛮狄史亦即流民史。

之所以如此，即因在“中国”秩序或视野下，戎夷蛮狄是以其“非中国”且“非同类”的身份共处“天下”的。“是”与“非”的区分主要在于“衣冠礼仪”。故而，“中国”之人若不懂礼仪，即被斥为蛮夷，甚或流之远方，置于蛮夷之境。反之亦然。

（四）“夷夏”关系在《礼记》中形成了互文性，这种互文性可以扩展至整个先秦书写文本甚至整个中国正统文化的书写之中，[②]并以“衣冠礼仪”文化为准矢，树立了一个“他者”镜像：夷狄。且超越族属使之成为一种具有社会禁忌式的惩罚功能：将系统内不守

①孙希旦：《礼记集解》，北京：中华书局，2007[1989]年版，第363、366页。

②《左传·成公四年》季文子称：“非我族类，其心必异。”《孟子·滕文公上》：“吾闻用夏变夷者，未闻变于夷者也。”《荀子乐论》称：“故先王贵礼乐而贱邪音。其在序官也，曰：‘修宪命，审诗商，禁淫声，以时顺修，使夷俗邪音不敢乱雅，太师之事也。’”《春秋繁露》之《王道》：“内其国而外诸夏，内诸夏而外夷狄。”《汉书·匈奴传赞》：“夷狄之人，贪而好利，被发左衽，人面兽心。”《后汉书·鲁恭传》：“夫夷狄者，四方之异气也。蹲夷踞肆，行同鸟兽。”

规矩之徒，贬为夷狄，斥为非类，使迷乱之众惧而向化。[①]从这个意义上说，“夷夏”之间没有绝对的边界，可以因“礼”而互为转化。但毕竟“五方之民”是“各有其性，不可推移”的。这种“非我族类，其心必异”的“攘夷”观就像幽灵一样萦绕在“四海之内皆兄弟”的“纳异”心态中。省视“五方之民”叙事，不难发现其间就交织着“纳异”与“攘夷”这两种矛盾的心态，即“一点四方”模式偏向于平等地“纳异”，而“同心方”模式则偏于等级式“纳异”，即含有比较明显的“攘夷”意识。

在此矛盾心态中，“中国”叙事者实际上是居高临下的，那么是谁，在哪里绘制此“天下”图式？

要回答这个问题，就要追问“《王制》的叙述者是谁？”这个千古难题。[②]1894年，康有为在其《考订王制经文序》中说：“《礼记·王制篇》，大理物博，恢恢乎经纬天人之书。”[③]刘小枫认为，《王制》所述有如一部古Politeia，这样的东西非圣人不能为，孔子可能就是作者。[④]

从前贤的考据争论中，可以感知，《王制》无论是孔子遗书，孔门后学之作，或者汉儒钞撮之作，确乎是“恢恢乎经纬天人之书”，圣人之言或者代圣人立言。那么圣人之意何在呢？“《两戴记》中时有微言奥义，堪与《大易》、《春秋》互证。……《礼记》多保存七十子传授本义，能明礼乐之大原，但汉儒亦有增窜，诚当简别。……要之，《两戴记》所存古代制数文仪，今犹不可弃，如何革故取新，非深于礼乐之原而随时精义者，不足语此。”[⑤]所谓礼乐之原即“乐者，天地之和也；礼者，天地之序也”。圣人之立意即在追求人与天地同序同节之参赞化育的“中和”之境。沟通天地达此“和”“序”之途即“礼乐”。礼乐由此而具有了圣人之“道”，成为一统天地人的向心引力[⑥]。

①李宪堂：《先秦专制主义精神：对话新儒家》，北京：中国人民大学出版社，2003年版。

②《王制》著者及年代，大体有两说：一说为七十子后学者所记之先秦旧籍；一说是汉初文帝使博士刺六经而成。详参王锷：《礼记成书考》，北京：中华书局，2006年版，第179—188页。

③康有为：《考订王制经文序》，见《康有为全集》卷二，上海：上海人民出版社，1990年版，转引自《〈王制笺〉校笺》，第1页。

④刘小枫：《〈王制〉与大立法者之“德”》，见《〈王制笺〉校笺》，皮鹿门笺注，王锦民校笺，北京：华夏出版社，2005年版。

⑤熊十力：《论六经·中国历史讲话》，北京：中国人民大学出版社，2006年版，第24、75页。

⑥该图式采自李宪堂：《先秦儒家专制主义精神》，北京：中国人民大学出版社，2003年版，第345页图。

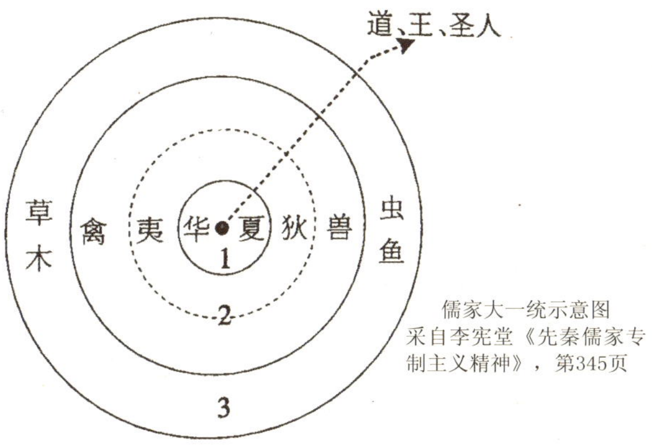

●4-3　儒家大一统示意图

《礼记·曲礼上》：“是故，圣人作，为礼以教人，使人以有礼，知自别于禽兽。”从而“使中心能够对外部保持足够引力，从而保障了万物井然、各得其宜的大一统宇宙秩序”。[①]在此一统的“认识地图”中，夷夏间的“只争一线”，更多的是圣人“和”境追求中的“纳异”气度，用自身能量吸引“异夷”向化而达到“大小远近若一”一统蓝图。但“夷夏”毕竟“不同类”，故而“夷夏”之间终究有“壁立千仞”。观念上以“衣冠礼仪”相区分，政治地理格局上，则“屏”之四方，并且随着中心之“国”的扩张，而不断退避向“远方”。

圣人追求“迩者说，远者来怀”的“大小远近若一”的天下一统：

> 孔子曰：“昔者明主之治民有法，必别地以州之，分属而治之，然后贤民无所隐，暴民无所伏；使有司日省如时考之，岁诱贤焉，则贤者亲，不肖者惧；……因民既迩者说，远者来怀。……是以蛮夷诸夏虽衣冠不同、言语不合，莫不来至，朝觐于王。[②]

但同时囿于衣冠仪礼之不同的客观存在，又必须区分内外：“内诸夏而外夷狄”，甚至将“己群”中不合格者“屏”“流”于远

①李宪堂：《先秦儒家专制主义精神》，北京：中国人民大学出版社，2003年版，第345页。
②王聘珍：《大戴礼记解诂》，王文锦点校，北京：中华书局，2008[1983]年版，第4—5页。

方。“纳异”与“攘夷”这两种游移心态形塑了“五方”格局的丰富内涵及其非平面性认知。

地理学家研究发现：“群体特性与地理相结合，揭示了群体之间的不平等关系，说明了作为命名者还是被命名者，作为主体还是客体这种差异的重要性。……使得居于从属地位的群体成为一个知识体系中的‘客体’，这一知识体系剥夺了‘客体’形成自己特性的权力，把他们当作被贬了值的、不受欢迎的‘负极’。占主导地位的群体的自我意识就是围绕着这样一个事实建立起来的，即把当作‘客体’的群体排除在外。”①

“五方之民”的叙事者正是在貌似全知的视角下，隐含着叙事者的主体性：他将自己想象的或道听途说的“他者”形象与他者世界当成真实的事实告诉读者，形成读者对“他者”的知识。这个貌似客观的“知识”却可能远离“他者”本身。但此处，叙述者显然并不在意是否传达了真实的“知识”，而在于告诉人们在“我们”之外还有这些不同于“我们”的“他们”。戎夷蛮狄是“我们”统一的对象，但却与“我们”不同，故而应该被置于“我们”之外。在包容与排斥的矛盾编码中，外显于“认识地图”则四方之民被置于“四方”，于朝觐班序中，亦被置于“四裔”——明堂宫墙四门之外：

> 昔者周公朝诸侯于明堂之位：天子负斧依南乡而立；……九夷之国，东门之外……。八蛮之国，南门之外……。六戎之国，西门之外……。五狄之国，北门之外……。此周公明堂之位也。明堂也者，明诸侯之尊卑也。②
>
> 明堂者，所以明诸侯尊卑。外水曰辟雍，南蛮、东夷、北狄、西戎。③

“明堂”作为一个具体的神圣建筑空间，成为“天下”的微缩景观，是基数与序数的巧妙结合，神圣与世俗、国家与地方、我群与他群等关系在这里得到具体展演：“天子”作为“天下”的管理者和人神之间的最高中介者与最高祭礼的主持者，自然居于中央位置，列国诸侯前

---

①迈克·克朗：《文化地理学》，杨淑华等译，南京：南京大学出版社，2005年版，第78—79页。
②（清）阮元校刻：《十三经注疏》，北京：中华书局，2003[1980]年版，第1487—1488页。
③王聘珍：《大戴礼记解诂》，王文锦点校，北京：中华书局，2008[1983]年版，第149—150页。

来“中国”参与祭神典礼，“阶”与内外自然构成了等级象征与礼野区隔。

从人类知识的历时性来看，前两种模式是今人对过去认知模式的一种认知与阐释，“明堂”模式则是当时人对“天下”认知的一种阐释和实践。明堂内外的台阶就是“锥体”模型的现实建构与展现，天子高居中央俯视诸方。从“基型”到“明堂”的变形与统合，隐含着人类的认知编码，揭示编码的过程，就是揭示一种“认知”如何变成一种“权力”的过程，还原此过程的意义就在于使今人透过文本的有限信息能够认识文本之后的复杂事像。

三、表述与认同：作为民族志的“五方之民”

“五方之民”叙事中，“东南西北”与“戎夷蛮狄”空间配置问题可谓学术史上的一个公案。自崔东壁发难以来，诸多学者从不同角度试图解此谜案。[①]但很难找到确凿的证据。原因或许就在于人们将“表述”的“文化地图”当成了地理实体，将“认识地图”当作客观地图。

透过“五方之民”叙事，可见“族类”区分与地理空间密切相关，可谓“每个区域都是一枚反映本地区民族的徽章”[②]。或许“四夷环绕我族的空间分布格局因袭着远古以来的‘图腾编码世界观’”[③]：

①崔述、童书业等均认为春秋之世，四方皆有夷蛮戎狄，不必专属东南西北。见童书业：《中国古代地理考证论文集》，北京：中华书局，1962年版，第43—50页。梁启超《春秋夷蛮戎狄表》详列了《春秋》、《左传》中四夷与中原的交通关系，虽则与中原错综杂居，但大体上还是有比较固定的方位分布。蒙文通《古地徵微》与《古史徵微》、《周秦少数民族研究》，王静安《观堂集林》中的“四裔”考，徐旭生《中国古史的传说时代》三“集团”以及陈梦家、岛邦男、李学勤、邹衡、郑张尚芳等学者的相关论述中，证明了二者关系实有渊源。邹衡在《夏商周考古学论文集》（北京：科学出版社，2001年版，第270页）中有一个比较明确的表述：我国传统的五分法，即分成东夷、北狄、西戎、南蛮、华夏五个区域，虽然出现时代较晚，却基本符合中国古代的实际情况。《追寻五帝》以及《五帝时代》两书则为这种“五分区域”提供了更为远古的旁证。

②保罗·维达尔·德拉·布拉什语，引自克朗《文化地理学》，杨淑华等译，南京：南京大学出版社，2003年版，第18页题词。

③叶舒宪将鸡人创世神话和《墨子》所记殷之末裔宋人的迎敌祠仪式结合起来，考察了鸡羊犬豕及其与四方相配的隐喻起源，揭示了商人的图腾编码空间结构，认为这是殷商时代先民所特有的以周围方国的图腾为具体空间象征的世界观。详见《中国神话哲学》第七章，西安：陕西人民出版社，2005年版。

东方：鸡—玄鸟—鸟夷—淮夷—夷

南方：犬—盘瓠—犬戎—犬方—昆夷—蛮

西方：羊—犬戎—姜羌—羌方—姜戎—戎

北方：猪—豕韦氏　　　　　　—狄？

四种图腾动物鸡羊犬猪充当了四方的具象符号，联结起来构成了商代独特的图腾编码式空间结构。在此结构中，发祥于东方的“商”已经位居“中原”，以“中商”或“大邑商”为视点，俯视四方。叶舒宪先生进一步认为该观念甚至早在夏代或新石器时代文化已经萌芽了，是神话思维及其图腾分类的空间观的承继与发展。[①]如《容成氏》所记大禹听政三年，因民之欲，设置五方旗号：“东方之旗以日，西方之旗以月，南方之旗以蛇，中正之旗以熊，北方之旗以鸟”，[②]以辨别中央与四方及其朝贡关系，“这是我们‘中国’之所以得名的原型经验”。[③]

在商代祭牲与四方配置中，东南西三方已经与“五方之民”中的东南西三方完全吻合了。那么“北狄”的情形又是怎样的呢？

“狄”之名，较早见于《春秋》、《左传》和《国语》。“北狄”之名首见《礼记·王制》：“北方曰狄，衣羽毛穴居，有不粒食者矣。”但这似乎不是公认的可靠记载。“狄”与北方相关联的被认为可靠的文献有——

《墨子·节葬》：“昔者尧北教乎八狄，舜西教乎七戎。”

《国语·郑语》中记载周幽王八年（公元前1774年），周太史伯所说：“当成周者，……北有卫、燕、狄、鲜虞、潞、洛、泉、徐蒲。”据韦注，北方诸国除卫燕之外，全属狄族。[④]

《孟子·梁惠王下》：“昔者太王居邠，狄人侵之，去之岐山之下居焉。”又云：“文王事昆夷，……太王事獯鬻。”赵注：“獯鬻，北狄强者，今匈奴也。太王去邠避獯鬻。”

《史记·匈奴列传》：“晋文公攘戎狄，居于河西圁、洛之间，号曰赤翟、白翟。”《索隐》引《风俗通》：“殷时曰獯鬻，改曰匈奴。”

①叶舒宪：《中国神话哲学》，西安：陕西人民出版社，2005年版，第317页。

②《上海博物馆藏战国楚竹书》（二），上海：上海古籍出版社，2002年版。

③叶舒宪：《大禹的熊旗解谜——〈熊图腾〉书后》，《民族艺术》，2008年第1期。

④徐元诰：《国语集解》，北京：中华书局，2006[2002]年版，第461—462页。

可见，载籍中之“狄”与商周时期的鬼方、荤粥/獯鬻，战国以后的匈奴、胡等有着千丝万缕的关系。近世学者从语源学、考古学诸方面试图探讨这些族系间的关系。由于尚缺乏直接证据，仍无共识。[①]但这些探索却不约而同地证明了春秋战国时期“狄”与北方的关系，即“北狄”是活动在北方鄂尔多斯地区和陕北、冀北、晋中以北众狄的统称。“狄”之图腾，目前所见有二说：其一是延续许慎《说文》“赤狄本犬种”，认为“狄”为犬图腾；[②]其二认为“狄”实“翟”之音译，即“远古时期以翟鸟为图腾的翟族”。[③]

关于北方的图腾问题，相当复杂。目前有狼、犬、熊、猪、雉、鹰等多种图腾说，不一而足。但考索“狄”名现身于典籍的时间，皆不出春秋战国。因此，笔者认为，作为名词，“北狄”有专称与泛称之别。“五方之民”所述游移于两者之间，不能妄断。“狄”究属于何，目前尚缺乏确证。但若从“观念”史角度来看，《王制》所记“北狄”“羽衣穴居，不粒食”，以及北方考古战国时期文物中鸟纹饰的显著增加[④]来看，似乎与鸟的关系非同寻常。《王制》所记主要还是反映了春秋战国时期“中国”空间观念对“狄/翟”的空间编码与认同，而这种编码延续了某种历史记忆。

人类学的对比研究发现，在部落社会，所有事物都会被置于某一特定的空间。[⑤]祖尼人尤其为此提供了一个完美的实例，如图4-4。

霍皮人（Hopi）亦将世界分为六个方位：西北—美洲狮、西南—熊、东南—野猫、东北—狼、上（天）—秃鹫、下（地）—蛇。[⑥]“在苏人诸部落，氏族按四个方位结集。每逢举行一定的仪式，诸部落则齐聚于一圆周内，选定方位，列于四区。”[⑦]地理学家研究也发

①郑张尚芳《“蛮”、“夷”、“戎”、“狄”语源考》认为“狄”古音*deg，或作“翟”（古音*dreug），正与突厥文献中的“türk”相近，为突厥族自称译音，指“人”。这些均属阿尔泰语语系“hun”（如匈奴、蒙古、哈萨克、柯尔克孜等族表示部族、家族、人等音近）意义体系。见王小盾主编：《扬州大学中国文化研究所集刊》第一辑，南京：江苏古籍出版社，1998年版，第96、109—110页；加拿大哥伦比亚大学的蒲立本先生《上古时代的华夏人和邻族》对已有的两种观点——狄与后出的草原民族匈奴有关、狄使用一种阿尔泰语——的证据表示了怀疑，认为现有的证据仅能说明一个事实：狄和后出的与中国敌对的民族住在同一个方向。见同书第363—364页。

②王国维：《观堂集林》卷十三，北京：中华书局，2006[1959]年版。

③段连勤：《北狄与中山国》，石家庄：河北人民出版社，1982年版，第3页。

④田广金、郭素新：《北方考古论文集》，北京：科学出版社，2004年版，第152—163页。

⑤涂尔干、莫斯：《原始分类》，汲喆译，上海：上海人民出版社，2005年版，第65页。

⑥列维-斯特劳斯：《野性的思维》，李幼蒸译，北京：中国人民大学出版社，2006年版，第47页。

⑦托卡列夫：《世界各民族历史上的宗教》，北京：中国社会科学出版社，1985年版，第134—135页。

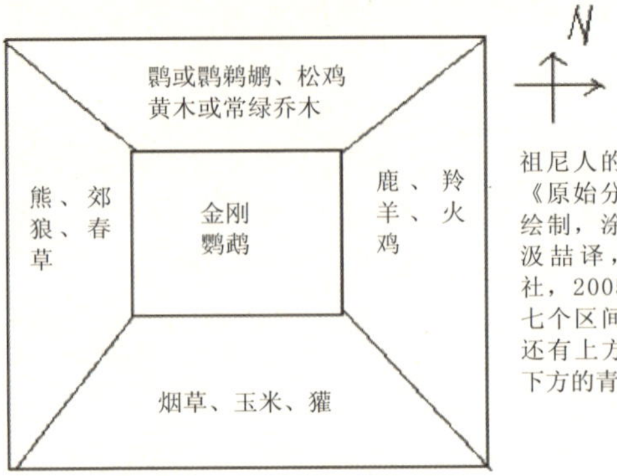

祖尼人的宇宙体系，按照《原始分类》第48页材料绘制，涂尔干、莫斯著、汲喆译，上海人民出版社，2005年版。原材料为七个区间，除此五个外，还有上方的太阳、鹰等和下方的青蛙、水等。

●4-4　祖尼人宇宙分类体系示意图

现：“世界各个民族都形成各种群体，这些群体既通过领土进行控制、定义，同时也被领土所定义。”①用空间范围表明自己是谁，以及与他人的不同。因为每一个地方即代表着那一方的文化。

本章小结

在《王制》篇中，书写世界的“五方”格局作为一种观念世界的表述、编码与记忆，其民族志意义，已远远超越那230余字的描述，超越了历史之真伪存在，而成为“王者”之制蓝图中不可分割的一部分。它与《逸周书·王会》和《礼记·明堂位》等文献中所记西周以来天子合诸侯的祭神班序以及《山海经》、《禹贡》等多层次五方布局相互映照，呈现了比较完整的“王者”天下认知图式：“中国”统辖四方疆域的“认识地图”。明堂班序中“天子”居中高位，诸侯环之内而戎夷蛮狄环于外的布局，与“五方之民”叙事中所隐含的“纳异”与“攘夷”心态形成了某种同构。而这正是一统天下的政治诉求与礼仪文明别夷夏之矛盾心态的曲折反映。

①迈克·克朗：《文化地理学》，杨淑华等译，南京：南京大学出版社，2005年版，第142、131页。

第五章

终而复始：《礼记·月令》的神话时空观

『月令』叙事受制于何种宇宙观？本章将探究物候符号、仪式历法、人事活动为何均要循故法初、反本归始？『始』于何处？以何种方式达到反本归始？

本章尝试从“月令”图式时空混同的神话宇宙观探讨始，对月令物候所展现的终而复始神话时间观、仪式历法的“以初为常”深层机制进行比较神话学解读，以还原“月令”图式的神话思维背景，以及仪式历法叙事强化、整合与恢复社会秩序的功能。

第一节
“月令”图式与神话宇宙观

哲学常说的宇宙观，意指一切物质及其存在形式的总体，即无限空间（宇）与无限时间（宙）的统一体。这种时空混同的宇宙观，一度被认为只是初民的时空观，但爱因斯坦的相对论使现代哲学家和历史学家发现，作为认识一切事物尺度之时间和空间的相对存在性：

> 空间只有以时间为基准，才能考察和测定，相反，时间只有以空间为基准，才能考察和测定。就是说，时间和空间，不管它是存在，还是只是人的思考中错觉的范畴，都是不可分割的统一体。[①]

因而，宇宙观是所有人类社会中的永恒需要，因为：

> 宇宙论为人类在事物的宇宙框架中定位——即人类群体所追寻的观念，指明了群体在这个世界中的生活方向。这种宇宙论的定向，以最广泛最可能的措辞，告诉群体成员：他们是谁，他们在与其他创造物的关系中所处的位置。[②]

①汤因比、池田大作：《展望二十一世纪》，荀春生等译，北京：国际文化出版公司，1985年版，第340—341页。

②Mathews，Fraya.*The Ecological Self*.London：Routledge1994，p.12，转引自菲奥纳·鲍伊：《宗教人类学导论》，金泽等译，北京：中国人民大学出版社，2006年版，第138页。

这与人类学材料所发现的所有民族都热衷于解释世界与人的起源相一致，人类学宇宙观（Cosmology）指的就是“关于世界本质及其作用机制以及与其他生物在那个秩序中的地位的理论或概念”。[①]它常常通过世界万物的起源故事（即时空初始处），来描述和展示一个民族对于自身所处环境及其相关信仰、知识的认知编码，即神圣历史叙事，天地开辟世界形成之时本身即包含着空间开创与时间开始。

这在许多文化中关于“宇宙”这一词语的解释中看得十分清楚：在许多北美印第安人部落语言中，“宇宙”即“年”，当约库特人（Yokuts）说“世界已经过去了”，意思即“一年已经过去了”，尤基人（Yuki）用“地球”或“宇宙”的字眼来表示“年”。达科印第安人（Dakotas）说“年是环绕世界的一个圆圈”，在印度“火的祭坛即是年”。坐落在世界中心的耶路撒冷圣殿就是一个小宇宙，英语庙宇temple与拉丁文templum（圣殿、天界）和tempus（时间、时代）具有同源关系。[②]

汉语“宇宙”亦是时空混合体：“往古今来谓之宙，四方上下谓之宇。”[③]“有实而无乎处者，宇也；有长而无本剽者，宙也。”[④]其表层原型为上栋下宇，深层则是宇宙初创之时。古人想象中的宇宙，便是一个“极”（脊）无限伸展中的大房子，无边无际的空间概念与无始无终的时间概念融合在一起，用具象的房屋来隐喻宇宙图式。如前论之庙、明堂等莫不是对宇宙时空初创之时的模拟、复制与重演。更有意思的是，在古彝文文献《玄通大书》中列有多幅“太极图”，古彝文却标志为“宇宙”。[⑤]而在《易·系辞上》“易有太极，是生两仪”语境中“太极”为万物初始。在汉语词汇中，

①菲奥纳·鲍伊：《宗教人类学导论》，金泽等译，北京：中国人民大学出版社，2006年版，第137页。

②可详参伊利亚德：《神圣与世俗》，王建光译，北京：华夏出版社，2003年版，第35—37页。

③语出《淮南子·齐俗训》，《淮南子》多篇提到宇宙，展示了作为时空混同的宇宙象征性表述。如《览冥训》：“而燕雀佼之，以为不能与之争于宇宙之间。”高诱注：“宇，屋檐也；宙，栋梁也。”《原道训》：“横四维而含阴阳，纮宇宙而章三光。” 高诱注：“四方上下曰宇，古往今来曰宙，以喻天地。”

④语出《庄子·庚桑楚》，郭象注曰：“宙者，有古今之长，而古今之长无极。”宇宙是人们生活的天地之间，《庄子·让王》：“余立于宇宙之中，冬日衣皮毛，夏日衣葛絺；春耕种，形足以劳动；秋收敛，身足以休食；日出而作，日入而息，逍遥于天地之间。”

⑤参见冯时：《中国天文考古学》，北京：中国社会科学出版社，2007年版，第490页。

正是表示时间的语词“旦/昏”、“昆/昔”、”春/秋”、“夏/冬”与表示空间的语词“东/西”、“南/北”构成了完整的宇宙图式。[①]

可见，词汇解释了宇宙时空本质上的神秘联系：“宇宙被看作是一个有生命的统一体，它被出生、能发展并在每一年的最后一天死去，而将在新年的第一天获得再生。……因为它们既是神圣的现实又是神圣的创造物”。[②]时空初始的世界“是一个令人兴奋的和神圣的生活之地。”[③]世界本为神所创造，人类居地与生活在创世之初的那一刻已然塑形。人间的房屋、庙宇、城市、节日庆典等不过是宇宙初始的模仿与重现。如果说庙、明堂等重在“宇”之初始即空间方面，那么，“月令”图式则是典型的时空混同神话宇宙观的演示（如图5-1）：

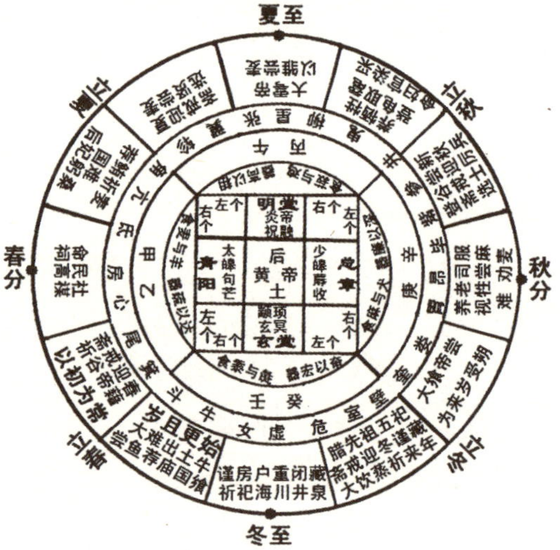

●5-1　月令图式（唐启翠绘制）

从月令图式可以看出，外圆内方，人随天行，周行不殆。整个月令叙事，皆以天象神明之后，叙以物候，王事次之，构成一个完整的宇宙图式：天象神明/神界—物候/自然—王事/社会，东春主木生而器疏以达，南夏主火旺而器高以粗，西秋主金成而器深以廉，北冬主水藏而器闳以奄，中央土作为地上及地上皇权的代表，兼管中央与四季故而其器圜以闳。作为宇宙“显圣物”的明堂位居世界中心，太室居中，东青阳、南明堂、西总章、北玄堂四堂皆为前堂后室，各有左右房，天子按月居于不同房室，发布相应政令、实行相应礼仪。一如汉李尤《明堂

①详论参见叶舒宪：《中国神话哲学》上编“易有太极”，西安：陕西人民出版社，2005年版。

②伊利亚德：《神圣与世俗》，王建光译，北京：华夏出版社，2003年版，第35页。

③菲奥纳·鲍伊：《宗教人类学导论》，金泽等译，北京：中国人民大学出版社，2006年版，第145页。

铭》所赞：

布政之室，上圆下方。体则天地，在国正阳。窗达四设，流水洋洋。顺节行化，各居其房。春恤幼孤，夏进贤良。秋厉武人，冬谨关梁。①

明堂作为沟通阴（水）、阳（陆）和神（空）三界，并象征着仪式历法的神圣建筑，成为联结三种时间单位（年、月、日）和五方空间（东、西、南、北、中）的象征纽带，明堂之主——世俗“太阳”——天子，“顺四时，行月令”仿效太阳每年每季每月每日的运行轨迹，居处行政。不仅每年要轮流接受四方诸侯的觐见，还要每五年一个周期，巡守朝拜四方之岳：春东岳、夏南岳、秋西岳、冬北岳。透过双向的绕行，天子象征并维护着宇宙时空秩序的正常运行，以及对“天下”占有的合法性与神圣性，显然是大一统观念的折射。

那么，这样一种时空混同的宇宙观是如何产生的？其初始象征是什么呢？经学家如蔡邕、孔颖达将之解释为“法天”、“效圣”思维：

“法象莫大乎天地，变通莫大乎四时，悬象著明莫大乎日月。”故先建春以奉天，奉天然后立帝，立帝然后言佐，言佐然后列昆虫之别，物有形可见，然后音声可闻，故陈音。有音，然后清浊可听，故言钟律。音声可以彰，故陈酸膻之属也。群品以著五行，为用人，然后宗而祀之，故陈五祀。此以上者，圣人记事之次也。“东风”以下者，效初气之序也。二者既立，然后人君承天时行庶政，故言帝者居处之宜，衣服之制，布政之节，所明钦若昊天，然后奉天时也。②

此论仅仅言及“月令”图式表层叙事结构，而未触及深层结构。

①（清）严可均校辑：《全上古三代秦汉三国六朝文》，北京：中华书局，1958年版，第747页。
②李学勤主编：《礼记正义》，北京：北京大学出版社，1999年版，第446页。

当代人类学者叶舒宪先生以比较神话学视野，重构了上古神话宇宙观的模式系统：

东方模式	**日出处，春，青色，晨，旸谷**	**诞生，**	**太皞句芒**
南方模式	**日中处，夏，朱色，午，昆吾**	**生长，**	**炎帝祝融**
西方模式	**日落处，秋，白色，昏，昧谷**	**死亡，**	**少皞蓐收**
北方模式	**日隐处，冬，黑色，夜，幽都**	**孕生，**	**颛顼玄冥**

●5-2　中国上古神话宇宙观模式系统图（唐启翠绘制）

太阳日周期与年周期、生命周期、四方空间秩序等在原型象征系统中相互认同，构成了中国文化的元语言，“规定制约着古人的思维方式，转换、生成出各种程式化的象征礼仪活动和神话传说”。[①]太阳作为人类建立时空秩序观念不二尺度这一事实，经由神话思维，变成了创造时空秩序和世界万物宇宙主宰，行使着创世功能。这与迄今所知最早最完整的天文文献——战国《楚帛书》构图与创世篇对日月运行秩序的特别关注可相互映照、互为说明：

> 曰（粤）故□𤇷霝（或䨻，雹）虘（戏），出自□霆，……梦梦墨墨，亡章弼弼，□□水□风雨。是於乃娶䖒□□子之子，曰女𤯷（娲）。是生子四□，是襄天𡒉（践），是各（格）参𢋈（化）。……未有日月，四神相戈（代），乃步以为岁，是惟四时。伥（长）曰青檊（榦），二曰朱四兽（单），三曰□黄难，四曰□墨檊。千又百岁，日月夋（允）生，九州不平。山陵备峡（侧），四神乃乍至于复。……炎帝乃命祝融，以四神降，奠三天，□思敦，奠四极。曰：非九天则大峡（侧），则毋敢睿天灵（命）。帝夋（允），乃为日月之行。共攻（工）□步十日，四时□□，□神则闰，四□毋思，百神风雨，晨祎乱作，乃□日月，以传相□思，有霄有朝，有昼有夕。[②]

①叶舒宪：《中国神话哲学》，西安：陕西人民出版社，2005年版，第66页。四方模式参见叶舒宪著《中国神话哲学》第二、三章。

②释文主要参引李零：《长沙子弹库战国楚帛书研究》，北京：中华书局，1985年版，第64—73页释考，另据李学勤《楚帛书中的古史与宇宙论》，载李学勤：《简帛佚籍与学术史》，南昌：江西教育出版社，2001年版，第47—52页释文疏证修正个别地方。

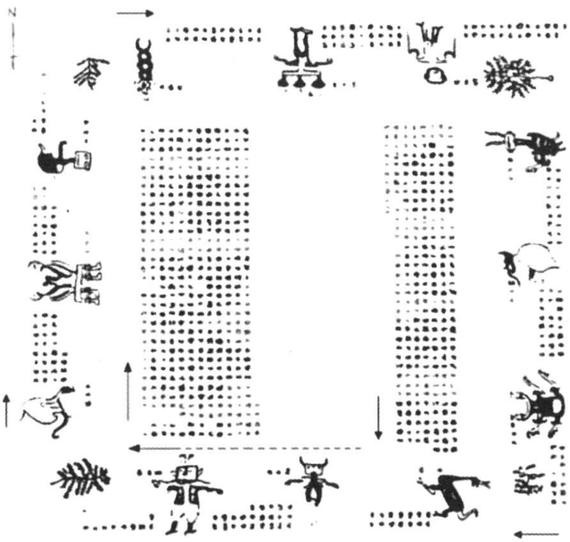

●5-3 楚帛书宇宙图式

宇宙创生、四时有序，乃至劫后重创，皆赖四时之神各司其职，日月守序，而以古代式图为模型的帛书彩绘图文本身构成即暗喻天体旋转，是日月四时周行不迨的表征。

帛书或称战国楚月令[①]与《礼记·月令》时空混同的图式虽蒙上了浓郁的阴阳五行色彩，但史前的神话思维模式依旧在物候符号与仪式历法循故、法初中沉潜着，为今人探讨更为深层的信仰机制提供了可循之迹。

①关于《楚帛书》的性质，陈梦家与其他前贤多有讨论，多与齐之《玄宫图》、秦之十二纪、《礼记·月令》等并提，谓之楚月令。李零以为此比月令诸书，更为原始，宜称为“历忌”。详论参见李零：《长沙子弹库战国楚帛书研究》，北京：中华书局，1985年版，第33—47页。图文阅读方向与天体右旋一致，此争论较多，笔者认同上南下北说，详论可参黄崇铭《明堂与中国上古宇宙观》（《城市与设计学报》，1998年第4期》）、冯时《中国天文考古学》（北京：中国社会科学出版社，2007年版）第18—19页论述。

第二节
“月令”物候与终而复始

月令图式中，日月星辰的循环运行构成了一年四时十干十二月循环往复的背景与法则，五帝、五神（或十二神）、五行、五祀、五祭、五数、五音、五虫、六律吕等均构成这一循环的表征，而最为明显也最让后人难以理解的表征就是各月之物候。下面从植物物候、动物物候与五帝神与时空循环关系分而叙之。

一、“月令”植物物候与时间循环

《月令》植物物候主要以春华秋实、夏荣秋种及草木零落来体现时间推移，见图5-4。

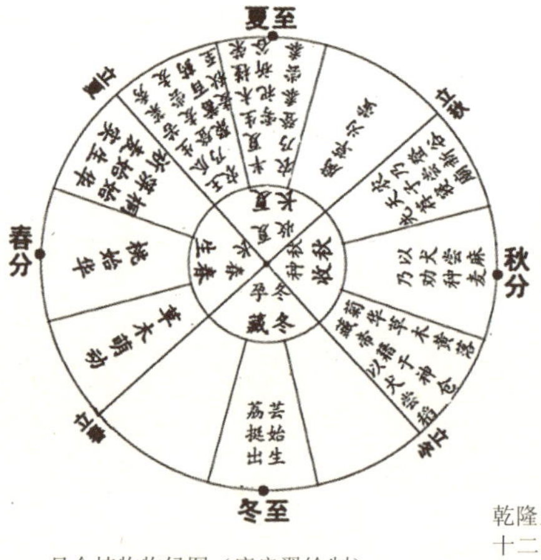

月令植物物候图（唐启翠绘制）

乾隆玉十二月令佩，故宫博物院藏（唐启翠　摄）
十二个花瓣形佩一牌一花对应十二月，每一牌所代表的月令与中间圆形佩上的十二律吕相对应。十二边形圆形佩中心透雕六环活心，似花蕊又似运于中央的太阳。

●5-4　四季植物物候与十二月花玉佩

从图可以看出，春天的植物物候由孟春草木萌动到仲春桃树开花再到季春桐树开花、萍草生，主要是以草木抽芽开花为报春使者，可以说春天是一个花的世界，常常用“花姑娘”来形容春天的到来。在古希腊四季神话中，春神出场时恰好是以头戴花冠的青春女神形象出现的。可见“春花”与“春神”具有象征性认同关系。报春的植物物候本来很多，为何单单挑选了桃华、桐华及萍呢？这源于初民关注并赋予名称的“只是那些对说话者有用或有意义的东西”[①]。孟春之月，阳气蒸达，天气下降，地气上腾，天地合同，故而草木萌动，乃总言万物新生之象。“桃之夭夭，灼灼其华”固然是春天最为艳丽的景象而成为人们最先关注的对象，不仅成为美少女的象征，成为婚礼热闹景象的表征、美好事物的象征，也是小麦生长的物候[②]，而这一切皆源于桃木在上古中国的神圣意义。传说中有“桃都山”，《太平御览》卷二九“时序”引《括地图》曰：

> 桃都山有大桃树，盘屈三千里，上有金鸡，日照则鸣。下有二神，一名郁，一名垒，并执苇索，伺不祥之鬼，得则杀之。……又《玄中记》曰：今人正朝做两桃人立于门旁，以雄鸡毛置索中，盖遗像也。[③]

又卷九一八“鸡”引《玄中记》曰：

> 东南有桃都山，上有大树，名曰“桃都”。枝相去三千里。上有一天鸡，日初出，光照此木，天鸡则鸣，群鸡皆随之鸣。[④]

东南方桃都山正是神话传说中的太阳神栖息地之一，而桃树则是沟通天地的神木。《太平御览》卷九六七“桃”引《典术》曰：

> 桃者，五木之精也，故压伏邪气者也。桃木之精生在鬼门，制百鬼，故今做桃人梗著门以压邪，此仙木也。[⑤]

①埃德蒙·R. 利奇：《从概念及社会发展看人的仪式化》，史宗主编：《20世纪西方宗教人类学文选》，上海：上海三联书店，1995年版，第507页。

②（北魏）：贾思勰《齐民要术·大小麦》：“大麦生于杏……小麦生于桃。”

③（宋）李昉等编：《太平御览》（影印版），北京：中华书局，1960年版，第137页。

④（宋）李昉等编：《太平御览》（影印版），北京：中华书局，1960年版，第4074页。

⑤（宋）李昉等编：《太平御览》（影印版），北京：中华书局，1960年版，第4289页。

桃木具有驱鬼辟邪祓除不祥的功能，不仅用来制作桃弓苇戟以除残去恶，而且成为门神的制作材料与象征。《论衡·订鬼》引《山海经》曰：

沧海之中，有度朔之山。上有大桃木，其屈蟠三千里，其枝间东北曰鬼门，万鬼所出入也。上有二神人，一曰神荼，一曰郁垒，主阅领万鬼。恶害之鬼，执以苇索，而以食虎。于是黄帝乃作礼以时驱之，立大桃人，门户画神荼、郁垒与虎，悬苇索以御凶魅。①

到了南朝梁宗懔《荆楚岁时记》中，“画鸡”、“桃符”则已经是荆楚正月一日盛行的风俗了：

正月一日，三元之日，鸡鸣而起，先于庭中爆竹，以辟山臊恶鬼。帖画鸡，或断镂五彩及土鸡于户上。造桃板著户，谓之仙木。绘二神帖户左右，左神荼，右郁垒，俗谓之门神。于是长幼悉正衣冠，以次拜贺。②

东汉画像石上即有鸡首人身与牛首人身的左右两守护神形象。十二生肖中，阳鸟酉鸡位西，为太阳神鸟，土兽丑牛在东北，而桃都山东北为鬼门，故而在东汉画像石墓中成为天地入口的守门人，天界守门人在人间和阴司便成了门神，亦成为辞旧更新的象征：“爆竹一声除旧，桃符万户更新。”③

●5-5　三星堆博物馆藏青铜天鸡与青铜神树底座（唐启翠　摄）。青铜神树底座树干已残，三面镂空饰刻云雷纹，正中跪坐戴冠穿甲男性，守护着天地通道，类于神荼郁垒。而天鸡昂首挺胸立于方台，似乎正要一唱天下白驱邪迎吉。

①（东汉）王充：《论衡》，上海：上海人民出版社，1974年版，第344—345页。据《论衡·乱龙》曰：上古之人，有神荼、郁垒者，昆弟二人，性能执鬼，居东海度朔山上，立桃树下，简阅百鬼。《论衡》，第247页。另《太平御览》卷四七地部引《郡国志》曰：台州桃都山，上有大桃树……，则将桃都山具体定位在东南台州。则度朔山与桃都山皆在东南，可能为一山。

②（梁）宗懔：《荆楚岁时记》，李金龙校注，西安：陕西人民出版社，1987年版，第1—7页。

③古春联，参引《汉语大词典》2.0光盘版，香港：香港商务印书馆，1990—2000年版，“桃符”条。

神树上所栖报明天鸡与栖于扶桑上的太阳神鸟一样，是光明使者。在无计时器的时代，鸡鸣是黑暗与光明、昼与夜之间最重要的时间标示，因而被誉为“司晨”、“时夜”、“知时”等。在《礼记·曲礼》中作为祭品的鸡被称为“翰音”，《说文》：翰，天鸡也。而在《礼记·内则》的时间表中，“鸡初鸣”与昧爽、旦、朝时、日中等第而序之，俨然为白昼之始。鸡鸣与时间的密切关联，从《周礼·春官》特立专管鸡牲与报时的“鸡人”一职即可看出。所谓“雄鸡一唱天下白”，而若“牝鸡司晨”则被视为阴阳颠倒、世界失序的凶兆，故而《尚书·牧誓》中周武王在牧野之战的战前誓师大会上历数纣王罪责之时要特别指出妲己之罪，即牝鸡司晨导致亡国。

要言之，桃木与天鸡不仅具有辟邪祓凶的功能，而且具有夜尽昼来、岁且更始的时间标示意义，故而桃花成为春神象征是有所择选的。

季春以桐华萍生为标示，与桃一样，桐与萍均与圣事相关。梧桐为世之嘉木，挺拔伟岸，根通清泉，叶连碧云，有凤来栖。在古人祥瑞感应观念中，梧桐通灵，为祥瑞之征候。《礼斗威仪》有“君乘火而王，其政平则梧桐常生”，《遁甲经》亦言“梧桐不生则九州异”，皆因梧桐以叶“知日月正闰”，以花开而报时，故《月令》（仲春之月）“桐始华”，注引《周书》曰：“不始华，则岁有大寒。”木善知音，故“神农黄帝削桐为琴”，“李子长为政，欲知囚情，以梧桐为之象囚形。乃凿地为埳，卧木囚其中，曰‘罪’，若正则木囚不动；若有冤木囚动，出人之精诚者，木人也”。[①]相传黄帝医师桐君曾结庐桐树下，故以桐君指代医仙与琴。早在《诗经》中梧桐与琴瑟、凤凰就密切地联系在一起，如《诗经·鄘风·定之方中》“树之榛栗，椅桐梓漆，爰伐琴瑟”，《诗经·大雅·卷阿》“凤凰鸣矣，于彼高岗。梧桐生矣，于彼朝阳”。而桐华作为春季物候与凤凰的关系是比较密切的，凤作为鸟类之长，是当然的太阳神鸟，依据《卷阿》与《庄子·秋水》“夫鹓鶵发于南海，而飞于北海，非梧桐不止”的记载，则梧桐亦是太

①梧桐之祥瑞征候、灵异之传说，可详参（宋）李昉等编：《太平御览》（影印本），北京：中华书局，1960年版，第4244—4245页。

阳神树，与扶桑、若木、建木、桃木等一样，是太阳鸟朝出夕入的栖息地。凤凰的栖落象征着光明到来，即祥瑞降临，故而有“栽桐引凤”、“桐花凤”[①]之说。故桐木常常用来制作乐器，如琴，可通天地人神，可作祭品桐鱼、桐马、殉葬桐偶、蛊祝桐人、母丧杖桐等[②]。

●5-6 康熙景德镇百鸟朝凤盘，上海博物馆藏（叶舒宪 摄）。鹿鹤桐椿，象征着春回大地、祥瑞六合

季春之月，桐始华，春神形象从桃花置换为桐华，象征着时间推移。随后的物候为水生植物——蓱（即萍、蘋）。《诗经·鹿鸣》有“呦呦鹿鸣，食野之苹”。苹为多年生草本，生浅水中，冬季枯萎进入休眠状态，季春复生，夏秋开小白花，全草入药。古人常采作祭祀之用，《周礼·秋官》专设“萍氏”“掌国之水禁，几酒，谨酒，禁川游者”。《礼记·月令》仲春之月，“天子命乐正习舞，释菜”。郑注：命习舞者，顺万物始出地鼓舞也。将舞，必释菜于先师以礼之。菜，即蓱藻之属。《左传·隐公三年》：“苹蘩蕰藻之菜……可荐于鬼神，可羞于王公。”《左传·襄公二十八年》：“济泽之阿，行潦之苹藻，寘诸宗室，季兰尸之，敬也。”郑玄笺注《诗经·采苹》“于以采苹？南涧之滨；于以采藻？于彼行潦。……于以奠之，宗室牖下；谁其尸之？有齐季女”曰：“古者妇人先嫁三月，……教以妇德、妇言、妇容、妇功。教成之祭，牲用鱼，芼用苹藻，所以成妇顺也。”《采苹序》：“《采苹》，大夫妻能循法度也，能循法度，则可以承先祖共祭

①（唐）李德裕《画桐花凤扇赋序》：“成都夹岷江矶岸，多植紫桐，每至暮春，有灵禽五色，小于玄鸟，来集桐花，以饮朝露。及华落则烟飞雨散，不知所往。”

②（宋）高承《事物纪原·农业陶渔·桐人》：“今丧葬家，于圹中置桐人，有仰视俯听，乃蒿里老人之类。”《汉书·江充传》：“是时，上春秋高，疑左右皆为蛊祝诅，有与亡，莫敢讼其冤者。充既知上意，因言宫中有蛊气，先治后宫希幸夫人，以次及皇后，遂掘蛊于太子宫，得桐木人。太子惧，不能自明，收充，自临斩之……太子繇是遂败。”（汉）董仲舒《春秋繁露·求雨》：“为四通之坛于邑西门之外，方九尺，植白缯九，其神太昊。祭之以桐木鱼九。”《埤雅·释木》：“父丧杖竹，母丧杖桐，竹有节，父道也，桐能同，母道也。”（汉）桓宽《盐铁论·散不足》：“古者，明器有形无实，示民不可用也。及其后，则有酰醢之藏，桐马偶人弥祭，其物不备。”

祀矣。”后因以“蘋蘩”借指能遵祭祀之仪或妇职美德等。萍藻蘩蕁之类植物作为冬眠春生采以祭先师先圣宗庙的圣草，或许与其生长快速而成为生殖意象相关，材料阙如，暂为悬置。自此以下进入夏长季节：

> 孟夏，王瓜生，苦菜秀；（农乃登麦，以彘尝麦；聚蓄百药。靡草死，麦秋至）仲夏，半夏生，木槿荣；（雩祀以祈谷食；农乃登黍，以雏尝黍，羞以含桃）季夏，腐草为萤。

郑注《月令》“（孟夏之月）王瓜生，苦菜秀”曰：“王瓜，萆挈也。”朱右曾校释《逸周书·时训》“王瓜不生，困于百姓”说：“王瓜，一名土瓜，四月生苗，延蔓，五月开黄花，子如弹丸，生青熟赤。”但土瓜、萆挈者又何谓，世人不知。《汉语大词典》总谓曰：葫芦科多年生攀援草本。据考匏、瓠、瓜、娲皆一语之转，即葫芦瓜，为始祖伏羲女娲之化身，这正是伏羲以木德王的本源。①且“瓜”在东南亚地区与葫芦同义。②可见“王瓜”与葫芦同科。《礼记》所记仪式中多次提到“瓜”，如《玉藻》篇：“瓜祭上环。”孔疏：“瓜祭上环者，食瓜亦祭先也。”所谓瓜祭即食瓜荐新祭祖以示不忘本。《郊特牲》记天子郊祀迎长日之至“器用陶匏以象天地之性也。……大报本反始也”，又论婚之合卺礼曰：“器用陶匏，尚礼然也。三王作牢，用陶匏。”陶匏之祖型即葫芦，仲冬之月若行秋令则“天时雨汁，瓜瓠不成”，“王瓜不生，困于百姓”，可见其关乎国计民生。不仅为此世果腹之物，亦喻子孙之蕃衍、相继不绝：“绵绵瓜瓞，民之初生。”

概言之，王瓜、陶匏在此象征“天地之性”以报本反始，《晋书·礼志上》言“器用陶匏，事返其始，远以配故祖”，此意更为明显。这与各族创世神话中将葫芦视为诞生始祖的母体、先祖灵魂

①闻一多在《伏羲考》中对与葫芦相关的49种洪水神话进行了分析，发现基本母题两种：一为避水工具，二为造人素材，葫芦作为故事的中心，乃是始祖伏羲女娲的化身。见《闻一多全集》，武汉：湖北人民出版社，1993年版，第106—112页。

②宋兆麟：《腰舟考》，见刘锡诚等主编：《葫芦与象征》，北京：商务印书馆，2001年版，第35页。

的归宿地、葫芦籽为万物之种、葫芦笙吹奏先祖之音具有相互认同的象征意义。[1]而在道家神话观中，“道生一”之“一（壹）”即取象于作为创造本源的原初整体——“壶”即瓠（葫芦或宇宙卵），仪式上供奉一个瓜瓠类的象征物，也是为了传达出回归到创世之前的整体未分状态的形而上意蕴。[2]故而葫芦在孟夏四月出苗、五月开花，“七月食瓜，八月断壶”成为人们关注的对象。

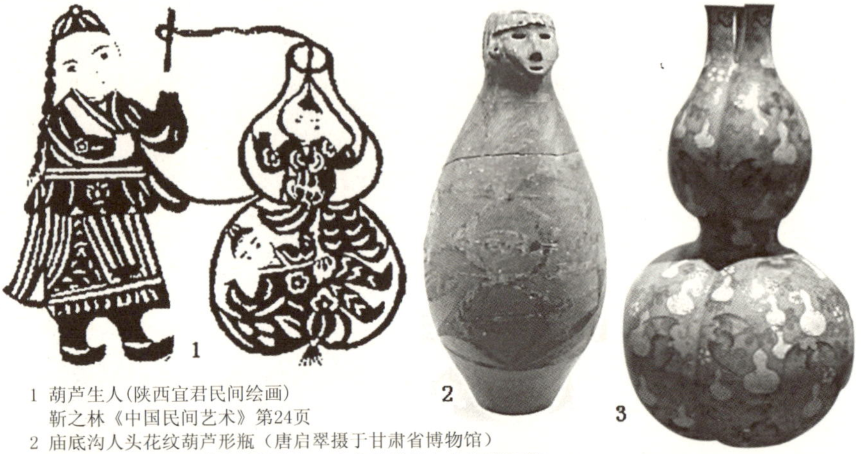

1 葫芦生人(陕西宜君民间绘画)
靳之林《中国民间艺术》第24页
2 庙底沟人头花纹葫芦形瓶（唐启翠摄于甘肃省博物馆）
3 乾隆粉彩三孔瓜瓞绵绵纹葫芦瓶（唐启翠摄于山东省博物馆）

●5-7 瓜瓞绵绵神话的传承演绎

苦菜一名荼，《尔雅·释草》：“荼，苦菜。”为田野自生之多年生菊科草本。《诗经·邶风·谷风》有“谁谓荼苦，其甘如荠”，《诗经·豳风·七月》有“采荼樗薪”，《诗经·大雅·绵》“堇荼如饴”，注诗者皆曰“荼”指苦菜。感阳火之味而生，春夏间开花，其茎叶嫩时均可食，略带苦味，有清热、凉血、解毒、明目、和胃、止咳之效。经霜后则有甜味，故有“堇荼如饴”之说。《颜氏家训》按引

①彝族民间长诗《梅葛》说，汉、傣、彝、傈僳、藏、白、回等民族，都是从一个葫芦里出来的亲兄弟；拉祜族长诗《牡帕密帕》中说：第一代人扎笛和娜笛是天神厄莎用葫芦孕育出来的，拉祜、佤、哈尼、彝、傣等九个民族是扎笛和娜笛所生的九对孩子。佤族《司岗里》也有类似的传说。《牡帕密帕》中又说扎笛和娜笛长大后做的第一件事，就是“扎笛砍来最好的泡竹，找来最好的葫芦，找到蜂蜡和树槽，做出了第一只葫芦笙”，“娜笛砍来最好的金竹做响篾(口弦)。弹起响篾像夜莺歌唱，吹起葫芦笙像布谷鸟欢唱”，“厄莎给响篾放上相思药，厄莎给葫芦笙放上相思药；扎笛吹葫芦笙就想到妹妹，娜笛弹起响篾就想起哥哥”。还说，葫芦笙的五根音管是五兄弟，有一年天大旱，五人每人拿一根竹管去找天神降雨，可是天神睡着了，怎么推喊也叫不醒，五人吹响了竹管，天神听到这美妙的乐声才醒过来。有一次五兄弟去深山，老父亲盼儿归来，就采集了五根竹管捆扎在一起，吹响后五兄弟听到，知道是老父亲在召唤，立即回到了父母身边。
②叶舒宪：《庄子的文化解析》，西安：陕西师范大学出版社，2005年版，第184—214页。

《易通卦验·玄图》曰："苦菜生于寒秋，经冬历春，得夏乃成，一名游冬，叶似苦苣而细，断之而有白汁，花黄似菊。此则与桐君略同，今所在有之也。"凌冬不死，可见其生命力之强盛。先民关注苦菜，一则为时令，一则亦是应与作为食物与药物性密切相关。

夏季物候多与药物相关，王瓜、苦菜、半夏、木槿皆是，这恐怕与仲夏之月"聚蓄百药"的政令有关。郑注仲夏之月"半夏生，木堇荣"曰："半夏，药草。木堇，王蒸也。一名舜华。"孔正义引《尔雅·释草》曰：木槿，可食，或呼为日及，亦云王蒸。其花朝生暮落。"木槿极易繁殖，早春或梅雨季节、秋末冬初扦插即活，花期较长，可从夏六月持续到九月，李商隐《槿花》诗曰："风露凄凄秋景繁，可怜荣落在朝昏。未央宫里三千女，但保红颜莫保恩。"木槿亦为良药，其花、子、根等均可清热凉血、解毒消肿等。湖南、湖北一带盛行槿篱，作为庭前院后田际路旁的绿化植物。

季秋九月，一名菊月。清厉荃《事物异名录·岁时》："九月为菊月。"菊花品种良多，多可入药，具有明目、清肝、辟邪、增寿之效。故九月九重阳节时兴登高饮菊花酒，《西京杂记》卷三《戚夫人侍儿言宫中乐事》曰：

> 九月九日，佩茱萸，食蓬饵，饮菊华酒，令人长寿。菊华舒时，并采茎叶，杂黍米酿之，至来年九月九日，始熟，就饮焉，故谓之菊华酒。①

宗懔《荆楚岁时记》亦有记载。繁花零落之秋，唯有菊花胜芳，犹如腊梅之于寒冬，皆有傲霜凌寒之孤洁，成为雅士志行的象征意象。而更为深层的意义则在于菊花在此象征着一个"年"循环的起点与终点的接合处。

至仲冬"芸始生、荔挺出"，标志着阴气在冬至日抵达终点，阴阳转换开始，阳气始生，故芸、荔挺类香草得阳气之先者开始萌发。芸与荔挺在此作为得阳气之先者，与其生长习性及其祛邪功能

①向新阳等校注：《西京杂记校注》（汉刘歆著，一题晋葛洪），上海：上海古籍出版社，1991年版，第138页。

相关，《夏小正》曰“采芸为庙菜”，《吕氏春秋·本味》言“阳华之芸”，《淮南子》云“芸可以死而复生”，晋成公绥《芸香赋》曰“美芸香之修洁，禀隆阳之淑精。茎类秋竹枝像春松”。[①]“荔挺”为兰草属，《逸周书·时训》言“荔挺不生，卿士专权”，颜之推《颜氏家训·书证》亦言“荔挺不出，则国多火灾”，可见荔挺作为感阳气之先而萌生者，还有预示秩序、吉凶的功能。

就像在众多的植物中，先民何以选择桃、桐、菊、兰等为报时使者一样，在众多的物候中，“花”为何成为时间的标示呢？土家族“拗花地界”以“十二月花”祈求生殖的巫术意义值得注意：

> 正月龙门开的是什么花？正月开的是梦秋啊花，我不戴它啊。……
>
> 二月开的是什么花？二月里开的是桃花啊，我不戴它啊。……
>
> 三月里开的是什么花？三月里开的是桐籽花，我也不戴它啊，朋友妻子啊，莫挨她。……
>
> 十月里开的是什么花？十月里开的是石榴花，要戴它啊。十八情姐要恋她。……呜呼！见花不戴，枉过了世界呀！我金花拗摘一朵，金科叶叶盖金花。我红花拗一朵，红花姑娘把人拖。我蓝花拗一朵，乌纱帕子罩脑壳，我白花拗一朵，燃关去啊，度煞[②]去啊。
>
> 戴花要戴满头啊花，吃茶要吃满杯茶。戴花要戴啊，花苞苞啊，连亲要连嫩苞苞。一夜种颗葫芦籽，看到啊看到长大了，长出一个小宝宝。呜啊！[③]

可以看到在土家族祈子巫仪中，以花喻人，并以“戴花”喻阴阳交合：“戴花要戴啊，花苞苞啊，连亲要连嫩苞苞。一夜种颗葫芦籽，看到啊看到长大了，长出一个小宝宝。”以花苞喻阴、以葫芦籽喻男精，目的就是要求得小宝宝，祈子之意十分明显。二月桃花、三月桐华赫然在列。可见《月令》春天物候选择桃华与桐华还有生殖祈子之意。

---

①参见（宋）李昉等编：《太平御览》卷九八二，北京：中华书局，1960年版，第4350页，“芸香”条。
②大门口，板桥上放有两头通的甑子，此时户主背伢儿从甑子里穿过，谓之“度煞”。
③彭荣德：《花巫术之谜》，北京：学苑出版社，1994年版，第175—178页。

《诗·桃夭》“桃之夭夭，灼灼其华。之子于归，宜其室家”本即婚礼仪式上祝愿多子之意。

“花”与生殖崇拜的关系，廖明君《生殖崇拜的文化解读》[③]对各民族花崇拜例举甚多，此不赘述。现在来看看“花”与“中华”之“华”的关联。郭沫若《释祖妣》曾引申王国维“帝者蒂也”之释论“帝”字源于花“蒂”，亦生殖崇拜之一例：

> 古人固不知有所谓雄雌蕊，然观花落蒂存，蒂熟而为果，果多硕大无朋，人畜多赖之以为生。果复含子，子之一粒复可化而为亿万无穷之子孙。所谓韡韡鄂不，所谓绵绵瓜瓞，天下之神奇更无有过于此者矣。此必至神者之所寄，故宇宙之真宰即以帝为尊号也。人王乃天帝之替代，因而帝号遂通摄天人矣。[④]

著名考古学家苏秉琦指出，分布于华山附近的仰韶文化庙底沟类型遗存，与传说中的华族发生及其最初形成阶段的活动和分布情形相符，因此：

> 庙底沟类型的主要特征之一的花卉图案彩陶可能就是华族得名的由来，华山则可能是由于华族最初所居之地而得名。

庙底沟类型彩陶花卉图案原型有蔷薇科和菊科，以华山玫瑰最具代表性。[③]

陆思贤《神话考古》引论苏说，认为玫瑰作为华族诞生的原生图腾，象征了夏半年万物生长的节令，而菊花象征了冬半年收藏的节令，预备着第二年新的繁荣，象征着氏族生命的不息，进而将之与伏羲关联起来，从花籽的冬孕春芽过程释读了伏羲作为生育女神的

①廖明君：《生殖崇拜的文化解读》，南宁：广西人民出版社，2006年版，第214—254页。
②郭沫若：《释祖妣》，刘梦溪主编：《中国现代学术经典·郭沫若卷》，石家庄：河北教育出版社，1996年版，第288页。
③苏秉琦：《关于仰韶文化的若干问题》，《考古学报》，1965年第1期。

原型寓意。[1]与闻一多“葫芦”化身说异说同源。亦与伏羲兼具龙蛇与熊的冬眠春醒的司掌生命、生殖、死亡与再生女神形象之论具有同一性。[2]可见葫芦、陶匏、花、鸟、龙、蛇、熊、风等皆不外生命女神的置换变形。

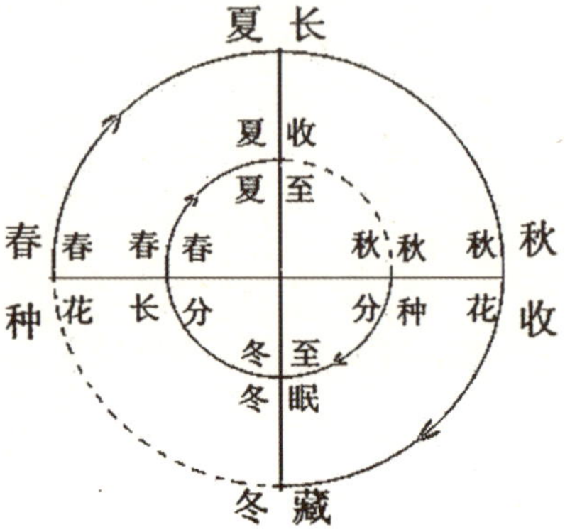

物候历示意图（唐启翠绘制）

●5-8　植物物候历示意图

从图5-8植物物候循环图可以看出，春花夏长秋衰冬终再春生的循环轨迹，相对于春季万物萌发、百花盛开，夏秋两季更多地表现为春生夏长的结果：收。故而孟夏四月，为麦收，天子以彘尝麦，先荐寝庙；仲夏雩祀祈谷，黍熟，尝黍荐庙；孟秋谷熟，天子尝新，先荐寝庙；仲秋麻熟，以犬尝麻荐庙；并开始另一个播收周期：劝麦。季秋将仲春帝藉之田的收获藏于神仓，专供祭天祀祖之用，此时稻熟，尝稻荐庙；至孟冬闭塞成终，大饮蒸，腊先祖五祀，祈来年于天宗，完成一个“年”周期，并开始准备进入下一个“年”周期，即进入“岁且更始”的时间阈限。至仲冬芸与荔挺死而复生，标志着阴气在冬至日抵达终点，阴阳转换开始，阳气始生，故而芸、荔挺类香草得阳气之先者开始萌发，新的循环历程开始。由此，可以看到植物物候中的时间循环规律：

其一，融合了两种物候历，即以“花开”和“谷熟”为标示的两种物候历。

其二，就“谷熟”而言，融合了两种岁首制度，即以冬至为岁首和以夏至为岁首两种“年”周期。因此，四时并非单线循环，而是复线

---

①陆思贤：《神话考古》，北京：文物出版社，1995年版，第21—22页。

②叶舒宪：《〈礼记·月令〉的比较神话学解读》，《陕西师范大学学报》，2006年第2期。

交替的循环：春种—夏长—秋收—冬藏（冬至岁首）与秋种—冬眠（生）—春长—夏收（夏至岁首）形成粮食作物的两个循环，如图5-8中。

二、动物物候与“月令”时空

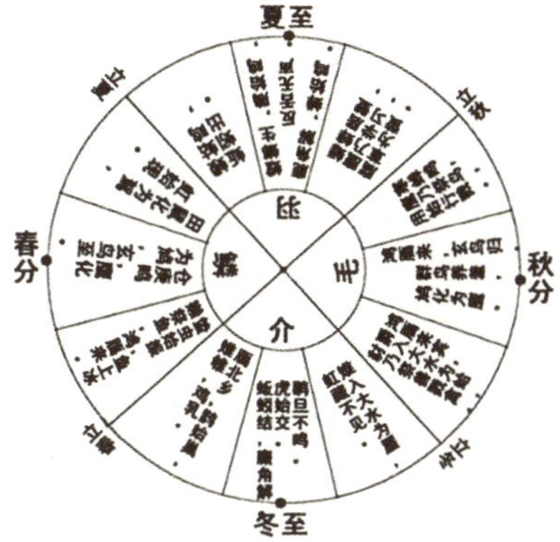

动物物候循环图（唐启翠绘制）

妇好墓铜盘龙、鸟、虎、鱼纹

●5-9　动物物候示意图与龙、鸟、虎、鱼四灵循环图

从图5-9动物物候循环图可以看出，“月令”图示中动物物候与植物物候一样，体现了时空的推移转换。东方春鳞、南方夏羽、西方秋毛、北方冬介（水）看似各自独立毫不相关，但在阴阳转换、春秋代序上互相关联为一体，这种关联的发生机制是什么？为什么鹰鸠、鼠鴽、鱼龙、鲲鹏可以互化？爵、雉之类羽虫入冬要化作水生动物蛤、蜃？獭缘何祭鱼？下面就循着这些疑问，以比较神话学的视野尝试着一解。

在动物物候中时空推移转换最为显著的就是几组互化的生命形态：

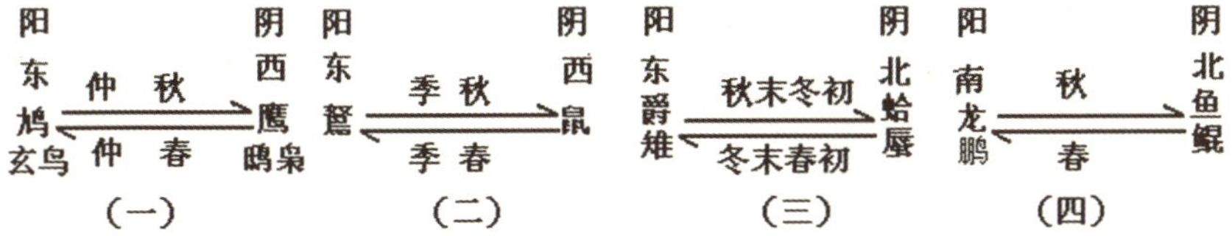

●5-10　动物物候几组互化图

从图5-10可以看出四组（其实暗含七组）阴阳互化的现象，若加

上南来北往的鸿雁、夏鸣秋噤之蝉、夏至脱而复生之鹿角等变相置换现象则更多。鸿雁为季候鸟，春来秋往，虽属自然物候，但也无异于春生秋死、死而复活、生命永续循环的象征。

第一组，东方春鸟鸠入秋化为猛禽鸷鹰，司分之玄鸟春分来，秋分去，其实隐含着一个变形，即春天玄鸟至秋转化为猛禽鸱枭，就像同在春/秋分先后而至一样，玄鸟/鸱枭与鸠/鹰具有象征性认同，皆具有生命神、生殖神、太阳神、死神与再生神的品格，玄鸟、鸠（布谷、杜鹃）、鹰/鸱枭乃至人面鸟身的勾芒、社树等，均不过是“大母神”在不同时节中的置换变形。[①]

著名考古学家金芭塔丝（Gimbutas）在《活着的女神》中以翔实的史前考古实物和神话、仪式，说明女神变形化身的多样性，除了人形，女神：

> 也可以变作一头熊、一棵树、一只母鸡、一根石柱或是一只水鸟。她还有一个很重要的化身——杜鹃，这与女神的一些春天特征有关。杜鹃预告人的寿命、欢乐以及婚姻。……因为杜鹃是春天的使者，所以象征严冬的结束。春天过完了，杜鹃就消失了，然后以鹰的形象返回。[②]

同时女神在履行死亡与再生职责时，除了以蟾蜍为主要形象外，也会以其他形象显灵，比如鱼、蛇、豪猪、母猪、母马、狗、喜鹊、燕子、鹌鹑、蛾子或者蝴蝶。总之，她们即是“生命的赐予者、医治者、家庭和社区的守护者、大地富饶的带来者、死亡的使者以及生命的再造者”。[③]

在此视野下，其他几组互化的背后潜藏着的实际上也是女神的置换变形，用以启示人类。季春田鼠（阴虫）化为鴽（鹌鹑，阳，羽），季秋鴽复化为鼠，或鼢为鵙（即伯劳，阳，羽）所化：

> 鼢，地中行鼠，伯劳所化也。段注：一名鼹鼠、隐鼠，常

①详论参见叶舒宪：《〈礼记·月令〉的比较神话学解读》，《陕西师范大学学报》，2006年第2期。

②金芭塔丝：《活着的女神》，叶舒宪等译，桂林：广西师范大学出版社，2008年版，第216页。

③金芭塔丝：《活着的女神》，叶舒宪等译，桂林：广西师范大学出版社，2008年版，第230页。诸种化身可详参此书第216—130页。

穿耕地中，掏掘即得。苏颂《图经曰》：即化为鴽者也。按依许氏说，百劳化田鼠，而田鼠化鴽，物类递嬗如此，有如斯矣。《方言》谓之犁鼠。[1]

《夏小正》有正月鼠出，农率均田；三月田鼠化为鴽，八月鴽为鼠。从生物属性上看，鼠为土虫、阴物，春夏之交迁入坡地林岗，入秋则复入农田，似乎与鴽（鹌鹑类鸟）春夏鸣翔于林岗而入秋不见的现象十分相近。鼠深居土穴，昼伏夜出（日中深潜土穴，夜间或早晨出穴捕食，常穿耕地中，有示农事之意，故又名犁鼠），对于那些十分关注自然物象变化的人来说，这与月之暮升旦落、日之朝升夕落的变化具有同等的意义。

1　济南市博物馆藏负壶陶鸠　2　海南省博物馆2009“国家宝藏展”妇好枭尊（唐启翠　摄）。枭尊上相继而出的龙、枭造型似乎蕴含着龙凤互化神话

●5-11　鸠鹰互化

（季秋）爵（雀，羽类，秋季西方）入大水化为蛤（水虫，介类，冬季北方），孟冬雉（野鸡，陆禽）入大水为蜃（水虫，冬季北方），“辰”为蜃之初形，初义为大蛤。《史记·律书》亦曰：“辰者，言万物之蜄也。”蛤为何物？在此已经不很重要，关键的是与鹰鸠在同类之间互化不同，鴽、爵、雉皆为异类递嬗，这应是阴阳互化、季节转换的象征。鼠/鼢与鴽/鴾互化标志着春去夏来历秋而入冬春，爵/雉作为阳鸟在秋末冬初化为大水之蛤，而在春初随着雷声震动而返回，《月令》季冬之月，“鹊始巢，雉雊，鸡乳”。孔《正义》引“《易·通卦验》云‘雉雊响鸡乳，在立春

①（清）段玉裁：《说文解字注》，杭州：浙江古籍出版社，1998年版，第478页。

节’，与此同，以立春在此次月也”。[1]段注《说文》“雊，雄雉鸣也。雷始动，雉乃鸣而句其颈”曰：“《易·通卦验》云……立春在十二月。月令季冬雉雊，皆谓雷鸣地中时也。”[2]入冬而化为蛤，闻雷而复鸣，在时空转换上为由西方之秋金进入北方之冬水，进而返回东方之春木。

鱼龙、鲲鹏互化则兼具上述两种转换特点，鱼龙变化为类同鹰鸠之化，为同类间转化，鱼化龙，语本《辛氏三秦记》：

河津一名龙门，禹凿山开门，阔一里余，黄河自中流下，而岸不通车马。每莫春之际，有黄鲤鱼逆流而上，得过者便化为龙。[3]

张衡《西京赋》曾盛描平乐宫上演的“鱼龙曼延”剧：

华岳巍峨，冈峦参差。神木灵草，朱实离离。总会仙倡，戏豹舞罴。白虎鼓瑟，苍龙吹篪。女娥坐而长歌，声清畅而委蛇。洪涯立而指麾，被毛羽之襳纚。度曲未终，云起雪飞，初若飘飘，后遂霏霏。复陆重阁，转石成雷。礔砺激而增响，磅磕象乎天威。巨兽百寻，是为蔓延。神山崔巍，欻从背见。熊虎升而拏攫，猨狖超而高援。怪兽陆梁，大雀踆踆。白象行孕，垂鼻辚囷。海鳞变而成龙，状蜿蜒以蝹蝹。含利颬颬，化

1 济南市博馆藏鱼龙纹铜鉴 2 湖北省博物馆藏鱼鸟纹漆盘（唐启翠 摄）3 北首岭半坡鱼鸟纹彩陶壶 4 襄汾陶寺龙纹陶盘 5 妇好墓鱼龙纹铜盘，采自张鹏川《彩陶图谱》第212页 6 良渚文化龙鸟纹陶壶，采自《中国龙凤艺术研究》第16图

●5-12 鱼龙、鲲鹏互化的器物见证

①李学勤主编：《礼记正义》，北京：北京大学出版社，1999年版，第559页。
②（清）段玉裁：《说文解字注》，杭州：浙江古籍出版社，1998年版，第142页。
③张澍编：《辛氏三秦记》，清道光元年（1821年）辛巳新镌二酉堂本。

为仙车，骊驾四鹿，芝盖九葩。蟾蜍与龟，水人弄蛇，奇幻倏忽。①

仙山神木，朱实灵草，云雾缭绕之中，仙倡歌而虎豹熊罴舞，东方苍龙、西方白虎、北方仙鹿、龟蛇、天上大雀、地上蟾蜍、山中怪兽、水中之鳞统统出场，尤其是“云起雪飞，初若飘飘，后遂霏霏……转石成雷”由冬入春的舞台背景，海鳞（大鱼）蜿蜒成龙，含利（西方吐金之兽）化为仙车，骊驾四鹿，复进入北方水世界，即蟾蜍与龟，水人弄蛇，奇幻倏忽之境。从整个剧目的季节、场景、仙兽转换的描述来看，应是以远古“鱼龙”互化“以确证和庆祝冬去春来、死即复苏的巫术性仪式为原型的歌舞表演”。②

结合《山海经·大荒西经》所载北方之神颛顼神话：

有鱼偏枯，名曰渔妇。颛顼死即复苏。风道北来，天乃大水泉，蛇乃化为鱼，是为鱼妇，颛顼死即复苏。③

鱼龙变化更深层的神话原型意义就更为明显了。鲲鹏、鱼鸟互化，除时空转换意义外，“表象背后隐约可观的乃是创世神话运动模式。……世界范围内最具有普遍性的太阳创世主运行程式不外乎这样两种：太阳鸟被海中巨鲸（或混沌海怪、巨龙）所吞下，次日晨又被吐出；鹰战胜蛇（光明）与蛇战胜鹰（黑暗）。原始的宇宙哲学就是这样借助于自然意象来展开神话情节，用以解释大自然的周期变化规律的”。④陆地动物或天空动物与水生动物互相转化往往象征着阳界与阴间、光明与黑暗间的生死形态转换，“水”这一生命之源泉自然成为生命转换或再生的媒介。原始神话中，生与死之间的转化常常表现为某人或某动物变化为鱼。⑤

那么，《月令》孟春之月“东风解冻，鱼上冰，獭祭鱼”则不尽然是物候表层的叙述意义，当有更深层的生命转换象征：冬神以

①萧统编：《文选》，李善注，北京：中华书局，1981年版，第48页。
②叶舒宪：《中国神话哲学》，西安：陕西人民出版社，2005年版，第106页。
③袁珂：《山海经校注》，成都：巴蜀书社，1996年版，第476页。
④叶舒宪：《庄子的文化解析》，西安：陕西师范大学出版社，2005年版，第105页。
⑤坎贝尔：《原始神话学》，转引自叶舒宪：《中国神话哲学》，西安：陕西人民出版社，2005年版，第103—104页。

佛教天龙八部之一，密教五方佛北方羯摩不空成就佛坐骑，寓意法王摄引一切，无不归者。

●5-13 湖北省博物馆藏梁庄王墓出土金鹏大翅鸟（唐启翠 摄）

“鱼”的形态复生，蔓延为龙。水獭作为一种水陆两栖动物，兼具西方毛兽与北方水虫特点，《说文》：“獭，水狗也，食鱼。”《玉篇》则云：“獭，如猫，居水食鱼。”蔡邕《月令章句》曰：“獭，毛虫，西方白虎之属，水居而杀鱼者。”高诱注《淮南子·时则》“獭祭鱼”曰：“獭獱，水禽也。取鲤鱼置水边，四面陈之，谓之祭鱼。”[①]黄叔琳《夏小正》注“獭祭鱼”曰：“獭祭圆（正月獭献鱼，四面陈之而圆），象天，阳也；豺祭方（十月豺祭兽，杀兽而四方陈之，似祭），象地，阴也。”将之与人春郊祀圜天，秋郊祀方地联系起来。[②]解经者虽以阴阳五行学说为本，将獭祭鱼、豺祭兽与人类的祭祀仪式相联系，又多据《王制》“獭祭鱼，然后虞人入泽梁”以仿生学视之，亦可见獭祭与时令渔政关系之密切。在梁代《本草图经》中已有驯养水獭的记载，[③]唐代段成式《酉阳杂俎》、张鷟《朝野佥载》等文人笔记中已有明确的养獭捕鱼的记载，[④]“獭祭鱼”与远古祭仪的关系遂显得更为穿凿。

但若联系整个东亚大陆广泛流传的“老獭稚传说”——将水獭视为王朝或者部落始祖，且被杀死的水獭尸骨在龙腹或龙角获得新生（其后

①详参（清）王聘珍：《大戴礼记解诂》夏小正“獭祭鱼”注引，北京：中华书局，2008[1983]年版，第27页。

②庄雅州：《夏小正析论》，台北：文史哲出版社，1985年版，第93页。

③邱峰：《中国淡水渔业史话》，《农业考古》，1982年第1期。

④段成式《酉阳杂俎》：元和末，均州郧乡县有百姓年七十，养獭十余头，捕鱼为业，隔日一放。将放时，先闭于深沟斗门内，令饥，然后放之，无网罟之劳，而获利甚厚。令人抵掌呼之，群獭皆至，缘襟籍膝，驯若守狗。张鷟《朝野佥载》：通州界内多獭，各有主养之，并在河侧岸间，獭若入穴，插雉尾于獭穴前，獭即不敢出；去却尾，即出。得鱼必须上岸，人便夺之。取得多，然后放，令自吃，吃饱即鸣仗驱之，插尾更不敢出。

代均成为王）的传说，[1]鱼创世神话以及獭、鱼与远古人的关系等，则“獭祭鱼”当有更深远的神话原型：庆祝冬去春来、死而复生的巫术性仪式。

西汉水獭扑鱼銎戈，晋宁石寨山出土，云南省博物馆藏。

●5-14　獭祭鱼

至于四方之“虫”春秋代序的阴阳转化面纱的背后，依然潜藏着生命形态置换变形以象征新生的深层意义。下面就以东方苍龙为例论述这样的深层置换表征。

春虫为鳞，鳞中以龙为长，故苍龙主东方，许慎《说文》：“龙，鳞虫之长，能幽能明，能细能巨，能短能长，春分而登天，秋分而潜渊。”龙“春分登天”与“秋分潜渊”的特性与作为天象的苍龙七宿在春分到秋分之间初昏时横亘过南中天的天象极其吻合。[2]而“龙见”与农时与四时祭祀关系非常密切，《左传·桓公五年》有“凡祀，启蛰而郊，龙见而雩，始杀而尝，闭蛰而蒸”，《左传·襄公七年》亦言“夫郊祀后稷，以祈农事也。是故启蛰而郊，郊而后耕”。至今农谚尚有有“二月二，龙抬头”。《春秋元命苞》言“龙当为萌也”，与“启蛰”具有同等指示意义，即动物冬眠复苏之时，大地亦回春，万物萌发。

卜辞屡见“启龙”、“告龙”之卜，与启蛰之时节相合。[3]现见

①故事梗概为水獭化作年轻男子与一渔家女或水滨女子幽会而被女子父母发现杀死，女子将水獭尸骨收藏。不久后女子怀孕生子，善水。一个外来人发现水塘或河湖深处的龙脉，祝福小男孩将自己父亲的尸骨放在龙角或者龙腹，孩子的母亲则让孩子把水獭的尸骨先放进龙腹或龙角，孩子或者孩子的子孙后来都成了王，如清太祖努尔哈赤、宋太祖赵匡胤、广西仡佬族灶王、越南丁首领等。详参（日）斧原孝守：《老獭稚传说考》，沙日娜译，《民族文学研究》，2002年第3期；刘守华：《百年再议“老獭稚”》，《民族文学研究》，2003年第3期；朱旭强：《老獭稚型传说的越南文本研究》，《民俗研究》，2005年第3期。

②郑文光：《中国天文学源流》，北京：科学出版社，1979年版，第97页。

③温少峰、袁庭栋：《殷墟卜辞研究——科技篇》，参引《古文字诂林》（第1册），上海教育出版社，1999年版，第426页。

最早的龙实物是河南濮阳西水坡蚌塑龙象，而红山C形玉龙、玉熊龙胎与冬眠玉熊亦惟妙惟肖。或直或曲，如蛇戴角有鳞爪，能兴云降雨，纵横六合。《易·乾》之“潜龙勿用、或跃在渊、飞龙在天、亢龙有悔、群龙无首”极尽“龙”之诸体变形，可谓四时历法的总绘，甚而被称为“龙历”。[①]闻一多《周易义证类纂》占侯篇对乾卦龙象与四时节令关系的论述，颇为精切：

> 古书言龙多谓东宫苍龙之星。……九五“飞龙在天”，春分之龙也；初九“潜龙”，九四“或跃在渊”，秋分之龙也。……上九“亢龙”，亢有直义，亢龙即直龙。用九“见群龙无首”，群读为卷，群龙即卷龙。……盖东方房心之为卷龙，亦犹中央权黄龙之为卷龙也。卷龙如环无端，没辨首尾，故曰“无首”，言不见首耳。[②]

可见六龙御天，乾道变化，“大哉乾元，万物资始”，“龙”与乾（天）道的关联就像“牛”与坤（地）道的关联一样，皆为万物之始。“初九，潜龙勿用”，孔颖达正义：“潜者隐伏之名，龙者变化之物，言天之自然之气起于建子之月。”建子为十一月冬至，苍龙潜伏地下，龙首（即氐宿）尚伏没未出，但已蕴势；“九二，见龙在田”，孔正义曰“当太簇之月”，孔颖达《月令》“太簇”正义曰：“簇，凑也，言阳气大凑地而达物也，位寅，在正月。”以《史记·天官书》“杓携龙角”参证，则当为龙星角宿昏见东方，即卜辞“启龙”、《月令》“启蛰”之月，冬眠的动植物开始复苏，农事也即将开始，新的一年正式开始了。故《月令》孟春之月，东风“解”冻，草木“萌”动，而“蛰”虫始“振”，鱼“上”冰，獭“祭”鱼，鸿雁“来”，皆为地坼冰解（即开启）之后动植物“死即复苏”的表征。

“九三”为建辰之月，时当春分，玄鸟至，鹰化为鸠，春神与生命神再次降临人间，天地合同，故桃始华（植物孕育）、鸟兽孳尾（动物孕育）、桑林之会（人类孕育）、帝藉田（天地孕育，农事之始），此即“辰”、“震”，辰者，震也，动也，娠也。《说文》：“辰，

①语出陆思贤：《神话考古》，北京：文物出版社，2005年版，第364页。

②闻一多：《周易义证类纂》“乙·占侯·乾”，《闻一多全集》，武汉：湖北人民出版社，1993年版，第231—232页。

震也，三月，阳气动，雷声振民，农时也。物皆生，从乙匕，匕象芒达，……辰，房星，天时也。”前文曾论东方苍龙房星为腹为辰，乃生命孕育之象。从月令物候可见，无论天地人物皆在此时为“辰”为“娠”，即便农事亦有象征性认同。[①]

“九四，或跃在渊”，则龙星诸宿全部跃出水面（北方为水）尽显于东方地平线上，“孔颖达正义”曰：“上既不在天，下不复在地，中又不当于人，上下皆无定位所处也。”龙星尾宿箕此时也已跃出水面，《诗经·小雅·大东》有“维南有箕，不可以簸扬”，簸扬则风沙弥漫，故而《春秋纬》有“月离于箕风扬沙”之说。“九五，飞龙在天”，苍龙之星横镇南中天，为夏季天象，此为“朱明盛长，旉与万物。桐生茂豫，靡有所诎。敷华就实，即阜既昌。登成甫田，百鬼迪尝”[②]的季节，这与植物物候颇相映照。“九五”为天地至尊，龙星此现有贯通天地之意，而转化为南方“火正”：

> 九是象征天的专用数码，数码五是贯通天地之数，五通午，甲骨文午字象形丨，是一根木柱正对着天顶，表示天地阴阳在此“交午”。“九五”二字合在一起，以示天顶与地中已被贯通。[③]

●5-15　晋代皇帝御用龙纹鲜卑头带扣，九五至尊的象征（叶舒宪摄于上海博物馆）

①农事之字每多从辰，如农、如辱、如蓐（此疑薅之初字），皆是。……星之名辰者，盖星象于农事大有攸关，古人多以耕器表彰之（西方亦称北斗为犁星）。郭沫若：《释干支·辰》，刘梦溪主编《中国现代学术经典》，第331页。

②此为汉郊祀之夏歌《朱明》，逯钦立辑校：《先秦汉魏晋南北朝诗》，北京：中华书局，1983年版，第148—149页。

③陆思贤：《神话考古》，北京：文物出版社，1995年版，第361页。

《左传·襄公九年》言："古之火正，或食于心，或食于咮，以出内火；是故咮为鹑火，心为大火。陶唐氏之火正阏伯，居商丘。祀大火，而火纪时焉。"《尧典》亦曰："日永星火，以正仲夏，厥民因，鸟兽希革。"东方苍龙与南方朱雀就这样完成了"斗转星移"，在神话学可谓之神的置换变形。

"上九，亢龙有悔"谓龙星划过中天向西天而去，"孔颖达正义"曰"亢阳至大而极盛，……久而亢极，物极必反"，故由极阳而转向阴，此时若天不雨则将大旱，故《月令》有"雩祀"求雨之仪。《淮南子·说山训》有"土龙求雨"之说，皆为极阳"有悔"之象。《坤》卦"上六"曰："龙战于野，其血玄黄。象曰：其道穷也。"孔"孔颖达正义"形象地称之为阴阳二龙之战，道穷者，亢龙穷途之谓。按照孔正义，上九为建戌之月，即夏历九月，周历十月，是为秋季，白虎星为主，"二龙相斗"是否隐喻着龙争虎斗的"斗转星移"？无论如何，自此时天象大变，东方苍龙横空出世所带来的生机萧飒于"秋老虎"，西方虎神主刑杀，生命女神鸠此时化为鹰，鹰击长空与猛虎下山共同构成了秋季景象："在西方模式中演出的饯日仪式和祭月仪式同太阳之死的神话观念，以及由此类比出的植物之死（秋收）、动物之死（狩猎）、人之死（刑杀）的神话观念都统合在'阴盛阳衰'的原型性时空背景中。"①

按照古人的神话想象，生命过程即生—死—再生的历程。东方为生命开端，西方是由死转入再生的地方。因此，虽则草木零落，生命并未就此完结，而是转化置换为另一种生命形态，玄鸟、鸿雁与雉、爵、鸠等属于东方与春天的鸟或南迁或化为更为鸷鸟鹰或转化水生动物蛤、蜃，进入下一个生命之旅。从这个意义上说，秋与春具有相同的生命转换功能，秋天在收获（植物）、狩猎（动物）、决斩（人）等刑杀的同时，亦在辞旧迎新，更新世界秩序，保持世界的洁净与有序。秋傩与春傩、秋社与春社、秋种与春种皆相互映照，形成第二次或者第二种生命旅程，即再次进入生命孕育状态，故"用九，群龙无首"，龙首之角、亢、氐诸宿下沉于渊，藏而不见。闻一多释"群"为"卷"，与"亢"相对。若与各地出土"龙"实物、图像，如红山C形玉龙、蜷曲玉熊龙、陶寺文化陶盘衔木句龙、妇好墓出土句龙、周代铜盘句龙等

①叶舒宪：《中国神话哲学》，西安：陕西人民出版社，2005年版，第101页。

均为蜷曲形，一如重新返回生命孕育状态——胚胎状态。故而《说文》有“春分而登天，秋分而潜渊”，商周以前无四季，只有春秋两季，故春分之龙为由冬入春凌云奋鳞而迎夏，转而由秋潜渊湿泥而入冬，完成一个循环。

三、五帝、神与“月令”时空

五帝系统十分复杂，对其原型谱系古往今来众说纷纭，笔者在此不介入讨论，仅借重相关学者研究成果，结合“月令”图示，讨论五帝神在此所呈现的时空转换的象征意义，如图5-16所示。

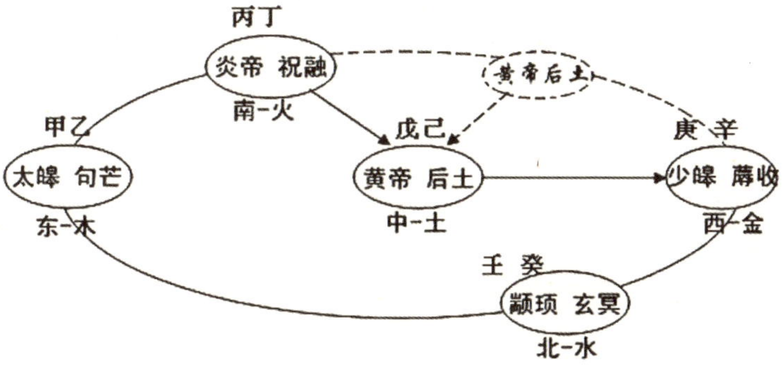

●5-16 五帝循环图（唐启翠绘制）

在“月令”时空循环系统中，五帝原型均为太阳神，且在古史传说中，本非一统，各有系谱，《左传·昭公十七年》郯子有比较完整的叙述：

> 昔者黄帝氏以云纪，故为云师而云名；炎帝氏以火师而火名；共工氏以水纪，为水师而水名；太皞氏以龙纪，故为龙师而龙名。我高祖少皞挚之立也，凤鸟适至，故纪于鸟，为鸟师而鸟名：凤鸟氏，历正也；玄鸟氏，司分者也；伯赵氏，司至者；青鸟氏，司启者也；丹鸟氏，司闭者也……[1]

《左传·昭公二十九年》又以卫献子与蔡墨的对话叙述了“五神”渊源：

① （清）阮元校刻：《十三经注疏》，北京：中华书局，2003[1980]年版，第2083页。

社稷五祀，是尊是奉。木正曰勾芒，火正曰祝融，金正曰蓐收，水正曰玄冥，土正曰后土。献子曰：社稷五祀，谁氏之五官也？对曰：少皞氏有四叔：曰重，曰该，曰修，曰熙，实能金、木及水。使重为勾芒，该为蓐收，修及熙为玄冥，世不失职，遂济穷桑，此其三祀也。颛顼氏有子曰黎，为祝融；共工氏有子曰句龙，为后土，此其二祀也。后土为社；稷，田正也，有烈山氏之子曰柱，为稷，自夏以上祀之。周弃亦为稷，自商以来祀之。[①]

这两段记载，提交了最早的五帝、五神渊源及少皞氏族的政治结构图。这里有两点值得注意。其一，五帝各有所系，黄帝云纪、炎帝火纪、共工水纪（月令为颛顼）、太皞龙纪、少皞鸟纪与“月令”图式大概相符，所谓云、龙、火、水、鸟可能皆为观象授时、确定时令的核心物候及其司掌人物的象征。但在“月令”图式中，五帝却以黄帝为中心，统合成了一个谱系，充分演绎着“黄帝四面”的一统神话。其二，分别来自两个系统的五神在月令中也获得了统合。但在纷纭复杂的古史传说帝神谱系中，春秋代序的时空转换意义还是十分明显的，如图5-17。

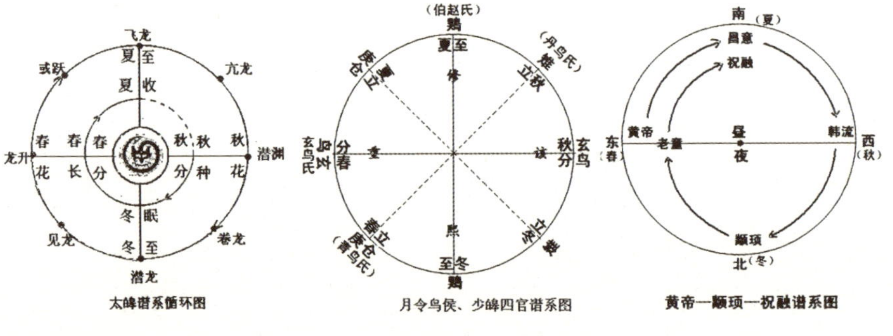

●5-17　太皞、少皞、黄帝各系循环图（唐启翠绘制）

左图为太皞时空循环图，《楚帛书》伏羲创世神话中，黄熊氏作为创世大神，太阳创世神格非常鲜明，与女娲生四子分司四方，四时循环、春秋代序之意十分清楚。结合月令图式中夜空星象（东方苍龙）与农时、动植物物候的关系，与《易·乾卦》六龙御天的变化试绘此图，可清晰地看到时空循环。

① （清）阮元校刻：《十三经注疏》，北京：中华书局，2003[1980]年版，第2123—2124页。

中图为少皞及其四子[①]（即四方神）四官图，四官分守分至启闭，形成启—分—至—闭—分—至—启的循环，仓庚、玄鸟、鴡与雉四鸟正好对应于四官所守，少皞“四叔”重、该、修、熙分别与“月令”图式四方神相互印合，正好形成了一个自足的循环。而这样的自足循环被整合进黄帝一统的王朝叙事时，自成一体的太阳神话变成寓居西方司掌“纳日”与秋季事物的白精之君。从这个意义上说，少皞神系原本所具有的“地方性”的创生神话原型意义，依旧留存在作为不同岁首的糅合之中。

右图是黄帝—颛顼—祝融谱系循环图，炎帝谱系暂时阙如，依据现有文献记载很难厘清炎黄、祝融之间的关系。在月令图式中，火神祝融是炎帝之佐，亦为颛顼帝“绝天地通”宗教变革时代的重臣，在《山海经》等典籍所述帝系中，祝融或为炎帝之后[②]，或为黄帝之后。作为炎黄、蚩尤之战的胜利者，黄帝谱系历经“层累”，显得更为清晰。而炎帝、蚩尤、共工作为败者则被淡出历史叙事，甚而丑化和遮蔽，其谱系已化为真正的“碎片”，尚需更多的考古发现，但作为南方诸神或无疑。[③]以神话思维看来，黄帝帝系名号的象征意味尤为明显，如《山海经·海内经》：

> 流沙之东，黑水之西，有朝云之国、司彘之国。黄帝妻雷祖生昌意，昌意降处若水，生韩流。韩流擢首谨耳，人面豕喙，麟身渠股，取淖子阿女，生帝颛顼。[④]

《山海经·大荒西经》：

①据王小盾研究，在修及熙为玄冥之前，可能存在一个阶段：重、该、修、熙四叔分别代表东西南北四神。详参王小盾著《中国早期思想与符号研究》，上海：上海人民出版社，2008年版，第138页。

②《海内西经》曰：“炎帝之妻，赤水之子听訞生炎居，炎居生节并，节并生戏器，戏器生祝融。祝融降处于江水，生共工。共工生术器，术器首方颠，是复土穰，以处江水。共工生后土，后土生噎鸣，噎鸣生岁十有二。”袁珂谓炎黄本为同源，祝融或可传为黄帝后裔，释为因传闻不同而各异其辞。袁珂：《山海经校注》，第534—535、453页“长琴”条注。

③上引《楚帛书》创世篇，炎帝、祝融和共工为一脉，为南方主神和楚国祖神。与《国语》、《山海经》相关记载相合。有学者因之认为炎帝一系可能是流行于长江流域的传说。详论参见李学勤：《楚帛书中古史与宇宙论》，见《简帛佚籍与学术史》，南昌：江西教育出版社，2001年版，第51—52页。

④袁珂：《山海经校注》，成都：巴蜀书社，1996年版，第503页。

大荒之中，有山名日月山，天枢也。吴姖天门，日月所入。有神，人面无臂，两足反属于头山，名曰嘘。颛顼生老童，老童生重及黎，帝令重献上天，令黎邛下地，下地是生噎，处于西极，以行日月之行次。[①]

这两段传说若用图示（见上右图），从黄帝之“朝云”（日出东方与初春）到昌意之光明盛大（正午与盛夏）至韩流（日落与寒秋）而颛顼（入夜与冷冬），帝系与日月升落、东西朝夕时空转换及四时推移相互吻合。“颛顼生老童”的对立转化意义更为显明：

“老”与“童”本为对立概念，组合在一起构成一个新词恰好象征着对立面在转化中的统一。……冬的本义为终，为老，而春的象征意义为生命初生。作为一年之终的冬季与作为新的一年之前奏的冬季，本身就兼有生命衰老完结与生命孕育新生的双重意义，老童作为北方之神的儿子和南方之神的父亲，无疑可与东方与春天相认同，于是“颛顼生老童，老童生祝融”的表层叙述背后，就可以读解出深层象征意蕴：严冬过后是新春，春天过后是盛夏。[②]

可见，各方之帝原本各有“壶天”，但却被整合在一个“月令”图式之中。除了远古神话思维的“复始”“返本”的诉求之外，是什么原因导致这种改写与遮蔽呢？原因之一或为“战国阴阳家为即将出现的统一王朝制定的行政月历”。[③]“月令”图式在时空混同的宇宙观中的确沉潜着大一统叙事，陈梦家对《战国楚帛书》的考察表明，四时、四方、四色或五色的配合，有一个逐渐发展融合的过程：

	时	方	色	帝	神	五行	易火	兵
楚帛书	四时	四方	四色	南方炎帝	祝融		五木	
齐玄宫图	四时	五方	五色	北方炎帝		五气	五虫	四兵
秦十二纪	四时	五方	五色	五帝	五神	四盛德		
淮南子时则	四时	五方	五色	（五帝）	（五佐）	五德	三或四火	五兵
礼记月令	四时	五方	五色	五帝	五神	四盛德		
洪范五行传	四时	五方	四色	五帝	五神			四兵
管子五行	四时	四方		黄帝	四神	五行		

●5-18　四时、四方、五色演变图（唐启翠绘制）

①袁珂：《山海经校注》，成都：巴蜀书社，1996年版，第459—460页。

②叶舒宪：《中国神话哲学》，西安：陕西人民出版社，2005年版，第107—108页。

③杨宽：《月令考》，《杨宽古史论文选集》，上海：上海人民出版社，2003年版，第503页。

先秦文献多讲四帝，五帝的说法较晚，与五方四时配合则在《吕氏春秋·十二纪》、《礼记·月令》等被认为出自战国人之手的典籍中。学界一般认为《礼记·月令》源于《吕纪》，但亦有证据表明《月令》早于《吕纪》，如杨宽《月令考》通过文献对比，认为“《月令》当早有成说，吕不韦宾客割裂十二月以为《十二纪》之首章”[①]以发挥其哲理。据日本学者能田忠亮研究，《月令》系统的中星观测年代，当在公元前620年±200年之间[②]，若此计算不误，则其上下限所处时代正是两周时期灾害比较频仍的时期，与《月令》中大量灾难记忆与仪式疗救的记载相吻合。这表明“月令”图式虽然被适应形势者或黄金时代向往者所改造、重组，尤其是黄帝俨然成为统驭四帝的领导者而位居天地之中，显然是中原大一统叙事的彰显。

看五帝图，不难发现两个系统的统合痕迹：其一是“四方”与“五行”，即圣数“四”与圣数“五”的统合，黄帝作为太阳神从恒星系统被置换到行星系统[③]，成为中央土的象征；其二是以“一”驭“四”，即黄帝、太皞、炎帝、少皞与颛顼等各自独立系统，却被统合为一个以黄帝为中心的太阳神系统。依据《楚帛书》所述创世神话，混沌中太皞生，与女娲氤氲化生，生四子而定四时，然后有炎帝命祝融率四神治理四方；少皞四叔重、该、修及熙分别为东方神佐句芒、西方神佐蓐收和北方神佐玄冥，炎黄、颛顼、祝融在古史传说中关系最为复杂，但核心叙事均是由太阳神时空尺度功能置换而来的授时创历、钦定世界秩序等人文始祖性。在古史传说系统中，亦皆是各居一方的神圣或部落首领。但在“月令”图式中，全都统摄于中央黄帝，黄帝俨然成了“皇天上帝”：“‘黄帝’名词的来源，是春秋士大夫糅合后土“黄示”与“皇天上帝”两个天神地祇为一神的创举。”[④]钩沉文献与考古实物，可以发现远古太阳

①杨宽：《月令考》，《杨宽古史论文集》，上海：上海人民出版社，2003年版，第494页。

②能田忠亮：《礼记月令天文考》，京都，1938年。转引自冯时：《中国天文考古学》，北京：中国社会科学出版社，2007年版，第219页。

③四方、四时是本依据太阳运行轨迹而定，故黄帝与太皞、炎帝、颛顼、少皞等均为太阳神，本当依太阳轨迹运行。而金木水火土五行，依据王小盾先生的最新研究，本取自五大行星亮度顺序，因此早期中国天文学实际上就是恒星与行星两个星占系统的结合。甚至还反映了夏周与殷商、游牧与农耕两种民族文化的统合。参见王小盾：《中国早期思想与符号研究》，上海：上海人民出版社，2008年版，第174—175页。

④丁山：《中国古代宗教与神话考》（影印本），上海：龙门联合书局，1961年版，第423页。

神如何在周人革“天”命后的神话叙事中演变为黄帝，并进而抽象为“太极”、“道”或“太一”的轨迹，如图5-19所示。从而重构出“黄帝生阴阳”与“黄帝四面”的本义：创造主太阳神从黑暗中出生，创造光明与黑暗二分的世界，其循环运行钦定出东西南北和春夏秋冬，确认人类赖以生存的宇宙时空秩序[①]。

无论是在太阳神神格这一层面，还是作为古史传说甚至作为考古文化的主角，黄帝与四帝均为相对独立存在，但经此重构，在帝系神话或历史叙事中，“黄帝，中央含枢纽之帝”[②]，位居中央，俯仰六合，俨然成为统驭四帝的至尊主宰：

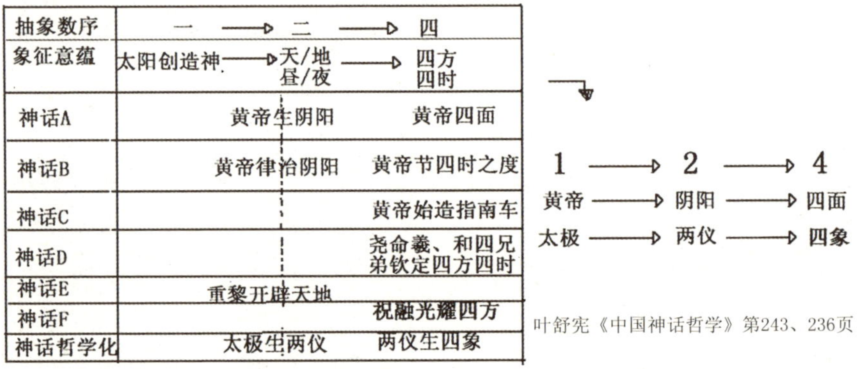

叶舒宪《中国神话哲学》第243、236页

●5-19　中国创世神话演变深层结构图示

昔者黄帝得蚩尤而明于天道，得大常而察于地利，得奢龙而辨于东方，得祝融而辨于南方，得大丰而辨于四方，得后土而辨于北方。黄帝得六相而天地治、神明至。[③]

《世本·作篇》：

黄帝使羲和作占日，常仪作占月，臾区占星气，伶伦造律吕，隶首作算数，容成作调历，沮涌、仓颉作书。[④]

《淮南子·览冥训》：

①叶舒宪：《中国神话哲学》，西安：陕西人民出版社，2005年版，第243页。

②《史记·天官书》张守节正义引，北京：中华书局，1959年版，第1352页。

③黎凤翔：《管子校注》（《五行》篇），北京：中华书局，2006年版，第865页。

④秦家漢等辑补：《世本八种》，北京：商务印书馆，1957年版，第357页

昔者黄帝治天下，……于是日月精明，星辰不失其行；风雨时节，五谷登熟；……凤皇翔于庭，麒麟游于郊；青龙进驾，飞黄伏皁；诸北儋耳之国，莫不献其贡职，然犹未及虙戏氏之道也。[①]

所谓"层累造成"的古史，越到后世的记载，越为详细。"未及虙戏氏之道"的按语表明黄帝作为人文始祖、文化英雄与伏羲氏的先后关系。治日月、治阴阳、节四时、正律历显示其太阳造物神的时空尺度功能原型。而"诸北儋耳之国，莫不献其贡职"的叙事尤为值得注意，太阳造物主置换为人间小太阳，成为一统天下的人皇，不仅龙凤呈祥、瑞兽现身，连诸北儋耳这类边远蛮荒之地皆向化贡职。在文献传说中，黄帝逐渐由远古太阳神演变为炎黄、黄帝与蚩尤大战中的胜主，成为统一中原的圣主和夷夏共祖。

在考古学中，"五帝"纷纷与东西南北的古文化相认证，一方面打破了千年来的中原中心与黄帝一统的王朝叙事模式，体现出"天下万国"的满天星斗式方国文化，但同时也发现"万国"之间绝非小国寡民，老死不相往来。著名考古学家苏秉琦先生1985年太原"晋文化"研讨会上即兴所赋"华山玫瑰燕山龙，大青山下斝与瓮。汾河湾旁磬和鼓，夏商周与晋文公"。精炼地描述了史前燕山南北地区与中原地区的两大文化交汇。苏先生弟子郭大顺遵循师训作《追寻五帝》试图用考古文化复现传说中五帝时代，发现黄帝在西边仰韶文化与东北红山文化交流带中，印迹十分明显。[②]比较神话学家对考古文化遗物（熊、熊龙、熊鹰等）与熊图腾信仰及其神话叙事的释读，使黄帝叙事可以前溯到更远的史前时代：

有熊氏黄帝集团不仅开启了虞舜时代以及鲧、禹、启的夏代熊图腾神话之先河，并通过颛顼将熊祖信仰传到秦、赵、楚等国的广大地域，而且还通过通古斯人的亲缘族群的传播作用，一直将熊图腾神话根植到朝鲜族的远古记忆之

①高诱：《淮南子注》，上海：上海书店出版社，1986年版，第94—95页。"皁"，音"早"，柞栎之属。飞黄，即乘黄，传说中的异兽名。《山海经·海外西经》："〔白民之國〕有乘黄，其狀如狐，其背上有角，乘之壽二千歲。"郭璞注："即飞黄也。"

②郭大顺：《追寻五帝》，台北：台湾商务印书馆，2000年版。

中，遗留下目前东亚地区保存最为完整的熊母生人神话。[1]

可见，“黄帝”作为象征性极强的神话人物，不仅以太阳神象征着死即复活和钦定时空的神力，而且在距今8000年前的红山文化中，可能已经以熊神信仰成为史前中国宗教中心。大禹熊旗、考古文化中“熊”语、熊神话叙事成为东北红山文化、西北齐家文化、陕西仰韶文化与中原文化，乃至朝鲜文化对应与交流的链接纽带表明：黄帝被建构为五帝之首的一统叙事可能要比人们想象的战国时代还要早得多。

①叶舒宪：《熊图腾》，上海：上海文艺出版社，2007年版，第197页。

第三节
以“初”为常与仪式叙事

此处的“叙事”有两层含义：其一，指现代意义上的能“有效地再现历史事件甚至是为历史事件提供解释的有效模式”的叙事。[①]仪式展演作为“传统储藏器”所具有的社会记忆与历史叙事功能，在置换为文本叙事之“记”时，亦转换为对仪式叙事的叙事，不仅装载着历史记忆及其变迁，而且构成一种复合叙事：糅合着不同时代的“谈论（无论实在的还是虚构的）事件的方式”。[②]

其二，回溯于礼学传统之“叙事”。“叙事”二字最早见于《周礼·春官·冯相氏》：

> 冯相氏掌十有二岁、十有二月、十有二辰、十日、二十有八星之位，辨其叙事，以会天位。冬夏致日，春秋致月，以辩四时之叙。[③]

可见礼学传统之“叙事”即辨方正位、测影正时，以重新勘定时间与空间，这无疑具有尧帝命羲和四叔“钦若昊天、历象日月星辰，敬授民时”[④]的神圣意义，具有神圣时空起源与王权话语叙事性质。《淮南子·本经训》亦言：“春生夏长，秋收冬藏，取予有节，出入

①海登·怀特：《后现代历史叙事学》，陈永国、张万娟译，北京：中国社会科学出版社，2003年版，第143页。

②海登·怀特：《形式的内容：叙事话语与历史再现》，董立河译，北京：文津出版社，2005年版，第1—3页。

③郑注曰：岁、日、月、辰、星宿之位谓方面所在，辨其叙事谓若仲春辩秩东作，仲夏辩秩南讹，仲秋辩秩西成，仲冬辩秩朔易。会天位者，合此岁日月辰星宿五者以为时事之侯。……冬至日在牵牛，景丈三尺，夏至日在东井，景尺五寸，此长短之极，极则气至。冬无愆阳，夏无伏阴，春分日在娄，秋分日在角，而月弦于牵牛，东井亦以其景知气至不，春秋冬夏气皆至，则是四时之叙正也。（清）阮元校刻：《十三经注疏》，北京：中华书局，2003[1980]年版，第818页。

④（清）阮元校刻：《十三经注疏》，北京：中华书局，2003[1980]年版，第117页。

有时，开阖张歙，不失其叙。”“月令”图式即自春始至冬终，每月之叙皆以日月晨星宿、帝神、物候之后，始第次叙以王事，而王事主要以仪式为纲，天子从立春开始法天之旋，坐“明堂”行王事，一切皆以天地四时为法。

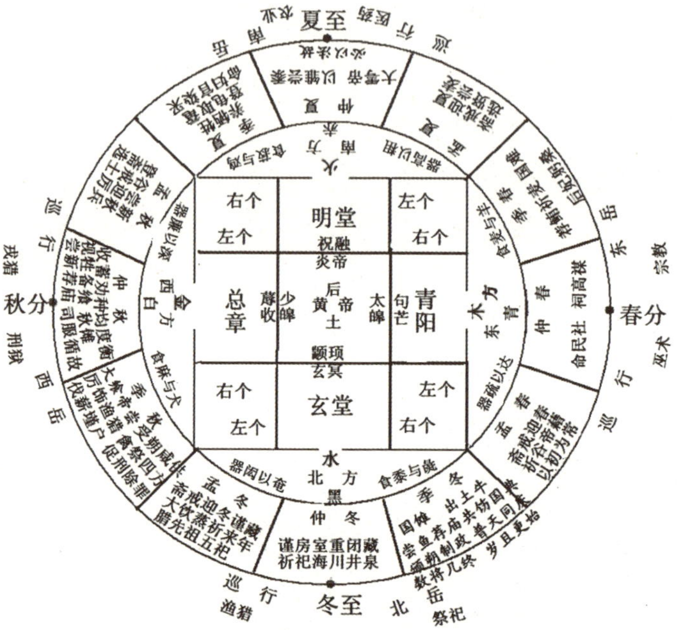

●5-20　仪式叙事与月令图式（唐启翠绘制）

所有王事均以仪式的形式配合着春夏秋冬四时推移，第次以“叙”，表现了“礼”之“记”无法挥去的“元话语”模式——一种特定的看待事物与叙说的方式：以初为常。而“以初为常”的深层心理机制则源于生命循环的信仰，与前论动植物物候、天象运行同出一辙。因而，研究“仪式叙事”不仅可引起对文化本性的反思，也使人能够借之洞察历史意识的深层结构。在此仪式图式中，尚须特别关注的还有三点：

第一，为何季冬之月特别点出“数将几终，岁且更始”，“始”于何处？

第二，为何每季均要举行“祓禊”仪式，“斋戒”迎气、傩磔雩祀、决狱除罪、出火内火等，“祓禊”除恶仪式的潜在机制是什么？

第三，为何每季王事均要申明“以初为常”、“循故”、“法故”？此“初”、此“故”意指什么？

下面就围绕着这三个问题试以探讨“月令”图式的时间观。

“日穷于次，月穷于纪，星回于天，数将几终。”郑注曰：言日月星辰运行，于此月皆周匝于故处也。次，舍也。纪，会也。孔正义曰：日穷于次者，谓去年季冬日次于玄枵，从此以来，每月移次他辰，至此月穷尽，还次玄枵，故云。月穷于纪者，纪犹会也。去年季冬月与日相会于玄枵，自此以来，月与日相会在他辰，至此月穷尽，还复会于玄枵，故云；星回于天者，谓二十八宿随天而行，每日虽周天一匝，早晚不同，至于此月，复其故处，与去年季冬早晚相似，故云；数将几终者，几，近也。以去年季冬，至今年季冬三百五四日，未满三百六十五日，未得正终，唯近于终，故云。[1]

郑玄、孔颖达两位经学家的注释表明，季冬之月，是日、月、星、数（实指“年”）复归去年之位，并即将开始下一个巡游，即“岁且更始”，从穷终、更始的意义来看，这样的“终日复始”运动可谓是年复一年，周行不殆。“岁且更始”之时，时间重新回到“起点”，在这里，时间构成了一个最深层存在意义上的向度：时间如同生命一样，有开始和终结，即生与死。那么这个“始”指什么呢？表面看来，“始”就是“去年今日”，难道这仅仅是时间流逝的一种形象表述？

孔颖达正义：《月令》者，包天地阴阳之事，然天地有上下之形，阴阳有生成之理，日月有运行之度，星辰有次舍之常。今即赞其文，不得不略言其趣。按《老子》云：道生一，一生二，二生三，三生万物。《易》云：《易》有太极，是生两仪。《礼运》云：礼必本于太一，分而为天地。《易乾凿度》云：太极者未见其气，大初者气之始，大始者形之始，大素者质之始。此四者同论天地之前及天地之始。[2]

①李学勤主编：《礼记正义》，北京：北京大学出版社，1999年版，第562页。
②李学勤主编：《礼记正义》，北京：北京大学出版社，1999年版，第438页。

邓家湾遗址出土阴阳鱼陶纺轮
（唐启翠摄于湖北省博物馆）

●5-21 阴阳太极与岁且更始

道、太极、太一其义不殊，皆为气形之始，亦即宇宙初始。许慎《说文》：“始，女之初也。”《尔雅》：“初、哉、首、基、肇、祖、元、胎，始也。”文字学者多释“始”为“胎”异文，为人生之初，[①]更为宇宙初创之古始原型，可谓之“道”，“老子把道作为初始范畴加以解说时，一方面指出了通过循环回归运动而达到永恒性（周行不殆），另一方面强调了“道”的始源性（先天地生）和创生潜能（为天下母）”。[②]故而倡导法“道”，人生最高境界即守虚以复朴、归于婴儿。“朴”（原型为瓠即葫芦）为“道”或“混沌”的一个意象，复朴即回归混沌之原始之美[③]，而“‘瓠’这一原型意象既象征宇宙未化之整体，又可代表人之身体，宇宙从无到有的发生历程可类比为个体生命的孕育与诞生过程；反过来也一样，宇宙从有序复归混沌，也相当于个体生命重新返回孕育之胎状”。[④]归于婴儿即复归母体，重新返回孕育之胎状，即复归于“始”。可见“始”为“胎”的原始象征，既指人之母体亦指宇宙母神之体。岁且更“始”作为时间开端，不仅指去年今日，最原初的意义当也指宇宙的终结和开始。换言之，在“月令”图式时代的思维中，世界每年都要被重生一次，恢复它从造物主手中诞生之时即具有的元始神圣性：

①马叙伦《说文六书疏证》征引《易》象传“大哉乾元，万物资始”，以为始本义为“生”，始为胎之异文，人生莫不先于胎，胎在母腹为未形，故易于乾言始也。《老子》：无，名天地之始。义亦同也。详参《古文字诂林》第9册，上海：上海教育出版社，2004年版，第818页。

②叶舒宪：《老子与神话》，西安：陕西人民出版社，2005年版，第128页。

③叶舒宪：《老子与神话》，西安：陕西人民出版社，2005年版，第129页。

④叶舒宪：《庄子的文化解析》，西安：陕西师范大学出版社，2005年版，第238页。

它的象征意义就清晰地表现在古代圣殿的建筑结构中。因为这种圣殿同时就是非凡无比的圣地，而且也是世界的样式，所以它使全部宇宙得以圣化，并且也使宇宙生命完成圣化。宇宙的这种生命被想象成是以一个周而复始的过程来表现的，这就是一年。年是一个封闭的圆圈，它有起点和终点，但是它也有着一种能以新“年”的形式被重生的特性。因为时间绝不会被耗尽消失，所以伴随着新年的到来，那种“崭新的”、“纯净的”和“神圣的”时间便产生了。①

在“月令”图式中，明堂担负着神圣时间的复现与更新，中央太室为通天屋，顾名思义为“绝天地通”之后的天地通道，四面辟门以应四时之气，故而有立春斋戒以迎春于东、立夏斋戒以迎夏于南、立秋斋戒迎秋于西、立冬斋戒迎冬于北。四门原型当与四时通道有关，许多北美印第安人部落语言中，不仅“世界”与“年”互为表述，而且“年”即他们的山林小屋即宇宙，因为“年被理解成一个通过四个基本方向的旅程，这四个基本方向是用小屋的四个门和四个窗户来代表的。”②著名的史前考古学家金芭塔丝对史前欧洲礼仪遗址考察后发现，大部分仪式活动源于“生命本质上是循环”的普遍信念，英国境内的围场遗物诸如洁净的谷物、榛子、海棠果等表明在秋季或收获之后进行过季节性的纪念仪式：

……由于大部分圈状围场的入口都开向四个基本方向，我们不妨设想，围场的用途是举行季节性仪式活动，因为这样的设计起不到任何防御作用。在圈状围场附近，以及围场和沟渠内发现的一些物品表明这里曾经举行过祭礼活动，这些物品包括特殊的墓葬，大量的陶器、刀斧、打火石、小型陶俑以及献祭、牺牲和饮宴所留下的痕迹。③

在中国新石器时代发现的诸多祭坛，如红山文化三环石坛与南圆

①伊利亚德：《神圣与世俗》，王建兴译，北京：华夏出版社，2003年版，第37页。
②伊利亚德：《神圣与世俗》，王建兴译，北京：华夏出版社，2003年版，第35页。
③金芭塔丝：《活着的女神》，叶舒宪等译，桂林：广西师范大学出版社，2008年版，第107—109页。

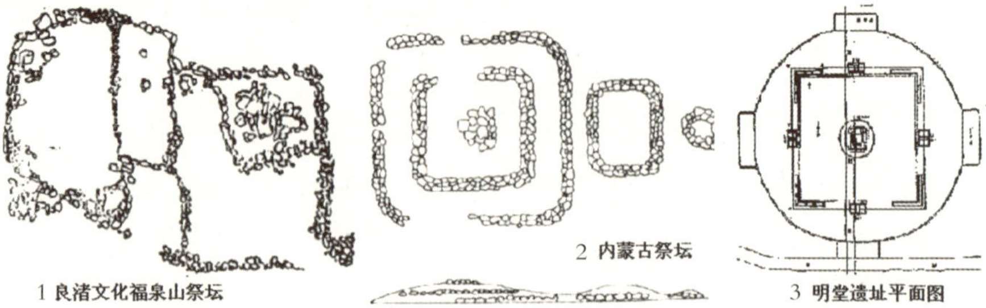

1青浦福泉山祭坛遗址，采自《凌家滩文化研究》第143页
2内蒙莎木佳祭坛遗址，采自《中国各民族原始宗教资料集成·考古卷》第91页
3 汉长安明堂辟雍遗址，采自唐金裕《西安西郊汉代建筑遗址发掘报告》（《考古学报》1959年第2期图2）

●5-22　可能与周期性季节仪式相关的祭坛

北方祭坛、良渚方形祭坛、内蒙古圜丘形祭坛、西藏日土太阳祭坛等，大多位于山顶，不仅表征了天圆地方的观念，而且与早期天文图相合①。联系到女神庙出土熊爪、玉熊龙、玉鹰、玉龟等，良渚出土玉琮、玉璧等，江苏武进寺墩祭坛东、西、南、北各有一条河道连通内外两周河道，把居住区、墓地分成四个部分……这些应当与周期性季节仪式有关，而后世最完善的就是明堂与天坛建筑。

终而复“始”的时间作为一种周期性重复宇宙初创之时，或隐或显——预示着一场新的创世的来临，即再生。这种仪式性的周期回返主要通过以下途径达到：

（一）一年一度驱逐恶魔、疾病与罪恶；

（二）新年前后数日之仪式。

弗雷泽在《金枝》中有数十页的实例，埃利亚德将之归纳为两个范畴的要素，新年前后仪式中，通常包括改火（即灭火、点火仪式）、狂欢、祭祖、举行年轻人成年礼等要素。年度驱魔、去疾、除恶仪式则涵括有斋戒、沐浴、祓禊、喧哗、呼叫、敲打、追逐等素，驱逐的方式，可用仪式送走动物（替罪羊型）或送走人（玛慕里尔斯·维图尼尔斯，Mamurius Veturius），这些人与动物被视为实质的沟通工具，人们借此将整个社群的罪过放逐到居住的境域之外（希伯来人和巴比伦人将代罪羔羊“逐入沙漠之中”）。……驱逐恶魔、疾病与罪恶，在每个地方几乎都与新年庆典同时举行，至少有一阶段两者相重叠。②

①如牛河梁三环石坛与早期盖天图十分吻合，并准确地表现了分至日的昼夜关系。冯时：《中国天文考古学》，北京：中国社会科学出版社，2007年版，第475页。

②耶律亚德：《宇宙与历史》，杨儒宾译，台北：联经出版事业公司，2000年版，第49—50页。

这即以涢除不洁——通过“袚禊”仪式驱魔逐疾、决狱除罪、诛暴伐恶等活动来消除世界秩序中的不良物，以重返“原始的”、“纯净的”神圣之初的仪式行为——来达到宇宙的循环更新。天子后妃在举行重要仪式活动如祭祀、帝藉、躬桑、迎气等活动时均要斋戒，在月令中，提到斋戒的有六处，其中四处都特别提示为天子四时迎气而斋戒，孔颖达正义曰：“周法，四时迎气，皆前期十日而斋，散斋七日，致斋三日。今秦法减省，故三日也。”[①]“四立”为四时之始，皆为时令节气转换之关键，故而必须去除世俗恶臭以洁净之身迎之，这是接近神圣的必须。另两次“斋戒”是仲夏“阴阳争，死生分”、仲冬“阴阳争，诸生荡”之时君子斋戒，处必掩身，毋躁。止声色，毋或进。经学家皆以阳方盛阴欲萌，为助阴而守静。若从道家哲学“坐斋”“心忘”以归虚返朴的修身养气而言，则此处斋戒或即有守静归虚之意。

●5-23　清代斋戒玉牌
故宫博物院藏（唐启翠　摄）

《月令》关于“傩仪”与“除罪”的叙事尤其与“涢除不洁”仪式相关，共记三次之傩：一为季春国傩；二为仲秋天子之傩；三为季冬大傩。皆为日历昴毕、虚危等有大陵积尸之气、厉鬼随气而出以害人之时，此时阴阳转换、地气易佚，疾病、疫疠多发，人们以为是厉鬼为害，故命方相氏“帅百隶而时傩，以索室驱疫”，“故特作土牛以送寒气也”。[②]这表明：

第一，盛大傩仪时间一般和季节的某种明显转变相一致，均在春末夏初、秋分、冬末春初阴阳转换、疾疫盛行之时举行，这三个时

①李学勤主编：《礼记正义》，北京：北京大学出版社，1999年版，第459页。
②李学勤主编：《礼记正义》，北京：北京大学出版社，1999年版，第488—489、526、559页。

节又与农耕种收与新年密切相关。弗雷泽曾遍举五洲驱邪实例表明定期普遍驱邪仪式的两次间隔通常是一年，举行仪式的时间一般和季节转换一致，在农业区，则普遍与播种或收获相一致：

> 不论在一年的哪个季节举行，普遍驱邪总是标志着新年的开始。因为进入新年之前，人们急于摆脱过去苦恼他们的祸害。①

第二，具体仪程是方相氏帅百隶索室逐疫，在九门或四门磔攘即分裂牲体祭神以除不祥，这与商周建筑考古遗址中如门、阶旁多发现狗之骸骨相一致；击鼓喧嚣，要遍索宫中击鼓大呼以逐不祥。高诱《吕氏春秋·季春》“国人傩”注更详：“命国人傩，索宫中区隅幽闇之处，击鼓大呼，驱逐不祥，如今之正岁逐除是也。九门，三方九门也。嫌非王气所在，故磔犬羊以禳木气尽之，故曰以毕春气也。”驱逐者头戴面具，全副武装，据《周礼·夏官·方相氏》所记方相氏为夏官，由武夫充任，专职驱除疫鬼和山川精怪，驱疫之时有特殊的装扮：“掌蒙熊皮，黄金四目，玄衣朱裳，执戈扬盾，帅百隶而时难，以索室驱疫。大丧，先匶，及墓，入圹，以戈击四隅，驱方良。”熊皮、戈盾当是具有特殊法力之物。

第三，月令出现三次“傩”，虽细分为国傩、天子傩和大傩，注经者多以不同等级为解：季春唯国家之傩，仲秋唯天子傩（阳为君象，诸侯以下不得傩阳气也），季冬则下及庶人，为岁终大傩，②但三傩之仪式与功能均同，皆为方相氏掌蒙熊皮、执戈扬盾，帅百隶索室驱疫。虽然看似只有季冬之傩与新年有关，但若考虑进傩与春种秋收/种等农业季候因素，以及前论改历、与月令杂糅多种岁首制度，则三傩当亦为不同岁首制的反映。

借助民族学与考古学材料，不难发现“傩仪”从时间、形式到仪式人员装扮（特殊徽识、面具、执戈扬盾）、敲击驱恶的延续性。在存续至今的民间傩舞仪式上披蒙熊皮而舞的表演与熊季节性冬眠春生习性相

---

①弗雷泽：《金枝》，徐育新等译，北京：新世界出版社，2006年版，第541—542页。实例见《金枝》第517—541页。

②李学勤主编：《礼记正义》，北京：北京大学出版社，1999年版，第559页。

关。[1]贵州天龙屯堡传统傩戏演出集中于中元节和农历新年，中元节前后适逢稻米扬花，“跳米花神”则兼具祈丰与祭祖功能；新春之际持续月余的“鸣锣击歌，以唱神歌”，则具“敬神祭祀，驱邪纳吉”[2]。《续修安顺府志》载有“跳神者首蒙青巾，腰围战裙，戴假面具于额前，手执戈矛刀戟之属，随口歌唱，应声而舞”。在考古学中则可据此要素将傩仪前溯到新石器时代仪式遗存的狰狞/獠牙面具与神人兽面纹。而傩舞者具有兵农巫合一性质。[3]

1 三星堆博物馆馆藏黄金面具铜像 2 岱庙汉画像执戟人像 3、4 山东省博物馆藏北齐执盾镇墓俑、明粉彩花卉张天师像瓷盘（唐启翠 摄） 5 楚克奇蒙熊皮行法萨满，采自叶舒宪《熊图腾》第140页

●5-24 傩仪逐疫/厉图像

与傩仪的巫术性祓禊仪式相对应，王事政令还在秋冬之际执行决狱审断、察刑除罪，以“勿留有罪”，对有罪者或杀或囚（关之于囹圄）或屏之四方，有罪者犹如疫疠、厉鬼，除罪即消除社会不良之物，还世界以秩序和洁净，这亦是回返神圣之初始的纯美世界以“再生”的必要手段。

“年”与收获的关联，意味着食物储备与生命绵延、更新皆有仪式，而仪式不仅决定着时间区分与终始，而且必须模仿神圣模型以获得神佑与秩序：

> 任何仪式皆有一神圣模型，一个原型。……“我们必须做诸神在太初所做的事”，“诸神怎么做，人就怎么做”。

①叶舒宪：《熊图腾》，上海：上海文艺出版社，2007年版，第74—75、141—142页。

②吴秋林：《众神之域：贵州当代民族民间信仰文化调查与研究》，北京：民族出版社，2007年版，第196页。

③卜工：《文明起源的中国模式》，北京：科学出版社，2007年版，第180—200页。

这段印度格言一口道尽所有国家的仪式之理论依据。……顺便一提，对初民，不仅仪式有神话的模型，任何人类行为如要见效，他们都必须得恰如其分地重新实行神祇、英雄或祖先在太初之际实行的事迹。[①]

新年、成年礼等均以宇宙创生为模型，帝藉模仿天地之和的圣婚仪式，春以庆生、秋以悼亡均以春秋代序、死而复生为模型。人事中更是处处强调“以初为常”，初者，始也，非天地之始，即为英雄祖先或文化祖先所创，故而必须循而则之。孟春之月，新岁伊始，迎春既还，“命太史，守典奉法，司天日月星辰之行，宿离不贷，毋失经纪，以初为常”。郑注：“以初为常”者，“初”谓旧来所法，恒须尊奉。[②]旧来所法为何？郑注不详。而据《尧典》帝命羲和四叔钦若昊天，分司四方、敬授民时与《楚帛书》创世纪神话中伏羲四子司天日月，则“初”之创世之初意甚明；孟夏之月“聚蓄百药”则显然与夏之帝神农炎帝遍尝百草以医民疾相关联。仲夏之月，“命妇官染采，黼黻文章，必以法故，无或差贷。”黼黻文章，皆色之美者。正义曰：白与黑谓之黼，黑与青谓之黻，青与赤谓之文，赤与白谓之章。染此等之物，必以旧法故事。[③]旧法故事为何？孔不言，但据《易系辞》“黄帝尧舜氏作，垂衣裳而天下治”，与《路史》“黄帝法乾坤，以正衣裳制衮冕、设黼黻……”等记载，则此旧法故事当为循则人文始祖黄帝之创。而黄帝又循法天地之色。五方之器或疏以达（东生）、高以粗（南长）、圜以闳（中孕）、廉以深（西杀）、闳以奄（冬藏）莫不以陶匏以象天地之性，陶匏者，陶壶、葫芦也，均为宇宙卵原型之物化。《礼记·礼运》对此总结曰：

夫礼本于太一，分而为天地，转而为阴阳，变而为四时，列而为鬼神。

故人者，天地之心也，五行之端也。食味、别声、被色而生者也。故圣人作则，必以天地为本，以阴阳为端，以四时为

①耶律亚德：《宇宙与历史》，杨儒宾译，台北：联经出版事业公司，2000年版，第16—17页。
②李学勤主编：《礼记正义》，北京：北京大学出版社，1999年版，第460—461页。
③李学勤主编：《礼记正义》，北京：北京大学出版社，1999年版，第510—511页。

柄。以日星为纪，月以为量，鬼神以为徒，五行以为质，礼义以为器，人情以为田，四灵以为畜。[①]

综上可见，仪式与人事之模仿原型之一斑。“以初为常”、模仿神或英雄祖先所为构成了仪式叙事——认知与行为的通则，而考古物语与神话仪式叙事之所以可以对接，互证互释，其内在依据正是“以初为常”。

本章小结

综上，作为古人依据天象和物候来安排政令、农事与仪式生活的历书，“月令”图式完美地体现了时空混同的神话宇宙观，宇宙及其外显之物如日月星辰、动植物、明堂建筑等均获得了最为深层的生命象征：每一年都要重生一次。可以说，是物候、仪式、建筑等人间可见的事物显现了不可见但完美而纯净的宇宙原初——神话时间和空间。物候是“终而复始”生命循环信仰的外在表现，仪式是“岁且更始”的“步伐”，每一个仪式都有一个神圣模型，人们不仅周而复始地重复表演着神或祖先在太初之时所做的事，而且在凡事皆“以初为常”的仪式叙事背后还潜藏着通过“祓禊”逐恶来泯除不洁，以完成纯净世界、返回初始的深层心理机制与仪式行为。

同时，作为一部经历了由“礼”（仪式）而“记”（文本）的置换与阐释的对仪式叙事的叙事，《礼记》亦糅合着不同时代的谈论事件的视阈，甚至在物候之中隐藏着文化交融、碰撞和中原王朝一统叙事的权力话语。

总之，“月令”图式所表现的终而复始、以初为常的神圣时间观及其隐藏的权力话语与前论明堂、庙等神圣空间、冠礼所体现的周期性生命更新以及“五方之民”叙事所隐含的天下认知与族类空间编码相互映照，形成了比较完整的圣俗一体宇宙观认识，并借此认知编码，通由仪式叙事，达成文化整合与协调、维护社会秩序的功能。

①李学勤主编：《礼记正义》，北京：北京大学出版社，1999年版，第698页。

第六章

仪式疗救：《礼记》灾异记忆与仪式功能

作为一部记录上古礼仪风俗的典籍，《礼记》以怎样的方式保存着什么样的灾异记忆？本章将揭示《礼记》为何以仪式表演、意义阐释与王权秩序诉求的『杂糅』形态保留着曾经的社会记忆，以及仪式叙事的功能。

环境科学研究表明，人类所赖以生存发展的宇宙是极其复杂而统一的天—地—人—物环境系统，在此系统之间始终存在着物质、能量和信息的交流，并经常出现某些自然异象：当某种因子发生大的变化，就会通过系统的复杂结构和内在联系影响其他因子发生异变，且达到一定阈值以致对人类社会带来明显的损害时，就形成了灾害，严重时会形成自然灾异群发期。①自然异常与自然灾害之间强烈的整体性关联，为人类预防天灾提供了宝贵的信息。虽然，几千年来人类在自然灾害面前依旧显得如此渺小和无助，但人类从来没有放弃与自然灾害的抗争。最初的根本性抗争方式就是仪式。古代中国人的此类仪式经验则用一个“禳”字来表示。②

环境考古学与历史文献的整合研究发现，古代中国（公元前2020—公元1911年间）的文明史伴随着连绵不断的自然灾害，其中夏禹、两汉和明清三个时期，自然灾害异常活跃，是典型的自然灾害群发期。20世纪30年代，就有学者对凡见于记载的各种灾害，做过比较系统的梳理和统计。如据邓云特统计：水、旱、蝗、雹、风、疫、霜、雪、地震等自然灾害，自商汤十八年（公元前1766年）至1937年止，3702年间，达5258次，平均约每六个月即罹灾一次。仅就旱灾言，则此3703年间达1074次，平均约每三年五个月即罹灾一次。若自史书明确记载的公元前206年至1936年计，此2141年间灾害总数也已达5150次，平均每四个月强即罹灾一次。又旱灾凡1035次，水灾凡1037次，皆平均约每两年一次。③可以说中国几乎无年不灾，亦无年不荒。因而应对灾荒成为政府的主要职能之一。

在救灾与防灾中，人们观察和记载了丰富的自然灾异现象，也积累了各种赈灾策略，如赈济、调粟、养恤、除害、节约、蠲缓、巫术仪式等。与两汉以来根据比较翔实的文献记载所统计的结果相比，商周的统计数据显然不足，而夏禹洪水期的信息更是扑朔迷离，但又印象深刻，散见于典籍、祭祀仪式和神话传说中的点滴信息，已然成为本民族对灾

①宋正海等：《中国古代自然灾异群发期》，合肥：安徽教育出版社，2002年版，前言I页。

②叶舒宪：《文学人类学教程》第五章“文学禳灾”，北京：中国社会科学出版社，2010年版。

③邓云特：《中国救荒史》（北京：商务印书馆，1989[1937]年版，第51页），又据陈高佣等所编的《中国历代天灾人祸年表》（上海：上海书店，1986年版，据暨南大学1939年版影印）的统计，自汉至清发生的灾害为9697次，其中水灾3459次，旱灾3504次。竺可桢先生《历史上气候之变迁》统计，自公元1年至19世纪，水灾凡658次，旱灾凡1013次。因统计标准不一，故统计结果悬殊，但对中国灾难深重的反映却是一致的。

难的集体记忆和疗救原型。

作为一部记录上古礼仪风俗的典籍，《礼记》又是以怎样的方式保存着什么样的灾异记忆呢？本文试图借助环境考古学与出土文献的研究成果，以仪式为视角，探讨《礼记》特殊的灾异记忆模式与仪式疗救的生态人类学意义。

第一节 《礼记》文本中的灾异记忆

《礼记》各篇内容虽非成于一时一人之手，但新出土的战国简帛文献表明，其绝大部分形成于先秦时代，仍不失为秦汉以前的社会生活史。作为一部经历长时段历史积淀而成的由“礼”而“记”，且更偏重于“礼”之规范与意义阐释的典籍，《礼记》不仅以文本的形式装载着历史记忆，而且也将历史变迁的轨迹记载了下来。这其中也包含着时人对水旱蝗疫等重大灾难的记忆及应对策略。

在人类学领域，对“过去”的记忆包含着个人的、社会的和政治方面的含义。尤其是“社会记忆”，与习俗、遗迹、神话、仪式等紧密联系在一起，通过意识形态和权力机构的传达维持社会现实，甚至重构历史。而这些留存下来的所谓记忆，明显具有双重特性，一方面具有偶然性和选择性，另一方面，也具有积累性和经久性。因此，从这个意义上来说，研究《礼记》中灾难/疗救仪式的记忆，不仅仅在于《礼记》记载了哪些灾难/疗救记忆信息，而且必须追问：以怎样的方式？因何而记？为什么？先来看第一个问题，《礼记》中所见灾难/疗救记忆信息。

一、大旱及祈雨

旱灾及祈雨的记忆在《礼记》中，所记较为详细，凡见有10处：

《礼记·檀弓》：岁旱，穆公召县子而问然，曰："天久不雨，吾欲暴尪而奚若？"曰："天久不雨，而暴人之疾子，虐，毋乃不可与。""然则吾欲暴巫而奚若？"曰："天则不雨，而望之愚妇人，于以求之，毋乃已疏乎？"①

《王制》：祭，丰年不奢，凶年不俭。……以三十年之通，虽有凶旱水溢，民无菜色，然后天子食，日举以乐。②

《月令》：仲春行夏令，则国乃大旱，暖气早来，虫螟为害。……仲夏之月，命乐师修鞀鞞鼓，均琴瑟管箫，执干戚戈羽，调竽瑟笙篪簧，饬钟磬柷敔。命有司为民祀山川百源。大雩帝，用盛乐。乃命百县雩祀百辟卿士有益于民者，以祈谷实。……孟秋行春令，则其国乃大旱，阳气复还，五谷无实。……仲秋行夏令，则其国乃旱，蛰虫不藏，五谷复生。……仲冬行夏令，则其国乃大旱，氛雾冥冥，雷乃发声。③

《礼运》：用民必顺，故无水旱昆虫之灾，民无凶饥妖孽之疾。④

《玉藻》：至于八月不雨，君不举。⑤

《祭法》：雩宗，祭水旱也。⑥

二、蝗疫之患

《月令》：仲春行夏令，则国乃大旱，暖气早来，虫螟为害。……季春行夏令，则民多疾疫，时雨不降，山林不收。……孟夏行春令，则蝗虫为灾，暴风来格。……仲夏行春令，则五谷晚熟，百螣时起，其国乃饥。行秋令，则草木零落，果实早成，民殃于疫。……孟秋行冬令，则阴气大胜，介虫败谷，戎兵乃来。行春令，则其国乃大旱，阳气复还，五谷无实。行夏令，则国多灾。寒热不节，民多疟疾。……仲冬行春令，则蝗虫为败，水泉咸竭，民多疥疠。

---

①（清）阮元校刻：《十三经注疏》，北京：中华书局，2003[1980]年版，第1317页。

②（清）阮元校刻：《十三经注疏》，北京：中华书局，2003[1980]年版，第1334页。

③（清）阮元校刻：《十三经注疏》，北京：中华书局，2003[1980]年版，第1362—1383页。

④（清）阮元校刻：《十三经注疏》，北京：中华书局，2003[1980]年版，第1427页。

⑤（清）阮元校刻：《十三经注疏》，北京：中华书局，2003[1980]年版，第1474页。

⑥（清）阮元校刻：《十三经注疏》，北京：中华书局，2003[1980]年版，第1588页。

三、风雨水患

《月令》：孟春行夏令，则雨水不时，草木早落，国时有恐。行秋令，则其民大疫，飙风暴雨总至，藜莠蓬蒿并兴。行冬令，则水潦为败，雪霜大挚，首种不入。……仲春行秋令，则其国大水，寒气总至，寇戎来征。行夏令，则民多疾疫，时雨不降，山林不收。行秋令，则天多沉阴，淫雨早降，兵革并起。……孟夏之月，行秋令则苦雨数来，五谷不滋，四鄙入保。行冬令，则草木早枯。后乃大水，败其城郭。……仲秋行春令，则秋雨不降，草木生荣，国乃大恐。……行冬令，则风灾数起，草木早死。……季秋行夏令，则其国大水，冬藏殃败，民多鼽嚏。……孟冬行夏令，则国多暴风，方冬不寒，蛰虫复出。

《祭法》：夫圣王之制祭祀也，法施于民则祀之，以死勤事则祀之，以劳定国则祀之，能御大灾则祀之，能捍大患则祀之。……鲧鄣洪水而殛死，禹能修鲧之功。……汤以宽治民而除其虐；文王以文治，武王以武功，去民之菑。此皆有功烈于民者也。及夫日月星辰，民所瞻仰也；山林川谷丘陵，民所取材用也。非此族也，不在祀典。①

四、雪霜冰雹

《月令》："孟春行冬令，则水潦为败，雪霜大挚，首种不入。……仲夏行冬令，则雹冻伤谷。道路不通，暴兵来至。"

五、日食

《曾子问》：曾子问曰："当祭而日食，大庙火，其祭也如之何？"孔子曰："接祭而已矣。如牲至未杀，则废。"郑注引《春秋传》曰："日有食之，天子伐鼓于社，责上公也。诸侯伐鼓于朝，退自责也。"

①（清）阮元校刻：《十三经注疏》，北京：中华书局，2003[1980]年版，第1590页。

如上所述，《礼记》的成书特点及其性质，造就其对水、旱、蝗、疫、风、霜、雪、雹、日食等灾异的记忆，均是非叙事性的事件陈述，亦非编年的史实记录，而是杂糅在仪式及其意义阐释中的只言片语；甚至是非经历性的自然记忆，而是因某种秩序的需要所进行的有目的的、策略性的、未必向真实性负责的“预警性”记忆，如大量见于《月令》篇中“不时”政令将会导致的灾难，即属此类。显然，这些记载并非是为了记忆这些灾异，而是为疗救灾难所带来的伤痕和预防灾异的来临所进行的对策性举措。或许，不是灾异让人害怕而记忆，而是某种政治隐喻性使然。从某种意义上说，《礼记》中的这些记载与其时代的关联是模糊不清的，对于评估其时代的灾难频度、烈度及其危害，意义不大，甚至，我们从这些记载中，看不出何时何地是否发生过这些灾难。但这样一种方式的记载，也正彰显了其作为一种灾难记忆模式的意义：曾经的和现实的灾难如此之多，即使在看似与自然灾异无关的话题中，如“礼”的讨论中，灾异记忆及其疗救仪式也是十分鲜明的。

第二节
灾异记忆与气候变迁

《礼记》对洪水、大旱、蝗虫、瘟疫等重大灾难的记忆，因何而生？现代记忆学研究表明，记忆会因媒介如口传、文字、图片、仪式等的不同而有不同的呈现方式，记忆的形成机制，即人们的记忆来自何处，群体的记忆如何传播和保持，极难用科学手段加以认识和理解。不过，研究记忆的学者们还是一致认为，记忆脱离不了客观给定的社会历史框架，正是这种框架，才使得我们的全部感知和记忆具有了某种形式；过去的许多方面，一直到今天都还在影响着我们的情感和决定：

> 对自己的过去和对自己所属的大我群体的过去的感知和诠释，乃是个人和集体赖以设计自我认同的出发点，而且也是人们当前——着眼于未来——决定采取何种行动的出发点。①

《礼记》作为一部讨论“礼”的古代典籍，就记忆的媒介而言，跟它的记忆方式一样，显得有些杂糅，是文字所“记”的关于仪式的意义阐释，这源于“《礼》以道行”②的属性。散见于《礼记》各篇之中的灾异记忆，是作为对策性举措——历法仪式、危机仪式、预警政策等——的一部分而出现的。这种“附带性”记忆的出现，是作为政治权力的，还是作为集体记忆中无意识因素的一个方面，抑或二者兼而有之，是很值得探讨的问题，但本文不打算强作区

① （德）哈拉尔德·韦尔策：《社会记忆》，季斌等译，北京：北京大学出版社，2007年版，第3页。
②在战国时代的诸子典籍中皆有论说，如《庄子·天下》云：“《诗》以道志，《书》以道事，《礼》以道行，《乐》以道和，《易》以道阴阳，《春秋》以道名分。”《荀子·儒效》也有类似的论说。

分。本节主要从记忆所不可脱离的社会历史框架，即客观存在的自然环境出发，具体而言，是讨论气候变迁因素与《礼记》中所记灾异的关联。

中国本土位于中纬度地区，地形地质结构复杂，气候多变，形成自然灾害的多样、频发，并表现为南北东西地域上的差异性。①自然灾害的发生与气候变迁关系密切。水、旱、蝗螟、风、雪、霜、雹等灾害均与降雨量之多寡和温度之高低等气候条件密切相关。古代中国历史上的三大自然灾害群发期，均处于气候变迁的转折点。如公元前2000年前后，是一个由暖变冷的低温期，是特大洪水、干旱、地震等各种严重自然灾害的多发期，学界称之为夏禹洪水期；②两汉之际，亦经历由暖而寒的转变，同时也是洪涝旱蝗地震等灾害多发期，学界称为两汉宇宙期。③显然，这些属于天文气象最为异常期的反映。而介于这些灾害多发期之间，则是气候变迁的漫长过渡期，某种灾害的发生，亦与气候的变迁有着很大的关系。如殷商早期的干旱、中期的洪水频发与当时气候由冷干而温湿的变迁过程密切相关。④

两周时期也经历了寒冷向和暖的变迁。《竹书纪年》记载周孝王时汉江曾两次结冰，紧接着就是大旱，这与《诗经·豳风·七月》中所描述的物候事件相印证，表明公元前10世纪前后是个寒冷干旱期。⑤邓云特先生统计，两周867年间，最显著灾害凡89次（旱灾30次，水灾16次，蝗灾13次，地震9次，歉饥8次，霜雪7次，雹灾5次，大疫1次），其中频数最多者为旱灾。⑥厉王二十一年至二十六年（公元前858年—前853年）连续六年大旱，《诗经·小雅·雨无正》描述其空前之灾

①赫治清在《中国古代自然灾害与对策研究》（见赫治清：《中国古代灾害史研究》，北京：中国社会科学出版社，2007年版，第21—22页）中认为中国自然灾害，以水旱为主的农业气象灾害主要分布在黄淮海平原、长江流域和华南地区，风暴潮灾主要分布在江浙闽粤桂沿海地区和海南、台湾，地震灾害则主要分布在华北、西北、西南和东部环太平洋地震带。一般讲，我国北方以旱灾为主，兼以洪涝、蝗、雹、雪灾，南方偏涝和潮灾，且多瘟疫。王铮等《中国自然灾害的空间分布特征》（《地理学报》，1995年第3期）认为可以按照“胡焕庸线”和秦淮线将中国划分为三个灾害域，即胡线以西的西域、秦淮线以北的北域和秦淮线以南的南域，而位于黄河下游的郑州—开封以南及长江中游洞庭湖—武汉以北的狭长地区则是中国灾害规模重心区。

②宋正海等：《中国古代自然灾异群发期》，合肥：安徽教育出版社，2002年版，第2—36页。

③参见王子今：《秦汉时期气候变迁的历史学考察》，《历史研究》，1995年第2期。见宋正海等著《中国古代自然灾异群发期》第二章。

④魏继印：《殷商时期中原气候变迁探索》，《考古与文物》，2007年第6期，第44—50页。

⑤竺可桢：《中国近五千年来气候变迁的初步研究》，《考古学报》，1972年第1期。

⑥邓云特：《中国救荒史》，北京：商务印书馆，1998[1937]年版，第9页。

象：“浩浩昊天，不骏其德，降丧饥馑，斩伐四国。”宣王末年（约公元前803年）至幽王初年（约公元前780年），处于气候由干寒向湿暖转变期，此时期大旱、地震相继爆发，如《诗经·大雅·云汉》：“旱既大甚，涤涤山川，旱魃为虐，如忄炎如焚，我心惮暑，忧心如薰。”《诗经·大雅·召旻》：“如彼岁旱，草不溃茂。如彼棲苴，我相此邦，无不溃止。”均是对旱灾情形的描述。《十月之交》：“彼月而食，则维其常，此日而食，于何不臧。烨烨震电，不宁不令。百川沸腾，山冢崒崩。高岸为谷，深谷为陵。”描述日月食与地震灾情。及到平王东迁，气候开始变暖，《左传》往往提到山东鲁国过冬，冰房缺冰，如《左传》桓公十四年、成公元年、襄公二十八年，均载“冬无冰”。这种温暖适宜的气候一直持续到东汉初。因而春秋战国时期是气候比较稳定的时期，灾害虽然依旧迭出，但频度和烈度都要小得多，如图6-1所示[①]。

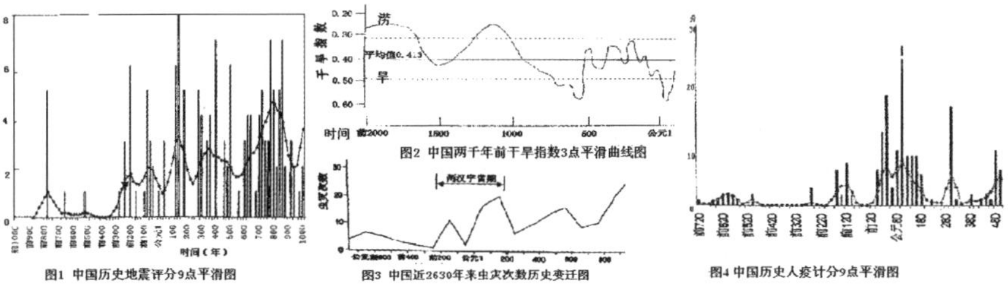

●6-1 先秦地震、人疫灾害变迁图

关于气候变迁的观测，竺可桢《中国近五千年来气候变迁的初步研究》一文，即按照古代气候资源的来源，将近五千年的时间分为考古期（约公元前3000—前1100年）、物候期（公元前1100—公元1400年）、方志期（1400—1900年）、仪器观测期等从1900年开始四个时期，主要采用物候学的方法论述了中国近五千年来的气候变化的主要趋势。正如竺先生所言，在没有观测仪器的时代，人们感知一年中寒来暑往和农事安排，主要是靠观察河开河冻、树木发芽、开花结果、候鸟春来秋往等物候现象。《诗经》、《夏小正》、《月令》等均载有十分完备的物候观测，蕴含着天启智慧，人间的君王必须依照天时而行政令，否则受到天谴。灾难的记忆也就自然而然地呈现在此历

①图像采自宋正海：《中国古代自然灾异群发期》，合肥：安徽教育出版社，2002年版，第42、57、75、79页。

法中，因为《月令》本身即是以其仪式历法指导政令农时和常规祭祀仪式，以不违时令的方式来预防和救治天灾人祸的。

从《月令》所呈现的预防与救治灾难方式来看，表现为两个特点：其一是在常规仪式如祭旱之雩、驱疫鬼虫害之傩蜡等祭祀仪式中，这种仪式记忆模式是社会记忆的重要媒介，具有较强的稳定性，远古记忆和当下现实很难在此种仪式中区分开来。其二是在“不时”的可能性危害的警告中，即“预警性”记忆，是不必向真实性负责的，但郑重其事的“预警”，以及“不时”常常带来共生性灾异的记录，却隐含着长期的观测实践，是不容人轻视的。如“仲春行夏令，则国乃大旱，暖气早来，虫螟为害。……孟夏行春令，则蝗虫为灾，暴风来格。……仲夏行春令，则五谷晚熟，百螣时起，其国乃饥。……孟秋行春令，则其国乃大旱，阳气复还，五谷无实。行夏令，则国多灾。寒热不节，民多疟疾。……仲冬行春令，则蝗虫为败，水泉咸竭，民多疥疠。”按照历法和经验，人们应该按照春种夏长秋收冬藏的季节韵律，安排日常和仪式活动，违背此常规，则为“不时”，就会发生灾害。从所列举的这一片段可窥全斑：

一、灾害发生与季节气候的关系密切，仲春行夏令、孟秋行春令，则国乃大旱，连带的结果是暖气早来，虫螟为害。孟夏、仲冬行春令，则蝗虫为败，连带的结果是水泉咸竭，民多疥疠。舍去“不时”的“天谴”成分，不难从中发现实际的气候因素：原本应该料峭春寒、萧飒秋气和瑞雪之冬的季节时令全部乱了套，一律呈现出一派温暖象。而蝗螟之灾的发生泰半源于气候之温暖干燥，飞蝗之卵与螟之幼虫，皆藏于地下及禾麦根深处，其发育成长全赖温度之增高，故而若遇暖冬暖春暖秋再加酷热之夏季，则必有虫灾。所以民间有“瑞雪兆丰年”和“大旱蝗灾”之谚。明代徐光启《农政全书》统计了春秋战国年间蝗灾的记载，发现“其蝗灾书月者一百一十有一，书二月者二，书三月者三，书四月者十九，书五月者二十，书六月者三十一，书七月者而是，书八月者十二，书九月者一，书十月者三，是最盛于夏秋之间。”[①]原因就在于夏秋之际温度本高，若降雨不足，必更燥热，虫螟生长加速，则为害自广。有意思的是旱蝗之灾盛行于夏秋之季节，在先民所造的文字中已经蕴含着某种玄机。如金文“”，许进雄释为“夏”，像巫舞蹈之状，

①邓云特：《中国救荒史》，北京：商务印书馆，1998[1937]年版，第71页。

很可能夏季常有干旱之患，需要以巫跳舞祈雨，故以巫作法求雨的形象来表现夏季。甲骨文中的“夏”字，即作“”像蝗虫形，或作烧烤蝗虫的景象“”。[①]陈正祥曾利用三千多种方志中的八蜡庙、虫王庙和刘猛将军庙的记载，绘制成中国蝗庙分布图，找到了中国蝗虫分布范围及其与干燥温暖气候的关联。[②]“孟夏行春令，则蝗虫为灾，暴风来格”说的则是蝗灾与暴风的关联，这里的“暴风来格”似乎有两重理解，既可能是蝗灾之后有风灾，也可能是对蝗灾的比喻性描述。不管是哪一种，风的确是与蝗灾有着密切的关联。

1　　　　　　2　　　　　　3

1 安阳武丁时期“汜虘其来”甲骨有卜问雷风卜辞
2 湖南长沙五家岭出土王莽时期鎏金“中国大宁”铜镜，有铭文圣人作镜辟去不祥之语（唐启翠摄于海南省博物馆“国家宝藏”展）
3 海南白沙黎族门户辟邪饰物（唐启翠　摄）

●6-2　防与禳的见证

二、灾害的共生性，大旱、蝗灾、暴风和疾疫往往相伴而生，而所有的结果都是带来人类食物的匮乏——饥荒，从而彰显出灾害相对于人类的生态与社会意义。这与文献和考古学的研究结果是相一致的，说明这种观察本身已经构成记忆——可以跨代传递的经验。

杨宽系统对比《诗经·豳风·七月》、《大戴记·夏小正》和《礼记·月令》后认为，《七月》是西周豳地农人所作按时令进行农事与生活的诗歌，《夏小正》是春秋时代以农事为主的月历，而《月令》则是战国时代阴阳五行家为即将出现的统一王朝所制定的行政月历，三者所载的物候知识和农事活动有一脉相承的关系。与前二者常态叙述相比，《月令》不仅多出了反常叙述，而且已经悄

①许进雄：《中国古代社会》，北京：中国人民大学出版社，2008年版，第584页。
②陈正祥：《中国文化地理》，北京：三联书店，1983年版，第50—58页。

悄地打上“不时—天谴—灾异”的烙印，为两汉的灾异观奠定了基础。

《礼记》中，除了《月令》比较集中地以仪式和“预警”方式呈现灾异记忆外，还有以下三种方式：其一是在讨论礼仪规范的时候，顺带提及的，如《曾子问》篇中，曾子与孔子讨论祭祀时若发生异常该当如何的时候，提到日食和火灾；其二，面对灾难，讨论对策，如《檀弓》篇穆公召县子问策中的大旱，再如《王制》、《杂记》、《玉藻》等篇用节衣缩食、不举乐等以渡凶荒之难等；其三，论及祭祀法则及仪式意义时，隐含着灾难记忆，如《祭法》“雩宗，祭水旱也”提到求雨仪式的意义在于救旱。再如《祭法》篇讨论圣王之制祭祀的法则：“能御大灾则祀之，能捍大患则祀之。……鲧鄣洪水而殛死，禹能修鲧之功。……汤以宽治民而除其虐。……及夫日月星辰，民所瞻仰也；山林川谷丘陵，民所取材用也。非此族也，不在祀典。”隐含地提到鲧禹时期的洪水、商汤时期的干旱等灾害。

关于鲧禹治水和商汤祷旱的故事，许多典籍都对其有追述，如《诗经·商颂·长发》：“洪水芒芒，禹敷下土方。”《庄子·秋水》：“禹之时，十年九潦，而水弗为加益；汤之时，八年七旱，而崖不为加损。”《管子·山权数》：“汤七年旱，禹五年水，民之无□卖子者。”《尚书》、《山海经》等对鲧禹治水的故事叙说尤详，曾一度被视为战国秦汉间“层累造成”的故事。

2002年，西周中期的青铜器燹公盨及其铭文的发现，将大禹治水的确凿证据提前到了西周时期。铭文开篇便是“天命禹敷土，随山濬川，迺差地设征，降民监德”[①]，与《尚书·禹贡》的开篇之辞“禹敷土，随山刊木，奠高山大川”惊人一致。这条证据的出现，说明至少在3000年前，大禹治水的故事已经开始流行了。

环境考古学研究进一步表明，这并非只是一个神话故事，而是曾经的洪水灾难留给人类实实在在的集体记忆。对于《尚书·尧典》等史籍所载的尧舜禹时期“汤汤洪水方割，荡荡怀山襄陵，浩浩滔天”的这一事件，考古发现和古气候环境研究都提供了相当多的佐证。登封王城岗、辉县孟庄等龙山文化城址都有被洪水冲毁的痕迹，江苏钱山漾、马桥等良渚文化层之上有0.5米左右的灰黑色淤泥层，亦是大洪水的手

①释文参用了李学勤、裘锡圭、朱凤瀚、李零等学者对铭文的释读，详见《中国历史文物》，2002年第6期上诸位的文章。李学勤释燹为遂公盨，遂国在今山东宁阳西北，传为虞舜之后，春秋鲁庄公十三年（公元前681年）被齐所灭。作盨者是西周时的遂君。

笔。[①]环境学者根据长江下游地区自然环境的变迁，认为："我国东部地区距今4000年前后曾发生过空前的大洪水，洪水虽以黄河中游地区为最大，但淮河和长江中下游地区同样受到了这次大洪水的影响。"[②]据任振球先生的研究，中国在公元前2000年前后，地心张角小于70°的九星会聚接连发生了三次（公元前2133年、前1953年、前1774年）。而当九大行星地心会聚时间处于冬半年，地心张角又小于70°时，我国和北半球的气候便出现低温期，自然灾害频繁，特大洪水、干旱以及地震等皆进入活跃期。[③]《淮南子》"尧之时，十日并出，焦禾稼，杀草木，而民无所食"描述了高温悍热炽杀草木，形成干旱的情形。《墨子·非攻》"日妖宵出，雨血三朝，龙生于庙，犬哭乎市，夏冰，地坼及泉，五谷变化，民乃大振"则较为详细地描述了舜帝时山西永济大地震前后的一系列异常现象。《荀子·富国》"禹有十年水"，《淮南子·齐俗训》也有"禹之时，天下大雨"，《孟子·滕文公上》"当尧之时，天下未平；洪水横流，泛滥于天下。……禹疏九河，沦济、漯而注诸海；决汝、汉，排淮、泗而注之江，然后中国可得而食也"描述的则是尧时的洪水滔天以及大禹治水的事件。

综上所述，无论是借助物候观测和"不时"预警，还是凭借历法仪式、危机应对和仪式意义的阐释，而得以呈现的灾难记忆，尽管有时空模糊的缺憾，但在气候变迁的大背景里依旧能够找寻到记忆所自。

---

①俞伟超：《龙山文化与良渚文化衰变的奥秘》，《纪念城子崖遗址发掘60周年国际学术讨论会论文集》，济南：齐鲁书社，1993年版。

②王富宝、李民昌：《太湖流域良渚文化的自然环境》，《东方文明之光》，海口：海南国际新闻出版中心，1996年版。

③任振球、李致森：《行星运动对中国五千年来气候变迁的影响》，《全国气候变化讨论会文集》，北京：科学出版社，1978年版；任振球：《公元前2000年左右发生的一次自然灾害异常期》，《大自然探索》，1984年第4期。

第三节
巫仪救灾与仪式功能

从以上的分析可见，《礼记》中所记的灾难几乎都是在如何预防和救治的讨论中呈现的，故而其用意不在于记录，而在于如何预防和救治，以消释灾异恐惧、救民固政。《礼记》中所见防救灾异的措施，可大体分为两类：荒政与仪式。前者是直面人间的对策，后者则是面向神灵的祈求，若浑言之，则仪式亦属荒政一策，《周礼·地官·大司徒》：

> 以荒政十有二，聚万民：一曰散利，二曰薄征，三曰缓刑，四曰弛力，五曰舍禁，六曰去几，七曰眚礼，八曰杀哀，九曰蕃氏，十曰多昏，十一曰索鬼神，十二曰除盗。[①]

这是先秦具有代表意义的救灾备荒思想与政策，括而言之：一是国家经济上的赈济，散利、去几、薄征、弛力者是，这是灾难发生后，国家第一时间的反应；二是荒年节支，眚礼、杀哀、蕃氏者是，灾难既已发生，则灾区与政府及非灾区，就形成了一种受灾与救灾的对立互助，既易激起民族凝聚力，众志成诚，共渡难关，也易激化社会矛盾，所以对礼乐规制的撙节，可收一石二鸟之效；三是灾区救助与秩序维护，缓刑、舍禁、除盗、多昏者是，这是用法制维护灾区秩序以及灾后重建的人口补给。这些都是以政府为核心，采取具体可行的面向人间的应对策略。这在《礼记》各篇中亦多有散见，如《曲礼》：“岁凶，年谷不登，君膳不祭肺，马不食谷，驰道不除，祭事不县。大夫不食粱，士饮酒不乐。”《王制》：“祭，丰年不奢，凶年不俭。……三年耕，必有一年之食；九年耕，必有三年之食，以三十年之通，虽有凶旱水溢，民

① （清）阮元校刻：《十三经注疏》，北京：中华书局，2003[1980]年版，第706页。

无菜色，然后天子食，日举以乐。”《月令》：“天子布德行惠，命有司发仓廪，赐贫穷，赈乏绝。开府库，出币帛，周天下。”《玉藻》：“年不顺成，则天子素服，乘素车，食无乐。……年不顺成，君衣布，搢本，关梁不租，山泽列而不赋，土功不兴，大夫不得造车马。……君子之居恒当户，寝恒东首。若有疾风、迅雷、甚雨，则必变。虽夜必兴，衣服冠而坐。”《杂记》：“孔子曰：‘凶年则乘驽马，祀以下牲。’”等等。

但只有这些，显然是不够的，还必须有面向上天的祈求，此即“索鬼神”。因为在时人眼中，天地无私，阜养万物，“天有四时，春夏秋冬，风雨霜露，无非教也。地载神气，神气风霆，风霆流形，庶物露生，无非教也。清明在躬，气志如神。嗜欲将至，有开必先。天降时雨，山川出云”，①亦是神秘莫测，“鬼神之为德，其盛矣乎！视之弗见，听之弗闻，体物而不可遗。使天下之人，齐明盛服，以承祭祀”。②作为“天地之心人”的人类只有遵循“天道”行事，方可受佑于天，故“三代明王皆事天地之神明”③，因为“天地之道，寒暑不时则疾，风雨不节则饥”④，天灾人祸归根结底都是神祇的不满与警惩。故而，人们不仅严格遵循历法设定的仪式与政令谨慎行事，而且在危机来临——如灾荒时期时更得遍祷群神，以免平时祭祀不到的鬼神再次发怒而降祸。

就像人类学家拉帕波特对巴布亚新几内亚的马林人仪式循环分析所发现的那样，仪式与生态之间具有反馈关系，对马林人而言，仪式循环不只是一种纠偏作用，还应该被理解为文化上的信息编码系统：“它基于对自然界变化过程的文化理解，当然，这些自然界变化过程‘客观地’说可能并不准确，但它们也很可能受到诸多社会因素的影响。”⑤劳克林与达基利也指出阿兹特克人按照历法设定的献祭仪式循环中不仅可以预料到周期性的生存压力，而且为之提供了危机时期的行为反应模式。这样的反应模式“使基本资源的可用

①（清）阮元校刻：《十三经注疏》，北京：中华书局，2003[1980]年版，第1617页。
②（清）阮元校刻：《十三经注疏》，北京：中华书局，2003[1980]年版，第1628页。
③（清）阮元校刻：《十三经注疏》，北京：中华书局，2003[1980]年版，第1644页。
④（清）阮元校刻：《十三经注疏》，北京：中华书局，2003[1980]年版，第1534页。
⑤罗伊·拉帕波特：《给祖先的猪肉》，纽黑文：耶鲁大学出版社，1984年版，第410页，转引自桑迪：《神圣的饥饿：作为文化系统的食人俗》，郑元者译，北京：中央编译出版社，2003年版，第52页。

性、社会的统一性和集体行动取得最大效应，并使心理压力减少到最低限度变得更为容易”，因为“仪式模仿了社会结构与宇宙结构，从而为预测变化和控制社会行为提供了公开讨论的机会”。[①]这一点，我们不难在《礼记·月令》中看到，在整个“月令模式”中，人类与自然生态、四季轮回、生产生殖、神灵系统和仪式活动相互关联，形成了一条周始循环存续不断的生命链。自然山川、日月星辰等被视为既能予人以庇护又能予人以压力的神灵，通过仪式，人与自然神灵、祖先鬼神和社会，包括人与人之间，达成一种平衡、疏导与交流。这里面包含着人类学所讲的两种仪式——常规仪式和危机仪式，但并不截然分开，一些危机仪式可以转化为常规仪式，但同时也在危机发生的时候举行，如雩祀。

按照历法循环的韵律，每年仲夏之月，皆“命乐师修鞀鞞鼓，均琴瑟管箫，执干戚戈羽，调竽瑟笙篪簧，饬钟磬柷敔。命有司为民祀山川百源。大雩帝，用盛乐。乃命百县雩祀百辟卿士有益于民者，以祈谷实。”郑注：“阳气盛而常旱，山川百源，能兴云雨者也。众水始所出为百源，必先祭其本，乃雩。雩，吁嗟求雨之祭也。”孔颖达正义引《女巫职》云：“凡邦之大灾，歌哭而请。”歌哭则吁嗟之类。旱为大灾，故须吁嗟求雨。另《周礼·春官·司巫》言巫之职能时也说“若国大旱则帅巫而舞雩”，《礼记·祭法》亦明言“雩宗，祭水旱也”。可见，雩祀也是应对大旱之灾时举行的危机仪式。

水就像一把生命的双刃剑，既是源泉，亦是杀手，平衡的法则在于控制雨水的适度。旱则求雨，涝则祈晴，是常见的平衡杠杆。根据弗雷泽《金枝》的描述，这曾是全世界部落民族的最普遍和最重要的任务，尤其是巫者的重要职责：

> 在公众巫师为部落利益所做的各种事情中，最首要的是控制气候，特别是保证有适当的降雨量。[②]

中国数千年来以农立国，对水的依赖与恐惧尤甚。《管子·度地》：

①《仪式与压力》，转引自桑迪：《神圣的饥饿》，郑元者译，北京：中央编译出版社，2003年版，第52、50页。

②弗雷泽：《金枝》，徐育新等译，北京：新世界出版社，2006年版，第65页。

> 善为国者必先除其五害。……水，一害也；旱，一害也；风雾雹霜，一害也；厉，一害也；虫，一害也。此谓五害。五害之属，水最为大。五害已除，人乃可治。[①]

解决水害之道是决水潦，通沟洫，修障防，安水藏。因此，春秋战国时期，各诸侯国用兴修水利工程来充当控制雨水的调节阀，如《华阳国志·蜀志》记载，都江堰修成后，成都平原从此“沃野千里，号为陆海。旱则引水浸润，雨则杜塞水门”，从此“水旱从人，不知饥馑”。[②]

已有的统计数据表明，几千年来，频繁多样的灾害史中，以水旱之灾最多，为害最大。胡厚宣先生研究发现，在殷墟发现的十万多件甲骨上就有数千件是与求雨雪相关，在能确定日期的甲骨中，有137件是求雨雪的，有14件是记载降雨的，这些记载分散于全年。但最频繁的是在一年非常需要雨雪的前五个月。[③]魏继印先生对商代气候的研究发现，除自仲丁迁隞到武丁早期的商代中期比较温暖湿润外，前期和后期都是冷干天气，降水偏少，甚至干旱。因此商卜辞中关于雨水的记录比较多。向上帝求雨之祭，在卜辞时代为“巫者的专业”，《说文》“雩，夏祭乐于赤帝以祈甘雨也”；郑注《月令》“大雩帝，用盛乐”云“雩，吁嗟求雨之祭也”，雩祀即为干旱季节举行的大型祈雨仪式。陈梦家曾列举了卜辞所见求雨祭舞：

> 巫之所事乃舞号以降神求雨，名其舞者曰巫，名其动作曰[illegible]（舞），名其求雨之祭祀行为为雩。……而吁嗟与号则舞时之歌。巫、舞、雩、吁都是同音，都是从求雨之祭而分衍出来的。武丁卜辞的無，到了廪康卜辞加“雨”的形符而成“[illegible]”，它是《说文》“雩”之所从来。[④]

根据卜辞，祈雨仪式在山川之圣地举行。《论语》孔子与弟子的

①黎凤翔：《管子校注》，北京：中华书局，2006年版，第1054页。

②汪启明等：《华阳国志译注》，成都：四川大学出版社，2007年版，第92页。

③胡厚宣：《气候变迁与殷代气候之检讨》，见胡厚宣著《甲骨学商史论丛二集》。

④陈梦家：《殷虚卜辞综述》，北京：中华书局，1988年版，第600—601页。

1 荆门漳河车桥出土兵辟太岁戈（一说大武辟兵戚）局部纹饰　2 曾侯乙墓出土鸳鸯漆盒局部纹饰（唐启翠摄于湖北省博物馆）　3 圭璋祭献仪式铜像（唐启翠摄于三星堆博物馆）　4 藏北扎西岛扎勤古布岩画拜塔者与鸟形人，采自张亚莎《西藏岩画》第295页

●6-3　巫舞祷祭图

谈话还提到鲁国“浴于沂，风乎舞雩”的雩祀遗习。河南信阳楚墓出土木瑟上的舞号行法的女巫图像，战国青铜器纹饰上的舞巫形象，以及左江、阴山、新疆等岩画上的巫师形象为此提供了图像证据。

巫师凭借仪式以及仪式中的特殊技艺如跳舞、吁嗟呼号等与神交流以沟通天地人的形象在这里得到生动的展现，可与民族宗教学中的例证相互印证。王逸《楚辞章句·九歌序》：“昔楚南郢之邑，沅湘之间，其俗信鬼而好祀，其祀必作歌乐鼓舞以乐诸神。”①土家族每遇春夏伏旱，就会组织求龙祈雨盛会，人们敲锣打鼓，吹喇叭号角，土老师（即巫）穿法衣戴发冠，披五色旗，左手摇师刀，右手执马鞭，口吹号角，召兵督将。土老师边唱边跳，人们则随声附和，以助声威。②海南东方地区的黎族，每逢久旱无雨，就要举行祭天仪式，人们集中到“奥雅”家里，道公（即巫）随着锣鼓声的节奏念咒语、跳舞。道公先歌颂天神，后敲着“木鱼”向天神呼告：“地上已经久旱无雨了，天神请你下雨吧！”等到道公说天神答应下雨了，人们就杀牛谢神。③广西左江流域由于特殊的地理气候环境，常常“一场暴雨即成灾，三天无雨便成旱”，此地壮族盛行祭祀水神和雷神仪式，遇灾之时人们往往敲锣打鼓，由道公作法念咒、跳舞以祈神灵护佑。这种仪式场景不仅在左江岩画中得到生动的体现，在壮族流传的神话中，祖先布洛陀和布伯都具有

①洪光祖：《楚辞补注》，北京：中华书局，1983年版，第55页。

②吕大吉等主编：《中国各民族原始宗教资料集成·土家族卷》，北京：中国社会科学出版社，1998年版，第53页。

③吕大吉等主编：《中国各民族原始宗教资料集成·土家族卷》，北京：中国社会科学出版社，1998年版，第668页。

治水抗旱的神力。[1]

在卜辞和文献记载中，还可以看到，巫者不仅肩负着舞号求雨的职责，而且在必要的时候，还要充当牺牲献祭给上帝，此即“烄巫”、“焚巫”、“暴巫”。如武丁卜辞“烄㞢从雨—烄亼其从雨”（前5332），“亩女才烄，㞢雨”（乙1228，6391），廪康卜辞“其烄高，又雨”（粹657），甲骨文中“烄”象人立于火上之形，即焚巫求雨。[2]文献中焚巫的记载如《左传·僖公二十一年》：夏大旱，公欲焚巫尫。《文选·思玄赋》注引《淮南子》：汤时大旱七年，卜用人祀天。汤曰：我本卜祭为民，岂乎自当之？乃使人积薪，剪发及爪自洁，居柴上，将自焚以祭天，火将燃，即降大雨。又引《吕氏春秋》：昔者，汤克夏而正天下，天大旱，五年不收，汤乃以身祷于桑林，自以为牺牲，用祈于上帝，民乃甚悦，雨乃大至。[3]《太平御览》卷十及卷八三二引《庄子》：昔宋景公时大旱，卜之必以人祠乃雨。景公……将自当之，言未卒而大雨。《说苑》齐大旱……晏子曰今诚避宫殿暴露，与灵山河伯共忧，其幸而有雨乎？于是景公出野暴露，三日天果大雨。

1

2

1 土家族土老司（巫师）做法事 2 壮族孝蚂拐鼓舞情境，采自《中国各民族原始宗教资料集成·土家族等卷》彩图14、42

●6-4 祈雨仪式

①吕大吉等主编：《中国各民族原始宗教资料汇编·考古卷》，北京：中国社会科学出版社，1999年版，第513—514页。

②陈梦家对此有比较详细的考证：《说文》：“烄，交木燃也。”《玉篇》：“烄，交木燃之以尞柴天。”与此是否一字，尚不可必。烄与雨显然有直接的关系，所以卜辞之烄所以求雨，是没有问题的。由于它是以人立于火上以求雨，与文献所记“暴巫”、“焚巫”之事相同。陈梦家：《殷墟卜辞综述》，北京：中华书局，1988年版，第602页。

③萧统：《文选》，李善注，北京：中华书局，1981年版，第218页。

从上述引文，可以发现三个特点：

一是遇到旱灾，解决办法往往是焚巫暴尫；根据商、宋、齐、鲁的传录可知，“暴是暴露于烈日之下，焚是焚于积薪之上，后者乃是人祠。巫以妇人为之，而尫为男而有残疾之人”。[①]

二是君王往往亲与方能求得雨水。最经典的例子就是汤祷桑林的传说，郑振铎先生的《汤祷篇》曾对此仪式场景有生动形象的还原，商汤亦被视为祭司王。对于在干旱危机前，古人何以用焚巫暴尫，甚至焚王，许进雄从心理学的角度做了解释：

> 卜辞卜问求雨所烧烤的人都是有名字的要人，而且文献也记载夏禹和商汤都曾经以自身求雨救旱。这种方式大概是基于天真的想法，希望上帝不忍心让他的代理人受火烧焚的痛苦，从而降雨以解除巫的困厄。……到了战国时代，巫的主要职务仍是舞雩降雨以解除干旱，行法以去疾病，以及在丧事、祭祀的时候联络鬼神，但其地位较之商代已大为降低。[②]

作为人神间的灵媒，对巫尫的焚与暴仪式，或许像龙王爷被失望的人们恫吓、鞭打和暴晒一样，还有一种威慑的意义。

三是春秋战国时代，人们开始反对焚巫暴尫之事。藏文仲、晏子、县子等对焚巫暴尫之事的反对态度是很明显的，理由就是焚之无益，但最后的解决办法却又绕回到商汤祷旱的经典模式上了，宋景公、齐景公都是很好的例子。而《礼记·檀弓》所记县子虽也反对穆公暴巫、尫，但却没有提出可以解决的办法，此次旱灾有无解决也不得而知。

2002年出版的《上海博物馆战国楚竹书（二）》载有《鲁邦大旱》，讲的是鲁国大旱，哀公问策于孔子及孔子和子贡的对话，中间有缺简，难窥孔子与哀公对话的全部，但基本信息保留较全。孔子分析大旱的原因在于“失诸刑与德”，所以纠正之策为：“庶民知说之事鬼也，不知刑与德。如毋爱圭璧币帛于山川，政刑与德”则旱灾就可以解除。这与《诗经·云汉》所述周宣王时期祝祷旱灾的仪式“天将丧乱，饥馑荐臻，靡神不举，靡爱斯牲，圭璧既卒，宁莫我听。旱既大甚，蕴

③陈梦家：《殷虚卜辞综述》，北京：中华书局，1988年版，第603页。
①许进雄：《中国古代社会》，北京：中国人民大学出版社，2008年版，第556—557页。

隆虫虫。不殄禋祀，自郊徂宫”的精神一致。但子贡对孔子祭祀山川的质疑以及孔子对政刑德的强调，则同上文所引的春秋战国时代知识分子对焚巫的反对有异曲同工之处，即君主都想不惜代价地祭祀山川神祇，表现出一种以神事为主的应对天灾态度；而孔子、晏子、县子等则予以修正，表现出一种以人事为主的姿态，但又并不完全舍弃神事。这与《孔子家语·曲礼子贡问》“孔子在齐，齐大旱，春饥。景公问于孔子曰：‘如之何？’孔子曰：‘凶年则乘驽马，力役不兴，驰道不修，祈以币玉，祭祀不县，祀以下牲。此贤君自贬以救民之礼也’”和《礼记·杂记》“孔子曰：凶年则乘驽马，祀以下牲”等所记载的孔子借谈凶旱之际，维护礼的精神是相吻合的。这显然是大变革时代的印记。

仪式专家维克多·特纳穷其一生的研究发现，仪式表演是社会过程的重要组成部分，尤其是人们解决危机的重要方式。在上述面对灾难的荒政与仪式中，无论是散利舍禁、政刑与德，还是雩舞焚巫、傩蜡之祭等，皆能看到这种表演属性和疗救意义，这里的疗救具有双重含义：救灾并疏导抚慰受灾者之精神。或许在不同的时空里，因地方知识系统而有差异，不同的灾难也有不同的应对仪式，但对于仪式疗救的工具性和效果的认识在精神实质上则是相通的，即相信通过一定仪式的献祭、祈求、表演娱神等行为方式，可以与造成灾难的因素建立对话和交流关系，以解除灾难，抚慰人心，以达到恢复失序的社会秩序和社会整合的功能。

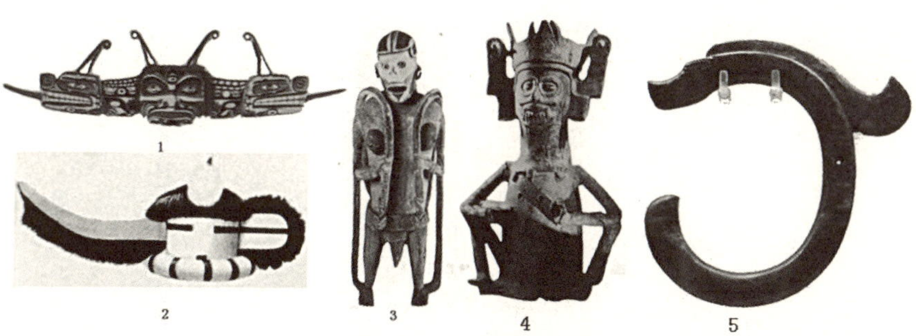

1 北美夸扣特尔人宗教仪式中的双首双角蛇形水神西西尤特尔面具 2 北美印第安人祈雨祭司面具，3 美拉尼西亚雨神雕像 4 古阿兹特克人所信奉之雷神、雨神特拉洛克，采自托卡列夫《人类与宗教》（2009）第96、105、52、238页 5 三星他拉C形墨玉龙（唐启翠摄于海南省博物馆“国家宝藏”展）

●6-5 世界各地雨神举隅

本章小结

“礼”之“记”在社会整合的规范化叙事与文化认同的潜在思维编码的张力中，形成了《礼记》复合叙事模式及其功能，也形成了与众不同的灾难/疗救记忆模式：以仪式表演/意义阐释与王权秩序/神权诉求的“杂糅”形态保留着曾经的社会记忆。这些记忆信息需要还原到历史情境中，才能明了记忆的由来，以及相应的社会秩序恢复与心理治疗的仪式叙事功能，这是以危机仪式为表征的社会整合与文化认同方式。

结语

一位叫拉蒙的印第安首领在跟著名的美国人类学家露丝谈起那些曾在他眼前跳着熊舞，自己就变成了熊的萨满术士时，带着一种暗涌的兴奋和无与伦比的眷念，因为跳熊舞与吃沙漠植物曾经是他的人民昔日的力量源泉。带着对昔日生活方式的怀恋，他说，一开始，上帝就给了每个民族一只陶杯，从这杯子里，人们饮入了他们的生活……现在我们的杯子破碎了，没有了。[①]陶杯破碎了，那些曾经赋予生活以意义的样式、准则、仪式、力量源泉等等也都随之丧失殆尽了，留下的只是无根的、缺失了精神力量的人群，因而也是没有了身份、面容、生命和归属的人群。每当我在思考中国文化的核心特征及其当下的意义时，总不免会想起拉蒙的眷念与失落，想起孔圣人的“复礼归仁”的坚韧与艰难！

作为生物性和社会性双重属性的存在，人类要依靠物质和社会环境才能生存，因而人类对外在的、无力把握的自然力量保持敬畏与讨好的态度。“神灵信仰与仪式由此构成文化的基本特质，也构成了社会形貌的象征展示方式。”[②]然而，人类并不总是被动地经验与顺应世界，而总是试图以自己的行为方式影响自然和社会。而人的行为方式取决于他的需求、价值诉求、信仰体系、思维模式与认知编码；这些又反过来通过教育、传统、仪式活动、权力话语等，得到强化和实现。从人类生活范式意义来看，早期中国礼仪即是上帝赐予“我群”的陶杯之水与生活规范和力量源泉，由仪容、仪规、仪程、器物、祝祷、舞蹈、信仰、建筑等诸符号构成的在特定时空象征性展演的礼仪统一体，是当时社会结构和社会关系的表征，也是天人谐和观念的形式化与象征化表达。它曾经就是生活本身，是人人履而行之达成人际、人神、人与自然和社会和谐共存的神圣之事。

礼仪制度按照一定的信仰体系和思维模式将人的行为模式进行编码，并加以强化，受其规约并文化地适应存在及各种关系的人们，则“通过仪式的物质性操作不断地复制，建立起仪式群体对群体社会生活历史的不断重演，而重温和建立社会记忆。”[③]仪式作为象征性表达和维护宇宙观和赋予生活规范意义的方式，不仅体现了人类群体思维方式和行为元语言，而且对维护社会正常秩序、恢复失范的社会秩序和文化

①露丝·本尼迪克特：《文化模式》，王炜等译，北京：社会科学文献出版社，2009年版，第14—15页。

②王铭铭、潘忠党：《象征与社会：中国民间文化的探讨》，天津：天津人民出版社，1997年版，第89页。

③莫里斯·哈布瓦赫：《论集体记忆》，毕然等译，上海：上海人民出版社，2002年版，第290页。

整合与认同，均具有核心的作用。

因而，本书从“神话中国”视域进入《礼记》文本，探索礼制文明的源生语境、仪式叙事的思维模式及其叙事功能，通过对社会人生之始——冠礼仪式象征符号和神圣时空的探索与重构，不仅发现个体生命与社会秩序、自然四时、宇宙时空周期性更新具有同态感应的象征性认同，而且透过“廟”字构形与明堂建筑物语、明堂位序、五方叙事的的溯源察流，发现“庙”与“明堂”作为圣事空间与圣俗通道，所具有的神话宇宙观模拟与重演的认知编码、身份转换、权力叙事、族类区分与天下一统等功能；而月令物候周而复始、仪式历法岁且更始、人事活动以初为常，以及潜隐在仪式叙事中的敬天礼地、祓禊攘灾、灾异天谴与仪式疗救的深层心理机制的发掘，则凸显出仪式展演强化文化认同、整合社会力量、维护秩序、强化权力、引导认知与疗治精神的生态人类学意义和功能。即使是在当下被称为科学和唯物无神论的时代，在诸如奥运会、世界杯足球赛、国庆、店庆等活动中依旧借助仪式展演彰显其重要性。而在面临灾难时，如2008年“5·12”地震后致哀日，国家降半旗、舰船鸣笛、防空警报鸣响、广场烛光……莫不借助仪式哀悼死难者、抚慰生还者。可见，礼仪研究对于在全球化语境中探寻华夏文化本根、重塑文化认同，以及在当下全球环境恶化、天灾人祸频繁之下如何借助本土文化资源与精神传统，引导认知、应对灾祸和抚慰精神，亦具有现实意义。

所谓民为邦本，礼为国教。人类伦常、辈份、尊严、礼貌，皆为传统之根脉，此根脉丧失，则伦常失范、人心不古、世风败坏。而缺乏仪式的教育，亦散漫无根，即或有知识，亦难有内在之精神。抓住传统之根脉，礼仪秩序之庄严，体味天人谐和中庸之至境，胸怀敬畏之心，方可应时而化、收以长效。

本文创新之处在于绍绪师承，自觉运用四重证据法和比较神话学、考古人类学视野，以知识考古的方式，在“记”与“礼”的双向关照中，“以小言大”探讨礼学中聚讼难已的具体问题，对《礼记》文本进行一次跨文化、跨学科的重新审视，具有华夏文明探源和中国神话历史研究的个案意义。

鉴于《礼记》文本本身所具有的复杂性，以及历史演进、文化断层等问题，争议和难题可谓俯拾即是。限于视野、知识储备和时间，笔者是在阅读、疑惑与解惑的过程中开始写作的，现虽即将付梓，却仅为起步，许多问题尚待深入。因此，尚有以下诸问题需要说明，以明探索之旅的乐趣与艰难同在。

作为一部长时段累积而成的论“礼”之“记”——《礼记》文本自身极其复杂，一者其成书过程极为复杂，非出自一时一人之手，且“礼时为大”，与时损益，文义糅驳，泾渭合流；二者面对同一《礼记》文本，不同的人也因不同的视域，异说纷纭，呈现出不同的阐释系统，故《韩非子•显学》言：“孔墨之后，儒分为八，墨离为三，取舍相反不同，而皆自谓真孔墨。”[①]孔子传《礼》，弟子三千，贤者七十，对于“礼”之理解与阐释各有差异，在情理之中。《礼记》行于世者，戴德、戴圣之学，而“大小二戴共氏而分门，王郑两家同经而异注”[②]；三者，汉以来，历代解经家虽渐渐将其视为经典，至唐，终进入“九经”之列，但多陈陈相因，且多臆测之词，将《礼记》本义陷于迷雾之中；四者，秦火汉儒，文化断层、历史记忆、整理者之应时而有意或无意编纂、选择，皆导致今日所见《礼记》已经远非原貌，1998年荆门郭店楚简的发表，上海博物馆馆藏战国楚竹书的陆续整理发表，战国时期楚地流传的许多篇章与《礼记》相关，对于辨认《礼记》文本在战国时期的面貌大有助益，但《缁衣》三种版本的对照勘读，《礼记》文本的歧义性与复杂性更见一斑。所幸，本文所致力的仅为《礼记》文本中的一些仪式、神圣时空等具体问题的溯源研究。

但即使如此，依旧纷纭复杂。从发生学的意义上讲，借助于人体举止的象征性仪式叙事行为要早于借助于语言符号的文学/文献叙事产生。今日所见《礼记》，包括荆门、上海博物馆馆藏简帛相关篇章，皆经历了由“礼”而成“记”——从仪式行为到文学文本——的置换与阐释的过程。从历时关系着眼，史前社会中的仪式表演不仅是“礼”，而且也是“记”产生的前提，“记”作为象征性的语言描述，可以视为仪式表演的延伸与置换。借助于文本性的“记”，“礼”作为社会记忆的容器性功能相对于转瞬即逝的纯粹动作性展演的优越性是不言而喻的。但是，当“礼”凝固为“记”，“礼”在被表述和被记载的同时，

①王先谦：《韩非子集解》，北京：中华书局，1998年版，第457页。

②孔颖达：《礼记正义序》，《十三经注疏》，北京：中华书局，2003[1980]年版，第1222页。

也是一个被“记”选择、屏蔽和改写的过程。虽然，《礼记》作为一种叙事的叙事，“礼”自身所具有的社会记忆储藏器的功能，以及作为一部悠久历史积淀、偏重重构、阐释黄金时代礼学传统的著作，字里行间与核心象征符号依旧保留着历史记忆及其变迁的痕迹，但毕竟原本丰富多彩的仪式过程与远古神话亦被抽象、层层简化为罗列、排比式文段，需要相当宽广的上古典籍阅读面（即知识储备）与可相对照的知识、视野与理论，这是研究《礼记》所面对的信息缺失的现实困难。而这所有的复杂性均表明，在有限的时间里，试图还原《礼记》文本相当艰难，而还原《礼记》文本背后的“礼”——文化文本更为艰难。故而对于笔者而言，选择《礼记》作为研究对象，本身就注定永远“在路上”。

经典的深层实质是文本背后深厚的文化内蕴，及其可供阐释的巨大张力，以及由此而产生的与时俱进的自我调适性，《礼记》亦然。作为中国礼文化承传延续的重要典籍之一，历代为学者或注或疏，或正义或章句，或志疑或溯源，或名物考辩、文字训诂、篇目编次、编撰校勘……两千余年几未间断，从不同角度、不同层面对《礼记》文本加以阐发、深化，所有这些均构成《礼记》文本的组成部分，在短短的两年时间里，笔者虽然对《礼记》文本及相关研究著作用功甚多，但苦于国学根基尚浅，外文阅读有限，唯有望前人之项背而兴叹。慨叹之余，又有庆幸，时至今日，小学功夫有前人之大成；考古学日臻完备，众多材料可资借鉴；中西方研究理论竞相迭出；上古典籍所具有的文史哲综合性特征，需要多学科的交叉视野，前辈学人之实践皆具引导与示范之效。如此，《礼记》研究所必须的贯通古今中外、熟悉小学、考古学、史学、人类学等等知识与视界，对笔者的学术视野、知识积累极具挑战性，非短期可成，亦非能力可及，勉为其难而已。

参考文献

一、基础文献

●（清）阮元校刻：《十三经注疏》，北京：中华书局，2003[1980]年版。

●（清）孙希旦：《礼记集解》，北京：中华书局，2007[1989]年版。

●（清）王聘珍：《大戴礼记解诂》，北京：中华书局，1983年版。

●（清）王先谦：《荀子集解》，北京：中华书局，1988年版。

●李学勤主编：《礼记正义》，北京：北京大学出版社，1999年版。

●徐元诰：《国语集解》，北京：中华书局，2006[2002]年版。

●荆门市博物馆编：《郭店楚墓竹简》，北京：文物出版社，1998年版。

●李零：《郭店楚简校读记》，北京：北京大学出版社，2002年版。

●上海大学古代文明研究中心、清华大学思想文化研究所编：《上博馆藏战国楚竹书研究续编》，上海：上海书店出版社，2004年版。

●文渊阁四库全书（电子版），上海：上海人民出版社，迪志文化出版公司，1999年版。

●李圃主编：《古文字诂林》（1—12册），上海：上海教育出版社，1999—2004年版。

●于省吾主编：《甲骨文字诂林》（1—4册），北京：中华书局，1999[1996]年版。

二、《礼记》研究及相关著述

●（清）黄以周：《礼书通故》，北京：中华书局，2007年版。

●（清）林昌彝：《三礼通释》，北京：北京图书馆出版社，2006年版。

●（唐）杜佑：《通典》，北京：中华书局，1984年版。

●蔡尚思：《中国礼教思想史》，上海：上海古籍出版社，2006年版。

●曹春平：《中国古代礼制建筑研究》，南京：东南大学出版社，1995年版。

●常金仓：《周代礼俗研究》，台北：文津出版社，1993年版。

●陈其泰等编：《二十世纪中国礼学研究论集》，北京：学苑出版社，1998年版。

●陈戍国：《先秦礼制研究》，长沙：湖南教育出版社，1991年版。

●丁山：《中国古代宗教与神话考》，上海：龙门联合书局，1961年版。

●杜正胜：《古代社会与国家》，台北：允晨文化出版公司，1992年版。

●方俊吉：《礼记之天地鬼神观探究》，台北：文史哲出版社，1985年版。

●冯时：《中国天文考古学》，北京：中国社会科学出版社，2007年版。

●傅亚杰：《中国上古祭祀文化》，长春：东北师范大学出版社，1999年版。

●高明：《礼学新探》，台湾：学生书局，1984年版。

●龚建平：《意义的生成与实现：〈礼记〉哲学思想》，北京：商务印书馆，2005年版。

●顾颉刚：《史林杂识初编》，北京：中华书局，2007年版。

●郭大顺：《追寻五帝》，香港：商务印书馆，2000年版。

●郭沫若：《郭沫若全集·考古编》，北京：科学出版社，2002年版。

●郭于华：《仪式与社会变迁》，上海：社会科学文献出版社，2000年版。

●韩高年：《礼俗仪式与先秦诗歌演变》，北京：中华书局，2006年版。

●韩建业等编：《五帝时代》，北京：学苑出版社，2006年版。

●洪业等编：《礼记引得》，上海：上海古籍出版社，1983年版。

●胡晓明等编：《释中国》（第2、4卷），上海：上海文艺出版社，1998年版。

●胡新生：《中国古代的巫术》，济南：山东人民出版社，2005年版。

●胡志毅：《神话与仪式：戏剧的原型阐释》，上海：学林出版社，2001年版。

●华东师范大学中国文字研究与应用中心编：《金文引得》（殷商西周卷），南宁：广西教育出版社，2001年版。

●黄俊郎编著：《礼记著述考》，台北：国立编译馆，2003年版。

●黄应贵主编：《时间、历史与记忆》，台北：中央研究院民族学研究究所，1999年版。

●季旭升：《青铜器铭文检索》，台北：文史哲出版社，1995年版。

●李安宅：《〈仪礼〉与〈礼记〉之社会学研究》，上海：上海人民出版社，2005年版。

●李零：《长沙子弹库战国楚帛书研究》，北京：中华书局，1985年版。

●李宪堂：《先秦儒家的专制主义精神：对话新儒家》，北京：中国人民大学出版社，2003年版。

●李向平：《王权与神权——周代政治与宗教研究》，沈阳：辽宁教育出版社，1991年版。

●李学勤：《简帛佚籍与学术史》，南昌：江西教育出版社，2007[2001]年版。

●李学勤：《中国古代文明研究》，上海：华东师范大学出版社，2005年版。

●李学勤：《走出疑古时代》，长春：长春出版社，2007年版。

●李曰刚等著：《三礼研究论集》，台北：黎明文化事业出版公司，1981年版。

●林素英：《古代生命礼中的生死观：以〈礼记〉为主的现代诠释》，台北：文津出版社，1997年版。

●林素英：《中国古代祭礼中之政教观：以〈礼记〉成书前为论》，台北：文津出版社，1997年版。

●凌纯声：《中国边疆民族与环太平洋文化》，台北：联经出版事业公司，1979年版。

●刘丰：《先秦礼学思想与社会整合》，北京：中国人民大学出版社，2003年版。

●刘源：《商周祭祖礼研究》，北京：商务印书馆，2004年版。

●刘正：《金文庙制研究》，北京：中国社会科学出版社，2004年版。

●吕大吉、何耀华总主编：《中国各民族原始宗教资料集成》（共5册），北京：中国社会科学出版社，彝族等卷1996年版，土家族等卷1998年版，傣族卷、鄂伦春族卷、考古卷1999年版，纳西族等卷2000年版。

●吕薇：《神话何为：神圣叙事的传承与叙事》，北京：社会科学文献出版社，2001年版。

●陆思贤：《神话考古》，北京：文物出版社，1995年版。

●马昌仪：《中国神话学文论选萃》，北京：中国广播电视出版社，1995年版。

●孟悦、罗钢主编：《物质文化读本》，北京：北京大学出版社，2008年版。

●彭林：《中国礼仪文明》，北京：中华书局，2004年版。

●彭兆荣：《文学与仪式：文学人类学的一个文化视野》，北京：北京大学出版社，2004年版。

●彭兆荣：《人类学仪式的理论与实践》，北京：民族出版社，2007年版。

●钱玄：《三礼通论》，南京：南京师范大学出版社，1996年版。

●钱宗范：《周代宗法制度研究》，桂林：广西师范大学出版社，1989年版。

●邱衍文：《中国上古礼制考辨》，台北：文津出版社，1990年版。

●任铭善：《礼记目录后案》，济南：齐鲁书社，1982年版。

●容希白编著：《商周彝器通考》，台北：文史哲出版社，1985年版。

●沈从文：《中国古代服饰研究》，上海：上海书店出版社，2006年版。

●沈文倬：《宗周礼乐文明考论》，杭州：浙江大学出版社，2001年版。

●宋兆麟、冯莉：《中国远古文化》，宁波：宁波出版社，2004年版。

●苏秉琦：《中国文明起源新探》，北京：三联书店，1999年版。

●苏秉琦主编：《中国通史》第二卷《远古时代》，上海：上海人民出版社，2004年版。

●孙文辉：《巫傩之祭——文化人类学的中国文本》，长沙：岳麓书社，2006年版。

●汤惠生、张文华：《青海岩画：史前艺术中二元对立思维及其观念的研究》，北京：科学出版社，2001年版。

●唐兰：《西周青铜器铭文分代史徵》，北京：中华书局，1986年版。

●童书业、杨宽编：《古史辨》（第七册），上海：上海古籍出版社，1982年版。

●王子今：《睡虎地秦简〈日书〉疏证》，武汉：湖北教育出版社，2003年版。

●王鄂：《礼记成书考》，北京：中华书局，2007年版。

●王鄂：《三礼研究论著提要》，兰州：甘肃教育出版社，2001年版。

●王柏中：《神灵世界——秩序的构建与仪式的象征：两汉国家祭祀研究》，北京：民族出版社，2005年版。

●王国维：《观堂集林》，北京：中华书局，2006年版。

●闻一多：《闻一多全集》，武汉：湖北人民出版社，1993年版。

●王小盾：《中国早期思想与符号研究》，上海：上海文艺出版社，2008年版。

●王永波、张春玲：《齐鲁史前文化与三代礼器》，济南：齐鲁书社，2004年版。

●吴锐：《中国思想的起源》（三卷），济南：山东教育出版社，2003年版。

●吴小强：《秦简日书集释》，长沙：岳麓书社，2000年版。

●吴文璋：《巫师传统和儒家的深层结构——以先秦两汉的儒家为研究对象》，高雄：复文图书出版公司，2001年版。

●萧兵：《黑马：中国民俗神话学文集》，台北：时报出版企业有限公司，1991年版。

●萧兵：《中庸的文化省察——一个字的思想史》，武汉：湖北人民出版社，1997年版。

●谢瑞琚：《甘青地区史前考古》，北京：文物出版社，2002年版。

●徐新建：《西南研究论》，昆明：云南教育出版社，1992年版。

●严一萍：《金文总集》（影印），杭州：浙江古籍出版社，1983年版。

●杨华：《先秦礼乐文化》，武汉：湖北教育出版社，1997年版。

●杨宽：《古史新探》，北京：中华书局，1965年版。

●杨英：《四世纪以前中国古代王朝祭礼的演进及其规律》，上海：上海古籍出版社，2000年版。

●杨伯达：《巫玉之光：中国史前玉文化论考》，上海：上海古籍出版社，2005年版。

●杨鸿勋：《杨鸿勋建筑考古学论文集》（增订本），北京：清华大学出版社，2008年版。

●杨儒宾等编：《中国古代思维方式探索》，台北：正中书局，1996年版。

●杨儒宾：《儒家身体观》，台北：中央研究院中国文哲研究所筹备处，1996年版。

●杨向奎：《宗周社会与礼乐文明》，北京：人民出版社，1997年版。

●杨志刚：《中国礼仪制度研究》，上海：华东师范大学出版社，2001年版。

●叶舒宪、田大宪：《中国古代神秘数字》，北京：社会科学文献出版社，1996年版。

●叶舒宪、萧兵、郑在书：《〈山海经〉的文化寻踪》，武汉：湖北人民出版社，2004年版。

●叶舒宪：《老子与神话》，西安：陕西师范大学出版社，2005年版。

●叶舒宪：《神话意象》，北京：北京大学出版社，2007年版。

●叶舒宪：《诗经的文化阐释》，西安：陕西师范大学出版社，2005年版。

●叶舒宪：《熊图腾：中华祖先神话探源》，上海：上海文艺出版社，2007年版。

●叶舒宪：《中国神话哲学》，西安：陕西师范大学出版社，2005年版。

●叶舒宪：《庄子的文化解析》，西安：陕西师范大学出版社，2005年版。

●于俊德、于祖培：《先周历史文化新探》，兰州：甘肃人民出版社，2005年版。

●俞建章、叶舒宪：《符号：语言与艺术》，上海：上海人民出版社，1988年版。

●俞伟超：《先秦两汉考古学论文集》，北京：文物出版社，1985年版。

●詹鄞鑫：《神灵与祭祀——中国传统宗教综论》，南京：江苏古籍出版社，1992年版。

●张光直：《考古学专题六讲》，北京：文物出版社，1986年版。

●张光直：《美术、神话与祭祀》，沈阳：辽宁教育出版社，2002年版。

●张光直：《中国青铜器时代》（第二集），台北：联经出版事业公司，1990年版。

●张鹤泉：《周代祭礼研究》，台北：文津出版社，1993年版。

●张敬国：《凌家滩文化研究》，北京：文物出版社，2006年版。

●张亚初：《殷周金文集成引得》，北京：中华书局，2001年版。

●张岩：《从部落文明到礼乐制度》，上海：上海三联书店，2004年版。

●张一兵：《明堂制度研究》，北京：中华书局，2005年版。

●赵容俊：《殷商甲骨卜辞所见之巫术》，台北：文津出版社，2003年版。

●知原主编：《面向大地的求索：20世纪中国考古学》，北京：文物出版社，1999年版。

●中国社会科学院考古所编：《中国考古学·两周考古》，北京：中国社会科学出版社，2004年版。

●周何：《礼学概论》，台北：三民书局，1998年版。

●朱狄：《原始文化——对审美发生问题的思考》，北京：三联书店，1988年版。

●邹衡：《夏商周考古学论文集》，北京：科学出版社，2001年版。

●邹衡：《夏商周考古学论文集续集》，北京：科学出版社，1998年版。

●邹昌林：《中国古礼研究》，台北：文津出版社，1992年版。

三、近20年《礼记》研究硕博士论文

●常虚怀：《〈礼记正义〉校读札记》，南京师范大学硕士论文，2007年。

●陈丛兰：《〈礼记〉婚姻伦理思想研究》，西北师范大学硕士论文，2005年。

●陈开先：《〈礼记〉主题思想研究：传统儒家思想的一种解读》，中山大学博士论文，1998年。

●戴庞海：《先秦冠礼研究》，杨天宇指导，郑州大学博士论文，2005年。

●丁进：《两〈戴记〉考论》，安徽大学硕士论文，2002年。

●丁进：《周礼与文学》，蒋凡指导，复旦大学博士论文，2005年。

●傅华辰：《〈礼记〉郑注训诂研究》，南京师范大学硕士论文，2004年。

●韩琳琳：《〈礼记〉与西汉社会》，南京师范大学硕士论文，2004年。

●孔炳奭：《〈礼记〉与〈墨子〉丧葬思想比较研究》，王关仕指导，台湾师范大学博士论文，2003年。

●蓝瑶：《朱彬〈礼记训纂〉研究》，南京师范大学硕士论文，2007年。

●李雁容：《射礼研究》，张崇琛指导，兰州大学硕士论文，2006年。

●李宇哲：《〈礼记〉句子及主语研究》，王宁指导，北京师范大学博士论文，2000年。

●李永明：《先秦礼祀三祭与原始道教之崇德报本精神》，中山大学硕士论文，2003年。

●梁煌仪《周代宗庙祭礼之研究》，周何、于大成指导，台湾：政治大学博士论文，1986年。

●林素玟：《〈礼记〉人文美学研究》，龚鹏程指导，台湾师范大学博士论文，1999年。

●林文琪：《〈礼记〉中的人观》，张永隽指导，台湾中国文化大学博士论文，1998年。

●刘建婷：《从〈礼记〉阐述的音乐形式论周代社会的政治内涵》，陕西师范大学硕士论文，2006年。

●龙斯钊：《内圣外王——〈礼记〉的思想政治教育目标》，首都师范大学硕士论文，2002年。

●路沥云：《〈礼记〉事名词研究》，广西师范大学硕士论文，2003年。

●马菊霞：《论春秋时代的礼治思潮》，西北大学硕士论文，2004年。

●濮传真：《北朝〈二戴礼记〉学》，潘美月指导，台湾大学博士论文，2002年。

●乔安水：《荀子礼论研究》，陈卫平指导，华东师范大学博士论文，2004年。

●宋钟秀：《理雅格英译〈礼记〉研究》，福建师范大学硕士论文，2006年。

●苏成爱：《〈陈氏礼记集说〉研究》，南京师范大学硕士论文，2007年。

●孙圣河：《〈礼记〉的文化价值观念及其张力结构》，余敦康指导，中国社会科学院博士论文，2005年。

●谭澎兰：《〈礼记〉理想政治研究》，汪志勇指导，台湾高雄师范大学博士论文，2002年。

●田沐臣：《〈礼记〉的礼治思想》，刘宝才指导，西北大学博士论文，2000年。

●万丽文：《孙希旦〈礼记集解〉研究》，南京师范大学硕士论文，2007年。

●王雅：《周代礼乐文化研究》，金景芳指导，吉林大学博士论文，1998年。

●吴予敏：《先秦礼乐文化研究》，蔡仪指导，中国社会科学院博士论文，1989年。

●武宇嫦：《礼与俗的演绎：民俗学视野下的〈礼记〉研究》，刘铁梁指导，北京师范大学博士论文，2007年。

●杨儒宾：《中国古代天人鬼神交通之四种类型及其意义》，台湾大学博士论文，1987年。

●袁世杰：《礼学重构中的荀子性恶论文艺观》，高凯征指导，苏州大学博士论文，2003年。

●曾军：《清前期〈礼记〉学研究》，华中师范大学硕士论文，2005年。

●张磊：《〈大戴礼记〉“曾子十篇”研究》，曲阜师范大学硕士论文，

2004年。

●张琴：《郑玄〈礼记注〉初探》，安徽大学硕士论文，2006年。

●张岩：《〈孔子家语〉之〈子路初见〉、〈论礼〉篇研究》，清华大学硕士论文，2005年。

●张自慧：《礼文化的人文精神与价值研究》，杨天宇指导，郑州大学博士论文，2006年。

四、相关理论译著

●（德）恩斯特·卡西尔：《人论》，甘阳译，上海：译文出版社，2004年版。

●（德）恩斯特·卡西尔：《神话思维》，黄龙宝等译，北京：中国社会科学出版社，1999年版。

●（德）利普斯：《事物的起源》，汪宁生译，兰州：敦煌文艺出版社，2005年版。

●（德）马克斯·韦伯：《儒教与道教》，洪天富译，南京：江苏人民出版社，2005年版。

●（法）米歇尔·福柯：《词与物——人文科学考古学》，莫伟民译，上海：上海三联书店，2001年版。

●（法）米歇尔·福柯：《知识考古学》，谢强、马月译，北京：三联书店，2003年版。

●（法）葛兰言：《古代中国的节庆与歌谣》，赵丙祥等译，桂林：广西师范大学出版社，2005年版。

●（法）莫里斯·哈布瓦赫：《论集体记忆》，毕然、郭金华译，上海：上海人民出版社，2003年版。

●（法）列维-斯特劳斯：《结构人类学》（1—2），张祖建译，北京：中国人民大学出版社，2006年版。

●（法）列维-斯特劳斯：《野性的思维》，李幼烝译，北京：中国人民大学出版社，2006年版。

●（法）涂尔干：《宗教生活的基本形式》，渠东、汲喆译，上海：上海人民出版社，1999年版。

●（罗马尼亚）耶律亚德：《宇宙与历史》，杨儒宾译，台北：联经出版事业公司，2000年版。

●（罗马尼亚）伊利亚德：《神圣与世俗》，王建光译，北京：华夏出版社，

2002年版。

●（美）奥弗编：《太阳之歌：世界各地创世神话》，毛天祜译，北京：中国人民大学出版社，1989年版。

●（美）克利福德·格尔兹：《文化的解释》，韩莉译，南京：译林出版社，1999年版。

●（美）玛丽加·金芭塔丝：《活着的女神》，叶舒宪译，桂林：广西师范大学出版社，2008年版。

●（美）马文·哈里斯：《好吃：食物与文化之谜》，叶舒宪等译，济南：山东画报出版社，2001年版。

●（美）海登·怀特：《形式的内容：叙事话语与历史再现》，董立河译，北京：文津出版社，2005年版。

●（美）约瑟夫·坎贝尔：《千面英雄》，张承谟译，上海：上海文艺出版社，2000年版。

●（美）保罗·康纳顿：《社会如何记忆》，纳日碧力戈译，上海：上海人民出版社，2000年版。

●（美）本杰明·史华兹：《中国思想的世界》，程钢译，南京：江苏人民出版社，2004年版。

●（美）巫鸿：《礼仪中的美术》，郑岩等译，北京：三联书店，2005年版。

●（美）巫鸿：《武梁祠：中国古代画像艺术的思想性》，柳扬、岑河译，北京：三联书店，2006年版。

●（美）杨晓能：《另一种古史：青铜器上的纹饰、徽识与图形刻划解读》，唐际根、孙亚冰译，北京：三联书店，2008年版。

●（英）彼得·伯克：《图像证史》，杨豫译，北京：北京大学出版社，2008年版。

●（英）菲奥纳·鲍伊：《宗教人类学导论》，金泽等译，北京：中国人民大学出版社，2004年版。

●（英）勃罗德彭特：《符号、象征与建筑》，乐民成等译，北京：中国建筑工业出版社，1991年版。

●（英）弗雷泽：《金枝》，徐育新等译，北京：新世界出版社，2006年版。

●（英）简·艾伦·哈里森：《古代艺术与仪式》，刘宗迪译，北京：三联书店，2008年版。

●（英）霍布斯鲍姆：《传统的发明》，顾航、庞冠群译，南京：译林出版社，2004年版。

●（英）李约瑟：《中国古代科学思想史》，陈立夫等译，南昌：江西人民出版社，2006年版。

●（英）埃蒙德·利奇：《文化与交流》，郭凡等译，上海：上海人民出版社，2000年版。

●（英）维克多·特纳：《象征之林》，赵玉燕等译，北京：商务印书馆，2006年版。

●（英）维克多·特纳：《仪式过程：结构与反结构》，黄剑波等译，北京：中国人民大学出版社，2006年版。

●史宗主编：《20世纪西方宗教人类学文选》，金泽等译，上海：上海三联书店，1995年版。

五、英文文献

●Ackerman，Robert. *The myth and ritual school：J.G Frazer and the Cambridge ritualists*. Garland Pub.，1991.

●Birrell，Anne. *Chinese Mythology：An Introduction*. the Johns Hopkins University press，1993.

●Douglas，M. *Natural Symbols：Explorations in cosmolgy*. Harmondsworth：Penguin Books. 1970.

●Douglas，M. *Leviticus as literature*. Oxford；New York：Oxford University Press，2000.

●Douglas，M. *Purity and danger：an analysis of concepts of pollution and taboo.* London and New York：Routledge 2002.

●Eliade，Mircea. *Rites and symbols in initiation：the Mysteries of Birth and Rebirth*. trans. W. R. Tsask. Spring Pub. 1995.

●Eliade，Mircea. *Myth and Reality，trans*. by W. R. Trask，New York：Harper&Row Inc. 1963.

●Fehl，Noah Edward. 禮*Li Rites And Propriety In Literature And Life*. The Chinese University of Hong Kong，1971.

●J. E. Cirlot. *A dictionary of symbols.trans.by Jack Sage*. Routledge&K. Paul 1971.

●Jia, Jinhua and Kwok, Pang—fei. *From Clan Manners to Ethical Obligation and Righteousness: A New Interpretation of the Term yi*, The Royal Asiatic Society, JRAS, Series3, 17, I (2007).

●Martynov, Anatoly I. *The ancient art of northern Asia*, *trans.and ed.* by Demitri B.Shimkin and Edith M.Shimkin. Urbana: University of Illinois Press, c1991.

●Needham, Rodney *Right&Left* & *Essays on Dual Symbolic Classification.* Chicago: the University of Chicago Press, 1973. (marcel Granet, Rigtht and Left in China. pp. 43—58)

●Pines, Yuri"*Disputers of the Li: Breakthroughs in the Concept of Ritualin Preimperial China*, "Volume 13, part1, Asia Major, 2000, pp. 1—40.

●Segal, Robert A. *ed.The Myth and Ritual Theory: An Anthology.Malden, Mass.*: Blackwell Pub., 1998.

●Turner, V., ed. *Celebration, studies in festivity and ritual.* Washington, D.C.: Smithsonian Institution Pr., 1982.

●Turner, V. *From ritual to theatre: the human seriousness of play.*Performing Arts Journal Pub. 1982.

六、期刊文献

●（日）井上聪：《殷墓腰坑与狗巫术》，《华东师范大学学报》，1992年第5期。

●浙江省文物考古研究所：《余杭瑶山良渚文化祭坛遗址发掘简报》，《文物》，1988年第1期。

●晁福林：《试论春秋时期社神与祭祀》，《齐鲁学刊》，1995年第2期。

●晁福林：《原始时期的人生礼俗初探》，《民俗研究》，1996年第3期。

●陈科华：《礼的起源与人类社会两种生产》，《益阳师专学报》，1995年第1期。

●陈剩勇：《礼的起源——兼论良渚文化与文明起源》，《汉学研究》，1999年6月。

●陈纬华：《仪式的效力：理论回顾》，《广西民族学院学报》，2003年第6期。

●陈星灿：《“历试诸难”与中国上古的成年礼》，《中国文化》，1995年第2期。

●陈志信：《尊尊与亲亲——试论〈礼记〉所反映的文化模式》，《鹅湖月刊》，1997第2期。

●董楚平：《良渚文化祭坛释义（兼释人工大土台和安溪玉刻符）》，《浙江社会科学》，1999年第3期。

●董楚平：《中国上古创世神话钩沉——楚帛书甲篇解读兼谈中国神话的若干问题》，《中国社会科学》，2002年第5期。

●冯时：《红山文化三环石坛的天文学研究》，《北方文物》，1993年第1期。

●盖山林：《太阳神岩画与太阳神崇拜》，《天津师范大学学报》，1988年第3期。

●顾希佳：《关于礼仪起源几种成说的辨析》，《唐都学刊》，2001年第2期。

●韩东育：《从周代社会结构看“礼”的社会功能》，《东北师范大学学报》，1986年第3期。

●何炳棣：《原礼》，《二十一世纪》，1992年第11期。

●胡厚宣：《释殷代求年于四方和四方风的祭祀》，《复旦学报》，1956年第1期。

●胡新生：《周代祭祀中的立尸礼及其宗教意义》，《世界宗教研究》，1990年第4期。

●胡新生：《周代傩礼考述》，《史学月刊》，1996年第4期。

●华泉：《牛河梁的“庙、坛、冢”：红山文化文明起源的象征》，《瞭望》，1990年第15期。

●黄俊杰：《中国思想史中“身体观”研究的新视野》，《现代哲学》，2002年第3期。

●惠吉兴：《近年礼学研究综述》，《河北学刊》，2000年第2期。

●金景芳：《谈礼》，《历史研究》，1996年第6期。

●金尚理、陈代波：《从神道到人道——谈礼在原始宗教阶段的演化及其对中国早期民族精神的影响》，《复旦学报》，2001年第3期。

●景以恩：《太阳神崇拜与华夏族的起源》，《学术月刊》，1998年第7期。

●李斌：《史前日晷初探——试释含山出土玉片图形的天文学意义》，《东南文化》，1993年第1期。

●李零：《“式”与中国古代宇宙图式》，《中国文化》，1991年第1期。

●李立：《从母神、冢上到五色坛：周人土地神崇拜的演变》，《东北师范大学学报》，1996年第4期。

●李零：《楚帛书与“式图”》，《江汉考古》，1991年第1期。

●李新伟：《中国史前玉器反映的宇宙观》，《东南文化》，2004年第3期。

●李学勤：《郭店楚简与礼记》，《中国哲学史》，1998年第4期。

●李禹阶：《史前中原地区的宗教崇拜和“礼”的起源》，《中国史研究》，1995年第1期。

●辽宁省文物考古研究所：《辽宁牛河梁第二地点一号冢21号墓发掘简报》，《文物》，1997年第8期。

●林澐：《豊豐辨》，《古文字研究》第十二辑，中华书局，2005年版。

●林澐：《周代用鼎制度商榷》，《史学集刊》，1990年第3期。

●刘德增：《礼与中国文化的再探讨》，《齐鲁学刊》，1989年第3期。

●刘一曼：《安阳殷墓青铜礼器组合的几个问题》，《考古学报》，1995年第4期。

●刘雨：《西周金文中祭祖礼》，《考古学报》，1989年第4期。

●刘泽华、刘丰：《礼学与等级人学》，《河北学刊》，2001年第4期。

●罗倬汉：《论礼乐之起源》，《学原》，1947年11月，1卷7期。

●彭兆荣：《人类学仪式研究述评》，《民族研究》，2002年第2期。

●彭兆荣：《神话叙事中的“历史真实”——人类学神话理论述评》，《民族研究》，2003年第5期。

●彭兆荣：《瑶汉盘瓠神话——仪式叙事中的“历史记忆”》，《广西民族学院学报》，2003年第1期。

●彭兆荣：《民族志表述中物的交换》，《中南民族大学学报》，2009年第1期。

●任式楠：《良渚玉三叉形冠饰与皇冠》，《中国文物报》，1991年10月20日。

●宋公文：《楚墓的头向和葬式》，《考古》，1994年第9期。

●王铭铭：《从礼仪研究看中国社会》，《人类学评论》第2辑，2007年。

●王立新：《瑶山祭坛及良渚文化神徽含义的初步解释》，《江汉考古》，1994年第3期。

●王鲁昌：《论郑州大河村彩陶的生殖崇拜图纹》，《中原文物》，1995

年第2期。

●王书敏：《良渚文化三叉形玉器》，《四川文物》，2005年第2期。

●王小盾：《灌礼及其彝器的来源》，《南昌大学学报》，1999年第1期。

●王育成：《仰韶人面鱼纹与史前日头崇拜》，《江汉考古》，1992年第2期。

●翁贺凯：《两汉〈礼记〉源流考——从〈郭店楚简〉与〈礼记〉谈起》，《福建论坛》，1999年第5期。

●吴汝祚：《良渚文化礼制的形成及其影响》，《杭州师范学院学报》，2001年第1期。

●吴亚文：《〈礼记〉有关篇章作者及成文年代》，《吉林师范大学学报》，2005年第4期。

●吴予敏：《巫教、酋邦与礼乐渊源》，《北京大学学报》，1998年第4期。

●萧兵：《良渚文化“神人兽面”的兼体造型和意蕴》，《考古与文物》，2003年第6期。

●萧兵：《良渚玉器神人兽面纹新解》，《东南文化》，1992年第3—4期。

●邢文：《楚简〈缁衣〉与先秦礼学》，《郭店楚简国际学术研究会论文集》，武汉：湖北人民出版社，2000年版。

●薛艺兵：《对仪式现象的人类学解释》（上下），《广西民族研究》，2003年第2、3期。

●杨群：《从考古发现看礼和礼制的起源与发展》，《孔子研究》，1990年第3期。

●杨天宇：《略述中国古代的〈礼记〉学》，《河南大学学报》，2000年第5期。

●杨天宇：《论〈礼记〉四十九篇的初本确为戴圣所编纂》，《孔子研究》1996年第4期。

●杨向奎：《礼的起源》，《孔子研究》，1986年第1期。

●杨英杰：《关于“礼”起源的再探讨》，《辽宁师范大学学报》，2000年第6期。

●叶舒宪：《〈礼记·月令〉的比较神话学解读》，《陕西师范大学学报》，2006年第2期。

●叶舒宪：《第四重证据：比较图像学的视觉说服力》，《文学评论》，2006年第5期。

●叶舒宪：《后现代神话观——兼评〈神话简史〉》，《中国比较文学》，2007年第1期。

●叶舒宪：《大禹的熊旗解谜》，《民族艺术》，2008年第1期。

●叶舒宪：《中国的神话历史》，《百色学报》，2009年第1期。

●叶舒宪：《二里头铜牌饰与夏代神话研究》，《民族艺术》，2008年第4期。

●叶舒宪：《中华文明探源的比较神话学视角》，《江西社会科学》，2009年第6期。

●叶舒宪：《中国明堂·埃及金字塔·美洲太阳庙》，《陕西师范大学学报》，1989年第1期。

●印群：《论周代列鼎制度的嬗变》，《辽宁大学学报》，1999年第4期。

●张弛：《从"冠"字看周代的冠制礼仪》，《汉字文化》，1999年第1期。

●张德水：《祭坛与文明》，《中原文物》，1997年第1期。

●张光直：《宗教祭祀与王权》，《华夏考古》，1996年第3期。

●张劲松：《七千年前的"禾魂祭"及其与傩源之关系》，《民间文学论坛》，1994年第4期。

●张良皋：《双开间建筑、东向坐礼仪与符号化圭臬》，《江汉考古》，1995年1期。

●赵东栓：《〈太一生水〉篇的宇宙图式及其文化哲学阐释》，《齐鲁学刊》，2001年第4期。

●浙江省文物考古研究所：《浙江余杭江观山良渚文化祭坛与墓地发掘简报》，《文物》，1997年第4期。

●郑杰祥：《商代四方神名和风名新证》，《中原文物》，1994年第3期。

●周玮：《安徽含山凌家滩祭坛的初步研究：兼及良渚文化祭坛》，《东南文化》，2001年第1期。

●周絢隆：《中国古代的冠礼》，《民俗研究》，1994年第1期。

●朱凤翰：《殷墟卜辞所见商王室宗庙制度》，《历史研究》，1990年第6期。

七、相关网站

●中国先秦史网：http://www.zgxqs.cn

●简帛网：http://www.bsm.org.cn/

●中国国学网：http://www.confucianism.com.cn/

●（台湾）中央研究院：http://www.sinica.edu.tw/

●（香港）汉达文库金文资料库：https://www.chant.org/scripts/trial/jinwen/index.php

图片索引

后　　记

这世间，有多少异景在通途？有多少偶然在旅途？只缘身在“小径分岔的花园”！时间永远分岔，人生何似鸿迹！而不经意间，飘蓬落蕊、片言只语、些许琐事、一段时光，即影响一生。或谓之“机缘”。是的，我深信并感念。

一如我的研究对象，不过是某种机缘而得现于此。之所以敢啃这颗“硬核桃”，一者机缘巧合；二者所幸已有许多前辈学人在前开山导路，提供了比较成熟的研究范式和方法；三者幸赖各种前人所未见之新材料、新视野之应用。诚然，在综合吸纳、借鉴前贤、同行研究成果的基础上，对《礼记》中的几个问题做了一些新的探讨，不乏偶有发见的激动与雀跃，然仍有许多猜度尚须更多论证。这与业师教诲与期待差之甚远。因此，当此付梓之时仍有一种“半折心始”、“时不我与”、“未完成态”的缺憾！唯可宽宥者：我未言弃，尚在努力。

本书为博士论文修改而成，能得呈现、付梓，实赖叶舒宪先生的敦促、导引与劝勉。每每耽于杂务游惰或困于牛角之思、觭见之言，先生往往三言两语便直击要害拨云开雾，针对性的阅读书目与最新研究成果的及时告谕与赠阅，不只视野大开，亦令醍醐灌顶。而且先生百忙之中依旧仔细审校，并不吝惠赐亲躬田野拍摄的各地馆藏珍物的照片，令本书图像证礼更为名副其实。此外，萧兵、臧克和、赵毅衡、赵晓環、张敬国、周伟民、唐玲玲、徐新建、彭兆荣、罗庆春等或惠赠资料，或不吝赐教，此皆航邮远谊，厚意可感，均此致谢。并向本书写作中所有被征引资料的前贤同行致谢！

特别感谢李人凡先生对本书仔细审读所提出的宝贵修改意见，感谢本书责编刘志一以及幕后襄助的朋友们。

岁月无意，相遇有痕。因之，值此之际，向所有惠予启心的前贤、师友致以衷心的感谢！

唐启翠

2009年7月于海口